吴忠民　主 编

王格芳　张登国　副主编

# 村主任眼中的

# 乡村建设

山东 26 位村主任访谈

中国社会科学出版社

**图书在版编目（CIP）数据**

村主任眼中的乡村建设：山东26位村主任访谈／吴
忠民主编 . — 北京：中国社会科学出版社，2022.6
ISBN 978 - 7 - 5227 - 0458 - 6

Ⅰ.①村…　Ⅱ.①吴…　Ⅲ.①农村—社会主义建设—
中国—文集　Ⅳ.①F320.3 - 53

中国版本图书馆 CIP 数据核字（2022）第 119798 号

| | | |
|---|---|---|
| 出 版 人 | 赵剑英 | |
| 责任编辑 | 王莎莎 | |
| 责任校对 | 张爱华 | |
| 责任印制 | 张雪娇 | |

| | | |
|---|---|---|
| 出　　版 | 中国社会科学出版社 | |
| 社　　址 | 北京鼓楼西大街甲 158 号 | |
| 邮　　编 | 100720 | |
| 网　　址 | http://www.csspw.cn | |
| 发 行 部 | 010 - 84083685 | |
| 门 市 部 | 010 - 84029450 | |
| 经　　销 | 新华书店及其他书店 | |

| | | |
|---|---|---|
| 印　　刷 | 北京君升印刷有限公司 | |
| 装　　订 | 廊坊市广阳区广增装订厂 | |
| 版　　次 | 2022 年 6 月第 1 版 | |
| 印　　次 | 2022 年 6 月第 1 次印刷 | |

| | | |
|---|---|---|
| 开　　本 | 710 × 1000 | 1/16 |
| 印　　张 | 26.5 | |
| 插　　页 | 2 | |
| 字　　数 | 437 千字 | |
| 定　　价 | 159.00 元 | |

# 目　录

# 引　言

　　中国的延续和发展同乡村息息相关。古往今来，中国传统社会的基本底色便是乡村文明，是一种基于农耕文明的生产方式和生活方式。当下而言，中国改革开放的初始阶段始自于思想解放和农村的联产承包制，而且，中国改革开放和现代化建设能否保持一种协调、全面和可持续的健康状态，也在很大程度上取决于中国乡村具体建设得如何。"全面建设社会主义现代化国家，实现中华民族伟大复兴，最艰巨最繁重的任务依然在农村，最广泛最深厚的基础依然在农村。"①

　　改革开放以来，中国的现代化建设取得了举世公认的巨大成就，使得中国社会发生了翻天覆地的变化，同时，也在日益深刻地影响整个世界文明的进程。对于中国社会这样一种发展变革，有必要进行原汁原味的"时代截图"，以供人们进行自我反思和勾画未来之用。而就如何进行中国现代化建设的"时代截图"来说，可供选择的路径、方式可谓多种多样。其中，对于乡村建设的考察就是最为重要的路径之一。

　　进一步看，就中国乡村建设"时代截图"的获取而言，对村委会主任进行访谈不失为一种便捷且有效的途径。据此，能够获取真实并具有"质感"的"时代截图"。原因很简单，作为乡村建设的亲历者和组织者，村委会主任对于本村的发展脉络、乡村建设各种政策及实施过程都十分了解，因而最有资格从一个重要的侧面对中国这一时期的乡村建设进行评论；并且，如今的村委会主任大都具有中等以上的文化程度，经历比较丰富，视野比较开阔，大都能够跳出"本村"的狭小范围来谈论乡村建设问

---

　　① 《习近平在中央农村工作会议上强调 坚持把解决好"三农"问题作为全党工作重中之重 促进农业高质高效乡村宜居宜业农民富裕富足》，《人民日报》2020 年 12 月 30 日。

题。再者，访谈这种调查方式能够使村委会主任不拘于条条框框的限制，相对来说更加能够"放开谈"，充分表述自己的感受和想法。从某种意义上讲，这种"质感"的"时代截图"比起纯粹的、带有"抽象"色彩的数字说明来说，多了一个优势，即能够使人们相对来说更加容易进入某种"真切"的境地，从而获得某种"真实"的感受。

正是基于上述想法，我们组成了一个访谈团队，有计划地在山东省选取了 26 个行政村作为调查点，对所在村的村委会主任进行了访谈。这些访谈经过整理，最后将本书呈现给大家。

通过这次访谈，我们收获颇丰，对中国乡村建设的基本状况形成了如下几个方面的认知。

## （一）乡村社会发生了哪些巨大的变化

比之改革开放以前的 30 年以及改革开放的初始阶段，随着现代化进程和乡村建设的推进，如今中国乡村社会的方方面面发生了巨大变化。这主要表现在以下几个方面：

**第一，村民基本生活水准普遍得以大幅度提升。**

通过改革开放以及乡村建设，村民的基本生活水准获得了大幅度大面积的提高。每个农户家庭的人均可支配收入达到 10000 元以上是司空见惯的事情。2021 年，农村居民人均可支配收入达到 18931 元，是 1978 年的 142 倍；恩格尔系数从 1978 年的 67.7% 下降到 2020 年的 32.7% ，[①] 农村消费结构逐渐从生存型迈向发展型阶段。乡村的民生保障开始体系化、制度化。统一的城乡居民基本养老保险制度和基本医疗保险制度已建成；经过持续多年的贫困治理，乡村当中延续数千年之久的绝对贫困问题已经彻底消除。总的来说，村民生活水准的目标追求开始由数量层面转为质量层面。"整体看，老百姓的物质生活提高了，比如房子、车子什么的，在外地和城里买房子的有很多。除此之外也更加注重教育了，为了小孩上学，买学区房。"（见本书访谈二十二）同时，乡村的公共基础设施也得到了跨越式的发展。通路是村民很在乎的事情，现在，乡村已经"实现'户户通'，实现水、电、通信、有线电视、道路、路灯等'四通、一平、一

---

① 根据国家统计局公布的数据整理所得。

亮'"。（访谈十四）"（我们村）从 2018 年到现在，道路硬化加铺设沥青总共 31000 多平方米，硬化、绿化、亮化全村覆盖。全村天然气都用上了，也都解决了取暖问题。取暖是用电取暖，上面给的补贴。水接入的是城市管网水，我们村的厕所全部改造完成，污水、雨水是分流的，晚上的亮化做得也是比较好的。"（访谈十三）村民基本生活水准的这种变化，用"翻天覆地"一词来形容实不为过。要知道，1978 年，中国村民的人均可支配收入只有 134 元，人均储蓄存款余额仅有 7 元，恩格尔系数则高达 67.7%。

**第二，村民的主观幸福感普遍增强。**

幸福感最直接的来源是个体需要得到满足，这也是人类永恒追求的心理目标。因此，村民最在意的事情就是自身及家人基本生活水准的不断提高。现实当中自己生活水准的大幅度提高，必然会催生村民幸福感的大面积提升。随着近些年脱贫攻坚、乡村振兴以及农村民生保障体系的持续推进，农村居民极大改善了收入结构，提高了收入水平，增加了家庭资产存量，农村居民生活满意度水平大幅增加，主观幸福感也大大增强。在我们调查的村庄，从职业模式来看，大体可分为兼业农民和新型职业农民，兼业农民通过外出务工和土地流转提高家庭收入水平，新型职业农民通过土地规模经营，提高了农业生产经营性收入。无论是兼业农民还是职业农民，都在较大程度上提高了收入和实物资产水平，有利于提升其主观幸福感。"现在这老百姓够好的了是吧，老年人有老年金，也有居民医疗保险，生活无忧。"所以，"现在老百姓幸福指数很高"。（访谈二十五）村民以往一味羡慕有钱人的现象现在有所减弱。"现在老板都不羡慕，都不缺钱了，真正缺钱的就是那种懒汉，勤快人谁缺钱？出去干活一天赚 200 多元，所以老板他们都不羡慕。现在都不缺钱，原来那时候缺钱，一听说老板就不得了，现在家家户户都不缺钱了，90% 都不缺钱了，所以他不羡慕老板。"（访谈十八）

**第三，传统的以种地为主要职业的村民占比越来越小。**

中国传统社会是一个农耕社会，村民大都以耕种农田为主要生计来源。经过 40 多年的改革开放，这种情形发生了根本性变化，其主要动力就是中国持续不断的工业化和城市化，中国绝大多数农民顺势被卷入了这股不可阻挡的巨大洪流。随着 20 世纪 90 年代乡镇企业的纷纷倒闭，乡村就地工业化的道路受阻，城市成为农民谋求发展出路的必然之选。城市是中国经济的增长极，迄今为止，各个国家的现代化都是以城市化为基础的，因为城市的聚集效应和规模效应，使得城市成为经济发展和公共服务的重心。改革过程中，农民持续进城，中国城市化率不断升高，城市经济占据绝对优势，城市拥有更多的就业与获利机会、发展与创新机会，于是，绝大多数农村家庭的青壮年劳动力也纷纷奔向城市寻求更多的资源和机会，加之受城市高质量公共服务的吸引，希望在城市获得体面的安居生活。因此，农民到城市打工、做生意便成为十分普遍的事情。"现在老百姓光种这两亩地，那是永远没有出头之日的。光靠下面以户为单位的种地，不仅效率低，抗风险能力也差，一碰着天灾就不行了。"中青年以种地为主要职业的占比越来越小。"老人现在是种地的主力军，老人因为没有工作，他能有两亩地，他就觉得有保障。""老百姓他不能放弃土地，老年人当时挨饿挨得，他就是怕挨饿，所以就想一直种地，他守着这两亩地打的粮食，他够一家人吃的。那时候大锅里舀上水，添上把柴火，一个人喝两碗黏粥他就饱了。现在这个地的问题，还是老年人的主要收入来源。"（访谈二十六）

**第四，社会流动程度大幅度提高。**

既然不能依靠种地来满足自己的基本生活需求，那么，在乡村，人们外出做生意、打工便成为十分普遍的事情。"问：现在留在村里的年轻人还有多少？""答：基本上没有了。""问：能有三五个？""答：连三五个在家闲着的都没有，全出去了。""问：出去的都能找着工作？""答：都能找着。就算实在没有基础，比如说干这个木工，这种基本功型的是抢手货，再加上瓦工。就算没有基础，干个小工的也有的是。……（有人）给人看场子，不管年龄大小，只有晚上看，一个月都赚5000元钱，比保安都厉害。"（访谈十七）

**第五，农民对城市户籍的向往和热度有减退之势。**

虽然城市较好的就业和发展机会是吸引大批农村青壮年劳动力进城的主要驱动力，但是，从目前其城市落户意愿来看，较之十到二十年前，农民对于曾经艳羡不已的城镇户口的热情已有所减弱，落户意愿也随之降低。有数据表明，2011年后中国城镇化率增速明显放缓，其中一个很重要的原因就是有越来越多的农民不愿落户城市。按照人口迁移的推拉理论，人口迁移主要取决于两个因素：一是迁入地的拉力；二是迁出地的推力。随着乡村振兴和基本公共服务均等化的持续推进，国家和社会将越来越多的资源投向农村，城乡差距呈逐步缩小之势。就目前来看，不论是来自城市的拉力还是来自农村的推力，都不足以完全吸引或迫使农民在城市安家落户。总而言之，近些年农民的心态已经发生了一些微妙的变化，以前是想进进不来，现在即便放开户籍限制，很多农民也不愿进城落户，因为市民化的成本明显提升，农民手中的资产包括土地、宅基地和集体收益正在升值，这些资产会随着城市化和乡村振兴的进一步推进而获得更高的价值提升，农民对"三权"的意识也随之会上升到一个新的高度。在访谈中也可以发现农民这种心态的明显变化，"问：现在村民对这个户口还在乎吗？城镇户口和农村户口？""答：现在不太在乎了。以前大家都想弄个城镇人口，现在城镇人口都想到农村来了……以前转出去的那些人，在集体人员认定的时候，都转回来了。人家有在镇上上班的，也有工人，就转回来了。"（访谈十七）

**第六，乡村的精神和文化生活日益受到重视。**

人们的需求是多方面、多层次的。在解决了基础性的物质生活需求之后，人们在精神文化方面的需求自然就会凸显出来。如果说环境卫生属于乡村硬环境，那么精神文明则属于软环境。从1991年党的十三届八中全会开始，农村精神文明建设就被纳入社会主义现代化的总体布局中，尤其是2012年党的十八大以来，农村的精神文明建设进入了提速期。在此阶段，通过美丽乡村建设、爱国卫生运动、培育践行社会主义核心价值观以及开展新时代文明实践等措施，农村精神文明建设获得了显著成效。总的来看，农民自身由内而外的需求升级和国家自上而下的强力推动，使农村居民在精神状态、文化生活和乡风民俗等方面发生了巨大变化。"在这个富裕基础上不但要提高物质文明生活，还要提高精神文明生活。我们村就组织提高妇女素质，组织老年人扭秧歌呀，跳舞啊，通过这种形式提高村民的精神生活水平。"（访谈二）乡村十分重视通过乡规民约进行移风易俗。"制定了两个制度，一个是村规民约，一个是红白理事会章程，就是移风易俗。"（访谈二十六）比如，倡导"结婚也是一切从简，一般就是在家里设宴请亲戚来吃饭，这一天就结束了。这几年结婚的份子钱也都有明确的规定，有一个标准，大约是不能超过30元或者不能超过50元，而且这些事都是有来有往的，有些家庭就搞形式、走过场了"。（访谈十）另外，乡村还十分重视村子环境的清洁卫生。比如，"通过村广播吆喝什么时候、谁不维护垃圾桶卫生，不维护村庄干净。我们就在垃圾桶旁边看着，抓了两个多月时间，通过村广播和信用体系扣分这种方法使老百姓从不习惯转变到习惯。"（访谈二）

**第七，社会治安获得较大改善。**

随着工业化、城市化的不断推进，农村从原先的相对封闭状态走向全面开放状态，扩大了滋生违法犯罪的社会空间，原始积累的一些社会矛盾也凸显出来。究其原因，劳动力的"乡—城"流动带来中国城乡社会结构的深刻变化，助推了农村犯罪率的提升，因为大量青壮年劳动力外出就业，使农村地区犯罪防御能力大大降低，留守老人、儿童和妇女的脆弱性也增加了潜在犯罪的可能性。面对这一情形，2018 年中央一号文件《中共中央 国务院关于实施乡村振兴战略的意见》明确指出，要加强农村基层基础工作，构建乡村治理新体系，建设平安乡村；要健全落实社会治安综合治理领导责任制，大力推进农村社会治安防控体系建设，推动社会治安防控力量下沉；要深入开展扫黑除恶专项斗争，严厉打击农村黑恶势力、宗族恶势力，严厉打击黄赌毒盗拐骗等违法犯罪。① 2019 年中央一号文件提出，完善乡村治理机制，保持农村社会和谐稳定，要增强乡村治理能力、加强农村精神文明建设、持续推进平安乡村建设。② 除了国家从法律层面的强力行动，农村基层政权组织也积极探索社会矛盾纠纷调处机制，农民的安全感获得极大提升。从访谈中也可以发现，大多数村支部和村委会都把化解家庭内部的矛盾纠纷以及村民之间的矛盾纠纷当成大事情来对待，使之得到有效缓解。"像一些邻居之间的小矛盾纠纷，现在都想开了，基本上没有，兄弟姐妹之间也都没有什么矛盾。""村里老百姓现在法律意识可高了，尤其我们村这个治安很好，老百姓的法律意识很高，但还是有一些极个别的，不过这都不是大事。"（访谈十七）再者，近年来，国家针对乡村黑恶势力的扫黑除恶专项行动，使得"村霸、地痞都没有

---

① 参见《中共中央 国务院关于实施乡村振兴战略的意见》，《人民日报》2018 年 2 月 5 日。
② 参见《中共中央 国务院关于坚持农业农村优先发展做好"三农"工作的若干意见》，《人民日报》2019 年 2 月 20 日。

了"。凡此种种，促成如此局面的形成，"老百姓真是竖大拇指，村民的安全感越来越高。"（访谈十三）

乡村社会的这些巨大变化对于中国现代化进程具有十分重要的积极影响：不但有效地增强了乡村建设的内生动力，大面积地增大了消费内需拉动，有效地提升了社会整合度，有效地助推了城乡融合发展，而且，有效地助推了共同富裕价值目标的逐渐实现。

### （二）乡村建设的明显特征

中国的乡村建设是在中国共产党的领导下进行的，是基于现代化和市场经济的规律以及特有的历史传统而展开的。这些，使得中国改革开放以来的乡村建设具有了自身两个明显的特征。这两个特征会贯穿中国式现代化的始终，贯穿中国式乡村建设的始终。

**第一，基层党建的主心骨效应。**

中国乡村地域极为广阔，人口数量极为庞大，生产规模普遍较小，"大国小农"色彩十分明显，加之中国社会正处在急剧转型期，乡村当中各个利益群体的利益诉求千差万别，社会焦虑现象弥漫于乡村社会，短期行为较为盛行，大量乡村居民时常缺少基本的归属感。在这样的情形下，中国乡村社会的团结和整合就必然面临着诸多挑战。而中国乡村社会如果得不到有效整合，便不可避免地会变成一盘散沙，产生种种离心因素，使中国乡村的前景面临众多的不确定性因素。由此，乡村建设也就无从谈起。

而有效整合中国乡村社会的关键就在于加强中国乡村的基层党建，使之在中国乡村建设当中生成一种力量凝聚、组织保障以及人心依托的主心骨效应。唯有如此，方能使乡村居民获得一种必不可少的"踏实感"和"安全感"，进而保证中国乡村建设得以有效、健康地推进。对此，村委会主任皆有深刻的体会。"治村先强班子，关键发挥党员的先锋模范作用。无论干任何事，都是党员带头。比如在进行旧村改造的过程中，部分村民不理解，就从党员开始带头先拆。"（访谈七）"我们村里的变化，主要原因是班子的团结、干事，从打扫卫生到人际交往，把村里能干的知名人士都能吸纳到支部身边。"（访谈四）"党建工作也得有好的工作方法。俺坚持把'强班子、强队伍、强产业、强服务'作为抓党建的很重要的方面，同时给村里的党员全面落实党建责任制，责任到人呀，这样才能夯实基层

工作基础。"（访谈十四）

从各自事权划分的技术性角度来看，多年乡村建设的实践证明，将村支书和村委会主任这两个职位由一人担任亦即"一肩挑"的做法明显是利大于弊。其最大的益处就是减少了不必要的摩擦，提高了工作效率。"书记和主任一肩挑是现在的一个新政策，有它的好处。以前这是个矛盾点，我周围有这个情况，书记和主任他俩闹矛盾很多，农村帮派比较多，支书带队一帮派，主任带队一帮派，都是些矛盾而且牵扯到邻院、建房和家族之间。"（访谈二十五）"现在实行'一肩挑'了，我们实际上 2007 年就开始实施书记主任'一肩挑'了。以前村比较乱，不管从哪一方面，村领导干部换得比较频繁。现在来说就好多了。"（访谈四）一肩挑的益处在于"使咱整体的功能性提高了，能把上级下达的任务传达好，思想同心，行动同步。还有一个是，我们的班子能够产生凝聚力、向心力、亲和力和战斗力"。"不利的方面是，有一些事可能会'一言堂'，咱说有可能滋生腐败心理，有可能形成官僚主义、形式主义这些方面，也不是不存在这个问题。"（访谈二十六）

**第二，乡村谋求自身发展的多样化样式和路径。**

中国各个乡村的发展起点各不相同，村民的观念及行为取向多种多样，各自的内生动力差别很大，各自拥有的资源复杂多样，各自所处区位各不相同，各自面临的外部环境条件千差万别，加之市场波动千变万化。这一切，势必造成乡村建设是超越单一化的多样化发展样式和路径。从乡村建设所依托的产业平台看，现在除了仍然有大量的村庄以外出打工为主同时看重原有的种植业之外，不少村庄已经开始另寻他路，比如有的村庄主要从事第二产业，有的村庄主要从事电商服务，有的村庄主要从事花卉种植，有的村庄创立画家艺术村，有的村庄从事民俗旅游业，有的村庄则要为大量的城里人提供多种服务。比如，有的村庄"村民有 905 人"。但由于"基础资源比较丰富，所以很多人选择来这住；再加上……周边有××卷烟厂"。"这也就意味着我们现在社区服务的对象不仅仅是村里这 905 人，更多的是 3500 人，也就是说在这居住的所有人都是我们服务的对象。"（访谈十一）从村民收入水准看，有的村庄人均可支配收入在一两万元，有的则高到五六万元。从村民的生活方式看，有的村庄的村民仍然以农村的生活方式为主，保留了守望相助、熟人社会的农村特点。有的村庄特别是经济状况较好的"城中村"的村民则以城市的生活方式为主，从一定意义上讲开启了"陌生人社会"的生活。

### （三）乡村建设当中还存在哪些需要进一步解决的突出问题

中国的乡村建设尽管取得了巨大成就，但应看到的是，乡村建设当中还存在不少问题。这些问题如不加以妥善解决，将会妨碍乡村建设的进一步推进。在诸多问题当中，以下几个问题比较突出。

**第一，集体经济问题。**

近年来，国家对于乡村建设已经投入了巨大的人力和物力。国家在农村医疗保障、低保和义务教育等民生方面的投入巨大，在农村的公共基础设施上投入巨大；而且，各地财政在农村基层干部的固定收入上也进行了大力度的投入，涉及50多万个村庄的300万名左右的乡村干部（包括村支部、村委会成员）。更何况，从2012年至2020年的八年间，在脱贫攻坚方面，"中央、省、市县财政专项扶贫资金累计投入近1.6万亿元，其中中央财政累计投入6601亿元"①。这些前所未有的巨大投入，从一个必不可少的重要方面促成了中国乡村社会的巨大变化，保住了乡村建设得以正常运行的基本盘。尽管如此，还应当看到，由于中国乡村人数规模巨大，地域极为广阔，总体发展水准仍然偏于落后，历史欠账巨大，所以，乡村建设不可能完全依赖政府的资金投入。各地乡村建设的进一步推进，主要还必须依靠自身的努力。

而乡村建设进一步推进的一个必要条件，就是每个乡村必须要有自己的一定规模的集体经济。换言之，乡村建设要想得以持续的推进，就必须依靠属于自己的、具有一定规模的集体经济。这也是农村挖掘自身内生动力的基本手段。对于村委会主任来说，这是一个基本的共识。"乡村振兴主要是产业振兴，一个村没有几个好的产业支撑也就谈不上乡村振兴。"（访谈六）"问：您有没有想过将来的乡村振兴是什么样子？""答：我觉得最起码得有企业振兴、产业振兴，这是个大事。""所以要先有企业、有收入……最起码得有企业，企业振兴应该放在前头。"（访谈十八）"乡村振兴首先是村里得有集体收入，没钱很难给老百姓办事。"（访谈十）"如

① 习近平：《在全国脱贫攻坚总结表彰大会上的讲话》，《人民日报》2021年2月26日。

果没有财力支持，老百姓就很难共享发展成果，他们见到发展成果就会更加积极参与社区的发展。"（访谈四）"刚才说了人、钱、地的事，怎么把地盘活，就是怎么把原来的这些闲散地的资源盘活起来，增加经济收入，还是中央提出的这个乡村振兴。"（访谈二十六）但问题在于，现在"大部分村都没有。"（访谈十）

不过，发展集体经济还要面临一定的风险。办成功还行，办的不成却会引起村民的不满。"办集体企业很难，就像扶贫项目一样。集体企业在选择项目上，小项目没有意思，大项目的风险又很大。""假设倒闭了，老百姓肯定怨天尤人，你拿着老百姓的血汗钱，垮了，老百姓肯定有意见。"（访谈十二）"现在土地流转基本上都是私户，发现它存在的问题很多。""一个大企业家建工厂，他不会按照你的思路走，他的利润咱根本没法控制，他就趁火打劫。他只要是能挣钱他就干，而且是一看不行，要赔钱了，他卷铺盖就走，把这个烂摊子都留下了。"（访谈二十五）总体而言，许多农村发展集体经济还面临诸多困难，比如，缺乏有效的资金投入、缺乏有效的运行保障机制、缺乏人才支撑、农民集体意识缺乏等，这些都是制约集体经济发展的重要因素，在未来一段时期需要重点解决。

**第二，人才问题。**

当乡村社会建设有了主心骨之后，进一步需要解决的发展问题是：一是要有资金，这就是前面所说的集体经济壮大的问题；二是要有人才。人才是乡村建设的关键所在，是乡村振兴的核心要素。然而，人才短缺是很长一段时期以来制约乡村发展的主要症结。实际上，在中国百年乡村发展的历程中，乡村一直承担着向城市输送人才的单向度角色，人才外流在很大程度上导致了乡村社会的发展困境。从近期农村人才队伍整体状况看，素质普遍偏低。2016 年第三次农业普查数据显示，在农业生产经营人员中，小学及以下文化程度占 43.4%，初中文化程度占 48.3%，高中或中专文化程度占 7.1%，大专及以上占 1.2%[①]，仅具有初中及以下文化程度占比高达 91.7%。另外，还存在结构性失衡问题，由于青壮年劳动力的外出务工和农村大学生的大量进城，老年人口成为农业人员的主力军。2018

---

① 参见《第三次全国农业普查结果显示："三农"发生历史性变革》，中国政府网，2017年 12 月 15 日。http://www.gov.cn/xinwen/2017－12/15/content_5247122.htm。

年中央一号文件《中共中央 国务院关于实施乡村振兴战略的意见》着重强调:"实施乡村战略,必须破解人才瓶颈制约。"从现有农村人口结构和流动状况来看,相比较农村本土内部的人才培育,人才引进或让人才回流更具紧迫性和可行性。但是,在就业创业环境、公共服务供给和人居环境等方面,城乡之间仍然存在巨大差异,难以吸引优秀的生产经营型人才和社会治理人才投入乡村建设。我们在访谈中也切身感受到了村主任面对人才问题时的困惑与无奈。"再一个就是人才,人才怎么引人家回来呢?人才、大学生都跑了,人家不会在这里,都去济南,都去大城市,人家在哪上学就在哪落户了,现在落户政策这么方便。我觉得要是企业不振兴、人才不振兴,肯定不行。一个村没企业,就养不住人,有人没企业,更不行,所以要先有企业、有收入,再引进人才。"(访谈十八)另外,乡村干部队伍建设也面临着非常大的困难。虽然国家投入了大量的资金,初步解决了乡村干部的基本固定收入问题,但考虑到这些乡村干部的巨大付出(很多乡村干部在周末都要加班)以及社会总体生活水准迅速提升的因素,乡村干部现在的收入仍然属于偏低的水准。这势必会影响到乡村干部特别是年轻乡村干部的工作积极性。"现在最不好干的就是村干部,老百姓都比村干部有钱,又好干。""现在老百姓都懂法了,动不动(就投诉),接着人家就得回访,现在基层干部是最难干的。"(访谈十七)"工作任务再多也不怕,老百姓不理解我们可以及时沟通,但是这些工作人员正常的生活负担也要考虑。"不过,现实的情况是,"对于那些青年干部来说,花销大,在这干得时间久了,对村里也很热爱,但也会迫于生活压力走掉的,如果待遇不解决,3 年以后他还是会走,因为他得结婚、生孩子。""所以,这是当前我们最怕的问题,也是希望能给我们基层解决一下这个问题。"(访谈十一)

　　第三,"留守老人"问题。

　　由于种种历史和现实的原因,中国成为发展中国家中率先步入老龄社会的国家,而且是"未富先老"的国家。更令人担忧的是,乡村当中的老龄化现象更加严重,乡村的"留守老人"现象比起城市来说更加普遍。这一问题能不能处理好,将影响到数以亿计农村留守老人的晚年幸福,更关系到整个社会系统的健康稳定发展。可以说,农村留守老人问题是农民进城的直接结果。大体来看,农民进城分为两个阶段:一是 20 世纪 90 年代初开始的农民进城务工经商，所得收入主要用于农村生活消费；二是现阶段年轻人在城市安家立业。在这两个大的阶段中，留守农村的老人对进城子女在物质支持和孩子照看方面给予了巨大的帮助，从本质上来说，这是一个农村家庭向城市持续不断的资源输出过程，这种资源输出又进一步让农村老龄化问题"雪上加霜"。总的来看，目前农村留守老人在经济收入、医疗保障、生活照料和精神慰藉等层面亟须高度的社会关切。2017年民政部等九部委出台《关于加强农村留守老年人关爱服务工作的意见》，提出"鼓励通过购买服务形式开展留守老年人关爱服务""及时为留守老年人提供心理疏导、情绪疏解、精神慰藉、代际沟通、家庭关系调适、社会融入等服务"，但仍然无法从根本上解决农村留守老年人在经济和服务方面的需求。通过调查也发现，农村留守老人已成为农村干部普遍关注的社会问题。"咱们现在农村这个是'三八''六一''九九'是吧？三八是妇女，六一是儿童，九九是老人。"（访谈二十六）不过，随着中青年村民在城里买房人数的增多，很多儿童和中青年女性也就随着迁移到城里，而大量的老年人则留在了村里。村民"在市里买房的，年轻的基本上百分之八九十，下一步就百分之百了"。"一般'90后''00后'在村里住的也很少了。我是'60后'，那'70后''80后'在村里还有一些，但是他们的子女一般都在外边。另外，'70后''80后'有技能的在外边的也不少，主要是老人们在家里。"（访谈二十五）乡村老年人不仅生活水准偏低，而且为家人付出很多。比如，"现在农村这个独居老人多了，你看现在像我这个年龄以上的，就是60岁左右的，孩子如果结了婚，两口子在市里工作，不管正式工还是非正式工，就找个单位上班，到时候又有了孩子，这个爷爷奶奶就得去看孩子。爷爷一般不去，在老家看着家，奶奶都得去看孩子，一看就得七八年，万一再要个二胎。现在不是只有我们村，各个村都出现这种现象，很多老人现在都成了活光棍了。"（访谈十七）

乡村的"留守老人"现象如若解决不好，将会成为影响中国乡村建设的一个负面变数。它会增大乡村当中相对弱势群体成员的占比，减弱乡村建设的内生动力，降低农村居民的内需拉动，增大城乡之间的贫富差距，妨碍共同富裕目标的实现。

# 乡村建设访谈一：LHG 主任

【访谈对象】 威海市××区××镇××村 LHG 主任
【访谈人员】 栾晓峰　陈晓红
【访谈时间】 2021 年 9 月 24 日
【访谈内容】

**问**：请谈谈您的个人基本情况。

**答**：我属兔的，今年虚岁 59，学历是山东省委党校大专学历。1982 年任村里的团支部书记，1987 年担任村里农机机修厂厂长，1994 年 12 月任村党支部书记至今。

**问**：您现在是兼村主任吗？

**答**：是一块兼的。

**问**：是从哪一年开始的？

**答**：我从 1994 年 12 月开始担任村党支部书记的时候就一直是一肩挑，特别是 1998 年直选之后，更明确这个职责。

**问**：您去年领取的工资大约有多少钱？村书记工资是如何计算的？

**答**：现在村党支部书记的工资是区财政全额发放的。我去年批复的工资加奖金总共大约 6 万元钱。村书记的工资，是综合考虑了村里的户数、人口、任职年限加上各种奖励。我是省级奖励、省级先进，按照星级评定办法，最高是十星，基数是以村子大小，再一个是根据千分考核，我们镇上给每个村下达工作考核任务，每年都按照工作考核里加分多少、减分多少来考核。

**问**：请谈谈两委成员的基本情况。

**答**：两委成员共 4 人，3 男 1 女。党支部 3 个人，包括书记和两个委员。我们四个人都是交叉任职，党支部委员，我是村委会主任，单独设了一个女委员，任妇女主任。

问：年龄层次如何？

答：最大的妇女主任66岁，另一位党支部委员今年62岁，还有一位党支部委员52岁，最年轻的是52岁，就这个情况。

问：对于干部年龄有要求吗？

答：现在提出干部要年轻化，但咱村年轻的少，农村现在最缺的是人才。咱村的人不少，500户，能有1200人，常住人口有700人，能有一半在咱村住。大家现在都住上楼房了，住得都比较舒服，有暖气、有天然气，所以他们愿意在村里住，现在就是缺乏年轻人，缺有学历的年轻人才。

问：您的学历还挺高的，其他的两委成员呢？

答：其他两委成员都是初中学历，我是担任党支部书记之后进修的，并不是一开始就是这个学历。

问：请您说一下村庄的变化，从咱村住到楼房等一些大的变化和历史节点。

答：咱这个村叫××村。1994年12月我担任村党支部书记的时候，村里几乎一贫如洗，村经济收入基本是零。集体经济缺钱，集体欠账80万元，欠干部工资10多万元，欠债接近100万。村里一条水泥路都没有，一条石头砌的排水沟也没有。晴天一身土，刮风尘土飞扬，雨天时到处污水横流，当时就是这个情况。说到变化，吃穿住行环境等现在都发生了翻天覆地的变化。咱这个村，从2010年开始搞旧村改造，第一批是2012年8月分的房子。旧村改造实际上没有花政府的钱，是我们村跟企业合作，与一家房地产公司合作改造的。我们村出土地，他们给我们盖楼房，我们在旧村的原址拆除平房盖成楼房。在2010年之前，虽然居住条件并没有得到改善，但是村庄环境得到了改善。我从1994年担任党支部书记，从1995年开始，我就着重治理村庄环境，硬化街道，治理污水，治理排水系统，从1994年到2004年，用了10年时间，硬化了2万平方米的街道，砌了7千多米的排水沟，基本上把村里的道路全部硬化，把全村的排水沟全部砌成。但是，没有钱怎么干呢？我就带领村里剩余的劳动力，有党员，有村民代表，我们组成了一个施工队，每年我们自己订计划自己干，经过十年左右吧，村里的面貌得到很大的改善。到2004年，可以说是我们这个村发展的起点、关键时刻，从威海到青岛的高速要修。修高速经过咱们村，咱们村得到了 300 万元的征地补偿款，咱村就好在了这 300 万元，得到这 300 万元补偿款以后，咱们村没把这 300 万元平分给村民，而是全部用于村集体发展。看，高速的这个立交桥就经过咱村。

问：这 300 万元，咱们是统筹村里来发展的。那您的魄力挺大啊，请您详细说下咱们村怎么顶住压力没有将钱平分给村民，而是用来统筹村里经济发展的？

答：这个事是这样的，首先党支部要统一思想。党支部、村委会统一思想后，我们就想这 300 万元应该怎么用，要发挥最大的作用。不能平分，要是平分，每户得个几千块钱，大家的生活仍然不能得到明显的改善。我们先召开党支部大会，先统一党员的思想，党员也有很大一部分不同意，要求把这钱分掉。可是我们经过反反复复地做工作，党员最终统一了思想，党员的思想统一了以后，大家就形成了战斗堡垒，形成一个铁的拳头。那个时候就叫作党员大会，党员大会通过举手表决，决定钱不分。当时也考虑了群众情绪，我们拿出了 60 万元给 60 周岁以上的老人投保，我们怎么投呢？我们选了 20 个人，我们拿出这 60 万元，每个人投保投了 3 万元，把这 3 万元投到这 20 人的名下，每年返回的收益由集体统一分配，分配给多大岁数呢？给 70 周岁以上的老人生活补助，这样的话，70 周岁的老人每年补助 300 元钱。春节的时候补助 75 周岁以上的老人 400 元钱，就这一个办法，把村民不稳定的情绪一下子稳定下来了。老人跟自己的子女说大家都有老的时候，村里拿出这么一笔钱给老人投保，所以要支持村里的工作。村里做出这个壮举，再加上党员统一了思想，党员队伍形成了拳头，之后再也没有人逼着分钱了。

问：投的什么保险？

答：就是一种养老保险，这种养老保险就是给 59 岁老人投保，到 60 岁的时候就能领到钱，相当于您今年投明年就可以领钱，每年能领到 10%。有这个保底，我投了 60 万元，每年都返 6 万元钱，我就把这 6 万元钱作为生活补助分给 70 周岁以上的老人，谁家没有老人。支部这个举措很得民心，我们不要争这个小钱，得看全村的发展。当时有两个党员组长都坚决反对留钱，现在这两个党员组长亲自找我讲，还是书记您的眼光长远，想当年我们多亏没分这个钱。我们除了这 60 万元，还有 240 万元，那么这240万元怎么解决呢？我们就用这240万元买了三个倒闭工厂，这三个厂子现在每年给我们村上交租金30多万元，所以我说2004年是我们××村的腾飞之年。抓住这300万元的救命稻草，我们村好了。想当年，如果没有这300万元，××村不可能发展到今天这种地步。如果平分了，一家一户分几千块钱，当时是高兴了，但是现在呢，没有可比性。

问：当时补偿这300万元的时候，您是怎么想的？

答：2004年，高速在这个镇占了9个村，咱们村的钱还不是最多的，其中有两个村都超过600万元，但是这9个村把钱全部分光了，全部都把这些钱分了，什么事也没解决，唯独咱们××村没分。当时为了这300万元，实实在在地说，我是吃不好、睡不好。面临的压力是群众的呼声，是一致要求把钱分掉的。怎么解决呢？当时我看到了咱们村有商机，因为咱们村是镇驻地村，镇上倒闭的企业在咱们村有三四个，闲置的厂房无人问津，拿很少的钱就能把这个厂子买回来，买回来之后我们通过改造维修重新招商，对外出租，就能给我们村增加收入。所以我买了这三个厂子，现在给咱们村一年租金就30多万元，而且土地能增值，厂房能增值，我当时买的200万元，现在500万元都不卖，真是发生了巨大的变化。当初想分钱的人，现在都说多亏当时没分钱，还是我这个人有长远眼光、有发展的眼光。那么怎么能跟房地产公司合作开发咱们这个村搞旧村改造呢？那些企业来村里一看，这个村有发展潜力，才能跟您合作。我们从2010年开始合作，8月一期300户，在这地方老百姓全部迁走，我们没有占一亩耕地，在老村庄上规划建筑楼房的面积是360万平方米。我们村的老百姓95%都分到了房子，为什么还有5%？当时他们的思想还没有想通，但是我们也不能强拆人家的房子，我说你们慢慢想，我们这些该住楼住楼。现在我们村里分了95%，已经分给老百姓540套房，全村还有28户没有选择楼房，那让他们先慢慢想。省里的×××教授来我们这里好几次，他对我的做法给予了充分肯定，他说我们这样做得好，不损害老百姓的利益。您想不通，您慢慢想，等什么时候想通了，我们再做。现在咱们村搞拆迁没有人上访，没有人打市长公开电话。不过去年有打市长公开电话的情况，怎么会有呢？就是去年9月，我们分了二期的房子，没签协议的没有房，分房的时候他又要房。我没有房子分给他，他就打市长热线。我们村还有这样的捞不着房子的，这没有办法，当初找他签协议的时候，他不签，几趟跑到他家里做工作，他都没有想通，现在看分楼房了，他着急了。

**问**：咱们村的集体收益是如何分配使用的？

**答**：我们村 2019 年实行产权制度改革，每个农村经济组织成员分了4800 元钱股份，给股权证。当年就分了 30 来万元的红，2020 年也分了 30来万元。

**问**：每个人一股能折现多少钱？

**答**：平均一股 300 元钱吧，但是我分了档次，什么档次呢？一个是基本股，一个是福利股。60 周岁以上的老人既享受基本股，又享受福利股。福利股，就是年纪越大享受的越多，所以我设了一个福利股。年轻的、有劳动能力的，不能等村里分钱，得自己去赚，岁数大了、不能劳动了，我给他股，有福利股，我给他钱多，这样大家都说好，没有说坏的。

**问**：村里消费本身就不高，分红能保障老年人的生活。这个钱平时日常生活足够了吧？

**答**：咱这个村住上楼房之后，冬天供暖的时候，供暖费是 23 元钱一平方，我们给村民每平方补 5 元钱，这 5 元钱合计是多少钱呢？每年给村民就是补助 20 万元。这个集体收入就少，我们变成福利发给村民，比如说供暖吧，我补给他 5 元钱，谁都有，因为咱村老百姓的收入终归还是低的。村里现在有这个能力，让他们住上楼房，舒舒服服的。像 100 平方米的楼房，这一年呢，就是 500 元钱，咱的楼房面积平均是 80 平方米，每户补 400 元钱，少交 400 元钱取暖费。现在看村民的吃住行，特别是住发生了翻天覆地的变化，以前没法比，特别是跟 2010 年以前没有分楼的时候。我通过 10 年的村庄环境整治，基本上达到了出门有水泥路，下雨天的水顺着咱刚砌好的排水沟流走。现在咱们住楼不烧草，烧天然气，跟城里一样，现在咱们这个小区，您去看看咱小区，每次××教授来都进去看一看，实实在在地讲，确实发生了很大的变化。

**问**：我们出租厂房有收益，还有别的产业吗？

**答**：咱村只有一个建筑公司，咱村建筑公司是集体的，不是个人的。这个建筑公司，村里从 2004 年开始组建，一直到现在，一直是集体经营。这个建筑公司一年为村里平均上交 21 万元，但是没有大的发展。大概一个月前，××教授来的时候我就讲，我最希望的就是乡村经济发展，这是个大问题。乡村经济怎样发展？集体怎样增收？村民怎样致富？现在咱村最大的问题是土地少。从我干之后，除非国家征地，否则一寸土地我都不卖，因为现在咱没有地，现在老百姓人均不到一亩地。这一亩地只能解决吃饭问题，但是增收问题怎么解决呢？村里面也没有好的产业。您看我现在吸引外商到我们村来办厂，村里有劳动能力的可以进厂做工，这是给村民增加收入的一个渠道，但是年纪大的就不行了，超过60周岁人家就不要了，这是一个很大的问题。所以我就跟各级政府汇报，只要能跟他们说上话的，我就建议他们出台扶植政策，怎样才能振兴乡村经济、发展集体经济，怎样才能让村民致富，这是个最重要的问题。

问：那么在产业这一方面，怎么样去振兴？

答：产业振兴上没有好产业，有的产业需要大笔的投资。就像咱们镇上有个××公司，从6月我就和××公司探讨，和它合作，想给它建养鸡场，建好之后租给它用。但是这需要有一大笔投入，按照它的规模我们得投资1000万元，但是村委会根本没有这个能力。咱村要有股份合作社可以让老百姓入股，但是这个风险就到我一个人头上了，谁来担这个风险。如果集体有1000万元，集体就能拿出500万元，拿500万元吸引群众资金，这个风险还能少一些，但是现在集体根本拿不出这么多钱。咱现在基本维持当年收当年吃的情况，没有剩余，想搞持续发展，想搞产业兴旺，几乎不可能，所以现在这个问题是最严峻的问题。

问：村里人口现在1200多人，人口老龄化是不是带来的压力很大？

答：是的，80周岁以上的有80个人，60周岁以上的要将近500人，刨去18周岁以下的，中间的就剩了300来人。

问：我们怎么解决劳动力的就业问题？

答：我们村里招的厂子有搞物流的，物流租厂房是最便宜的，租了以后，小的物流公司，每天能吸引10个妇女到他们那分拣物流的包装品，这10个妇女每天一个人能挣80元钱，一天干6个小时，上午干3个小时，下午干3个小时，6个小时，解决了10个妇女的工作。您不想这些问题怎么办呢？都年纪大了，都住上楼房了，土地都不能种了。假设把土地交给合作社，收成好了每年分点红，收成不好给保底经营，一亩地400元钱，把地给合作社了一年就分400元钱，吃饭的问题都解决不了，您正常一年要有1000元钱才能解决吃的问题，他才有400元钱，解决不了。

**问**：合作社不能旱涝保收？

**答**：不能呀，2019 年，种小麦天旱，一亩地收小麦两三百斤，靠天吃饭。咱村好在有大型的水利灌溉设施，咱分给老百姓的地几乎有 80% 都能浇上水，咱村还算不错的，我说的是面上的事。咱村自己留的这些地，一亩地能打 1000 斤小麦，还能解决吃的问题，但是他不种地给合作社了，一年就 400 元钱，所以呢，现在怎样来解决这些问题也很重要。我们镇上每次开会都讲发展集体经济、集体增收、群众致富，但是怎么解决问题呢？很难啊。咱附近有个 ×× 村，去年种 3 亩姜，市场行情好卖到 5 元钱一斤，今年卖 1 元钱一斤，去年挣 2 万元，今年都赔里面去了。所以我这几年搞厂房租赁，因为比较稳，虽然没有大的收入，但是每年的收入是到账的，没有风险。

**问**：钱、人、地，都是当前面临的困境？

**答**：现在搞厂房建设，环评、土地都要求很严格，尤其是环保方面抓得很紧。你根本没法弄，咱村好在起步早、搞得早，咱村从 2004 年就开始抓住建厂房的机会，租赁厂房、建商铺、租赁商铺，盖得早，那时候手续不像现在这么规范。

**问**：现在收入的钱有没有想着拿出来钱生钱，去做资本性的东西？

**答**：想过，刚才跟您说的想和 ×× 公司合作建立养鸡场，我原来就想着今年跟经济股份合作社的股民商量，今年不分红，明年不分红，把这个钱投入厂房建设。

**问**：所以现在您想着二次创业，那么现在怎么把有限的钱拿出来去做投资，您需要专业的人帮您去做，也需要去和老百姓协调，把多少钱拿出来去做。您有什么考虑？

**答**：您说得对。现在我们 ×× 村面临的困难特别大，需要福利股的人越来越多，而我的总收入没有增长。我们村的建筑公司都面临倒闭，为什么呢？没有人干建筑，没有人干这个活儿。我们建筑公司最年轻的工人今年都 50 岁了，这是最年轻的，年轻人没有人干。我现在就这一条路可以走，我反复地想，如果我定下来要给 ×× 公司建养鸡场的话，我必须通过党员代表大会、村民代表大会让大家都理解支持我们 3 年不分红，这 3 年不分红，算大家的股，我把您这个钱入合作社，就算您入股了。

**问**：您这个二次创业所处的层次不一样，原来那时候没钱，但是现在大家都有钱了，您不能光指望着那些租出去的那些服务性经济收入，村里大家入股，还要有能人入股，入股以后钱能生钱。

答：教授，这些问题我都考虑了，我都想到了，而且我反复地想，但是我现在担心，我真打怵，因为我马上也要 60 岁了，而且我们党支部成员、村委会的班子成员，有没有能把我这种精神传承下去的？现在不好说。

问：后继无人？

答：投资 1000 万元的一个项目能不能守住？我就担心我现在创业的这些，我们村从 1994 年我担任党支部书记，集体资产不过 50 万元，现在集体资产 2000 多万元，到时候这 2000 多万元的资产能不能守住都是个问题。

问：我们是一个村改居的村。大家都上楼了，生活习惯、管理方式、物业等都和村里不一样了，社区治理遇到哪些问题？

答：一开始面临的最大问题是老百姓住了楼房但还是住平房的那种卫生习惯。咱村 2012 年分的一批一期，分了 300 户的房子，分完以后咱村就组织清扫卫生，一个保洁员管 3 个单元的卫生，咱村要支付工资。后来党员提意见，不用这些人收拾，我们自己就可以收拾，村里就不用花这笔钱了。我说，这是个好事啊，那就自己收拾吧。从 2012 年分完房以后，2013 年村里组织清洁工收拾，2014 年取消了清洁工，老百姓自己收拾。从 2014 年到 2019 年这 6 年时间，楼梯几乎没有用拖把拖过，有的时候上山种地脚底下有泥，就在楼梯门口的台阶上刮一刮。这 6 年来村里说老百姓收拾，就没有安排清洁工收拾，可以说脏得不行。您到家里看，每家都干干净净的，一出门口，到公共区没有人管。面临这个问题怎么办呢？咱村没有物业公司，住楼以后没有收过一分物业费，所以从今年开始我们实行每月检查两次卫生，15 号一次，30 号一次，每次都达标的户每月奖 0.5 分诚信分，一分 10 元钱，采用这个治理机制。另外党员包户，党员是第一责任人，您是党员包了两个单元，24 户，这个楼道的卫生干得不好，就是您党员的问题。通过这两种办法，现在的卫生几乎不用管，大家都知道，15 号要检查卫生，30 号要检查卫生，在这之前保证楼梯都用拖把拖得干干净净，楼梯扶手都擦得干干净净。一分 10 元钱，一个月 0.5 分就是 5 元钱，一年 60 元，用诚信积分的形式获得。

问：虽然没成立物业公司，但是把小区管理这个事解决了，文明程度提升，其实这是一个很好的方法。

答：咱村的绿化，像村委会安排的种花拔草也是采用志愿者服务的形式。前天我跟这一片的书记开会，其中有三个村的书记跟我讲说真发愁啊，党员大会组织不起人来。开党员大会组织不起人来？我说您这个书记干的是太失职了，您这个书记开党员大会，怎么能组织不起人来呢？我说您有空来参加我的党员大会，我的党员大会实行部队点名制，张三到，李四到，王二到，我全部都这样。每缺一次会扣一分，扣诚信分一分，一分10元钱啊。

问：那咱村有多少个党员？

答：60 个党员，真正包户的不到 40 个人，老龄化，现在有的都不能包户。

问：扣钱不多，但扣的是信誉？

答：关键扣分还有一个问题，这个关系到年终考核。我每月都要考核党员，星级考核如果不达标，我就装到档案袋里，到年终的时候党员评价您不达标，您就是不达标党员。两条腿地走，一方面是扣分；另一方面是您考核不达标，上榜啊，上公告栏啊。所以我刚才说的那三个村书记组织不起来，我说我们村几乎 100% 参加，当然岁数大的不能参加。您一个书记组织不起来党员干活，您干什么工作，那就干不了工作。

问：村风民俗这方面，反映了经济生活变化，红白喜事是怎么处理的？

答：家里有红白喜事的，像咱这块儿去世的老人，很简单，根本没有浪费的现象。这种东西村级考核必须有。没有大吃大喝请客，火化就完了。咱这边死个人火化完，第二天埋了，家里人坐在一起吃个饭，亲戚一起吃个饭，三日再请家里人吃个饭，根本不像西边一个村一起吃好几天。这种事在××村那边会有，我们××村这边几乎没有。

问：还有您看就是说公益事业这方面，在村这一级，有没有志愿者组织，到我们这边参与公益事业？

答：有，但是少。公益事业啊，这样说吧，公益事业，这个村里面搞公益事业，根据村里的能力，您有多少能力您搞到什么程度，像咱村啊，晚上村民休闲跳舞，咱北面有个广场，村委会门前还有一块，外面买房的，就在村委会门口晚上休闲跳舞。村里的老百姓就在那个位置，两个楼中间的广场，村里面多少钱搞多大的事。上面对这一块有支持的，但不是很多。

问：村规民约有么？

答：村规民约有，这个也是当时要求必须有的。

问：这个村规民约有没有得到及时更新或者真正发挥功能？

答：村规民约，这都是以前的版本，不是统一的。每个村结合村情有更新，以前的这些远跟不上形势的发展，考核要求都要做出来。信用积分您得去镇上要，村里有自己的，不一定好使。

问：现在我们老百姓最期待和最担心的是什么？

答：老百姓当然是要求幸福指数越高越好。现在最担心的还是老龄化，这个老人年纪大了，子女过得又不好，怕生病。虽然有"新农合"，但是报销比例不如城里职工的医保好，老百姓最担心的是生病，最大的心愿就是求平安，民生这方面还是最期待的，通俗地说还是民生问题。

# 乡村建设访谈二：XJZ 主任

【访谈对象】 威海市××区××镇××村 XJZ 主任
【访谈人员】 栾晓峰　陈晓红
【访谈时间】 2021 年 9 月 24 日
【访谈内容】

问：XJZ 书记，您现在多大岁数了？

答：我现在是 63 岁，按照规定的话，我早该退休回家了。

问：您给我们简单介绍一下村庄的情况吧。

答：我们村有 304 户人家，851 口人。我们村属于沿海地区，算是一个富裕村，南面通海，原先叫×××，以前搞养殖，鱼虾蟹比较多。村里的经济状况还可以，收租金，退回到 20 多年前，一年收 40 万元到 50 万元的租金，村集体的费用也够了。现在××把我们村有些地方征收了，一次性补偿给我们一些钱，现在经济发展钱够了。随着社会变化，国家富强了，我们村就富了，村民也富了。在这个富裕基础上不但要提高物质文明生活水平，还要提高精神文明生活水平。我们村就组织提高妇女素质，组织老年人扭秧歌呀，跳舞啊，通过这种形式提高村民的精神生活水平。

问：村子富了以后，是怎么来治理村庄的？

答：这几年我们重点对村民实行信用制，讲信用，讲诚信，叫作信用体系，也倡导用信用体系的方法来管理这个村。我们倡导做好人好事，倡导人人讲信用，互帮互助，帮贫助困，也通过诚信体系来约束个别人的不良行为，所以我们现在的思路就是怎么把村民的这种积极性调动起来。村民有积极向村委靠拢的热情，所以大家形成一股绳，村委支部有号召力、有领导能力。所以啊，用诚信体系约束村民，引导村民走正路，就是这几年我们支部村委的思路。诚信的管理方法是每家每户要讲卫生，这是第一条，不但要各家各户讲卫生，房前屋后讲卫生，而且要把讲卫生带到大街面，所以现在村民的思想觉悟也都提高了，没有村民把垃圾倒到桶外，大家都非常自觉。第一，把垃圾倒到桶内；第二，我们垃圾桶是干净的；第三，垃圾桶周围没有垃圾；第四，垃圾桶的桶盖永远是盖着的，这几年在村民当中形成了一种习惯。

**问**：垃圾桶盖一直保持干净，老百姓是怎么自觉地把垃圾往垃圾桶里倒？

**答**：我们村垃圾桶盖永远是盖着的，垃圾倒桶内后把盖子盖上，桶体本身是干净的。村民开始不习惯，从不习惯到习惯有一个过程。我们原来没有垃圾桶，是砖砌的池子，村民就推着小铲车一倒或者用塑料袋一扔。刚开始兴垃圾桶的时候村民还是这种习惯，还是用小车推到垃圾桶外面，还是把垃圾袋扔垃圾桶外边。所以我们就找人看着，看着以后就解决问题。我们通过村广播吆喝，看到一户就通过村广播宣传广播一下。我们就是要让不遵守纪律、不遵守村规民约的人亮亮相。通过村广播吆喝什么时候、谁谁谁不维护垃圾桶卫生，不维护村庄干净。我们就在垃圾桶旁边看着，抓了两个多月，通过村广播和信用体系扣分这种方法使老百姓从不习惯转变到习惯。现在我们村民都非常自觉，没有倒在外面的。再有村民倒在外面，不需要村干部管理，村民内部就有议论。像我们以前的街道会有村民晒粮食，粮食晒完收回去以后，粮食的底子都自己清扫，清扫完以后就跟没晒过粮食一样。

**问**：您能具体说说信用体系的基本规则吗？

**答**：我们村从 2019 年取消村级保洁员，村庄卫生完全依靠村民自觉。村里的不良行为、卫生管理，我们都是通过村广播、通过卫生检查，一个月一次。我原来定每月的 27 日检查，现在 27 日到月底就剩三天，时间太着急了，有些资料汇集太急了，所以我们现在提前了，改为每月 23 日检查。每月 23 日，我们支部村委 3 个人，加上看护管护卫生的督导员 4 个人，一共 7 个人，对全村实行地毯式检查，一户不落。检查完以后，7 个人回来一汇总，有的家一点小毛病当场整改，小东西用塑料袋装回家这样没关系，但是像粪堆沙堆土堆这样的三大堆是绝不允许的。汇总以后需要进行信用刨分，有问题就扣分，再就是通过村里的广播公布给村民。我们全村分为八个区，从一区一直说到八区，对有些人是一种压力，也是一种鞭策，久而久之我们就形成这种自然规律。现在房前屋后，每家每户，都是统一的检查标准。我们成立了信用体系，形成信用积分，一天 2 分，上午 1 分，下午 1 分。检查合格以后，这 2 分，我们给他二三十元的商品奖励。我们有信用超市，可以用积分兑换商品。只要村民参加了支部村委规定的、安排的任务，包括志愿者活动，那积分就上去了，可以领的奖品就多了，不参加就没有奖励。我们第一次发奖品的时候，发的肥皂，肥皂 5 元钱一块，还有食盐，1 元钱一包，有的人能得两包食盐，有的人能得 1 块肥皂。电饭锅之类的六七十元一个，有的人能得大件回家，有的人就得一包盐。如果有的人不去拿，我们就找人送到家里，不能留在这，用这种方法极大地调动了村民的积极性，所以现在信用体系在我们村里真的是开花结果了。

**问：** 书记您刚才说把信用体系与村居环境改变、老百姓的文明习惯结合起来搞，村风提升如何？

**答：** 就是转变村风了，村里形成了一种正能量。歪风邪气少了，邻里之间互帮互助的多了。

**问：** 他们怎样互帮互助？

**答：** 我们在农忙季节，有些人外出打工了，有的家里人少，人们之间就互相帮忙。我们村的好人好事非常多，拾金不昧，比如拾到手机就积极地交上来。我们就通过村广播进行宣传，倡导这种好人好事。为了记录，我们还做了一个小报刊，每季度出一份报纸，送到每家每户自己看。我们实实在在做事，弘扬好人好事，鞭策坏人坏事。去年有人点火、引火烧地堰，我们就把他的诚信分扣了 10 分，罚了 200 元。您一天只挣 2 分，扣您 10 分，我们把它就贴在榜上。我们有红榜也有黑榜，好人好事上红榜，坏人坏事上黑榜。

**问：** 那么利用这种体系进行管理，哪些行为符不符合我们这个体系的要求，有没有专门的界定？

**答：** 我们的信用体系是有标准的，防火防盗防汛、拾金不昧这就属于好人好事；坑蒙拐骗、邻里之间打架斗殴都是坏人坏事，我们就要上榜，坏事就要扣分。

**问：** 谁来认定？

答：我们支部村委要开会，坏人坏事、好人好事都要做认定。我们支部村委3个人，督导员4个人。我们在检查卫生之后，在认定了好人好事、坏人坏事以后，要议论、要存档、要广播、要公布。如果有些小事不值得提的、需要整改的，那你改了就行了，就不公布了。

问：这是你们村办的报纸《诚信望岛》？

答：是的。这里面体现了我们村民的好人好事，所以我们支部重点有个评论，由我们支部点评。我们点评是很深刻的，一针见血的。

问：谁来点评？谁来起草？

答：支部村委。

问：集体意见？

答：对。防疫那段是我自己写的，包括点评都是我写的，写完了以后，我们集体讨论一下，当时每家一份报纸，大家看完以后，有些村民就找到我了，说："哎呀，有些事就和说我一样。"

问：这些点评很好，很有力度！

答：我这个人说话就是一针见血。

问：很直白。

答：就得直白。

问：您看这里写的："我们村有一个68岁独自生活的老人，自己给自己做饭吃，疫情期间立即到村委会捐了500元，并说：'我自己一个人有吃有喝，灾区的人民吃不上饭，我尽自己的一点能力，帮多少算多少。'一个人过着艰苦生活，却把爱心捐给灾区人民，真是让人感动啊！"这是您自己写的吗？

答：是的，当时看到这种行为非常感动，所以我决心写出来。

问：这是第一期吗？

答：是的，防疫那时候的事，去年做的。

问：现在一共做了几期？

答：现在一共做了4期。

问：印刷质量很好，花多少钱？

答：政府给我们印刷。

问：每个村都有？

答：不，需要向政府申请，政府倡导好人好事汇报。我们村在防疫的

26

时候最令人感动的事是：有一家，他儿子在青岛，疫情期间回村，他妈妈告诉他不能进村，村里有制度，他选择住在附近。他从青岛回来以后，他妈妈在家里包饺子，用盆盛着包的饺子，放上筷子去送饭，他儿子在车上吃，他妈妈在车外看着掉泪。心里也不是滋味，儿子回来连家都不能回。

**问**：这个事咱是怎么知道的？

**答**：村民后期反映的，我知道后非常感动，所以我要把这件事写出来。当时疫情紧张，为了遵守村里的制度，为了村规民约，不让孩子进家。后来有人通过进村的小路，偷偷摸摸地进村，在炕上盘着大脚坐着，在家里炒菜炒肉招呼。对这一正一反两种做法，我们就要表扬好的，鞭策差的，在这上面我们就点评。有的人就找上我说：这个事好像说的是我。我就说：您这样教育子女能教育出好子女吗？将来进入社会也是自私自利。所以我们的点评是一针见血的。

**问**：就我们这个报纸，拿到课堂上，就是文化振兴、文明振兴的活生生的例子。老母亲端着饺子在露天餐厅，"防疫中的露天餐厅"！这么一个故事，回家却进不了村，多感人啊。书记，这故事都是谁写的呀，你们自己写的吗？

**答**：对呀，都是我自己写的。我坐在办公室里，好人好事我们知道的就写。村民的行动感染了我，激励着我，我们村里的村民都是优秀的村民，我们村的环境卫生，都是靠全体村民共同努力，依靠自觉的行动，所以我们村到处是干干净净的，不管是白天还是黑夜，道路永远是干干净净的，没有任何人在村里随便丢垃圾。现在我们村后面修高铁站，村西面是隧道修高铁，外地人进我们村的多。外地人的管理很费劲，我们村的村民都非常自觉，如果发现垃圾桶的盖子没有盖，那一定不是我们村民做的，如果有，就是外地人或者打工的做的，或者规矩信用不在我们村的，我们村的村民非常自觉，从来不干这种事。

**问**：这种卫生习惯，大约用了多长时间养成的？

**答**：就是从实行诚信体系开始的。

**问**：哪一年？

**答**：2019 年，以前搞过邻里守望，顾名思义就是邻居之间团结友爱，互帮互助就是邻里守望。

**问**：邻里守望是哪一年？

**答**：邻里守望大约是 1995 年。

**问**：所以邻里守望这种制度打了个好底子，然后进行信用积分制度体系建设？

**答**：邻里守望，后期再一步步进行环境整治。我们正规改变村庄这种情况的话，最主要的是 2001 年村里的环境整治，环境整治改变了我们村庄的面貌，也改变了村风。政府号召村里环境整治，我们村从 2001 年开始，把村里脏、乱、差一次性清除掉。乱搭乱建违章的，包括当时养猪的、养牛的，包括占道建车库的，我们全部拆除，一个不留。工作量很大，工作压力很大，但是我们村把它搞好了。

**问**：这里面您有没有遇到问题，遇到比较尖锐的矛盾，您是怎样处置的？

**答**：刚开始很多村民不同意拆除，为此我们还吵过嘴。但是，这个村里我是书记，那我必须第一个站出来。我们要拆乱搭乱建的话，像牛羊棚、车库这样的，都是每天晚上吃完饭，我到他们家去做工作，坐在炕头上，您有什么需求，合理的我给您干，不合理的我给您解释，我们继续做工作，一晚上不行就两晚上。他们互相攀比，我说您不用攀比，一个都不会留，如果留一个，老百姓攀比，这个工作没法做。

**问**：这才是真正的"一刀切"。

**答**：所以我为什么要自己去，我就是要看您家是什么态度，您是怎么说的。我不能叫村里的委员去，委员做不通工作，委员不能拍板，委员都是说："书记安排我来的，我来说说这个事怎么办。"所以我不用他们去说，我自己亲自去说。有的人家车库盖得非常漂亮，贴的马赛克，相当漂亮，他们去找我的时候，说："您过来上我家来一趟。"我说："什么事？"他也不告诉我，我就过去了。去了以后他告诉我："您说您在治理乱搭乱建拆车库，我也知道我多占道了，您看我这个地方您舍得拆吗，您能下去手吗？"那是相当漂亮，但是下不下去手也得下，全村的行动怎么办，能给他留么，给他留其他人怎么想？其他人的工作怎么做。我就说："这样吧，我找瓦工，您家出小工，我们共同来拆。"我把打道的机器都借来了，到平房上割，用机子割，然后用水擦，我找大工给他干，干完以后，我就给他抹，抹好了，他要是想贴马赛克，我找大工给他贴，我们就做这些工作。

所以我们当时把占道啊、门口啊（农村门口街道，建草厦子盛草方便），按照规定，建草厦子不能超出 3 公分，超出部分我们全部拆掉。我们当时非常严，用一个 2 米的棍往墙上一顶，超出不行推倒另盖，非常严格。当时我弟弟听说了来我家找我，说："是您要拆人家的车库鸡窝牛棚么，您不能动，您一动全村都乱套了，老百姓下面有反响。"那时候，村广播对村民已经招呼起来了，不拆不行啊，所以为了环境整治无论如何也要清理掉，硬着头皮也要干，我们干得是坚定不移。最后我们村乱搭乱建，一个不留，全部拆除。有的老人他没有车库，他有菜园子，门口用栅栏圈一块开菜园子，最多占 6 米。有的村村民私自占地情况不少，但是我们村不行啊，我们那个时候实行"一刀切"，找了 3 个小抓车来拆。

问：通过严格的规矩，才能树立起权威。

答：最主要的您要是当村干部，首先要摆正自己的态度，首先自己要正。

问：您是哪一年开始干的？

答：我是 2002 年开始干的，原来我一直在村里面，我从下学就一直在村里面，在村里当小伙子，给别人跑腿儿，2002 年做主任。原来我在支部村委当委员，开始的时候，我下学以后就在村里入了党。

问：党员是什么时候入的？

答：党员在村里入的，1984 年入党，我一下学就在村里，先是做报账员、记账员。1984 年入党以后啊，干支部委员，管理村委的事务，一直到现在。

问：您是高中生？

答：我其实就念到高中，实实在在地说村里的事，大家一听就懂。

问：现在我听了您对村里的环境治理、文明治理，下了很多功夫，效果特别好。用心治理，不仅把村的环境治理了，还把人心的环境给治理了，这个是很难的。

答：我们重点"收买"民心。

问：把村里的外在环境和人心的内在环境同治，这个是了不起的。

答：如果村民做坏事了，喊一声："主任来了!"他就害怕，俺们村村民对村里的治理政策没有不服的。

问：您本身有威望。

**答**：对于那种坏事我们非常反感，我们就要通过村广播去治理。

**问**：我觉得这对一个村书记来讲，的确不是很容易的，毕竟村里的老少爷们姓氏都是一样的，不是沾亲就是带故的，树立这个权威的过程，我感觉是一个痛苦的过程，对吧？

**答**：最痛苦的是自己家人不认可，对自己家里的叔叔、大爷也要来硬的，痛苦就在这方面。村里的事是整个集体的事，我考虑的事是村里的事，我叔叔、大爷就是考虑个人的事，所以在这方面我觉得挺痛苦的。但是我绝不能因为您是我的亲属，我就给您走后门。我如果给您办私事，老百姓就有议论，您干书记专为小家的利益，那在老百姓中，我这个人就臭了，我还干什么村干部？我还树立什么威信？所以有时候我感觉确实挺伤心的，亲戚们都在村里，我感觉我真对不起他们，我干书记什么忙也没帮他们，老百姓看在眼里，所以您看着村干部，您要是想为村民办事，您必须首先自己正，您自己不正压不住人。

**问**：一开始我们就说咱们村靠海，一年有五六十万元的收入，现在情况怎么样？

**答**：我们现在的年收入主要靠租金，土地集体收入 10 多万元。我们村属于××新区征地，现在有三四千万元，但是现在这个钱不在村里的账上，而是在××新区管委会账上，建××高铁又给我们 1000 万元，所以钱多钱少对我没有什么概念。

**问**：这个钱您是否能随意支配？

**答**：不能，虽然是我们村的钱，但是××新区管委会给我们支配。我们如果上项目、搞建设用钱得申请，管委会批准了就可以干，管委会不批准就不可以干。

**问**：有限制？

**答**：是的，包括福利，我们以前的福利，过年三大节，一人分 200 元也行、300 元也行，我们买鱼、虾、米这些东西分给村民。现在不行了，是管委会按照比例给我们分，中秋节我们现在是一个人 51 元，端午节是 43 元，管委会现在按照当年的收入占比，逐年往下砍，我们的福利要逐步取消了，别的村有老百姓不满意的。我们村归××管委会管，管委会让我们别犯错误。

**问**：现在的土地情况如何？

**答**：村里的土地全部分给了村民，村集体没有一寸地。老人承包地全户死亡我们可以收归集体分配给新生儿。但老人土地儿女栽植果树或绿化树，即便老人去世，我们也收不回土地，只好转承包地，每亩收 100 元承包费。对于××管委征收村民承包地，失地村民每年每人付给土地补偿款900 元。

**问**：这个地不在乎您种不种，而在乎您是否占着这个地，您有这个地权就相当于您有，就像以前的股权制改革，因为地没法量化，这个地就变了，就写个数给您，您有这些地，字面意义上的所有权，确保您以后收益权不受影响，但是这个地在哪跟这个没关系。

**答**：土地的话，××说征收就征收，我们村，我们住房在××路以北，××路以南全部是我们的土地，现在以东以西全部叫××征收了。我们村有近千亩地，征收的可能性很大，所以老百姓全部栽上了树。

**问**：咱们村现在的老人有多少？

**答**：80 岁的老人有 60 多人，9 月，我们为老人在北面建个爱心食堂。每天送老人到爱心食堂吃饭，搞福利，我们 9 月开始试吃一个月，免费吃。

**问**：一个人能吃多少？

**答**：吃饭的话，包子两个，小馒头一个。

**问**：一个人村里补贴多少钱？

**答**：我们后期村里送饭的话政府大体定的是 5 元，村里贴 2 元，村民拿 2 元，政府补 1 元，就是 5 元。中午来送饭，我们村原来安排了 3 个人。现在 2 人就够，2 人分饭，都是志愿者。

**问**：这是咱们村特有的福利？

**答**：我们要求政府允许我们自己做，我们村有钱，能吃得起，老人的话 40 多人一起吃，我们原来有 60 多人，有些跟着子女去城里住，或者去养老院，剩下的 40 多个人我们自己做，一天 3 顿饭，我们少收一部分钱。

**问**：必须得收钱吗？

**答**：就得收费，我们村 40 多个老人，有时候煮虾给他们吃，村里有钱，但是政府不允许。

**问**：60 岁以上的老人呢？

**答**：全村一共 851 个人，60 岁以上的最少也有三分之一，我们村老龄化也挺严重的，60 岁以上的有 331 人。现在村里有 364 户，在村里住的只有 238 户。

问：村里小孩儿有多少？

答：小孩儿就少了，小孩儿真没有几个。

问：大学生多吗？

答：大学生，我们村现在一年平均不过 1 个。

问：村里 60 岁以上的人都在村里住吗？

答：没有，60 岁以上大概有三分之二在村里住着，剩余的在外面住。空心化、老龄化比较严重，我们村 50 岁以下的人寥寥无几。

问：班子成员最年轻的多大？

答：刚刚那个是最年轻的，剩下的我们都 60 多了。

问：你们村委几个人？

答：4 个人。

问：就是刚才那个干部，他干了多少年？

答：他是这届上来的，比较年轻。

问：多大年纪？

答：40 岁左右。

问：他在家里，还干别的事吗？

答：他原来和他父亲在家养猪，现在拆猪场，他现在也没什么事，住在××。他是选举回来的，原来根本不住在村里。

问：书记，您看哪些事让您觉得很麻烦，压力很大？

答：我们这工作比较难的事，就是搞征地，包括××征地、高铁征地。

问：那么对于处理常态化的东西，不说征地这种大事，对于常态化的工作，您觉得什么事比较难？

答：在工作方面没有什么觉得压力很大，没有什么真发愁的事。现在通过诚信这种方法，老百姓也比较好领导，大家都自觉行动，对于别的村工作比较难搞，我们村工作是轻松的，对干部来说是轻松的。

问：就是前面把信用体系的事建立了以后，从根上解决了好多问题。

答：所以现在难的是征地问题，其他没有什么很突出的比较头痛的事。

问：这个一肩挑，对您干主任干书记有没有冲突的地方？有没有什么事是书记和主任真为难的？您一个人干这两个角色有没有冲突的地方？

答：没有这样的事，那是分开干。现在我们镇上是真正的一肩挑，百分之百，45 个村，都是书记一肩挑。

问：咱村有多少个党员？

答：咱村有 45 个党员。

问：45 个党员，60 岁以下的占多少？

答：党员老龄化，人口老龄化，60 岁以上的占 65.6%，其他的是 60 岁以下的。

问：书记，您现在这个年龄，现在问题不大，但后续这个班子还得从党员里面培养。这个梯队的问题，您觉得将来怎么办，有没有考虑这个问题？

答：选举这个方法也很难说，有的村选得确实不错，但是个别的村选得确实不行。现在我们通过选举的方法，选完以后有个别的村确实偏离了。现在一些大村，选来选去，强调支部成员里面必须有一个女党员，硬性规定，往往把女的选上了，但是男的互相有竞争，票数不够了，达不到一半的人数了，但是要突出妇女主任这个职务。选的女的干妇女主任，女的都愁死了，能力达不到啊，反而那些有能力的男的因为竞争落选了。

# 乡村建设访谈三：BFQ 主任

【访谈对象】 青岛市××区××镇社区 BFQ 主任
【访谈人员】 张登国　王连伟　郭太龙
【访谈时间】 2021 年 9 月 17 日
【访谈内容】

问：请简单介绍一下您自己的一些个人情况吧。

答：我今年 64 周岁，1957 年（出生）。在担任社区书记之前，我担任村主任。

问：您是哪一年开始进入村里（村委会）的？

答：我是 1975 年高中毕业，高中毕业以后在生产队大集体的时候干了半年副队长。1976 年的 3 月份就上大队了，干大队的团支部书记兼着大队的物资保管，所有的物资都得需要大队统一保管。那会儿大队的两个重要的人，一个是物资保管，一个是现金保管。1981 年入的党，到 1987 年就任村主任，到了 1992 年，1992 年就是老书记退了以后，让我任书记。

问：简单介绍一下村里的基本情况吧？

答：我们村里在册的一共是 480 户，房屋是 550 处，1740 人，规模在镇里 31 个村排第六，因为××镇××村的规模不算大。我们镇上最大的一个村是××，才 1200 来户，一共才不到 4000 人，这是最大的一个村。但是在××街道，算很平常的村。××村不说上万户，至少得几千户。对面的××村，有几千户，上万人。

问：村里有多少个姓氏？

答：虽然村不大，但是姓氏比较多，我们有 22 个姓氏。人员聚集很复杂，是个老的集市点，刘、孙、张、卜、徐这几个姓氏比较大一点，其他的有十二三个姓氏是小姓氏，是过来做生意的小手工业者。慢慢就在这里聚集、繁衍生息，把这个村的姓氏给扩充了。这几个大姓随着时间的变化，还有很多外出的，逐渐这几个大的姓氏就缩小了。

问：请您谈谈咱们的土地使用情况？

答：土地资源很少，我到大队那天，大概人均不到 4 分地。接了村主任，不到 3 分地，接了支部书记才 2 分地。当时组织很重视镇驻地这里，学校、工商税务、银行、交通、公路包括政府的大机关、村社粮所全部坐落在××镇。××镇的整个公路两侧全都是村庄，很密集。管理部门、政府部门很多都在这个村里，这里插一脚，那里插一脚，尤其是在计划经济的时候。

问：收成呢？

答：交易市场后来成了大集（赶集的场所），本村老百姓只靠种地不够吃的。

问：除了种地收入，还有其他方面的收入吗？

答：那么其他的，都是慢慢做生意的，××村以后就把这些基本收进来了。卖粮食的去粮所，卖鱼的去供销社，理发缝纫的归综合服务。归类以后随着组织的扩大，人员自然也扩大，当时都很繁荣，所以只留了一点地去种。这个生活呢，不能说吃饱了，但是基本上能维持。

问：什么年代的事情？

答：改革开放之前，改革开放之后，不能以地为主了，当地的交易市场也满足不了人们的生活需要。经济发展了，人们的欲望也多了，没办法村里就出去找劳动市场，搞建筑、搞运输、搞装卸，组织了 4 个队，一个队 40 来个人。

问：那时候都去哪里务工？

答：当时××汽车配件厂去了 40 多个人，现在这个厂已经没有了，××机厂还有。青岛×××厂、青岛×××厂，一个单位去 40 多个人，村里的壮劳动力、有能力的都出去搞副业挣钱，年龄稍微大点的妇女把家里的土地再种上。我干副大队长那时候，1978 年、1979 年开放以后，我们立即按照政策要求进行承包到户。这样一来，更多出一部分劳动力，扩大了外包规模，咱村也多亏这种方法。到了 2000 年，咱们是××区第一家实行土地分包的。按照上级政策把地分给老百姓，人均一份，村里再按照国家政策返租回来，原来老百姓的思想是这里有一块地，那时候以队为基础，假如有 5 亩地，你的队有 200 个人，也要分这块地。有 30 亩地，也是这样。单独拿出这块地来，这 10 个人分这块就不愿意，地或好或赖没办法，思想不统一。我是一大家子，老大一直到老六合伙平均分这块地，这样起码能种开一溜玉米或者一笼地瓜。各个村产生荒地的现象都是这个问题，就是这块地平均分，分了以后没法种地，长得叶子伸他家去了，所以就荒了。个人就得想办法去经商，我们村一看这个形势直接就重新包回来。

问：租金多少？

答：2004 年就 2000 元一亩了。第一年、第二年是 1000 元一亩，到第三年就开始 2000 元一亩。

问：返租以后再争取这个建设用地的指标，对不对？

答：对，有一定指标。因为政府在调整土地使用性质的时候已经把这块考虑到了，不单纯是村里规模经营，政府又建学校了，搞医院了，还有搞其他的公益事业了，你必须得有地。所以政府就把驻地的这 6 个村、东西方圆 5 里路基本空出来了。

问：返租回来干什么？

答：调整土地使用性质，建学校、搞医院、搞公益事项，这几年光建学校、幼儿园、小学、初中了，都在咱们村。

问：学校占地多少呢？

答：这三个学校，将近（占地）270 亩地，但是还有那个安置房要弄，必须无条件（服从），还得积极去配合。尤其是 1997 年，从 1997 到 2005 年按照街道的要求都办成建设用地了。这样你把返租回来的土地再用来建厂房，招商引资，对外租赁。因为 1995 年试点，搞了个企业改制，这样给街道也好，包括给区里也好，给街道、给社区可以解决很大的压力。很多村里五六个企业，隔壁村最高峰时一个村 48 个企业。××镇成立第一家村级公司的是××村，一开始相当红火，结果到年底算账就亏了。到 2000 年，这个村就负债 2000 来万元。咱村虽然企业数量规模不大，但却是发展最早的一个村，起步最早，这次的改制也是最晚的。

问：这几个企业经营什么？

答：五金、纺织、运输、塑料，开始热热闹闹的，年底"皮包骨头"。

所以没办法得改制。

问：哪一年开始改制？

答：企业是 1995 年，大环境开始的时候，好处是光改动产，按照政策是不动产也要改。承包给原来的厂长经营，因为他对包括原材料的采购、市场的外销、有关各职能部门的协调等都熟悉。我这个厂房、土地都没卖，包括拖拉机，这是集体资产。不动产都留下到第二年再租给你，很可能第二年比市场价低一两成，到现在房子、土地都是集体的。

问：房子土地现在都还有吗？

答：都还是集体的。

问：这几个厂是哪一年最初建立的？

答：都是计划经济的时候，最晚 1980 年。

问：现在这几个企业还一直在运转吗？

答：纺织、运输没有了，因为原来的位置在道路上，××路拓宽、修路，就剩下那个塑料和五金。这个塑料它有一部分污染，说是塑料，但也带着五金的配套，当时也是给这个××配套。起初做塑料凉鞋，原来最早是我们这里和塑料一厂出塑料鞋，供应全省。后期做这些不行了，生活水平提高，最大的××、××、××三个大县做凉鞋就被淘汰了。

问：最初的时候为什么选择这 4 个产业？

答：村里一直就存在塑料产业，另外 3 个产业在我毕业之前就有。

问：五金是干啥的？

答：铸件，原来是斧头，斧头都是人工打出来的，由这个逐步延伸出来用车床做，机械化了。我们原来是农具厂，很早以农业为主，包括苞米、人工播种的时候，工具都是人工打的。后期要锄苞米，我们是最初生产的，但没发展下去，××批量生产。因为土地面积少，没发展起来。弄了车床，就逐步出壮工当搬运工。关系逐步搞好了，就给他们加工一些技术含量低的加工件，逐步与××机厂和××汽车配件厂等开始合作。到现在给××配套冷凝管，技术含量又上升了。所以当时附加值相当高，现在还一直配套。

问：现在咱这两个企业能安排多少人就业？

答：人不多，一共百十个人，本村占一半多。

问：集体贡献多少？

答：一个企业 50 来万元。

问：还有其他的集体收入吗?

答：建的厂房，对外租赁。

问：一共收益多少?

答：600 来万元。

问：怎么花?

答：社区正常运转，增加居民福利。

问：怎么增加居民福利呢?

答：一个是卫生，自保门前清，房前屋后，不放三大堆（土堆、草堆、粪堆），这在农村是个常用语。生活水平提高，屋内的居住环境提高了，老百姓不在乎院子外的事情了，把家里所有的杂物放外面了。包括老年人生炉子、三轮车，不往家放，直接放在外面了，不管你走不走路、车里拉的什么东西、产生什么垃圾。所以村里对这一块进行限制，也是一桩福利吧，门口收拾干净一点吧，有放好几年的，打扫干净的社区奖励一户500（元），把自己门口清理干净。

问：公共区域怎么解决?

答：社区两委成员、工作人员，风雨无阻，打扫卫生。现在实际上，一些垃圾啊，乱七八糟的，主要还是家门口，每家每户自己弄。

问：咱有专门的环卫工人吗?

答：有的，是街道统一配的。

问：统一的就是全都管吗?

答：就管村里的主路，村里头的街头小巷就不管了。

问：收钱吗?

答：这一块就是每家每户收 11 元。

问：村里的红白喜事怎么管理呢?

答：我们村里是提倡出殡 2 天，节省时间，减少浪费。不允许穿白衣裳，不允许扎纸人、烧纸。

问：村里有什么额外的补贴吗?

答：村里给每户 2000 元，作为补贴。因为每户都要经历，无非是个偶然。只要因病、因老、因伤去世的，做到节俭等要求就给补贴。

问：除了丧葬补贴，家里还有什么成本?

**答**：统一报销了。

**问**：骨灰盒呢？

**答**：自己拿钱，唯独骨灰盒，因为个人标准不一样。远的走不了的人，管顿饭。

**问**：白事的吃饭是什么情况？

**答**：前天村规民约定了不超出 4 桌，原来有红白理事会，随着有些人年龄的增长，我们又调整了一下。20 多个姓氏，每个姓氏的习惯都不一样，虽然是一个村。根据老辈的习惯过来的，逐步延续。我们准备把红白理事会标准调整一下，统一一个标准。孝子孝女不能来回跑这个跑那个，只留两三个人照望。再就是整理墓穴，不超过五个人，社区管饭，剩下的全部遣回去。

**问**：这五个人有误工补贴吗？

**答**：没有，这五个人都是本家的，都是丧主自己定的。我们 8 个居民小组，党委成员每个组有一个人，每个大姓氏有一个人，必须有一个女的，每个居住的角落也有一个人，和现在网格化一样。不管是被盗、失火、水淹等问题都是你的事情。

**问**：村里有没有什么矛盾？

**答**：基本没有，一个组，一个大姓，都由一个人来负责。

**问**：这个习惯或者是约定俗成大概是什么年代？

**答**：1992 年，给老百姓开会，让他们知道有矛盾找谁。在党员会上，一直灌输让老百姓有思路、有概念，说白了就是有事去找谁，不要去找书记、找主任。俺（我）一直是书记、主任，就从这一届说起，所以基本上社区的这种运行模式，（老百姓）实施起来还挺清楚。所以下一步研究红事、礼尚往来之类，现在还没有很明确的规定。

**问**：咱村里有公墓嘛？

**答**：有公墓。

**问**：嗯，也不用花钱吧？

**答**：不用花钱啊。村里全部整理了一遍，基本上类似于这个商业公墓，有专业的管理和人员，禁止香纸进墓地。9 卷纸、3 炷香，别的一点不让拿。陵墓长出的草都给你整理得很好。

**问**：噢，这个公墓修建的时候投入了多少钱？现在每年维护需要多少钱？

答：现在维护基本上就是一年花费五六万元钱，2 个人。原来投入的时候是政府投一部分，村里投一部分，村里主要投个 50 万元吧，街道投个五六十万元，一共一百一二十万元。

问：大概设计了多少个墓穴啊？

答：设计是 504 个。

问：老百姓家里没了人，是喜欢放在怀念堂呢，还是喜欢放在墓地？

答：现在人们大部分还是喜欢放在墓地，但是将来这 500 多个墓地资源越来越少，怀念堂应该还是将来发展的方向。

问：那个咱村两委成员都是什么情况，现在多少人啊？

答：我任村主任，老书记还在的那会儿是 7 个人。2010 年的时候，全区属我们最大，居委会 7 个人，支部 5 个人，一共 11 个人。当时我也说人多了就当工作人员用，除了特殊情况统统干活。中间分管的工作不用督促，干就行了，所以伙计们都很认真。这两届换了 5 个人，上一届换了 3 个人，今年春换了 2 个人，进了年轻人，还是 11 个人。1987 年进来的就剩我们 3 个人了，2 个女的，一个计生主任、一个妇女主任，当时数我们三个年轻，她们两个比我小，一个属虎的，一个属狗的。再陆续的，一届进来一个、退出一个。进来的 2 个人学历都是本科，上两届是 2 个专科生，原来很多就是办公室的工作人员，随着经历丰富就进来了，年龄结构在街道差不多中等，平均年龄大约 52 岁。

问：几个女同志？

答：3 个，村委会 2 个，支部 1 个。

问：任职补贴呢？

答：报酬，我们都是按照街道标准下发的，分为两部分。

问：怎么分法？

答：一部分是岗位补贴和绩效补贴，岗位补贴是统一制定，是平均工资的 1.5 倍。2021 年是 38227 元，这是岗位补贴。再加上绩效考核，这个是千分制，一分多少钱，我们一般都是 50 元钱 1 分。根据你考核的成绩给多少分，1000 分就是 5 万元，这就是最高标准。我们的标准是不高于这个标准，可以根据社区的财力状况适当降下来。如果社区没钱不可能负债去发工资，最差能拿 4 万多元，书记主任工资确保不低于 8 万元。虽然是千分制，我们还有浮动分。比如我们某项工作特别突出，有加分项，可能有 1000 分多一点，但浮动性也不大，也就两三千元钱，作为一个奖励。

**问：**咱的委员补贴呢？享受这个村副主任待遇吗？

**答：**是书记工资的 80%，根据上级规定，能拿到 6 万—7 万元。

**问：**嗯，委员定的标准是多少？书记工资标准定完之后，再拿他的 80% 对吧？

**答：**对，这也是上级规定的啊，这个委员吧，也就能拿到个 6 万—7 万元的样子，唉，达不到 7 万元。去年就是后来差不多 5 万—6 万元，但是考核啊，应该属于那个优秀社区，可以有一个工资的浮动。

**在场干部：**我们今年的考核办法吧，对于考核优秀的社区书记、主任的绩效上浮 20%。但是呢，每个社区的经济状况不同，虽然说上浮了，但是如果经济财力有限、不足以支撑这个绩效的话，你也不要强发，有条件的话你可以发，但不能高。

**问：**咱村里发生的这些变化，您可以归结为什么原因？

**答：**得益于上级的政策、街道党工委正确的领导，这是最大的前提。再有其他的因素就是在日常工作中，所有的两委成员必须把本职工作当自己的活去做，夹着尾巴干工作，先做人。老百姓认为咱是个大队干部，咱其实不是，实际上咱们就是服务，他认可你，你就必须付出，必须得给他们搞好服务，时间变了，形势变了，服务对象的理念也变了，咱们必须跟上形势的发展，要走在老百姓的想法之前，老百姓考虑 1，你必须考虑到 2。在日常工作中，不排除很多老百姓的思想意识、工作能力、积累的经验比我们还要丰富，我们要加大学习，学政策，包括上门去学。所以两委成员如果不做到这样，村里的整个工作不会往上走，而且你在村民当中的威信自然就低。见面必须先向别人打招呼，不管是谁。去街道，看门的也是我们的"领导"，也不能大呼小叫。街道发报纸掌握的情况，掌握的动向肯定比我们多、早、全。每天送报纸，我每天就和他打招呼。所以我和他们说，出门都是咱们的老师，不能轻视任何一个人，这样才能干好工作。很多资源得自己去观察，方方面面的，政策、社会、资金、军事等得去观察，养成记笔记的习惯。

**问：**咱村里有幼儿园吗？

**答：**原来在 ×× 有个社区幼儿园，后来学校的档次提高了，幼儿园也不行了。所以前年投资 2000 多万元，建了一个 15 个班的幼儿园。不单单承担我们自己村里老百姓的孩子，也承载其他相邻地区和外来人口的孩子。

问：2000 多万元的资金来源是怎么构成的？

答：村拿一部分，街道补助一部分，区奖励一部分。主要是我们担负了社区责任，之前咱村一共 66 个孩子，但现在有 350 多个孩子在幼儿园。

问：幼儿园承担外来人口，幼儿园一个月多少钱？

答：一个月 360 元。

问：一天吃饭多少钱？

答：一天 6 元钱。

问：咱这个村现在有多少外出打工的？

答：大部分都在本街道或邻街道，做"二贩子"。你家种的黄瓜 4 毛 5，我来买就是 5 毛 5，大部分就近打工。

问：多少个人做？

答：百八十个人吧。

问：村里的留守儿童、留守老人多么？

答：不多。

问：咱村里"蹲集头"（二贩子）是卖什么？

答：蔬菜、果品、水产品还有副食品之类的，就是赶集的那些东西，中间商赚差价，就是零售了，"一称进，千称出"，利用区位优势。假如说，我们社区不在这个驻地，也没有这个集市的话，如果到一个偏僻的社区去的话，买的人很少是吧？所以在这个里面（地方），人口比较密集、比较集中，这个很重要。

问：咱现在还种着多少地？

答：很少，基本没有了，有 10 户 8 户不愿意出去打工的，在家闲不住，返包以后有二三十亩地没利用起来的，村里不用，他们如果想种地就拿去（种），种也不收你钱。

问：咱村里有没有什么专业合作社？

答：原来没有专业合作社，刚成立一个股份合作社。有部分"蹲集头"的，另一部分用自己的房子开个门头，做个体户。这样来村里找，村里就给你挖门，把门口给你硬化，鼓励你干。需要电，你申请，就把电给你拉到这里。一是扶贫；二是解决劳动力就业、增加收入。你给他服务好了，经营不善是你自己的事。以后社区有活动，他百分百支持你的工作。

问：咱村民收入大概是什么情况？

答：大富、大穷没有。

问：一个劳动力的平均收入呢？

答："蹲集头"、开门头房的这些没法说，有的二三十万元，甚至三四十万元，最低一年下来十多万元。

问：开门头的主要是做商店吗？

答：商店、推拿、理发等。村里的网购也有，只要涉及的，差不多都有。

问：没有富户吗？

答：有，是搞工业的。

问：他们主要做什么？

答：他是搞塑料大棚的。

问：那是在村里还是在别的地方搞塑料大棚？

答：在其他地方。这个不在村里，他主要是经营这些设备，生产、经营、销售都有。

问：外出做生意的这部分人不怎么回家吗？

答：他们父母在家。

问：年收入大概有多少？

答：三五百万元不止。再就是百八十万元的有几户，大的"蹲集头"的也能达到一二百万元。外地卖鲜果品的，生意都很好。

问：咱村里有小学吗？

答：有。

问：初中呢？

答：也有。

问：大学生数量这几年有多少？

答：平均一年也就七八个。

问：咱们有卫生室吗？

答：有。

问：几个大夫？

答：2 个。

问：老百姓拿药有什么优惠？

答：拿药优惠，很便宜，有保险。我们村是农保转社保，只有极个别的村民没有转过来。

问：怎么补贴呢？

答：个人一部分、村一部分、街道和区一部分，各三分之一，100元钱的话个人拿33元。前年转社保的时候，一方面给村减轻压力，区里也减轻一部分压力。到年龄段的，村集体全部拿上。当时很多的村不支持，不做工作、不讲政策、不理会。咱村里区级、街道领导专门来培训和传达，因为有时间节点，到点以后就不能办了。所以我们村挨个入户讲，这样基本上全转了，还剩下60来个人没有转。

问：钱是怎么来定？

答：到年龄的话，村和村民个人各拿一部分，或者一次性交上。

问：转的只有养老？

答：对，转的只是养老。医保也可以去交，交灵活就业。老百姓都很赞扬。

问：村里的住房情况如何？

答：40岁以下的，没怎么有在村里住的了，在商业小区买的房。

问：老年人养老怎么解决？

答：我们搞了一个老年人日间照料中心，愿意过来的就过来，不过来的就居家养老。

问：有什么补贴和服务？

答：没有补贴，只是给你服务。上门服务，提供照料、洗衣。原则上是给失去行动能力、不能自理的老人。

问：咱村有多少居家养老的？

答：十二三个人。虽然有些不能自理的，但是我们村整个经济状况比较好，子女也好。早些时候家里闹矛盾纠纷都是因为没钱，穷。养老可能这个人多拿5元钱，那个人少拿10元钱，久而久之产生矛盾和意见。现在子女们已经不是很介意，老人也不愿意单独搬出来。但老年人日间照料中心开业这么长时间，来的人很少，几乎没有。这个中心存在的价值就不大了，浪费了。老的村委正好沿着路，区位优势很好，属于闹市，如果对外出租，会比整个院高3倍以上。所以领导们也是为了增加集体收入，那边租金 40 万元，这边 10 万元，干脆搬过来，一年能增加 30 万元的收入。当家人过日子要会打算盘，精打细算。这些收入无论是给老百姓福利待遇还是提供服务，有资金就方便多了。现在比较简陋，如果收拾好了，各种服务大厅、窗口也就有了。每个办公场所提供更优质的服务，老百姓大部分都在这里，也更方便接受服务。

问：60 岁以上的老人还有没有额外的补贴？补贴多少？

答：60 岁以上的每月 240 元，60 岁以下的每月 200 元。

问：这些年有没有一些矛盾纠纷？

答：现在热点就是村庄没改造，部分家庭需要房子。我们的政策是一个儿子一处房，不管你几代，都是享受一处房。比如我，老爷爷是自己一个人，我父亲是一个人，父亲下面的我是一个儿子，就是一处房。

问：现在如果五世同堂呢？

答：也是住在一起。

问：现在老房子翻新是不是要备案？

答：是的，按理说要审批，但在××区建区以来，就不批了。因为咱是个新区，考虑经济的发展、城市化的建设，再批宅基地的话就不利于经济的发展，而且会造成很大程度的浪费。但是现在基本上都是商品房，街道上有很多的商业小区，仍然有极少数的条件还是达不到。

问：房价多少？

答：1.1 万—1.2 万元。

问：普通家庭买房有压力吗？

答：压力比较大，他的诉求你解决不了，是政策的原因，没办法。我们只能从工作、服务方面加大力度去平衡。现在就是住房问题，不批宅基地。群众对住房的不满情绪，这个不是村里能解决的。

问：村里有村规民约吗？

答：有。

问：您现在的工作面临哪些压力？

答：主要是服务对象的素质高低不平，有些能顾全大局，确实是政策原因。另外一部分就抱怨，所以我们就使劲服务、使劲干工作，时时观察他的动向。谁娶媳妇两委成员都去凑份子，谁家老人去世不允许送纸，我们每个人拿 20 元钱，派个代表过去。

问："一肩挑"给工作带来哪些变化？

答：利大于弊，我从干主任到副主任到书记，也见证了分担、合担的利与弊。分担工作的时候，对某件事的决策效率上来说要差一些，书记、主任素质都同时不错、摆正位置的时候，比较好；这几年据我的观察，不好的方面就是书记、主任位置摆不正，容易产生矛盾，进而对工作产生制约，一届下来基本上就是这个情况。从我干副主任开始，情况都很不错，我们从来没有因为工作问题出现矛盾。"两委"成员在开会的时候基本上批评和自我批评，平常的时候谁家有事我们就去，没事就相互串串门、交流交流，养成很自然的氛围。

问：现在"一肩挑"有什么弊端？

答：要加大监督力度，这是最关键的，要包括方方面面，包括日常行为规范，以及谈话、着装等，不允许中午喝酒、不允许上班穿拖鞋。女的不能浓妆艳抹，来了就是服务，不是来选美的。

问：您觉得咱现在老百姓最期待或者最担心的三个事是什么？

答：社区干部的作风，有信任的依靠。再就是社区人居环境（安全、卫生、治安、医疗、上学等多方面的）。最大的是公共服务（有什么事找组织），在外面比如突然家里出事找谁？找组织。组织比儿女都快，等儿女请下假再开车过来，还不如叫村里人去。让村里的人帮忙、收拾，再等儿女回来商量别的事情。现在医疗条件，我们××镇欠缺一些。

问：老百姓生病除了正常报销还有什么补贴？

答：今年春天我们给街道写了一个报告，把报销之外的，社区可能再报销80%，现在还没批准。

问：每年大概多少钱？

答：预估每年平均40来万元。我跟很多领导部门沟通，现在还没给定性，也必须先给纪委汇报。

问：您认为什么样的村才算是实现了乡村振兴？

答：扶贫这方面，老百姓不能说百分百没有后顾之忧，还要靠自己去努力。一定要坚持下去，你不干了，就前功尽弃了。我们有专门的组织，出去走访的时候，看看招商情况、发展方向、今后的打算等。环境是一方面，再一个老百姓实际需要是最大的一块，反正我的观点就是重视老百姓的实际需要。

# 乡村建设访谈四：WGD 主任

【访谈对象】 青岛市××区××街道××社区（原××村）WGD 主任
【访谈人员】 张登国　王连伟　郭太龙
【访谈时间】 2021 年 9 月 16 日
【访谈内容】

问：我们主要是想了解一下我们这个村委会主任眼中的乡村建设的一些情况，包括乡村振兴，包括这么多年我们乡村的发展变迁以及您对我们这个村未来的一些谋划和一些设想等，可以畅所欲言。

答：嗯，好。

问：目前工作感觉怎么样？

答：现在实行"一肩挑"了，我们实际上 2007 年就开始实施书记主任"一肩挑"了。以前村比较乱，不管从哪一方面，村干部换得比较频繁，现在来说就好多了。

问：村里有没有发生什么大的变化？

答：从 2004 年开始，我们用了一年的时间把村里的整个卫生面貌做了很大的改观。胡同也通畅了，卫生整洁，给人焕然一新的感觉，老百姓也慢慢认可了，因为以前是脏、乱、差，他们认为我们能干实事。

问：除了面貌，还有什么新的变化？

答：从 2007 年开始，村庄才开始逐步稳定，我们就开始考虑发展的问题，以前社区可以说集体经济不是很强，一年收入二三十万元，仅够应付社区的正常开支。我们就首先成立了农民工市场，这是自发形成打工人员聚集的地方。当时对社区周边的治安、道路造成了很大的社会压力，就在和××镇接壤的地方。

问：那村里怎么运营这个市场呢？

答：一期工程占地 31 亩，建立了农民工的配套公寓和交易大厅，里面还有餐饮、服务项目，把农民工全部引到室内交易。首先解决了卫生、交通堵塞问题，并且稳定了社会治安。

问：市场收益呢？

答：慢慢也增加了社区收入，解决了闲杂的劳动力就业问题，进去开个餐饮、小超市等。

问：还做了哪些工作？

答：再者就是通过出去学习，经过多方面考察从江苏××引进相关的技术等，那里花卉鸟木产业很好。2009 年引进了花卉市场，解决了闲散土地的使用问题。

问：具体的运作过程是什么样的？

答：先是社区发展，就是带领社区先直接干，慢慢地再弄一户，他一挣钱把这个市场就培育起来了，也就是负责把这个花卉打通。我们建了温室花卉大棚，社区先开始自己干，带动了村民跟着干，培育好了市场，然后很多外地花户过来租我们的花卉大棚，毕竟社区没有足够的精力和实践去管理花卉。在青岛区域内我们有很高的知名度，通过一系列的建设，集体经济不断壮大。主要在发展过程中以党建为引领，我们不断地外出考察学习。

问：村里的党员情况呢？

答：2007 年有 30 名党员，因为社区发展好了，外面的流动党员很多也想把党员关系转回来。

问：党员的年龄构成情况如何？

答：30—40 岁占大部分，考上大学以后组织关系都转回来。我们主要是年轻化、发展学历高的，现在 35 岁以下的有 30 多人。

问：那学历呢？

答：大专学历占 30%。

问：大学生回来的多吗？

答：15 人左右，回来就业的有七八个人。

问：党建工作呢？

在场干部：党建工作，我插两句啊，这个社区在 2004 年之前比较乱，那个时候社区一共20多名党员，这20多名党员基本上都进过社区的支部班子，或者干过书记，或者干过委员，或者干过主任，来回更换。这一届不行，另外一个团队再上来，然后干了工作还不被认可，就是这20几名党员呢，都进过这个社区的两委班子。从2007年之后呢，社区就以党建为引领，确定了一个党建品牌，叫"围绕产业抓党建，抓好党建促发展"，做好社区的这些党员工作，而且当时 WGD 书记组建的班子里边，就是我刚才说的这些，许多都担任过社区书记、主任或者干过委员。

问：书记怎么做的呢？

在场干部：这个 WGD 书记呢，善于化解信访矛盾，善于化解农村的基层矛盾，他就把这些人都凝聚在一起。做好以党建为引领，然后抓好社区的产业发展，因为经济发展特别重要，社区有了钱才能给群众办实事、办好事，所以就是刚才说的这几个产业一步一步地推动了社区的发展。

问：能举例说说嘛？

在场干部：那么这个社区书记，因为有丰富的农村基层工作经验。我们××街道一共50个社区，有的社区控制不好了，信访矛盾太多了，比如我们一个大村叫××村，特别乱，常年存在信访问题，后来让别的一个村支书兼任这个村的书记，在那里搞了一届，然后社区平稳，今年这个换届也较好。这就是说我们这个农村社区干部的这种基层工作经验加上党建引领的作用，促进了社区的和谐发展。

问：怎么化解村庄内部矛盾问题的？

答：首先是社区环境的改变，社区稳定了才能发展经济，经济搞上去了就能把党建浸入社区的发展之中。社区真正起步是从2007年开始，到现在14年了，就是先稳定，没有稳定的组织你干一切事都很难。

问：怎么稳定的？

答：花卉市场巩固好了，租户有钱赚、有自主经营能力，自然而然就配合好了，社区的集体收入也有了。

问：村里怎么做的？

答：从2016年开始我们把所有的土地返租，流转回来以后正好有花卉市场，再加上我们传统的草莓采摘和杠六九（品种名）西红柿，带动了农产品的发展。成立了股份合作社以后，人们一过春节就过来采摘草莓，我们不用自己采摘。草莓拿到市场去卖可能10元一斤，这样我们根据不同的时间定 30 元或 50 元一个人。在春节期间的草莓最高能卖到 100 多元一斤，不用出大棚，在大棚周边就可以销售，既解决了劳动力就业问题，又增加了收益。

问：村里的土地现在是什么情况？

答：2010 年土地全部流转，老百姓种植意愿不是很高，那时候种的是一种蜜桃，种植意愿没那么强烈，因为种植的经济效益不高。这有很多原因，因为周边种植相同作物的太多了。再就是气候，因为蜜桃是这个季节才出，到秋季雨水勤，忙活了一年也可能没什么收入。

问：那村里老百姓不种地，收入哪里来？

答：周边小工厂非常多，他们觉得打工的工资比种地强。开始出去打工，不用起很早，也不用沾土。

问：不能出去务工的呢？

答：有种植意愿的话，拿出 150 亩地，我们专门建立了一个采摘园区。

问：这些地怎么个用处？

答：把村里的水电通畅，以旅游、采摘为主。××的花卉市场主要种多肉植物，不过这两年不太种了。

问：做这些的成本大约是多少？

答：之前多肉植物很火爆，一个大棚占地一亩，一个大棚租赁费 2 万元，并且带动了很多刚毕业的大学生。因为他们也需要创业，会电脑。剩的那块地我们就建了采摘园，种草莓、地方特色的蔬菜。经营到 2018 年的时候，慢慢地这个市场开始发生变化，收益与咱这个大棚投资不是很匹配，再加上集体化也存在一定的问题。所以从 2018 年冬天改成了亲子乐园，现在就是小孩玩的地方，在外面、里边有配套餐饮。今年的 9 月 11 号就开始营业了，因为现在是夏天，休园 2 个月，里边正好也在升级改造。

问：客流量多少？

答：一天人多的时候接待 1 万多人。

问：亲子乐园门票多少钱？

答：门票 59 元，网上买可能还便宜。

问：这个亲子乐园占地多少？

答：当时建的时候在山东是单体面积最大的，初建的时候 4.6 万平方米，整个园区占地 100 亩。从去年升级改造以后，效益一直非常好，都属于集体经济，在全国各地都很有名。我们一直在抓这种最新的经济模式，前两天为这种采摘体验有来采摘草莓的，到了周末、假期，没地方玩，我们就提供这种场所。

问：除了亲子乐园，还创建了什么场所？

答：提供了休闲养老场所，养老院。

问：党建工作如何开展的呢？

答：2007 年开始以党建为引领，做好社区党建工作。以前我们这个社区一共 6 个人，因为我们 2019 年成立党委了，2004 年的时候是 20 几个党员，去年达到 100 多个了，我们升格为社区党委了。这也不是个硬性条件，因为有的社区即使人数达到了，但做的是否能达到标准不好说，也不是说所有达到 100 多位党员的都达到成立党委的标准了，这只是其中一个条件。在今年换届以后，现在是 7 个人。"两委"成员是 10 个人，为了社区发展我们也培养年轻人，他们热爱社区工作，也愿意为老百姓服务。按照要求可以设 5—9 职，我们设 7 职。

问：您今年多大了？

答：1963 年出生，58 岁。

问：2004 年之前做什么？

答：搞运输，开了个运输公司，也算是个社区能人，当时是高中学历，现在公司不开了。

问：现在任职补贴是什么情况？

答：书记、主任是分三部分。

问：能具体说说吗？

答：第一部分是岗位补贴，根据农民收入的 1.5 倍一届一调换。上一届的岗位补贴是 31000 多元，由区财政发放，两委成员由社区发放，享受书记主任的 85%；第二部分是绩效补贴，对社区考核。共划分为 5 个档次，根据工作量和工作完成情况，18000 元到 34000 元不等；第三部分是奖励补贴，由社区发放，是绩效补贴的 50%，前些年由街道财政发放。随着我们社区的转移支付，出了政策和标准，现在由社区发，今年的岗位补贴在开完会后涨到了 38000 元。

问：最低档能够拿多少？

答：6 万—7 万元。

问：村里委员有几个女同志？

答：就一个，居委会的，35 岁左右。

问：怎么就一个？

答：要求每个社区班子有一个，不做硬性要求。如果没有，就做兼职委员。2007 年之前有两个男委员。

问：之前呢？

答：在 2011 年换届时要求有个女委员，她是 1973 年的，现在就有 4 个人了，学历都是高中以上。当时支部委员，一个高中一个初中，都是五十年代生人。

问：咱们这边多少岁退休？

答：村里推崇 65 周岁退休。

问：咱们社区干部现在有多少人？

答：7 个人，上来 6 个新人。管组织的是 W××，他之前做小个体的。看到社区发展蒸蒸日上，也愿意回来为社区服务。社区党委提名，街道同意以后管组织。W×× 是管宣传的，他大学毕业后，搞的快餐饮品，他是最年轻的。

问：你们挑人的标准是什么？

答：老百姓信任，党员要认可。有经济头脑，现在还要求学历，就是德、才、能兼备。社区发展需要后备力量，慢慢培养。从学历、能力、交际、有头脑等方面考虑。

问：村里老百姓生病报销呢？

答：比如医疗卫生，老百姓都有医保，看病、做手术报销 70%，剩下的 30% 由群众自己来负担，他们也比较吃力。

问：那对于这部分有困难的人，社区有扶助政策吗？

答：随着社区经济的提高，从 2019 年开始我们制定了相关政策，就是大病兜底，财政报 70%，剩下的 30% 由社区报销，老百姓看病就不用花钱了。

问：社区大约花了多少钱？

答：第一年社区花了 30 万元左右。

问：老百姓需要缴纳什么吗？

**答**：村民每年缴 200 元，可以为自己加层保证，算是众筹，由大家来一起解决这个事。这样做的很少，也是因为产业、经济发展了才能有这个底气。2019 年春天的时候，我们村里有个人，常年有病，最后不想继续治疗了。觉得孩子都结婚了，不想给孩子增加负担。出来这个政策以后，报了将近 5 万元，这是最大的一个额度。因为报销是由我负责，有额度。结果人家没事了，定期地去输血就可以了。现在医保有个政策，基本上花个百十元就够了。因为村里从思想上消解了他的压力，没有后顾之忧，病也就好了。其实他不是治不起，只是怕拖累子女。所以说社区每出台一个惠民政策，村民都的的确确获得了收益。

**问**：咱村里人口情况呢？

**答**：417 户，人口 1200 人，稍微多点。

**问**：外出打工的人多吗？

**答**：外出打工就是在就近的地方，社区现在有很多产业，其实就是优先解决了自己社区劳动力就业。包括那些亲子乐园、养老产业，所以基本上就是都在自己的这个产业里面就业。

**问**：年龄大的呢？

**答**：就是只要你想工作，甚至年龄比较大的，都能给你安排工作。第一像 50 岁左右的，你出去别的企业不好找工作。我们社区的卫生工作就需要 50 多个人，采摘园能容纳 100 多人，年龄比较大的一个月给 2000 多元，3000 元钱左右，有的时候不同的岗位能达到 4000（元）左右。

**问**：他们这些人，还有租地的收入吗？

**答**：我们 2015 年 9 月 25 日成立的土地股份合作社，在 2016 年，把土地全部流转回来。手里有合同，自愿的可以一次性把土地交给社区。

**问**：土地怎么算钱？

**答**：2015 年一次性给 2 万元一亩地。

**问**：村民靠土地的收入如何呢？

**答**：只要加入合作社就可以分红，已经 6 年了，现在每人每年 3000 元的分红。女人 65 以上，男人 70 岁以上，每月补贴几百元钱，不过现在是按季度发放，因为老年人嫌麻烦。超出了年龄，什么事情都不用管，每季度等发钱就可以。

**问**：那现在村里耕地流转，平均每个人耕地有多少？

答：在河西一共有 200 多亩地，2010 年返租回来时有 400 多亩地，1981 年联合承包的时候达到 500 多亩。

问：土地用来干什么？

答：种花卉，发展产业比粮食更好。

问：一年收益多少？

答：700 多万元。

问：除了种地呢？

答：有三部分收入来源，劳动力市场、花卉市场、养老院。养老院是与别人合作，建好了由别人来经营。

问：养老院的基本情况呢？

答：医养结合，2017 年投资建设，心脑血管医院建在这。

问：占地多少？

答：7000 来平方米，256 张床位。

问：养老院住得满吗？

答：冬天一床难求，很多老人过来过冬，咱们这边有暖气。再就是亲子乐园，由专业团队管理，我们是有股份的。

问：咱们还有什么专业合作社吗？

答：2011 年成立草莓专业合作社，这两年草莓种植慢慢退化，土地也发生了很大变化，老百姓很少去种了。

问：现存发挥作用的合作社呢？

答：现在种植基地慢慢萎缩，花卉市场也不大培育了。

问：目前土地利用的分配比例如何？

答：养老院占三分之一，亲子乐园占三分之一，花卉和劳动力市场共占三分之一。

问：外来打工的人占多少？

答：亲子乐园有 100 多个外来的工作人员，其实正常来说 70 人左右就够。

问：这些工作人员都是咱们村的？

答：周末、节假日也招大学生短期工，正好是火爆时间需要用人，涉及外地人。

问：村民大概的收入状况？

答：收入人均不到 2 万元，以打工为主。

问：那咱们村里有没有富户？

答：没有典型的富户，可能有自己做企业的，一年三四百万元。

问：做什么？

答：做机械加工，当时厂房是统一规划的。

问：还有呢？

答：我们村有个小媳妇，做草莓采摘，是我们这边的一个品牌。

问：咱们村里的教育状况如何？

答：公办的幼儿园，解决社区儿童问题。

问：小学呢？

答：1965 年建的小学，是 6 个村一起建的，每年都翻新，去年把它翻建，盖了教学楼，投资了 3000 万元。

问：有社区卫生所吗？

答：有的。

问：社区住房情况呢？

答：有 400 多户。

问：有多少人在××买商品房？

答：占 10% 左右。

问：咱村里现在老百姓住房情况？

答：大多数是平房，2017 年统一规划，盖了三层小楼，当时规划的就是按照这个模式来。

问：没打算改造？

答：下一步可能会旧村改造，有个开发商过来签了合作协议，

问：有养老院吗？

答：有。

问：怎么个收费法？

答：自己社区老人住养老院有优惠，一个月 2000—3000 元，包吃住，不是本村的不低于 3000 元。

问：咱们有多少个本社区老人住在这？

答：10 几个吧，农村老人不太喜欢住养老院。

问：为什么呢？

答：2000 元在农村老人眼里还是比较多的，他们觉得这些钱不如省下来买别的东西。再加上原来住的是平房，邻居之间交流方便。

问：村里有日间照料中心吗？

答：打算建幸福院，老人托养、小孩托管，有这个计划。之前一直在提这个事，但是对于老百姓来说日间照料不太合理，还不如亲人轮流照顾。所以一直在倡导，很多社区也是一直空着。

问：具体原因是什么呢？

答：老人家属不想这么折腾。

问：每年 700 来万元的集体收入，怎么开支？

答：首先发放股份，一年 360 万元，占了经济收入的一半；日常的管理支出，再加上工资的开支，用于民生。我们是陆续每年引进新项目，不断投入资金。主要就是社区的正常管理，比如每年的绿化，一年绿化养护费四五十万元。再就是粉刷、道路维修。

问：咱村里发生这么多的变化，什么原因呢？

答：我们村里的变化，主要原因是班子的团结、干事，从打扫卫生到人际交往，把村里能干的知名人士都能吸纳到支部身边。

问：经验是什么呢？

答：第一是要有一个好的当家人，一个非常有能力的当家人会给村里带来很大变化，有的社区就找不出这么一个人。这个人的能力要强、富有经济头脑、善于化解矛盾；第二个就是以党建为统领，突出了党建品牌，包括六联共建，把学校、企业纳入党建；第三就是产业的发展，经济的支持。如果没有财力支持，老百姓就很难共享发展成果，他们见到发展成果就会更加积极参与社区的发展。

问：村里有没有自然形成的能人，在外面做得很成功的人士？

答：有的，以前做机械加工的，有技术。

问：村里可圈可点的能人有多少？

答：从经济收入来说，村里也就七八个吧，大部分还是打工的多。

问：他们为什么能做起来？

答：有一个搞草莓采摘专业合作社，由于她父亲打好了基础，不能放弃她父亲的这些产业。还有那个搞机械加工的，年轻人有头脑，以前在环保企业干，懂技术。以前都是有底蕴的，肯定有一个平台。像我就是种地出身，一年收入 5 万—6 万元，觉得比打工好，脑子有点固化。

问：村里有什么矛盾吗？

答：邻居之间没什么事，社区班子团结，之前婆媳、夫妻之间矛盾能多点，现在社区有分红，解决了很多养老方面的后顾之忧，老人可以负担自己的生活。

问：村里什么时候开始报销大病医疗？

答：从 2018 年开始。

问：村里花了多少钱？

答：头一年花了 30 万元，每年增加 7 万—8 万元吧。

问：我们村有没有引进什么社会组织？

答：城市社区可能多，农村社区里社会组织还是没有引进来。

问：村里热心公益的人多不多？

答：有志愿者来看看贫困户，一般每年到了中秋节、春节，除了上级组织关怀以外，社区的老板们也会看望生活贫困的党员，但是基本没有特别贫困的，因为都发展好了。

问：咱村里有没有村规民约？

答：有的，每届都修订，今年我们形成了两个小册子，其中一个是自治章程。

问：怎么制定出来的？

答：街道发出来，社区再根据自己情况具体修订。之前是计划生育，今年出来新的版本，与国家法律法规不能冲突。之前有一些乱扔垃圾的罚款，其实没有这种权限的，不太规范，因为有老百姓会较真。

问：咱们村里的红白事怎么处理呢？

答：红事一般不参与，在周边饭店订桌，标准也不高，一桌大概 1500 元—2000 元，多的一般在 30 桌，少的也就 15—20 桌。

问：白事呢？

答：白事村里有专门负责的，之前是两委成员。只要按照规定办，就有 500 元奖励，这是之前就规定的，不能烧纸。

问：墓地共用吗？

答：有怀念堂，集中存放骨灰，按照规定来。之前都是把墓安在山上或自己的地里，沿途墓地特别多。现在建怀念堂，都集中到这里面。

问：目前来说，工作面临着哪些压力？

答：现在社区的任务不少，从街道这个层面来讲，主要是上报的东西太多，不过疫情期间也能理解。再就是不太会用电脑，影响了工作效率。再一个压力就是怎么发展、怎么增加收入，以亲子乐园为基点，现在确实得好好思考如何发展经济。

问：目前这个书记主任"一肩挑"有什么影响？

答：习以为常了，觉得很实用，同一种声音，以往书记、主任往往会为了权力发生争吵，不和谐。（现在的做法）肯定是利大于弊，但有的社区如果领导人品一般、素质品行不行、缺少监督，就容易出现问题。

问：做好党建还有什么好的方法？

答：社区大党委，原先就是管理党员。现在城市社区做得不错，企业党建没有社区强，我们就一起搞活动，组织公司员工去草莓合作社参观，采取联建、共建的模式，叫"红心英雄"，把周边党支部吸引过来，算是我们的一个党建创新。

问：您感觉发展还受到哪些制约因素？

答：我们这有自然保护区，所以土地使用受到限制。只要调整规划，以前的计划就会受到影响，山区也不能搞工业项目，××区要承担自然资源保护的功能，我们不能像××那样有旅游收入，我们做得更多的是奉献。

问：展望未来，您眼中的乡村振兴是什么样子的？

答：民生、和谐、组织。经济发展促进乡村振兴，我们实际上是走在乡村振兴的道路上。

问：下一步您有什么推进社区发展的打算？

答：不断出去学习，继续发展乡村旅游，发展文旅方面非常适合，周末近郊游，市里到这边40多分钟，争取打造几个亮点，我们地理位置还是比较优越的。

问：咱们村里的村民，最关注的是什么事情？

答：村民最关注的是可持续地多分红，最期望做的是旧村改造，以解决后代结婚用房的问题。还关注治安、大环境之类的问题。

问：老百姓最担心什么事？

答：最担心可持续发展问题，担心吃饭、养老、医疗等事情。出了什么事能找社区，第一时间能解决。

# 乡村建设访谈五：TYQ主任

【访谈对象】 威海市××区××镇××村 TYQ 主任
【访谈人员】 栾晓峰　陈晓红
【访谈时间】 2021 年 9 月 29 日
【访谈内容】

**问：** 我们想了解村主任眼中整个农村的发展情况。

**答：** 欢迎欢迎，这是咱们村种的丑梨，咱们村新上的产业，非常好吃，特别是放冷库里，冬天放暖气，放软，变成水，这个非常甜。

**问：** 这个品种哪儿来的？

**答：** 这是烟台的，来自美国，我们××村也有。七八两一个，味道非常好。这个时候不一定好吃，尝一口。

**问：** 这个可以叫"丑梨背后的美丽产业"。

**答：** ××现在有"三黄一丑"，"丑"就是指丑梨，这个丑梨摘下来放冷库里十天，然后拿出来放六七天，缓一缓好吃。现在没到时候，丑梨核很小，熟了的时候皮很薄。自己园子摘的，过几天还有地瓜，这个是前几天干活碰掉的拿回来，我特意称了，六两八，赶到熟了以后有的一斤左右。这是第二年的树产的，去年栽的树。

**问：** 多少钱一斤？

**答：** 去年批发给贩子，贩子来拉，4 元，那次镇长去超市一看，9 元 8 角，发照片给我，说价格挺高的，再等一阵子，价格不一定行。

**问：** 有一种葡萄，叫阳光玫瑰，我回老家烟台，新的品种又出来了，现在新的品种太多了。

**答：** 是呀，炒作的，物以稀为贵，一上来贵，赶到一多了就便宜了，丑梨刚开始上的时候都 10 来元钱一斤。我刚开始对这个东西一点没有印象，儿媳妇，她是××人，每次回来，买一兜丑梨给我们尝尝，10 来元钱，我一吃，好吃。我说这个东西好吃，每次回来都买一些。后来呢，村里成立合作社，大家就商量着能不能上丑梨，就到处去考察，上哪呢？上××，那有一家弄得挺大的，整个占地 3000 多亩地，光丑梨就种了 1000 来亩左右，梨苗在他那拿的，到处去看，最终选定的。当时上面要求支部领办合作社，俺村没有什么资源，地还不值钱，北山、南山的还行，北山还有很多机动地，研究怎么发展，发展 50 亩，少种点儿丑梨，打造好它。让村民入股，500 元钱一股，当时心想能收 30 来万元，再加上村里再入点，这 50 亩就够了。这一收，收了 79.5 万元，就想再往外扩一扩吧。去年，第一年，种了 40 来亩，30 多亩是村里的机动地，今年又扩了一下，机动地多，把这个山整个打造起来了。这个山的土质不行，种小麦、种玉米不行，种果树、栽地瓜正好，去年栽的地瓜，打响了，俺亩产 1 万斤。区委书记在会上，指名××的地瓜好，我都没想到，谁都没想到。去年雨水大，地瓜长得那么好。

问：地瓜一亩地 1 万多斤，往外卖是多少钱一斤？

答：产量高，一种名叫××25 的，还有一种××14，××14 相对产量低，产量大概在 3500 斤到 4000 斤。当时栽的时候和人签订单，人家提供地瓜苗，长出之后直接把地瓜卖给他们。选好级，装好箱，2 两到 8 两的地瓜，是 2 元钱，一斤左右的地瓜 1 元钱。剩的大的人家不要、不好装箱，五角钱一斤就分给社员了。

问：一亩地产值挺高啊！

答：去年买了 3 万多棵地瓜苗，卖了 5 万多元钱，是利用丑梨树地里的空隙栽的，没有专门占用耕地。

问：可以利用新媒体形式进行宣传，提高销量。

答：我这一阵子在关注××村的 Q 书记，咱们村现在缺少这种人才。××村的 Q 书记，在新媒体上做直播很火。他就是卖地瓜，地瓜也是××25 元。他卖的东西和我的东西一样，旱稻、红薯、姜，这几样都有，再就是丑梨。丑梨明年就可以卖了，能见钱了，今年不行。旱稻好吃，产量不如水稻的产量高。咱们××就是用旱稻做饭，××对咱村真支持，咱弄村志的时候还给了 1000 元钱，旱稻种也没要钱，还用他们的机器来种。

咱也没种多了，种了接近 10 亩。咱合作社，头一年上了不到 50 亩丑梨，今年合作能有 300 多亩不到 400 亩地，扩大了规模。

**问**：丑梨种多少年能有好的收成？

**答**：4 年，今年是第 2 年，明年是第 3 年，后年是第 4 年，能结得多，现在还不行。去年栽的一根棍，就已经不错了，长得真好，咱管理挺好的，我基本上天天去看。

**问**：请的专业人管吗？

**答**：是的，合作社常年 8 个人吧，队长一天 140 元，技术员一天 140 元，职工是一天 130 元，长期的。再就是临时雇人，多的时候 30 多人，栽地瓜的时候需要的人多，热火朝天的，男的女的都是 120 元一天，平时都是 100 元钱。去年发展出 40 多亩地来种植丑梨，今年扩大了规模，又种植了 100 多亩红薯。红薯分三种，其中一种是紫薯，紫薯是种植后直接出售给订货厂家，厂家通过加工提取色素出口德国，对于出口紫薯的品质要求很高，隔几天就要来收集紫薯和土壤进行化验，化肥农药都不能有残留，这样倒很省心。

**问**：通过订单模式来售卖产品？

**答**：如果不采用订单模式无法保证销量，一亩地产量按照 4000 斤来算，10 亩地产 4 万斤，100 亩地产 40 万斤，这么大的数量销售是一个棘手的问题。如果采取订单模式来销售，能保证销量但是利润会稍微少些。如果平时我们村民自己卖烟薯，1 元钱一斤，按筐来卖，这种方式利润会高一些，但是销量就得不到保证。

**问**：不同的销售手段各有各的好处，但是农产品市场本身每年都有变化，比如说姜啊！

**答**：姜的价格去年是 5 元多，今年就是 1 元左右，成本就是 1 元左右，成本相当高。今年我们试一试，看看地怎么样、技术怎么样。种了 3 亩姜，估计 1 亩地可以产 1 万斤，应该还行。今年还增加了 50 亩玉米种植，不能一直种红薯，种一两年还可以，如果种植三四年产量就不行，并且品质得不到保证，所以要更换种植品种，今年种春玉米，明年种红薯，这样倒开种。一年就按照 100 来亩种植，今年估计产量能达到 5000 斤，订单最低价是七毛，一亩地能卖出 3000 多元，去掉成本之后一亩地还能赚 1000 多元，100 亩地可以赚 10 万元左右纯利润。

问：咱们村看着地不少啊？

答：原来有 3000 来亩地，现在还剩 2000 来亩地。

问：1000 来亩做什么了？

答：征地，我任职的时候村里卖了 223 亩半，村里的经济不行啊，村里卖的地，村里这几年花的都是卖地的钱。

问：这地卖给谁呢？

答：比如卖给貂厂，还有单位征用的，还有用来建小区花园的，还有搞养殖什么的。以前做得不好，地都是一次性租出去，30 年的钱一次性交付，等咱干的时候没有钱了。所以有的时候，农村真是不好干。我是 2018 年上来的，说实话，我开始没打算在村里干，但是村里的工作我都支持，包括村里的老年活动室，我给了煤、电视、麻将桌等，我自己家有小生意。

问：您以前是干什么产业的？

答：我祖辈是木匠，我老爹、我叔、我大伯都是木匠，我高中毕业以后也跟着干木匠。当时村里有个木工组，我就承包，承包以后逐步发展，有工程活的话，都是承包，我和我爹一块干。之后逐步发展，雇人，开了个家具厂，在××是最大的家具厂。家具厂干起来以后，又卖建材、装潢材料，慢慢逐步发展，那几年，挣点小钱。

问：您很有经济眼光，那为什么 2018 年回来干书记？

答：我就在俺村，从来没出去。我们村里有老党员，村里有威信的那帮人，换届的时候就做我工作，上两届就做，我说不干。这个年底又做我工作，我说不做呀，我自己的买卖弄好了，也能给村里帮点忙，包括村里路灯都是我装的。咱自己做个小买卖，做得挺好的，能帮村里做点么就做点么。后来村里人都说这样不行，村里到老也没有发展，你不能光发展自己的，你得想法把村里发展好了。都这么劝，我说好吧，如果选上的话我就干，选不上咱不能干。结果那次选举应该是高票，90% 的票。咱也没去拉票，包括这次也是一样，选上就干。但是俺家没有一个人同意我干，老爹老妈都不同意，都知道村里以前都有帮派，两派的，以前帮派很严重，你上来没法办啊，包括村里的妇女跳舞都是两派的。我在村里一个人不得罪，这几年我做买卖也不错，儿子在××天然气热电厂，他说，爸你遭那个罪干什么？你一年给村里一万两万元，别人都说你好，你上去干非得罪人，非说你不好。我说，选上就干。儿子媳妇在××团市委，她是山东大学毕业的研究生，原先分配考的××市××局。她说：爸呀，不好干，你别去干吧。等到我高票当选以后，咱能不干吗，家里人都很支持。

**问：**儿媳妇也支持？

**答：**等到选上之后，包括写个材料什么的，儿媳妇都帮我出谋划策。上任之后我先下去走访村的老党员和老人，问他们咱村最要紧解决的是什么？咱村这些年的地太乱了，俺村有400多亩地，可是都在村委，以前地不值钱，他的地不种了，还得托着人交，交了以后，说咱俩不错，你去种着吧，这400多亩地都分了，大队一分钱都没收上来。以前地不值钱，现在地值钱了，租地弄人参，一亩地租七八百元，有的看着眼红，说是这么做太不公平了。这样，我就召集村里党员开会，说都反映这个地在村民手里，村里的机动地，村里一分钱没收，得想方法收收地。当时村委这几个老书记说，你别弄吧，弄了肯定收不上，还得罪人。我说你不弄也不行啊，这种情况老百姓有议论的，你们跟着我干，我领着你们干，我也不能叫你们吃亏，我自己做得挺好的，我不能叫你们白跑腿。

**问：**您这是"贴"书记呀！

**答：**后来我知道，村里其他人都说叫他做吧，肯定收不上来，做了，一碰就知道了。我这一做，我不是瞎做，先开党员会，80多个党员，参会的有60多个，投票，同意收机动地的在"同意"那打对勾，不同意的在"不同意"那打对勾，包括村民代表，这么些人，上百号人，就一个党员不同意，这么就好说了，就定下来开始收。我自己贴了10万元钱下去，量地收地，你得找人呀，花人工，一块地一块地测量，要首先摸清具体的数是多少。

**问：**这块劳务费你自己出？

**答：**我拿出10万元，这帮人一看，动真格的了，开始有人看笑话的，我说大队那帮人，咱们好好干着，我上来，我也不图村里的钱，咱就把村弄好了，你们自己有多少地都先交上来。开始不愿意，最后叫他们写个单，最多的一个有20多亩机动地，我立马就贴在公开栏上，在广播上也吆喝了，说开始收机动地了，村两委干部都交了，都贴在公开栏上，你们看看有不对的，直接找我就行了。后来开党员大会的时候，一人发一张纸，先写上自己的名，再看自己有多少机动地，哪有几分几亩，没有的话写自己名就行，这就把党员的机动地给收了。再找村民，村民这么一看，就好说了，最后剩几个没交，不交的话福利就不发放。俺村有一个在大队干了30多年的人，跟我说：×书记，我在大队干了30多年，我陪了好几任书记，没有敢掐福利的，你是头一个。我说怎么叫掐福利，该（意思是欠着）大队的钱，大队还得给他东西，那能对吗？他说，事儿是这么个事儿，但是谁去得罪那个人，你不怕得罪人么？我说得罪一个，能得到好几个老百姓的支持，就这么做。

问：那收了地以后怎么处理的？

答：当年收了397亩地，把地收了，收了以后，荒了的地怎么处理？那时又找人，找的Y××，他在别处征地，种大樱桃。我找到他了，说村里有机动地，都收上来了，我说你要不要？他说要，问多少钱，那时商量260元一亩，那时讲的是连沟带堰子量，村里还能赚一些，再包括个人有些地，咱也收上来，多出来的是村集体的。那时候他租了250亩地，现在租了近400亩，300多亩，整合了，把地收上来了。有的人收地不愿意了，发牢骚了：你看，书记能把地收上来，荒了，不给村民种。我就开党员会，我说咱们的地对外承包260元，村里零块的按照一等地100元，二等地80元，三等地50元，按等级分，我这么地给老百姓种着。但这样也有人提出异议，说就都照260元就行了，管谁都一样。我说不能，肥水不流外人田，农民再交260元，他就不挣钱了，导致你种不下去。我挺坚决的，党员村民代表通过了，谁种地的话先交钱再去种。这样，地全部弄出去了，给村里挣了10万元钱，原来村里没什么收入，这一项村里收了10万元。

问：接下来您又怎么干的工作？

答：再就是发展合作社。合作社一做，又能把一些地收上来，村民也有收入。这村里的老人挺多，俺村再不用十年，地都撂了，谁能种。我59岁了，在村里算年轻的，所以我看透了一些，我开始收地，用了两年的功夫，××的地能收百分之九十，把地收了，大片收上来以后合作社留着，再给大户。就是户里260元一亩，按地亩册子给，多余的部分再留给村里。给了××貂业，养貂的，再给了一户养猪场，养猪的必须有地消耗养猪的猪粪，他这两家用200亩地，再有北面种黄桃的，×老板他也要了一些，这样，××的地都分了。××的地好，村民种着。这样，就把整个地弄好了。

问：丑梨是用机动地种的吗？

答：丑梨这块是把北面这一整个山都利用起来了。

问：第一回是收机动地，第二次是把农户岁数大、种不了的、撂荒的地收上来。

答：2019 年，开始收村民的地，收了两年，2019 年、2020 年，这两年基本收了。2021 年还有零星没交的。村民的地统一流转，村里和个人签合同。

问：一亩地给多少钱？

答：咱村给 260 元钱。村民的地咱把它统一流转，人家来村里签合同，村民的地，一亩地村里给村民 260 元钱，村委再把地整合起来，连成片往外租，合作社是三四百亩吧。

问：连成片儿往外租，那加起来一共有多少亩地？

答：××接近 1000 亩，合作社是 300 多亩，再流转给 Y××，樱桃种植大户，用了 300 多亩，这两家就是 700 多亩。再就是 ×× 养猪场 200亩，这就是 900 多亩，还有黄桃，扣得大棚，种植无花果、大樱桃都有，他流转了一些，还有一些种植大户，这样，北山土地基本上都流转出去了，现在一分撂荒地都没有。有个别不交地的，他是有原因的，当时分地的时候，给你分了一亩二分地，这一块现在一量，二亩多地，有个八分地，量了二亩二。收土地的时候，村民的地按地亩册子上登记的数交，这样地就少，但是实际上占有的地多，要收上来的话，他就赔了。咱就做工作，慢慢地，基本上能有 98% 都交了，只有三两户没有交。我觉得再有几年，种不动了，就好交了。现在就有一个要交，我说大队现在用不着，等等吧。慢慢地就把这个地给整合了，现在村里就有不少收入。我这么做，吸引好多人来，包括种西洋参的，光种西洋参就有六七百亩。

问：那么来签合同的，是和户打交道，还是和咱村打交道？

答：现在咱规定了，必须跟村里签协议。

问：不怕坐地起价吗？老百姓愿意吗？

答：人家种人参的，就是 800 元钱一亩。800 元钱一亩，还给你多少钱，这样机动地的钱村里赚着，你个人的地是多少还是多少。这样的人参，就租四年，三年到四年。

问：我们就按照整年度？

答：嗯，你租村里的，一租一年，现在也不让签时间长，最多签三年，机动地是一年。一年一签，一年一交。这么做，老百姓还欢喜，人家把钱交了，扣了也不行，过年俺地就不租给你了，租金是大队的。这不就有吗？西洋参呢，后来我就找租地的，你想跟村里租地，必须和村里打交道，你别和户打交道了，这家同意给那家不同意，这家让你流水，那家不让你流水，就没法弄。村里统一的机动地，村里把事都查清了，是大队的归大队，是个人的归个人。这么做，这帮人都说，像你这样做好。

问：人家来租地的也很方便。

答：我真支持，所以说，有的同志就说，T书记，我们都愿意在你这儿，以前还可能苛刻，要点儿什么东西，有的不怎么支持。我真支持，有的不大支持，只要是你来投资，弄这些东西，我肯定支持。哪个老百姓搞歪的，我都不让，哪个不让开沟流水，我就说你的地在哪里，堰子在哪里，这一量，量多了，多了是大队的，我必须开沟，大队开沟，你能不让？跟××要1000元钱，西洋参种植大户，我说1元钱都不能给，还能开沟，最后老老实实的。

问：这样你给承包大户破除了很多障碍啊？

答：就是。整合土地，村里一定要保护来投资合作的，要不然他们不愿意来。有的说，家里的庄稼得跟人家要多少钱，但是村集体就是不这样，我一出面就不好意思了。所以，Y××那挖了一条水沟，有的户不让，要1000元钱才能挖，我一出面，把这件事解决了，一分钱也不用，都说，愿意和村打交道。我们村还有幸福餐桌，××给了500斤麦子面，还是高筋的。

问：幸福餐桌多少人？

答：现在少，最多是28个人吃，现在17个人，有的去世了。咱们限制岁数，80岁以上的可以过去吃，要不伺候不了。

问：你今年多大年纪了？

答：59岁，属兔的。

问：这是干书记的好时候。

答：以前还不是这样，这三年，头发白了好多。

问：操心多。

**答：**太操心了。

**问：**这是个大村？

**答：**现在有 538 户，1380 人。

**问：**这是一个大村，我来之前听说了，帮帮派派比较多。

**答：**是，村里的妇女结帮跳舞，跳舞两帮，一帮是在大队院子里跳，一帮是在外面跳。所以赶我上来以后，我找 ×× 董事长，供暖的，俺俩是姨娘弟兄。我找他帮忙也不少，三年给村里 30 万元。当时要了 100 套服装，算赞助，要了 100 多套服装，服装上面写的 ×× 工装，全当给他打广告。回来在广播上一宣传说，妇女同志，凡是到村里跳舞的，一人一套服装。我说你们跳舞是为了健身，不可以形成帮派。

**问：**通过这种方式，化解跳舞矛盾，刚才说外面有一帮，大队院里有一帮，形成了两帮，现在要弄成一帮。你是哪一帮的？

**答：**我和谁都不是一帮，我自己是一帮。

**问：**咱这种大村不像小村一样好管，你方便和我们聊一聊，怎么去整合的吗？

**答：**刚开始买服装，但还有的呢也回家了，也不来挑。逐步地做工作，有的也过来了。到秋天，我又买了 100 套服装，170 元一套，相当漂亮，100 套，一下子又分了。最多的时候，七八十号人在院子里跳广场舞。有时候，我看着真好，我说你们再别考虑谁和谁是一帮的，你们和谁一帮，你们健身就行了，身体好了，还可以伺候老的，你们身体好了，闺女儿子还放心，你和他们一派有什么用呢？逐步地就好了。

**问：**家常事你做成了，村里的事呢？

**答：**村委这帮人，起码也得调动积极性，做好分工。老书记下来以后，我上任干了 6 年，老书记之前干了一届，中间又有一个人干了两届。老书记咱得用，包括分地，多亏老书记，分地找我，我都不知道。这个地方是谁的，那个地方是谁，他就告诉我。他在村里干了 20 多年，通过分地让老书记参与进来。老书记负责成立收机动地的领导小组，他干组长，组长在下面组织一帮人，你不用好能行吗？

**问：**那两个书记都干组长？

**答：**是老书记干。前任那个书记退下来了，镇上安排挺好的，开车，挺好的。以前他们两个，老书记下去，我上一任的那个上来，他们两个不和，那时候镇上做工作。咱干了以后，他又上来了，支部没选上，选的村委，我就把卫生、治安这些东西交给他，再给他两个人，叫他分配安排，真有干劲。

问：给他工作干，调动积极性？

答：给人家活儿干呢，就有积极性啊，所以收机动地的时候，他从中能起很多作用，要是你不利用好这些老人（能行吗）。还有老会计，生产队的会计，分地那帮人，还有些老人，他有说服力，并且得有十多个人一起去量地，一起做这件事。卫生也是一样，现在卫生抓得太紧了，考核比较严，说收拾干净哈，发个扫帚，村委领着管卫生的检查卫生，遇到好的，说：哎，这个好，这个行，遇到不好的，谁都不吱声。我说这可不行啊，得罪人的都是我。这几次，我就怎么做，俺都有片长，1个联队，1个片长，5个片长在一起，找2个妇女，村委这就7个人，再加上村两委，10来个人下去挨家挨户检查，下去打分。假如10个人有5个人说合格，那就合格，有6个人说不合格，那就不合格，就这么做，上一次有47个不合格，不合格就是不合格，大家说不行，慢慢就好了。

问：党员80多位？

答：现在党员75位。

问：多大年龄？

答：最大的90多岁，今年去世了一个94岁的1949年前的老党员。

问：年轻的党员多吗？

答：30来岁的就1个，40来岁的有3个，50岁至60岁党员有8个，大部分是60岁以上的，现在农村就这么个情况。

问：他们工作的积极性，配合得怎么样，你怎么调动？

答：党员开会，他们以前开会就来几个人，从我接手以后，开会的时候基本上挺多的。我说：你既然是党员，为什么不开会？所以以后就做个榜，开会的打对勾儿，签到，评个五星，没到的呢？没到的打个叉，都贴上面，自己面子挂不住，现在好了，基本都不大用了。再者，党员得调动积极性，不管什么事都要商量，不商量人家不行。包括弄户户通，我那时还找镇长还有Z书记，说：得给俺村弄弄，都是泥巴道。后来说好，但有一个前提是得拆乱搭乱建的鸡窝、草厦子。所以开党员会，也是投票，同意、不同意的。有的党员说：我不同意拆，但要是拆的话，我带头拆。很多都不同意，在外面儿都得拆。最后，××镇定得挺好的，就是人性化，整齐的、不挡害的也挺宽的，可以不拆。开始拆的时候，费好多事，拆了一些，拖到以后，慢慢地，当害的都拆了。街面不够四米的鸡窝都要拆，超过四米的不用拆。也是开党员会、村民代表大会，商量着来，你尊重他，他就尊重你，你管什么事不商量，自己做主偷着弄那不行。个别的党员不同意，是另一码事，大多数是有什么事都商量着好说。老多事吧，都是相互尊重，你尊重他，他就支持你的工作。包括选举也是一样，我这次是 61 票，75 个党员，还有一些没来的、外地的。头一年选举的时候，有76 个党员，只有 9 票没过，也算挺高的。

**问：** 村里有 76 个党员，9 票没过？

**答：** 村大，总的来说，大局稳定好了，你干的什么让老百姓知道，他知道我上来，不是为了自己。幸福餐桌是我领头，刚开业时，和面机、压面机，都是我从家拿的，都是新的，7000 元钱，俺老婆子最支持，说拿大队用吧。用着下去送饭了，骑着电动车带不了那么多，我以前还卖电动车、三轮车，还有个当样品也不卖了，能卖 3000 来元钱，我都说拿大队用吧。

**问：** 压面机、和面机，包括要下去送饭的三轮车都是 TYQ 书记捐出来的，量地的时候拿出来了 1 万元钱，前期还为村里做公益。

**答：** 我以前就没有做书记这个想法，就是觉得咱做个小买卖不错。

**问：** TYQ 书记做买卖确实做得不错，实打实地为老百姓做实事。

**答：** 为什么老百姓选我，老百姓在选举的时候都考虑，农村有句话：别找"薄皮儿虻子"上来，意思是"想着弄村里好处，一上来就吸血"的人。这么大的村，连个村志都没有，我就开会，说弄个村志，村里没有多少钱，咱捐点儿钱，我拿了 5000 元，原来想能收 2 万元，村里再少贴点儿，弄个村志。结果，你知道收了多少钱？收了 104000 元钱。村里捐款，够 200 元钱的，都公布在公开栏里。后来，又在大队一进门修了一个喷泉，花了 1.3 万元。又在西门建了一个健身广场，西北角上建了一个健身广场，把钱花了。每花一笔钱都在村里的公开栏和党员会上公布，心里也都明白，都知道你不藏着钱，你不藏着心眼儿。

**问：** 我们说这个村里的村书记啊，他首先要有财务自信，自己有财务自由。

**答**：就是包括我刚开始上来的时候，我以前，开别克君越，车30多万元，挺好的。儿子说：爸，你这个车要换就早点换，你早就想要个好车，要是干2年换呢，非说你是贪的。选完了以后，没过几天我买了一辆奔驰车，一步到位。

**问**：怕干上以后再买，老百姓非说是贪的，马上买，那证明我是用自己的钱买的。

**答**：俺村管谁都知道，这几年，我工资在5万元左右，俺老婆子一分钱见不着，都给村里贴上。张罗合作社，上××，开着我的车去一趟得100来元钱的油吧，去了10来趟，到处跑，包括这次合作社收玉米，要是租人家的车，得好多钱。我家3部车全部用来收玉米，一分钱不要。你怎么弄，所以呢，只要老百姓看透你是个什么样的人，就好说了。去年和今年选举的事，我说你也不用跑，你把工作干好了，正合适北山栽地瓜，弄合作社栽树。那C××问：TYQ书记你在哪里，我说我在山上。"选举了，你还在山上？"我说：咋的了？"你不看看选举了"？我说选上了我肯定还干，选不上了我就捞不着干。"你不关注村里的情况"？我说：选肯定还干，没事儿。实际上就是，不用跑票，一步也不用，你不回村里盯着，只要把活儿干好了，都能看在眼里，都清楚，没有必要。你不能要满票，你干得再好也不可能有满票。他知道你是干得太好了，还可能是羡慕嫉妒，有不选你的。这么大的村，不能保证100%。

**问**：最后能不能成，能不能干好，自己的心很关键。

**答**：说好听一点儿的，干支部书记得有情怀。嗯，就是那么个事，你支部书记，要是没有情怀，不是把重点放在村里，只是忙着自己那一摊子，是不行的。我自己家里有一摊子，我基本上是撂给我老婆子了，我基本不管了，一年不止少收入10万元，还贴补5万元的工资，还有私车公用，没有情怀是干不了的。再就是你自己得有经济基础，你自己没有经济基础，贴不起怎么贴呢？

**问**：所以有些账不能光从经济的角度算，我们还要算政治账，还要算自己的形象还有社会声誉。

**答**：有些东西你拿钱是买不来的，你现在拿100万元出来说买一个（看看）？人家都说这个人好，口碑不错，那是日积月累的。我相信一个事，就是你自己这辈子过得好与不好，你干的什么，你对后辈子是有影响的，这是老百姓说的积德，这个很关键。对后辈的影响，它是长远的，可能从咱们这一代身上看不出来。包括对老的孝顺不孝顺，后代真正能看出来，我说俺儿子、儿媳妇回来，不管一个星期来家一次，还是两个星期来家一次，保证有他爷他婆的东西，不管多少，一般的是给我多少就给他们多少。

**问：**家风传承得好！

**答：**我不会说什么，你能知道我实实在在的，就是实话实说。现在我在手机上看讲座，人家说得很有道理，你书记也不能天天绑在村务上，你起码得抓经济，经济抓不上去，村里就不行，你得让他们有活干。俺村不像别的村，星期一你坐班，星期二他坐班，轮流坐班，俺们是没有事都在这，有事你请假，管谁都知道，一年365天，我基本上都在这，不能说没有一天不在这儿的，基本上都在这，用着干什么就干什么。我自己家里的一摊都撂了。

**问：**你自己的公司，家人打理吗？

**答：**是，我家里的一摊建材门市，卖建材的生意，还有个旅馆，以前是××镇物资供应站，我2005年把它买下来了。老爹老妈基本上都在那，俺爹87岁了，现在还在门市，俺妈也80多岁了，也都在门市上帮忙，来个人，喝个茶，也真欢庆。

# 乡村建设访谈六：GSK 主任

【**访谈对象**】 日照市××县××街道××村 GSK 主任
【**访谈人员**】 张登国　王连伟　郭太龙
【**访谈时间**】 2021 年 9 月 15 日
【**访谈内容**】

问：请谈谈您的个人情况吧？

答：我叫 GSK，从 2020 年 11 月 26 日任村党支部书记，今年 5 月份换届选举又高票当选。

问：什么学历呢？

答：大专学历，第一学历是中专，2002 年毕业于日照市农业学校。

问：您的学历在支部书记里边还算可以啊。

答：我第一学历就是日照市农业学校毕业中专，后来又通过成人高考考取的大专文凭。

问：您的个人经历呢？

答：我 2002 年毕业后在××县三联家电工作，从事家电销售，2005 年在××县机电设备有限公司工作，担任公司的副总经理。

问：这边支部书记怎么个工资标准？

答：我们村支部书记基本工资每月 1660 元钱。

问：到手能有多少？

答：各个街道的村支部书记的基本工资不一样，我们街道支部书记基本工资加上绩效工资平均每年在 3 万元左右。

问：村里的基本情况呢？

答：我们村总人口数是 678 人，243 户，我们村距离县城 8 公里，骑着电动车也就是 20 多分钟就到了，开车的话需要 10 多分钟，比较近。多数年轻村民们都在县城上班打工，晚上回村里住，所以没有留守老人、留守儿童、留守妇女。我们村人均耕地大约 0.66 亩，基本上没有闲置土地。每年都是一季小麦、一季玉米，土地流转了 78 亩，400 多亩承包地，但是由于历史原因承包地钱一直没有收上来，所以没有集体收入。村里没有产业，没有专业合作社，村民收入主要是靠外出打工，年纪大点的村民主要是靠儿女供应。我们村的富户主要是搞个体经营的，自己干买卖发的家。

问：你们工资由谁发放？

答：工资是县里统一发放。

问：村里不需要支付你们工资？

答：不用村里支付。

问：除了基本工资呢？

答：根据街道和村庄大小确定工资，还有绩效工资。

问：目前村里主要有几个干部？

答：现在我们村班子有 3 个人。我，会计，妇联主席（妇女主任），我们这三个人呢，也是我们村党支部成员。还有 5 名村民小组长。

问：那咱这个会计和那个妇联主席多大年龄？

答：会计 54 岁，连续担任 20 年了，他对村上所有的事情了如指掌。妇联主席 46 岁了，也是连任的。这两人工作能力都很强。

问：会计一年工资有多少？

答：会计工资发支部书记工资的 75%，这也是有规定的，一年 2.5 万多元，还兼职农商银行的信贷员。

问：其他人呢？

答：妇联主席每年也有 2 万多元工资，也还做着中国平安保险员的兼职。

问：那平时大家都有自己的兼职，说明这两人工作能力还是比较强的对吧？

答：他们工作能力都比较强，通过半年多的磨合，我发现他们两人对于村里的工作还是很上心的。

问：村里这几年发生了哪些变化？

答：2000 年的时候，村里的贫富差距还是比较小的，后来随着社会的发展慢慢开始拉开差距。以前我们村大部分人进城打工都骑着摩托车，现在都开上车了啊。前几年村里硬化了主路面，建起了文化广场，由专人打扫村里的卫生，村里的环境卫生有了大大改善。通过美丽庭院建设，村民家里的卫生也大有改善，现在村民在吃穿方面都很好，年轻一点的村民家家户户都有汽车，有的一家还有两台车，路好了、车有了，出行就比较方便了。

问：村里老百姓收入的来源主要是什么？

答：主要是进城务工。

问：外出打工的大约有多少人？

答：我们村外出打工的有 240 人左右。

问：进城务工每天能挣多少钱？

答：在城里上班的从事商场营业员的工资每月有 2500—3500 元，主要是年轻人。从事建筑行业赚得比较多，比如在建筑行业打工的，每天都少不了 300 元钱左右。

问：他们赚的钱稳定吗？

答：嗯，前些年的时候呢，那些房地产商挣钱了，但是经常拖欠他们工资，有时候一拖就是好几年，有的还要不到了，还存在变相发工资的时候。一箱酒 40 元钱，发给你顶 400 元的时候也是有的。不过这几年就规范了，政府出台政策，禁止拖欠农民工工资，所以说这几年农民工外出打工的都赚钱了，就是出大力的都赚到钱了。

问：进城务工主要做哪方面的工作？

答：商场超市，不过还是从事建筑行业的比较多。

问：他们长期在外面居住吗？

答：不是，村里离县城 8 公里，比较近，每天下班都回村。

问：那村里老人呢？

答：60 岁出头的老人种种地，去工地打打零工，年纪再大一点的就放羊，70 岁以上的基本就不怎么干活了。

问：其他的年轻人呢？

答：没有考上大学的年轻人，中专毕业、高中毕业，大部分去了县城房地产公司、商场工作，每月赚 3000—4000 元，"80 后""90 后"以及"00 后"从事房地产公司、辅警工作，都是些体面的但工资比较少的工作。

问：村里村民当兵退伍情况呢？

**答**：这两年村里当兵退伍回来的有 4—5 个。有的符合安置条件的就安置了，不符合安置条件的就回村里，基本上都出去打工了，不想在村里发展，毕竟在村里挣不到钱。

**问**：他们现在干什么呢？

**答**："80 后"的退伍军人回来之后，有的安置在国企了，有的去私企了，有的自己干点买卖。

**问**：您上任这段时间，为村里做了哪些工作？

**答**：首先把村里的路灯修好（自掏腰包），在常年积水的胡同里铺设管道排除积水（出行方便），还更换了广场灯。

**问**：村里路灯怎么了？

**答**：在我上任以前路灯很长时间不亮了，没人管。2020 年 11 月上任后首先解决了路灯不亮的问题，老百姓在晚上吃完饭出来逛逛，遛遛弯，路灯灯光不亮，看不清路面，出行很不方便，晚上接送孩子放学回来，城里上班务工的回来就天黑了，路灯不亮，村里路又窄，极易造成交通事故。所以在去年 11 月 26 日接到组织通知让我回村任支部书记后，我就先解决了这个路灯的问题。路灯修好后又把广场灯也修好了，老百姓晚上出行方便了，晚饭后休闲也有地方去了。

**问**：这一修花了多少钱？

**答**：6000 多元。因为村里有个好广场，晚上广场灯不亮的时候，老百姓就没有出门的，广场灯一亮起来就都出来玩了。路灯、广场灯亮起来了，老百姓心里也高兴了。

**问**：路灯是怎么修好的，所花的钱是村里经费出的？

**答**：修路灯的时候每一段电线都仔细核查，因为村里没有钱，我就找到自己的亲戚帮忙核查电线，一段一段地查，12 月份了，晚上比较冷了，我们就是利用晚上的时间一段一段修好的，又花了 2000 多元钱换了功率较大的广场灯，方便村民晚上的娱乐休闲。所有的钱都是我垫付的，村里没有钱。

**问**：除了维修路灯还干了什么呢？

**答**：还有就是铺设下水道。夏天雨水多，多年来胡同路面积水，没有下水道，村民出门不方便。

**问**：那这怎么解决的？

**答：** 我找了挖掘机，买了下水管，找人给铺设好了，积水也排完了，这段胡同从此不积水了。

**问：** 村里的老人有什么福利吗？

**答：** 前年春节没有，去年春节前我们支部开会商议了一下，给70岁以上老人发了点福利。

**问：** 发的什么福利？

**答：** 70岁以上的老人有70多口人，发的花生油、大米。还有就是，70岁以上的老党员发放了额外的福利。

**问：** 咱们村里党员情况呢？

**答：** 33个党员关系都在本村。

**问：** 党员年龄呢？

**答：** 60岁以上的党员占多数，党员老龄化比较严重。

**问：** 我们当时去别的地方调研，发现党员老龄化的情况也是很严重的。

**答：** 其实我们村还好，年轻党员占三分之一。

**问：** 今年有没有年轻人加入村党组织？

**答：** 今年是我们党成立100周年，我们也积极考察我们村的优秀青年，鼓励他们积极地向村党组织靠拢，踊跃递交入党申请书，教育他们要以党员的标准严格要求自己，积极投身到村里事务中去，多做贡献。

**问：** 村里老人大约有多少人呢？

**答：** 我们村60岁以上老人有160人左右。

**问：** 村里土地是什么情况？都流转了？

**答：** 我们村承包地有400多亩，土地总共流转了78亩。村西边流转的也有30多亩地，这是承包地。我们村里的400多亩承包地，由于历史原因20多年都没收承包费了，现在想收也收不上来，老百姓不交承包费，村里也没有其他收入，村集体没钱啊。

**问：** 这承包钱怎么收不上来呀？

**答：** 村集体没有什么收入，土地承包费老百姓多年就不交了，历史原因收也收不上来，因为前期上几届村里干部，他们承包的土地都比老百姓的多，有的二三十亩都不交承包费，老百姓本身心里就不平衡，所以老百姓也不交。

**问：** 村里土地主要种的什么？

**答：**小麦比较多。

**问：**种地收益呢？

**答：**小麦亩产量在 1000 斤左右，土地整体利用率比较低，旱的旱死，涝的涝死。

**问：**村里种地的人还多吗？

**答：**老百姓在家种地的人越来越少，一家也就一个人在种地，现在种地成本高，收益低，没有多少人愿意花工夫去种地了，尤其是年轻人，更不愿意种地。

**问：**除了种小麦还种什么呢？

**答：**还种点玉米、花生等。

**问：**现在种地赚到的钱不多了吧？

**答：**确实是，基本上就是小麦、玉米、花生，地瓜都很少。花生种点是自己打花生油吃，也不卖。现在老百姓种粮食基本上都不赚钱，种地要耽误他们上班时间，在外面务工一天都能挣 300 元钱，所以说种粮食不赚钱，年轻人都不愿意耽误这些时间去种粮食。

**问：**现在村里工作有什么困难吗？

**答：**困难是有的，但是我们要迎难而上，克服困难。从去年接任以来，我们申请了水利蓄水工程，为了浇灌西边土地，把种树的土地转化为良田，再多争取外界的资金支持，进一步推动和加快土地流转，增加村集体收入。

**问：**流转出去的土地干了什么？

**答：**流转出来两块地，一块是××种植基地，品种是××玫瑰；另一块是种业科研，搞育苗。

**问：**××玫瑰这两年便宜点了吧？

**答：**他开始干的那一年，还能卖到 25—30 元一斤，今年我看着可能因为国内其他地方大面积种植，价格应该下降点吧。

**问：**前两年吃过这个东西啊，因为那时候还是 80 多元钱一斤。

**答：**这两年种的多了，开始 25—30 元每斤，随着市场大面积种植，价格也逐渐下降。

**问：**还有别的产业项目吗？

**答：**很快，我们的高标准农田建设就开始动工了。能把高标准农田建设好，把水弄到地头，把沟渠修理好，把排水的问题解决了，我们村东湖300亩涝地变良田就可以加快流转了。

问：你觉得在乡村振兴大形势下，村里需要做什么？

答：在乡村振兴的大环境下我们村除了要加快土地流转，还打算引进1—2个产业项目，乡村振兴村集体产业要先振兴起来。

问：你打算怎么做？

答：没有项目，没有产业是不行的，我想向组织上争取个市派或者县派第一书记，第一书记会带来非常好的一些资源，帮助我们村加快推进产业振兴。我们村底子薄，班子硬，也是能出成绩的村。

问：为什么呢？

答：我们班子很团结，我也比较年轻。再一个我们村里没有什么产业项目，申请个农业产业项目过来，我们能将老百姓发动起来、调动起来，有土地、有劳动力。只要咱有项目，就可以了，所以这个平台咱要创造出来，给我们村里带来好项目，在项目的推进过程中老百姓都会非常上心的。

问：多争取外界的一些支持，银行支持，这个还是很重要。

答：对，争取外界支持能把一些基础建设搞起来，慢慢发展产业。还是这一句话，经济是基础，发展经济是最重要的因素。把咱这个产业、集体经济搞上去，集体有钱了，各个方面就好了。

问：村里有没有乡村能人？

答：有。他们自己做生意，有很好的经济基础。

问：这些乡村能人为村里做了些什么？

答：这些年为村里做贡献的在外能人比较少。

问：村里村民在县城购买住房的多吗？

答：有买的，人数不多，毕竟打工赚钱太少，××县城房价太高，年轻人平均每月3000—5000元的工资，除去正常开支，想买个房子很难，月月还房贷比较难。

问：那还能在村里盖房子吗？

答：很多年不批宅基地了，今年街道国土所又给批宅基地，有农业户口的符合条件的，可以给批宅基地了。但是，就算批了宅基地，大龄青年也不会在村里盖房子了，现在说个媳妇都要楼房，楼房是标准，还得是县城的楼房，所以都攒钱去县城买房子了。

问：村里有幼儿园吗？

答：村里没有自己的幼儿园，幼儿园在镇上，离我们村不远。

问：小学、初中呢？

答：也没有。村里随着孩子的减少，幼儿园、小学、初中都在镇上。

问：离村远吗？

答：离村很近的，骑电动车5分钟就到了。

问：升学率怎么样？

答：升学率，县城中学高，乡镇初中升学率要低，乡镇升学率好的每个班级初中升高中每年考上十个八个的，40多个学生面临无法升高中，上中专和"3+2"（三年高职+两年大专）的比较多。

问：村里大学生情况呢？

答：我们村出了很多优秀的大学生。

问：都考哪里去了？

答：有清华大学的，有人民大学的，还有浙江大学的。

问：咱们村里有自己的卫生所吗？

答：有村卫生所，派了2个医生，村民看病很方便。

问：那老年人养老呢？

答：老年人养老靠子女。老年人也自己养羊，增加一部分收入。现在老人养老还是靠自己的儿女。听说明年全县要建幸福食堂，就是每天给多少岁以上的老人免费管一顿饭，政府出钱，这就好了。

问：养老金能拿到多少？

答：老年人每年有1000多元的养老金。医保的话就是合作医疗，有合作医疗的在我们乡镇卫生院报销90%，在县城医院能报销80%。

问：村里乡村振兴效果怎么样？

答：乡村振兴刚开始，以前我们村好几次机遇没把握住，现在底子薄，未来发展空间大。

问：村里目前的经济状况呢？

答：刚接手村支书时，村里负债五六十万元。现在我需要自掏腰包付村里公共电费，不能影响老百姓正常生活。现在最基本的电费，每个月要交四五百元钱，我还得自己往里投，广场和村里的路灯，只要是灯不亮了，马上找人修好，维修款我可以先垫付，不能因为村里没钱开支就先不修了，这些事情千万不能拖，不能影响正常的民生。

**问**：这个过程中，除了经济还有什么困难吗？

**答**：下一步想着产业振兴，土地指标又是个大问题，引进环保的产业，带动乡村劳动力就业，后期进一步探讨。

**问**：村里有什么矛盾吗？

**答**：乡村村民整体比较团结，历史矛盾没有，邻里矛盾纠结于土地，没有比较深层次的矛盾。

**问**：咱这里有没有上访的呢？

**答**：我觉得从去年 11 月 26（日）到现在，差不多一年了，没有上访的。有的老百姓也只是去社区反映一下以前的问题，在社区就解决了，这也不叫上访，没有去县里上访的。

**问**：平日里的矛盾怎么解决？

**答**：乡村的卫生、邻里之间的矛盾由资历较高的干部来解决。

**问**：村里的老干部还都在任？

**答**：老干部义务做一些贡献，老干部（能人）对村里的工作非常支持，在外能人也很支持，年轻人也在积极向村党组织靠拢。

**问**：平时村里组织什么活动吗？

**答**：今年建党 100 周年，我们成功举办了中国共产党成立 100 周年文艺晚会，村民参与率很高，附近村的都来表演了节目，街道办事处也在微信公众号上做了宣传报道，效果非常好。

**问**：参加的人多吗？

**答**：当晚到场人数 300 多人，参加的人数很多，村民比较上心，通过这样正能量的晚会，来引导年轻村民积极向党组织靠拢，为村里发展贡献力量。

**问**：咱们的村规民约情况呢？

**答**：村里有村规民约，张贴在宣传栏上。

**问**：具体包括些什么？

**答**：涉及内容很多：社会治安，邻里和谐，自觉维护社会和谐，公共安全，严禁非法生产运输储存和买卖烟花爆竹，爆炸物品，严禁非法限制他人人身自由，严禁私砍国家、集体或他人的林木，严禁损害他人庄稼等。

**问**：村里目前的红白喜事怎么处理？

**答：** 我们成立了红白理事会。

**问：** 具体说说吧。

**答：** 红事吧，订婚见面礼 6600（元）、8800（元）、11000（元），3万1千8，寓意三家一起发，达成共识。

**问：** 白事呢？

**答：** 白事的话村里红白理事会的人一块给帮忙。殡葬一个人所有的费用加起来也就是 1 万元左右，过程简单，一切从简，移风易俗，老百姓都认可。

**问：** 房子呢？

**答：** 最大的问题是房子，贷款买房，1 套房子 100 万元左右，首付至少 30 万元左右，负担比较重，超过 30 岁的大龄青年因经济原因买不起房，导致说不上媳妇。现在县城学区房，2016 年那时候是 3700 多元（每平方米 3700 多元），现在房子能炒到 8000（元/平方米），新建的 9000 多（元/平方米）。

**问：** 一套下来得多少钱？

**答：** 9000 元一平方米，不说多了 100 平方米的话，得 100 万元，之后你再装修，完了之后还得结婚吧，结婚还得花一块费用，这一块加上之后得一百好几十万元。

**问：** 结婚随份子一般多少钱？

**答：** 一般随礼 200—300 元。

**问：** 白事呢？

**答：** 白事比较简单，一般随 100—200 元。

**问：** 目前你觉得咱们村两委的压力有什么？

**答：** 村"两委"最大的压力是村集体经济没有钱。

**问：** 工作中有没有压力呢？

**答：** 具体到报表、统计、打防疫针、普查，以及信息化的发展，老会计解决不了。上级压力是正常的，所有工作都牵扯到年终绩效考核，所以一定要完成好街道布置的任务。

**问：** 怎么看目前的"一肩挑"？

**答：** 一肩挑的优势呢，权力集中，往下推进快，落实得快。但是，权力过于集中，容易犯错误，找好外界监督，优势大于缺点。

问：村里党建工作开展怎么样？

答：党的建设主要是对党员的培训，做好的话，党员心齐了，做事就统一了，都有一颗公心，做什么都不怕了。把党支部运转起来，把好的项目引进来，给村民带来实惠。

问：那你推进乡村振兴过程中最大的制约因素有什么？

答：我们村基础设施太差，水利设施薄弱，土地非粮化严重，村集体经济薄弱，村民外出务工多，土地流转亩数少，村内空闲宅基地多，村内无规划。村里道路连接主要公路过于狭窄，物流运输不方便。

问：未来有什么打算？

答：以村里支部成立合作社和其他企业合作，争取市里或县里的第一书记，第一书记可以带来很多资源，对于第一书记来说村里是个很好的平台，可以施展发挥自己的才能带动村庄更快的发展。

问：对于乡村振兴有什么想法呢？

答：乡村振兴主要是产业振兴，一个村没有几个好的产业支撑也就谈不上乡村振兴。我理想中的乡村振兴是村内搞好产业，村集体收入稳定并持续增加，人居环境改善，家家都住二层别墅小楼，村内道路宽敞整洁，村内河道清水长流，村民富裕，邻里和谐，建立颐养院，设立爱心食堂，让年满 60 岁以上的老人和残疾人等免费用餐。

问：村民最期待的生活目标有什么？

答：第一，村民最期待的就是有几个规模经营生产好的企业，带动村内经济发展。第二，村民最期待的就是有个道路宽敞、环境美丽的居住环境。第三，村民最期待的就是有个常年稳定的收入、老有所依。

问：感觉目前主要还是村集体经济薄弱，想发展没有基础，对吧？

答：在这种情况下要带领支部成员、年轻党员、村内优秀青年，到发展好的村集体考察学习，开阔眼界，接受新思想，考察好项目，利用党支部领办合作社创办村集体产业，壮大村集体经济，加大力度招商引资，引导劝说本村在外"能人"回村投资，解决本村劳动力外出状况，增加集体经济收入。今年是我国全面进入乡村振兴的一年，也是十四五规划的开局之年，我想在国内这个大环境下，积极争取上级政策，整合优势资源，听从上级安排，干好上级安排的各项工作，加大力度搞好人居环境整治，争取最大努力完成村庄集体规划，改善居住环境。

# 乡村建设访谈七：XCJ 主任

【访谈对象】 日照市××县××街道××社区（原××村）XCJ 主任
【访谈人员】 张登国　王连伟　郭太龙
【访谈时间】 2021 年 9 月 16 日
【访谈内容】

问：能说说您的个人情况吗？

答：我今年六十五岁，大专学历，自 1980 年任××村村委会主任，1982 年至今任村党支部书记，2010 年以来任××社区党委书记、居委会主任。

问：书记，谈谈您的工作经历吧。

答：我是高中学历，1975 年高中毕业。毕业后待在城里，帮着别人卖饼，赶集，学得快，干了两年确实赚钱不少。第一年赚了 300 元，第二年赚了五六百元。很好是很好，但不能老是做小买卖，村里什么活动也参加。自己也想进入村支部，跟着村支部书记一起开会，写个稿、读个稿。

问：之后呢？

答：1982 年参选村支部书记并开始任党支部书记，村里当时的情况是一穷二白。（担任党支部书记后）就开始征求其他人的意见，老百姓给我提了三个要求，"有活干，有饭吃，一碗水端平"。如果能做到，老百姓就同意，但是我的父母不太同意。

问：老百姓这三个要求您当时怎么看？

答：老百姓提的这三个条件，让我当时就觉得自己要干好。因为作为年轻党员，看看庄里这一盘散沙，心里想干好。我当时找到村里 1949 年前就入党的老党员——X××，他参加过解放战争、抗美援朝，腿上还有弹片，坐在轮椅上。请教他怎么才能当好一名支部书记，他说，只要你听党话、跟党走，一碗水端平，我们村就有救了。我问他还有什么需要帮忙，他又说，我已经不能为党出力了，不能再向组织伸手，给组织添麻烦，比起死去的战友，活着就是幸福。老党员的话深刻地印在我的心里。

问：1982 年您多大？

答：27 岁。

问：为了满足老百姓这三个要求，村里具体做了些什么？

答：1982 年那时候温饱都解决不了，我当时就下定决心要当好党支部书记。听了老党员的话，心里一直想着怎么解决老百姓吃饭的问题。恰逢马上要分地了，我就发挥乡村优势，翻土压沙，种大棚，修上路，架上电。打井、修路，电线和变压器需要花钱，我就把自己家里几千元钱拿出来，不够，又去凑钱，才把路修起来。

问：钱的问题怎么解决？

答：农村信用社比较容易贷款，村民主动为我贷款，建起了大棚，并把大棚给了还没建大棚的村民。

问：为什么呢？

答：因为我们俗称没有大棚的村民是"蹲墙根"（懒）。但是为了兑现自己的承诺，让老百姓有饭吃、有活干，我和村党支部引导村民种大棚、做豆腐，加上技术员的指导。但是没有想到的是，老百姓都不想干，觉得丢面子，不想做生意。为了改变这种旧观念，我们带着一部分党员群众到温州学习，一下车就看见很多人在车站擦皮鞋。上前一问，都是脱产干部，他们下了班就来擦皮鞋。从温州回来以后，从我开始、党员带头，家家户户做豆腐、种大棚。不到一年我们村就成了豆腐专业村、大棚专业村。有口碑就有销路，有销路就有收入，老百姓的收入从 1982 年的年均60 元一下子跃升到了 1989 年年均 1200 元。老百姓非常高兴、非常满足。

问：您讲的到温州学习是哪年的事？

答：1983 年、1984 年的事，这一趟回来的感受是我们很穷，穷的是什么？穷的是思想观念。但我们马上开始转变了，做豆腐、搞养殖。

问：做这些能赚多少钱？

答：人均 500 元，第二年人均收入到了 1000 元。不过现在比以前发展慢了，过去的钱实在。从那开始，我的根也扎下了，老百姓对我也认可了，觉得自己能为老百姓做点事太好了。以前召开村民大会，会能不能开起来都不好说，有的青年还坐在桌子上捣乱。现在，大家都安静地听我讲。散会的时候，老百姓还没听够。

**问：**我看到咱们的文化是"公心"文化，"公心"那时候就有了？

**答：**老百姓认可你，什么活都能干成。讲"公心"，好好干活。

**问：**集体经济在那时候发展怎么样？

**答：**没有集体经济，那时候没有出去打工的。集体没有钱，各方面都很难管。如果要问我们上了什么项目，就上了个油漆厂，当时投入了 25 万元。

**问：**这些钱是集资还是自己出的？

**答：**我去贷款，还有村民给集资，因为老百姓认可这个项目。有的把准备盖房子的钱拿出来，为闺女准备嫁妆的钱拿出来。村民的支持，解了燃眉之急，买上机器，在几间破房子里面建起厂子。

**问：**做得怎么样？

**答：**当时技术、质量不过关，卖出去的油漆陆续被退回来了，还要被人家索赔。我一听很害怕，心想怎么向老百姓交代。我有一个亲戚当时在青岛油漆厂，我就背着煎饼去请技术员。看着我们土里土气的，人家以为我们是个体户。那时候天冷，我就站在他那个门口，一晚上来回走。冻毁了，见面后我就跪下了，自我介绍了一下，我说我给老百姓上了一个项目，说完了才站起来，因为那时候心里只寻思那 25 万元。

**问：**解决了吗？

**答：**嘿（语气词），得到了×工程师的支持。第二天是星期天，他来指导配料比例，发现配比不对。我给对方 2000 元，但对方没有要，对方说："为老百姓办事，以后我会继续为你指导。这个厂房变好了，别把工厂变成自己的。"×工程师的话让我心里很感动，从那时候开始，我下定决心要当好支部书记。为什么要去学党史？就是要让老百姓过上好日子，不能忘了初心。这么些年，发展集体、壮大集体就是为了老百姓。这么多年，我自己也没有做什么生意。一心一意为老百姓，对于自己的儿子也严格要求。让他跟着共产党，为老百姓服务，自己别老想着发财。

**问：**现在孩子是在哪里工作？

**答：**当着一个村的支部书记，40 多岁，非常优秀，兼职社区书记，干了五六年了。

**问**：请谈谈支部成员的基本情况。

**答**：支部委员里一位是 G××，女，60 岁，初中学历。1991 年 2 月开始任本村妇女主任兼管计划生育工作。1995 年 3 月至今任村委委员。2005 年 3 月至今任党支部委员。另一位支部委员是 X××，男，40 岁，中专学历。1998 年以来，任村联防队员、基干民兵、办公室工作人员等职。2019 年 12 月以来任××县××街道××村××大饭店总经理。

**问**：他们的任职补贴呢？

**答**：去年村里支付 1.85 万元，街道党工委每人每年补贴 3.12 万元。

**问**：目前咱们村里的支部发展情况是怎样的？

**答**：支部委员 G×× 做了 20 多年，她做过妇女主任，干过计划生育。后来管理老年公寓，从年轻的时候一直在村里从事工作。农村的干部与乡镇干部不一样，在农村 40 多岁就是"青年"。

**问**：有什么心得给年轻干部们传授吗？

**答**：中国共产党给了我很高的荣誉，我很高兴给其他书记讲讲课，怎么样为老百姓做实事，不能只是自己搞好。今年七一去北京参加了庆祝建党 100 周年系列活动，特别是张桂梅讲到"只要还有一口气，我就要站在讲台上，倾尽全力、奉献所有，九死亦无悔！"相比张桂梅，我觉得自己还差得远，悬殊太大了。我还要继续为党、为国家多出力，下一步好好带领社区和村发展。

**问**：近几年村里比较集中的矛盾纠纷有哪些？

**答**：村里主要的矛盾纠纷是家庭关系。这种矛盾产生的原因一方面是家庭成员观念不一；另一方面是村里对家风、家教等教育开展的活动不够多、不够深入。所以我们多多召开村民会议、专题家庭教育会等对村民进行教育、引导。同时成立调解组织，进行面对面调解、引导。

**问**：我看到家家户户都住楼，在建楼、分楼过程中有没有矛盾？

**答**：盖楼就是旧村改造。在第三年的时候，老百姓手里有钱了，都想要平坦的地面。另外还有五保户、困难户。抓阄倒是公平，其实也不公平。随后我们开了党员会，提议让党员把好的位置让出来，我自己先带头把好的位置让出来。关键还是在于村里的安排，保证一碗水端平。会议商讨的结果，80% 的村民都同意，剩下的 20% 还是要做工作。有的村民不满意安排，为了这个事还有人带着老婆孩子在我家住了一晚。

问：解决了吗？

答：后来，住上楼，把平房拆了盖楼。一楼、二楼、三楼很好啊，60岁以上的老年人去老年公寓，60岁以下的在楼上，50—60岁的村民安排一楼。当村干部的、50岁以下的都去5楼。一开始我要了个4楼，这一举动大家都非常服气。大局已定，就不用抓阄。

问：那咱们这工作真的做到公平了。

答：分楼，确实需要干部带头，老百姓真是要拥护你。在农村当干部，"无官心，无傲心，无私心"，真正做到了，老百姓才会从不支持到支持。这几年的选举，我都是全票。当支部书记很难，但现在看着也不难。因为老百姓认可了，关键是自己心里要装着老百姓。

问：那后来村里的拆迁进度呢？

答：当时遇到最大的问题就是拆迁，拆197户。拆不了，桥就建不了。我们只用了20天的功夫就拆出来了，老百姓不讲条件，我心里非常激动，这是一种什么力量？其他几个村拆迁的过程中，也没有出现矛盾。因为我们用的是公心、耐心、责任心的工作法。公心，是干好工作的前提。要有责任心，对上负责，对下服务。"想办法，解难题，带头干"，要有实干精神。总结起来，第一，听党话跟党走；第二，依靠公心的力量；第三，就是靠实干的精神，践行初心。什么是零距离？就是要带头干，无官心，这些年一直和老百姓保持密切联系。

问：出现矛盾怎么化解？

答：当好支部书记，一碗水端平。带领老百姓致富，他们会非常感激你。之前划宅基地、计划生育，因为分地打仗等（矛盾）。对待老百姓，要公平公正对待。我们从怎么讲"公心"，一直延伸到后来过"公心节"和"公心"文化。

问：具体怎么理解"公心"？

答：公心就是担当、作为。要讲公心，首先要做到吃亏、吃苦、吃气。这些年与老百姓打交道，拆了建，建了拆，每一次老百姓都是不满意的。都是把事做到最好，他们才能满意。咱们得容忍，把这口气吃下去。有时候办好事，老百姓也不满意，要学会理解老百姓，才不会生气。当一件事老百姓不认可，我们学会了吃气，就不再生气了。把事办好了，老百姓就都同意了。思想方面的事情，永无止境。我们基本每个星期开一次会，主要是学习。有些事需要学习，关键是思想意识需要跟上发展的步伐。

其次要做到无官心、无傲心、无私心。我们不是官，而是老百姓的主心骨、代言人、领头雁。讲公心，贵在实践。公心精神吃透了是一笔财富，吃不透就是一句口号。我在前面说的，村民给我提了三个条件，第三个就是"一碗水端平"。自古以来人们就说"不患寡而患不均"。在农村，老百姓最关心的就是公平、公正。村里的情况大家互相也都知道，亲戚朋友、乡里乡亲的，难免有个亲疏，要做到不偏不倚，确实很难。但是，再难也得讲公心，不讲公心会更难。针对村里的歪风邪气、族性派性等严重现象，我提出了"不让强者得便宜、不让弱者吃亏、不让一户掉队、不让不正之风得逞"的"四不让"行为准则。在涉及群众利益的问题上，不分亲疏、不分门户大小，办事公平、公正，一律做到一碗水端平。现在我们村，没有门户大的欺负门户小的、族大的欺负族小的。大家就像一家人，老少爷们都觉得生活很幸福。

当村干部要有吃苦、吃亏、吃气的"三吃"精神，这是一种肚量、一种胸怀，更是一种修养、一种境界。要做到吃苦、吃亏在前，享受在后。能容事、容人、容言、容过。

最后，有了"三吃"精神，还要有"三心"，就是细心、耐心、责任心。群众利益无小事，简单不等于容易。做事情绝对不能简单化，不能只看工作结果不看工作过程。不能放过任何一个不起眼的小事，把小事做细，把细事做透。干好每件小事就是成功，把简单、平凡的小事重复干好就是不简单。

这些年××社区共拆迁5000多亩，涉及9个村庄，3000多户。能实现零震荡拆迁，靠的就是细心、耐心、责任心的"三心"工作法。我连续很多次，晚上十二点在群众家里做工作，耐心解释，细心引导。有责任心才能取信，只要工作做实、做细，就没有解决不了的困难。只要工作跟得上，群众都是好群众，最终群众都能认同。

问：村里这么多年都发生了哪些变化？

答：以前，××村地薄不产粮，村民吃不饱、穿不暖是经常的事情。住的是土草屋，晴天一身土，雨天一身泥。全村没有一条像样的路，居住环境真是脏、乱、穷。村里歪风邪气盛行，小偷小摸成风。而现在，丰衣足食，家家户户有活干、有收入。2008 年，村民全部住上了宽敞明亮的楼房。小区有健身器材、公园、超市，环境明显改善。大家都想方设法找活干、学技术、搞项目。业余时间会参加学习培训、文体锻炼，更加重视家庭子女教育和自身文化修养。

问：您认为村庄发生变化的原因是什么？

一靠党的领导。听党话、跟党走，对党忠诚，一切听党安排。把讲政治摆在首要位置，放在能力之前。讲团结、讲大局，对所有上级部署的工作任务，不讲任何条件、不打任何折扣，坚决贯彻、一抓到底、全面落实。上为党委政府分忧，下为党员群众解愁。带领老百姓信党、爱党、拥护党，相信听党的话不吃亏。

二靠实干的精神。想，都是问题；干，才是答案。作为一名支部书记，我的初心和使命，就是发展、壮大村集体经济，带领老百姓致富，让老百姓的日子好起来。要是不能为民造福，不能带领老百姓致富就是最大的不讲公心。志不立，天下无可成之事。担当是干好工作的前提，实干是干成工作的保障，要想办法、带头干、解难题！所以，这些年不管面对什么工作，多少困难，我从来不说放弃。

问：那这几年做了哪些工作呢？

答：讲到这几年的发展，我们村制定规划，正在改造小区，比如装电梯。另外，为了提高养老工作的水平和质量，已经实行 60 岁以上老人集中供养。但是目前的管理水平还是不行，因为老年人身体情况各有差异。针对这些人群，下一步要进行分餐，做到既要吃好，又有营养。

问：那针对不能照顾自己的老年人呢？

答：针对不能自理的老人，社区建设了医养结合项目，陆续地进人，通过 3—5 年的时间形成一个完整的养老体系。这个项目不创造利益，还要往里面贴钱。总书记对于老年人养老曾多次提出"老有所养、老有所乐、老有所为"。践行初心，就是怎么领老百姓过上好日子，说到做到。把残疾的老人供养起来，解决他们子女的后顾之忧。前些年搞计划生育的这一代人受了不少罪，父母老了，子女得伺候。让这些老人去养老中心，不影响子女正常上班。我们那一代子女都是五六个，但现在很多都是一胎。生育观念变了，以后养老是个问题。把医养结合项目做好，减轻子女养老负担。还有就是发展集体经济，现在每年收益 5000 万元。计划三年过后，年收益过亿。

问：现在村里的红白喜事管理情况如何？

答：这些年成立了红白理事会，由支部委员带领。喜事，有迎亲队伍，妇女打锣鼓，有自己的衣服和乐器。白事比红事更具体，早上或中午去世的，当天火化。如果人是下午或者晚上去世，第二天安葬。子女负责守灵和尽孝，举重（抬棺材）、殡葬等其余所有事都是村里负责，除了去世之人的子女，其余人没有必要去报丧。火化后村里派车拉着去，不用子女操心。入土的时候，还是子女去就行，磕个头、烧个纸，不要搞其他的，就这样结束了，范围局限在子女。仪式不能弄得太大了，别去扎这个（纸人）扎那个。

问：像白事，主家需要花多少钱？

答：葬礼人员由村白理事会人员全方位服务，殡葬费由集体承担，安置在村集体公墓。并且我们要求不搞大吃大喝，因此主家基本上没有花费。

问：村里的公墓需要花钱吗？

答：也是集体买好的。

问：村里结婚有什么讲究？

答：女方得来送喜，这是几千年的习俗，村里也有文明迎亲队。至于婚宴，咱有个食堂，在那吃个饭，这个饭自己花钱。

问：大概多少钱？

答：500元一桌，姑啊姨啊，还有自己一族的过来，10桌左右，规定在咱们的食堂。若青年在结婚过后再吃饭，村里就不再管了。吃饭根据家庭情况，进行宴请招待。

问：彩礼有多少？

答：一般情况下，彩礼不超过3万元，宴请不超过2万元，相比村集体收入，红白事的花费对生活基本没影响。

问：分楼花钱吗？

答：一分钱都不用花了，没听着谁家要多少钱，楼房是分的，谁结婚就分楼。

问：您怎么看书记主任"一肩挑"？

答：现在就是"一肩挑"，除了一些特殊的村，都是只有书记，我是支部书记兼任理事长。一肩挑也有一肩挑的好处，压缩村干部，什么事由支部决定。

**问**：您认为村书记和村主任"一肩挑"给村两委工作带来哪些影响或变化？

**答**：首先有利于减少村务开支，提高干部待遇。干部人数减少，不仅减少了村务开支，干部待遇也得到了提高，提高了村干部工作的积极性。其次在问题的决策、事务的处理上，可以避免因为两者意见不同而引起事务的拖延，使决策能够快速实施。最后还有利于增强村组织的凝聚力，强化班子成员工作责任心。

**问**：近几年我们是怎么抓村党支部工作的？

**答**：习近平总书记说，办好农村的事情，实现乡村振兴，基层党组织必须坚强，党员队伍必须过硬。治村先强班子，关键发挥党员的先锋模范作用。无论干任何事，都是党员带头。比如在进行旧村改造的过程中，部分村民不理解，就从党员开始带头先拆。面对一些多占便宜、强者欺负弱者的不正之风，提出了不让强者得便宜、不让弱者吃亏、不让一户掉队、不让不正之风得逞的"四不让"行为准则。在涉及群众利益的问题上，党员干部带头讲公心，不分亲疏远近、绝不优亲厚友，一律做到公平、公正，一碗水端平。村里道路硬化中，群众三班倒，干部一班站，由党员承包硬化最困难的地方。一些老党员身体不行，就纷纷出钱出物。

**问**：党员的带头作用具体有哪些？

**答**：支部成员 G××，曾经晕倒在工地上，醒来第一句话就是要回工地。当时村民都说，如果工地上找不到 X×× 和 G××，准是在医院里挂吊瓶。在抗击新型冠状病毒感染的肺炎疫情中，党员干部带头入户排查、执勤，包联居家隔离群众，无私奉献，做好群众安全的"守门员"。党员干部心底无私，一心一意为了老百姓，得到了民心，树立了威信。

**问**：对于违反纪律的怎么处理？

**答**：如果发现个别村干部有苗头性问题，我们就第一时间提醒。村党组织向所有村干部提出了"楼要盖起来，人要站起来"的要求，成立了由老党员、老干部组成的监督小组，全程参与工程建设各个环节，严格执行定期审计、定期公开、公开招标等阳光操作程序，接受社会监督。这些年，××村集体富了，但村干部只拿镇上批给的补贴报酬，没有私下做买卖的；子女和家属也没有一个在财务、采购等重要岗位的。当干部不但赚不到便宜，还经常要吃亏、吃苦、吃气，这样才能换来老百姓的真心拥护、班子的团结有力。党支部班子强了，就有凝聚力和战斗力了。我们支部确定了思路，党员带好头，群众积极响应，实现了"家家有项目、人人有活干、户户有收入"。党员干部把村里的事当成自己的事，没有一点私心，像自己过日子一样打长谱、精打细算，把每一分钱都花在明处、花在刀刃上。不管地价飙升多快，坚持不卖地，都采取自建设施出租或自己开发的方式，使集体资产最大限度地保值增值，使集体资产像滚雪球一样不断壮大。重点发展了楼宇经济，现有××超市、××第六中学、××文街、写字楼、酒店等多处产业。老百姓不一定最富有，但幸福指数一定要最高。

集体有钱了，就要多做公益事业，让老百姓享受到发展成果。××村投资 3150 万元，建起了老年幸福公寓，对 60 岁以上老人实行免费集中供养，既让村民充分享受村集体发展的成果，又解除了子女后顾之忧，安心创业。××村在自己发展的过程中，主动承担起强村带弱的任务，目前××村社区 9 个村街已经全部搬迁上楼，有 4 个村街年集体经济收入过百万，还与××县××村结对帮扶。多年来，我们××村党支部始终秉持公心实践，把公心、公道办事作为价值追求和自觉行动，孕育了浓厚的公心文化。从 2001 年开始，每年的 11 月 1 日，我们××村都要举办公心节。公心节上村干部上台表公心、亮公心，群众评公心、议公心。党员干部讲公心，带动群众讲公心，把"公心节"变成了"民主日""聚心会"。

问：您觉得抓村党支部工作有什么作用？

答：治村先得强班子，关键是发挥党员的先锋模范作用。通过加强党支部及党员队伍建设，可以赢得群众的信任和支持，党组织的凝聚力、战斗力显著增强，出现了干群同心、一呼百应的局面。2000 年以来，××村每次村"两委"换届，村"两委"成员几乎都是全票连任。在××村的示范带动下，周边 8 个村积极靠拢，合并成立××村社区。

问：咱们平时有没有什么活动？

答：××村把学习作为提升党员素质，加强组织建设的必然要求。

问：多长时间举办一次学习活动？

答：我们制定了"五个一"学习制度，每天一次碰头会，每周一次公心例会，每月一次公心讲堂，每半年一次公心体检，每年一次公心节。我们认真落实三会一课、主题党日、农村议事决策等制度。在每月 25 日党员群众"议事学习日"上，晒村集体收支情况，接受村民监督，并建立了村民理财小组，对村集体账务每月审计一次，向全体村民及时公开。

问：所以说解放思想了，对吧？

答：就是转变观念，怎么教育引导群众与时俱进。这些方面的事业永无止境，我经常开会学习，整个社区的干部都参加，每个星期定期开展。

问：那能参加的都有哪些成员？

答：所有村干部、社区工作人员都参加会议，就是学习、谈工作。关键是思想观念的转变，每个星期三都要开周例会。

问：刚才就是每个周例会，您先领着学习？

答：每次学习的时候，我都得讲讲。特别是结合今年学党史和公心文化，还有就是星期一到星期五开展学习的活动。通过这个"公心文化"的熏陶，村班子都比较好。这一次换届选举，我们一些村干部都高票当选，有的全票当选。咱这个村里吧，我是支部书记，还有两个支部委员，一个干部抓日常，一个青年抓经济。

问：咱们社区对于青年的培养呢？

答：我觉得这个培养青年，包括"公心文化"的传承，特别是进入新时代，就是如何加强学习，我觉得对青年人要好好培养教育。

问：嗯，得找好这个接班人。

答：这个接班人在慢慢培养，并不是说不解决这些问题，就是你不能让这个支部班子老化。虽然我年龄大，但是我觉得现在身体还行，我要继续好好干下去。我也培养了一批青年，他们都在这个社区里任职，有几个在团委，还有几个在妇联，并且上级还叫我继续当这个书记。

问：目前村两委工作主要有哪些压力？

答：目前村里面临的压力主要来自下一步的发展问题以及如何更好满足群众的服务需求。乡村振兴战略的实施对农村发展提出了更高质量的要求，既要做到壮大集体经济，还需要实现共同富裕，全面提高老百姓幸福指数。

问：您认为怎样才算实现了乡村振兴？

答：我觉得乡村振兴这一块，各有差异。总体上，第一必须得让老百姓过上好日子，生活水平提高，这是最起码的。其次是精神方面要提升，要让老百姓心情愉悦。这涉及一个村的环境、村风、民风等。乡村富起来了，如果还存在不孝敬老人、赌博的风气，即使到了小康，也不行。心情舒畅，生活富裕，非常重要。现在有很多人心态不是很健康，与村风、民风有很大的关系。我们可以通过学党史，逐步提高文明素质。第三，就是人才，把人才留下。让本村普通大学生回来，进入村里工作。好一点的村都是这种模式，需要去汲取经验。要壮大集体经济，实现全民共同富裕。但这不是同步富裕，也不能有掉队的。走共同富裕道路要多学习，要让老百姓精神面貌提高。很多农村因病返贫很正常，共同富裕关键是人的精神面貌提升，老百姓听党话、跟党走，内心坚信遇到任何困难都能过去，党组织都能解决。

问：您怎么评价本村的乡村振兴程度？

答：基本上达到了振兴，之后五年还需要继续完善，经济上还需要进一步发展。第一，我准备让老人吃食堂。不在老人范围内的，需要什么发给村民，发券去领，发楼房。第二，让老百姓心情愉悦，逐渐规范管理。让村民过上幸福的生活，从心里拥护共产党，这就叫乡村振兴。生活水平高了，文化振兴了，再把尊老爱幼这一块好好抓抓。优化村风、民风，这是个大问题，比经济还有难度。抓人的思想是最难的，要让老百姓明白好的日子是谁带来的，是党给我们带来的。

问：您觉得老百姓最期待哪些事？

答：平安是福，能不能长期保持下去；吃不穷、喝不穷；不要有歪风邪气（村干部办事不公平），因为之前村里存在恶霸，就是不讲理。

问：村民还担心生病吗？

答：担心得大病，普遍存在担心，但是有些人担心程度较轻。咱们这个村里担心的比较少，所以我们不能让老百姓因病返贫。

问：村里老人生病怎么报销？

答：除了国家报销政策，村里的卫生所对于小病一年一结，由村里报销。以后，我想老人生病尽量全部报销，因为老人只要没有大病，花钱就不多。

问：村里有能人吗？他们的基本情况如何？

答：能人主要有致富能人和专业技术能人。致富能人主要是搞企业餐饮，物流服务。比如做豆腐、搞批发、从事健康养生美容行业，200 多人。还有从事婚庆、网络直播的。专业技术能人主要是在外公职人员，如教授、医生、工程师、博士等，40 多人。

**问：**村里有没有热心公益活动的人和外来的社会组织？

**答：**村里热心公益活动的人约 300 人。2018 年成立社区公心志愿服务队，自愿报名当志愿者共 120 人。村里有自己的组织如公心文化研究会、孝善理事会、文明迎亲队、公心文化教育中心等，也与周边共建单位共同推进社区志愿服务活动。

**问：**村里有没有村规民约？

**答：**有。我们有完整的制定过程，制定前支部或者村民代表提议、村支部广泛讨论征求意见起草、村民大会集中表决通过后执行。

**问：**具体包括哪些？

**答：**我们早在 1988 年 4 月 6 日，制定了关于第一次旧村改造通街的"六条规定"和建房的"九条规定"。1998 年 5 月 1 日进行第一次修订，增加了八不行为规范。2004 年 10 月 1 日完成二次修订，增加《村民自治章程》。2018 年 11 月 1 日完成三次修订实施，改动较大。现行内容包括公心文化、村民权利义务、三务管理、精神文明建设以及村民福利等方面。每次完成修订后，都会印刷单行本并发放至每家每户，组织学习，依此治村。

# 乡村建设访谈八：WHL 主任

【访谈对象】 潍坊市××市××街道××社区（原××村）WHL 主任
【访谈人员】 王格芳　孙丽
【访谈时间】 2021 年 10 月 15 日
【访谈内容】

问：您是哪一年生人呢？

答：我 1965 年生人，今年 57 岁了。

问：请讲一下您的工作经历吧？

答：8 年以前自己干企业。2013 年，担任××村党支部书记。2018 年，又接任了××村党支部书记。2019 年到现在，挂任××区管委会副主任，也是××市××区××社区党委书记。2021 年 4 月，原来的××村党支部书记、村委会主任由于身体原因辞职，我又接任了××村党支部书记、村委会主任。工作期间，我也干出了一点成绩，自己讲自己的事情，还是有点不好意思，不能光夸我自己呀。

问：都取得了哪些成绩？

答：担任村支部书记后，我就获得了山东省委颁发的"担当作为好书记"称号并荣获三等功，还被评为××市"优秀人大代表"。我挺高兴的，家里人和村里老百姓也更认可我了。我主要是比较善于治乱村，对村居管理有点方法。比如我工作过的××村、××村，刚开始的时候都很乱，上访不断。经济、村居治理等各方面考核连续"倒数第一"，都属于落后村。我任村支书以后，敢于改进，敢于动真碰硬，拆除乱搭乱建，村庄发展和村容村貌在很多方面都得到了改善。在治理村庄的时候，我体会到，必须得实实在在，离不开老百姓，也就是咱常说的得依靠基层群众。

经过我的治理，我工作过的××村的集体事业发展突飞猛进。村里全力进行基础设施建设，率先完成户户通硬化、旱厕改造和户户通自来水工程，村容村貌发生翻天覆地的变化，这样老百姓也高兴。

问：您在村里工作中印象最深刻的事情是什么？

答：我在 2018 年 6 月 9 日，被党工委任命为××村支部书记。当时的××村负债 87 万元，民心散，干部不团结，党员工作不积极，村庄不稳定。我接过来的时候，就是乱七八糟呀。这个时候，我认识到了党员干部的重要作用。我任职第一件事就是整顿干部的工作作风，发动党员发挥带头作用。我开第一次全体村民大会的口号就是：不怕穷，怕的是干部不作为、党员不支持、群众不拥护。为什么群众不拥护？这个关键就看我们干部。我刚开始接任村支部书记，正好是在全市开展"三清一增"（清理村级合同、清理集体尾欠、清理闲置资产资源，增加村级集体经济收入）行动。我当时想，这可是多年难得的好机遇，这也是各村存在矛盾的问题源头。我认真调查，发现××村的集体资产和资源非常丰富，但多年被少数干部及社会的闲杂人士无偿占有，我想这可不行。我立即组织 3 名老党员及 3 名村民代表组成××村集体资产资源清理管理委员会，这 3 名党员及 3 名村民代表是全体党员及村民代表大会投票选举产生的。另外，我又找 2 个平常在村中"好事之人"加入这个机构，让他们见证、宣传、带头。充分发挥党员干部的带头作用，在任何村庄的治理中都是相同的。

问：在与村民建立融洽关系上，您有没有什么好的经验？

答：跟老百姓相处学问可就大了，千万不能高高在上。我一直认为，村里的事情要注重小事得民心。8 年前，我还是年入百万的农产品加工企业老板。在一次联建帮扶困难村的活动中，来到了××村。在联建帮扶的一年间，我不断提出治村新思路，让××村有了改善。时任乡镇党委书记发现我"治村有方"，想尽办法说服我，让我接××村的党支部书记。我认为农村工作关键在"细"，小事处理不好往往会发展成为轰动性事件。为了发现问题，入村后，我就天天住在村里，经常在村里溜达。我遇见一个 80 多岁的单身老汉，屋里不开灯黑乎乎的，拿着手电筒去别人家充电。我当时以为他家里停电了，向前一问，原来是因为线路改造时，每户需要出 200 元改造费，因拿不出这个钱，索性就不用电了，晚上需要起床时就拿手电筒照一照。第二天，我自己出钱，找人帮忙扯上电，电费也包了下来。从那以后，村里收电费时，我特意过来瞅一瞅电费单子，发现有的老人家里一个月只花一块七毛钱的电费。我决定对这些用电少的困难户，以后也直接不用他们缴纳了。基层干部要真心实意体会群众的困难，要多观察，不能光把实惠说在嘴上。我接手××村8年，在贫困户家坚持过了8个春节。当时，村里有十多户深度贫困户，我每年都自掏腰包备好礼品和慰问金去看望他们。到了年三十晚上，我和家人简单吃完饭，就拎着花生油、粉皮、300元红包等东西出门了。对于困难户，我也一直帮扶着。不管在哪个村任书记，心里面要时刻挂念着困难户，这是我工作中永远不变的理念。

问：听您这样讲的话，您是担任过好几个村的党支部书记吗？

答：是啊。在2018年，接任了××村党支部书记。以前××村是个上访村，单是投诉到市长热线的一天就有4个，多是因为村干部调地产生的纠纷。干群关系紧张，村子里欠债80多万元。我经常在村里会上说的一句话就是，用"真心、爱心、诚心、善心"赢得"民心"。"四心"换"一心"，就是把群众的喜和忧放在心上，群众自然与干部同心。2018年前，××社区想流转土地发展果品和苗木，定了705亩的发展规划。两年来，180户涉地村民同意率不过半。面对这些问题，我都积极动员。我坚信一句话是"穷不怕，怕的是失去民心、得不到老百姓的支持。只要得到老百姓支持了，要啥有啥"。××村的L××，因土地流转、违建房屋拆迁等事，与村干部矛盾重重，天天没事就去上访，见到社区干部就言语顶撞。社区干部说得对的事，她也故意不听。我来了后，就重视这几个"好事之人"。在每次议事会上，我都鼓励L××等人多提意见，L××说出的合理建议很多被采纳。我调查发现，她的偏激是因为村干部与她沟通不到位所致。在去年的一次村干部会议上，村委班子等人研究后提议推选L××为村里的"好媳妇"。这样一来，L××既获得了大家的尊重，家里的土地纠纷也得到合理解决。她还成了村里的积极分子，村里组织的集体活动她带头干。村里成立敬老爱老的"孝善堂"，她带着6个村民在这免费为老人服务，充实又满足。同时，我意识到充分发挥党员和群众代表的作用，大事小事群策群力，经常开会研究，"好事分子"的心结就打开了。我那时候一鼓作气，又提出流转土地发展集体经济的想法，5天时间，700多亩土地全部流转出来。

**问：**您担任那些职务，对您做现在的工作也有很多启发吧？

**答：**是啊，很多工作都是相通的，特别是村里的很多工作更是相通的。我在干工作的时候，也依靠基层群众，积极鼓励村里进行基础设施建设，努力让老百姓天天生活的这个村的村容村貌发生翻天覆地的变化。2019 年，人居环境整治时，不少村庄很"挠头"，既没钱，又没人干活。为了解决这个问题，我让社区民兵连长组织队伍带头干。由于军人作风扎实肯干，××社区 9 个村很快组织起一支整修队伍，由民兵连长和党员干部带队攻关，打破村庄局限，统一布置，社区在××市率先完成了人居环境整治。2020 年 3 月，××市委党的建设工作领导小组暨"基层组织治理能力提升"专项行动现场推进会举行，××社区多个村成为基层组织治理能力提升的样板。除去××村、××村、××村，××村网格党支部还充分发挥机关驻村干部作用，从改善村庄面貌开始，敢于动真碰硬，拆除乱搭乱建十几处。从 2019 年人居环境暗访全市倒数第一，一跃成为先进村。

**问：**您在任职村党支部书记的时候，工资补贴大约有多少呢？

**答：**××市委组织部每月发两千元，××区根据工作成绩在工资补贴上多少会有些浮动，会有绩效工资，一年算下来，我能拿到 4 万到 4.5 万元。

**问：**请您简单介绍一下××村吧。

**答：**××村位于××市城区南部、4A 级景区××东麓，共 152 户，540 口人。耕地面积 1100 亩，距离城区 15 公里。以前的××村，村民们靠种黄烟、养蚕为生，收入非常低。青壮年都出去打工了，是一个无集体资产、无经济来源、无年轻劳动力的"三无"贫困村。一些石头屋、土围墙、留守老人与儿童占比高，日渐衰败，空心化严重。近年来，通过探索"艺术＋旅游"的新型发展模式，打造业态丰富的××艺术试验场，这个过去贫困落后的小村一下子就成为远近闻名的富裕村、网红村。

××艺术试验场是由××市××区党工委管委会批准支持下进行的，主要是想建设以村民为主体、艺术家长期驻村与村民高度融合共建的实体艺术村庄。艺术家作为××新村民带动原住民，重置文化产业的一些业态结构的组成。这样一来，就能激活闲置资源，重新赋予村庄文化灵魂，推动文化旅游和经济发展，这也是国家实施乡村振兴战略过程中的具体实践。艺术家们都说这也是一次从农耕文明意识向现代文明意识转变的凤凰涅槃。艺术试验场的理念就是"艺术家农民化、农民艺术家化"。

问：目前已经建设了哪些项目呢？

答：目前已经建成艺术家工作室、图书馆、美术馆、百工传习馆、古琴馆、农民画舫、乡味餐厅等场馆。举办画展、摄影展、创意市集、跨年艺术周、乡村艺术节、仲夏夜之约音乐会等活动20多场。净举办活动呀，因为啥呢？不举办活动就没有人气呀。还邀请海内外知名艺术家举办艺术展览、艺术交流等活动10多次。村里也自己培养本村的村民画画，想让有爱好的这些农民有点事干，就是培养农民艺术家。

问：大约培养了多少农民艺术家呢？

答：已经培养出本村农民艺术家10多位了。一些农民虽然识字不多，但就是喜欢画画。

问：听说这个村子里面的房子墙壁很有特色呀？

答：可不是嘛，××村是个出了名的网红艺术村。很多人问我，您村咋这么红火了呢？它红火就红火在全村大街小巷、房前屋后的地面墙面都被一幅幅栩栩如生的图画所覆盖着，都是艺术家画的。在这个村子里走一走、逛一逛，你就会觉得整个村庄就像一个水墨画、油画、壁画、青绿山水画展示区，人物画、风景画、静物画、动物画跟真的是一样一样的呀。到处都是画呀，真是大家伙儿讲的"漫步××，如在画中行"呀！用艺术家的话讲，就是朴素的乡土气息与时尚的艺术元素完美融合呀。墙壁上各种各样的墙绘，各式艺术装置及充满文艺气息的酒馆、咖啡馆，让外人一看，还寻思着是到城里了，根本想象不出来这是在一个村庄里。

问：村子从哪一年开始发生变化的呢？

答：大约是2017年12月吧，一群艺术家到这里来了。那时候这群艺术家觉得这个偏僻的村庄有一种"世外桃源"的气息。在××市相关部门的全力挽留和帮扶下，这群艺术家就赶快抓住机会，成立了"××本土艺术机构"，入驻××村。这样就不断改造，不断发展，慢慢地村里变了样，老百姓的生活也变了样。

问：村子能发展得这么好，主要依靠的是什么呢？

答：政府主导是最重要的。政府大力投入财政资金改善村内基础设施，全力吸引社会工商资本下乡改善村居环境。先后硬化道路1.2万平方米，整修背街小巷20多条，绿化街道3000平方米，改建修缮废旧房屋20多座。政府还确定了片区化的发展思路，鼓励我们打破行政区域界限，不能自己把自己给限制住。××村的蜕变，是××乡村振兴齐鲁样板示范区近年来发展的缩影。这个片区包括19个村庄，共2940户。通过吸引工商资本下乡，将村周边1100亩土地以每年800元每亩的价格进行了流转，还建设了××乐园、××田园等5个大型农业园区。而且还实行入股制度，比如村民可以把山地出租，并将租金当成"股金"，投入××乐园项目的运营中。村民只要能干得动，也可以自己去应聘，可以打扫卫生，也可以在乐园做力所能及的活。这样每个月都能领到工资，年底的时候还能领到分红，一年收入也能有个四五万元。这样的话，对于上年纪的人来说，比舍家撇业地出去干劳力好点。村里的土地也能流转，村里的土地流转后，整个村集体每年可增收20多万元。整体村民们的收入都提高了，生活环境也好了，年轻人也愿意回家了。因为住在风景区附近，景也挺美，空气也好，慢慢地过的日子都快赶上城里人了。我们还吸引工商资本投资5.8亿元建设了××和××两个文旅小镇，片区内产业旅游资源非常丰富。还按照"一村一案"原则，环××打造了××艺术村、××年画村、××美食村、××艾灸村、××石雕特色村、××学村、××国画村7个特色民俗村，各有各的特色。可好看了，也有玩头，这样可以吸引游客来玩呀。现在一期已经建设了总里程为15公里的环××观光小火车，将各景点"串珠成线"，打算建设成景观美、功能全、人气旺的高水平的美丽景区。这样可以让整个片区内的每一个景点都能得到好处、充分发展。真正地让老百姓的钱袋子鼓起来，为老百姓做实事。

**问**：除了这些因素，还有什么原因？

**答**：我们××村的发展，还得益于另一方面，就是邀请多位本土艺术家返乡，为××村注入艺术灵魂。艺术家与老百姓融合，画风与民风融合，艺术与乡情融合。××是首批入驻××的艺术家之一，他对村的建设也起到重要的作用。在他的带动下，从北京、广州等地又来了10多个艺术家到这里，他们有的会美术、摄像，也有的会音乐、文学等一些艺术创作。艺术家驻村，深度融入本地，虚心求教农民，汲取乡村养料，挖掘创作源泉，开创新的艺术价值。而且还让农民深度广泛地参与艺术创作，真切体会艺术的魅力，唤醒老百姓自身的艺术灵感，使农民艺术家化。这样就让高高在上的艺术走进老百姓的日常生活，也走进老百姓的心里。

**问**：现在入驻的艺术家有哪些呢？一般都是哪些创作形式呢？

**答**：现在入驻的艺术家人数还是不少的，而且这些人还成立了相应的艺术家工作室。

**问**：艺术家们教农民画画有哪些办法呢？

**答**：考虑到农民以前就是种地的，很多东西都不了解，所以教画画的时候肯定不能跟正常流程一样，还是要有点针对性的办法。××的艺术家们都讲了，人人都有爱美之心、人人都是艺术家。为了实现农民艺术家化，艺术家们通过实践创制出 7 天绘画教学法。

**问**：可以简单讲一下这个 7 天绘画教学法吗？

**答**：听艺术家们讲，就是从诸多的绘画元素中提炼出最根本且有实效的部分，进行以 7 天为周期的绘画训练教学。对农民教学的一个周期得 7 天，这也是艺术家们经过对不同年龄、不同性别、不同对象的反复验证和实践总结出来的。艺术家们刚来的时候，先是调查研究，并不着急教老百姓画画。艺术家们弄了一个彩虹计划，由简入繁地进行。彩虹计划的设想是，只要艺术家一画画就会引起村民好奇了，所以首先通过画画直接改善村容村貌，让村民理解和认可艺术家来到乡村的功能目的。艺术家画画的时候，没有事的村民就在一边看。再就是引领村民参与，让村民熟悉画画，尝试着给艺术家帮帮忙，然后为"农民艺术家化"的具体落实作好铺垫，让画画更加自然地与村民融为一体。艺术家选择涂色区域，可不是随便画的。避免为涂色而涂色的表面化，往往只选择清水泥墙面和未经嵌缝的部分石头墙面。对整体色彩系统进行规划，尽量让色彩融合于村庄不同季节的面貌，体现出艺术生活化意味。艺术家画画的时候，也给老百姓讲点专业知识，画画的布局也是以"自内而外，自下而上的次序"向外延展。在具体的涂色过程中，让村民进入学习从使用滚子、刷子到小刷子再到画笔的过程。这是一个自然而然的引入，避免了村民面对陌生的艺术工作产生的不自信。不能一上来就让老百姓画，画画还是挺难的。上来就让画，老百姓就会吓住了，因为啥都不懂呀。彩虹计划以及整体彩色系统都由村民参与完成，尤其是在村里的留守中老年妇女，在这个过程中挑选出有画画潜质的老百姓。有些老百姓他实在不会画，也不能硬让他画呀，挑选那种手巧的人参与进来，有些人不愿参加的那就不参加。教老百姓画画的时候，得先让老百姓熟悉选择的工具和材料以及使用方法。很多老百姓连自己的名字都不会写，所以学画画的时候有难度，得教给他们比如怎样握笔、怎样拿调色板，怎样把画纸贴到画板上，让老百姓觉得很新鲜又很愿意学。很多老百姓都踏实肯干，有几个很努力，为了画画可是下功夫了。展厅里的画，很多就是一群平均年龄 70 岁、之前没有任何基础的村民画出来的。一开始画不好就多练、多画。画的时间长了，也都成了艺术家了。

**问**：您认为××艺术试验场在这几年的发展中，实现了"艺术家农民化、农民艺术家化"了吗？

**答**：我觉得进展挺好，当然还有很多进步的空间。××艺术试验场在这几年的发展中，正在逐渐被外界瞩目。这些艺术家们都居住在自然原生态的山村，能感受到乡村的现实情况，能见到村里的贫穷，也能感受到老百姓的努力。通过不断发展，艺术家与村民建立了一种互存发展的模式，能互相学习。这种方式也在很大程度上改变了××村的面貌，也让村民的思想发生了翻天覆地的变化。不再像以前那样守旧，思想逐渐打开了，接受新观念也快了。老百姓自己也能画画了，很多老人心态也变了，觉得自己能干点啥了，还是干的这种洋气的活。与艺术挂钩，老百姓的心情都格外不一样了，都可高兴了。

目前，××艺术试验场致力文化、旅游、产业合而为一。生产、生活、生态融为一体，大力传承乡土文化，重塑乡村精神，推动乡村振兴，激活乡村再生能力。积极开发建设集乡村文旅开发、艺术创作消费、文创产品展销、乡村文化活化传承等多功能、高品质于一体的"旅游＋艺术"旅游目的地，想努力把这个村打造成知名的文化旅游品牌。这样就更出名了，村里的老百姓更能多受益了。从 2018 年到现在，××被评为首批山东省乡村振兴示范村、美丽乡村示范村、山东省乡村旅游重点村（精品旅游特色村），还获得第四届山东省文化创新奖。这对大家伙儿都是更好的激励，有了荣誉感了，干劲也就更足了。

**问**：您认为进一步深化"艺术家农民化、农民艺术家化"，下一步还应该注意些什么呢？

**答**：一是得让这些艺术能更好地为老百姓提供物质基础，能让他们致富，要不然老百姓也不愿意弄了，弄起来也不带劲呀。二是得考虑到不能让××村民的主体性被边缘化了，别弄了半天画画没有接班人了。现在主要画画人的群体年龄普遍比较大，就是得抓紧解决这个空心化、老龄化的现象。三是得考虑到不能让商业化把艺术家文化味道冲淡了。这些艺术家在村里，还得考虑到解决艺术家自身落地生根的问题，要不然留不住人呀。

**问：**村里的红白喜事是怎么办的呢？

**答：**老人的养育之恩真是永远报答不完呀。我小时候生活条件不好，家里姊妹5个人，那时候都是挣工分，能有个10元钱、20元钱来过年就挺不容易的。记得有一年我老娘换地瓜干，背着30多斤地瓜干要走好几十里路。老人有吃的，也都自己不舍得吃，而是省下来给孩子们吃。那时候小，有很多事情也不懂，但是现在年龄大了很多事情都懂了。孝顺父母要在老人活着的时候多尽孝，不能等老人死了再去大操大办，那样就失去意义了。以前，我们这里有家里人去世都要请吹手和鼓手，还要披麻戴孝，用车拉着骨灰盒，走走停停的，都是人死了以后做给外人看的了。我非常看不惯以前人们的那些做法。我认为，人活着的时候不孝顺，人死了之后就别瞎咧咧，净搞些没用的，全是虚的，还铺张浪费。现在已经取消那些事情了，绝对不允许披麻戴孝了，统一的小白花、小哨子，统一交给村里的党员队伍来办理这些事情，村里给出丧葬费用，节约了资金，也节约了时间。村里有公墓，骨灰盒由家人安葬到公墓，到公墓的距离大约500米。结婚的话是喜事，热闹热闹，现在也不会太浪费。

**问：**咱们这边结婚的时候，需要给孩子在城里买房吗？

**答：**现在都挺时兴这样的，结婚得有房子。要是有条件的话，不管村里的房子盖得修得好不好，都尽量得在结婚的时候在城里买上房子。

**问：**咱们村在工作中，是如何发挥党员作用的呢？

**答：**在村里，工作必须充分发挥党员干部模范带头作用。不管在哪一个村，都要收回历史遗留下来的陈旧欠款、拆除乱搭乱建、规范不合理合同、收回并整理集体土地。这就必须先拿党员开刀，党员必须先带头，这样才能让××村从负债累累转变到步入小康。

**问：**一般大家在工作时都能积极配合吗？

**答：**我刚来治理村庄的时候，一开始肯定会有人不服我。以前刚到一个村里任职，要组织开会，一个村干部跟我讲，可要注意了，开会的时候真有人扔石头，故意使坏。但是我就不怕，我就说了，为老百姓干实事，老百姓还能打人吗？实际上，就只是几个村霸搞坏。有时候就要抓住那些主要人物，把主要的人治服了，就有利于以后的工作了。在村里的工作中，也是以理服人，不能乱来。但是也不能怕事，怕事就干不成事了。

问：村里有幼儿园吗？

答：没有单独的幼儿园，是联合幼儿园，××幼儿园。

问：去幼儿园大约得多久呢？

答：大约得有 3 公里路吧，都是父母送孩子过去。

问：村里有小学吗？

答：有的，小学和幼儿园是一体的。因为离着××很近，一般都是去××上学。那里有九年一贯制学校，而且不远还有个××学校，上学比较方便。

问：村里有卫生室吗？

答：卫生所有的。乡村里的医生是固定的，由乡镇卫生院指派。老百姓有个小不然的症候，都能到卫生所拿药，也能打针，还是很方便的。

问：现在住在村里的人多吗？

答：住在村里的老人居多，在城里买房的超过一半。只要经济条件允许，都想在城里买房。

问：村里现在有养老院吗？老人养老情况是怎样的？

答：村里没有单独的养老院。现在的养老状况分为集中供养和分散供养。我们有××乡镇敬老院，属于集体的。村里的老人可以到敬老院，也可以去养老院住，都是自愿选择的。我们村里的老人，相对其他村还是比较幸福的。村里都给他们过生日，比如老人哪天生日了，就去饭店过生日。一桌十二三个人，席大约 600 元钱，一整家子都能去吃饭，这 600 元钱村里给出。这样也能让老人家在外面干活的孩子们都回来一起吃顿饭，增加老人的幸福感。而且现在乡村文化振兴，有的老人学画画，画了画村里会有补助。

问：目前村里还有矛盾纠纷问题吗？

答：矛盾纠纷这一块，以前的时候，班子不团结，后来就抓干部管理。不团结的主要问题，就像拉车爬坡，有朝东的有朝西的。有些事表面上好，关键的时刻就不行了。干部班子不团结，有时候原因是村主任能力不行，工作能力不服人，得有好的工作作风和能力，也得有社会经验。想在村里威信高，不能乱开会，非必要不开会。如果开会的话，就要求必须到；有人实在有特殊情况，也必须落实请假制度。

问：村里有热心公益的人吗？或者有公益组织吗？

答：村里有个由 8 个年轻的小媳妇组成的公益服务组织，服务八九十个老人。端菜刷洗，义务为老年人服务，这也是提倡的多多为村里做公益。村里要是有事情，村民就自发组织起来，做志愿服务。喜事帮忙一起来庆祝，组织跳跳广场舞。要是白事，就都去搭把手。

问：咱们村有村规民约吗？

答：有的，有专门的小红册子。上面都写着，要搞好左邻右舍的邻居关系，要养老敬老。要是村里有吵架打架的主（人），到发福利的时候，吵架打架的两户都不能拿福利。无规矩不成方圆，所有人也得注重家门口卫生，保持干净。

问：村两委工作的压力大吗？

答：最大的压力就是担心干群关系不好。干工作得一碗水端平，公开公平公正。

问：老百姓对生活的期待有哪些呢？

答：交通方面，公交线路不太密集，想让公交线路多一些。

问：老百姓有担心的问题吗？

答：老百姓会担心村干部办事会不会损害群众利益，上面好的政策落实能不能到位。老百姓是爱党爱国的，只要政策落实了，对老百姓好，老百姓还是很拥护支持的。

# 乡村建设访谈九：LXG 主任

【访谈对象】 潍坊市××区××街道××村 LXG 主任
【访谈人员】 郭太永
【访谈时间】 2021 年 9 月 3 日
【访谈内容】

问：当村主任前，您从事什么工作？

答：原来我是自己干企业的，开厂子。最早是当兵的，在北海舰队，是名海军，具体是潜水艇兵（自豪大笑）。

问：那您是典型的村里"能人"了。

答：哈哈，一开始不想干，老支部书记三番五次动员我出来干，到我家做工作，晚上 11 点了都不走，非让我出来干，可以说，我是被"逼"出来的。

问：您从哪年开始担任村主任？

答：我是 2005 年开始任村主任的，老支部书记苦口婆心，三番五次上门动员我干。

问：您之前厂子的业务是？

答：我那会儿自己经营着猪鬃产业，猪鬃产业是当时我们××镇的特色产业，英文叫 Bristles（村主任对这个英文发音很标准）。这个产品从清朝时候就出口了，在我们镇已经有 100 多年的历史了。

问：猪鬃？

答：对，猪鬃就是猪身上的硬毛，做刷子的主要原料。我当兵回来后，在一个加工猪鬃的乡镇企业干了 3 年，然后就自立门户单干了。我那会儿主要做出口，出口韩国，当时我们家的猪鬃产品垄断了 70% 的韩国市场，中央电视台还在我这做过节目，我记得很清楚，节目名就叫《猪毛里淘金》，是 2007 年 7 月 12 日播出的。

问：真厉害，那您当时是这个产业的带头人吗？

答：是的。但现在这个产业是夕阳产业。

问：为什么呢？

答：原料少了，现在养的猪都不长毛了（现在养殖户的猪品种毛发很少），我现在也转入了别的产业。当时，老支部书记来到我家做工作，动员我出来当支部书记。老支书说"你不能只一个人挣钱，应该带动老少爷们干点事，让大家都发家致富"。从 2005 年当上村支书，到现在，眼瞅着都 16 年了，干了五六届了。当了书记后，我就琢磨怎么发展，农村最大的文章是土地，从 2010 年我就开始搞土地流转。

问：在刚才参观的过程中，就听说你们村土地流转做得有声有色，这在全省算是比较早的吗？

答：是比较早的，××村、××庄和我们村是比较早的。那时政策刚开始鼓励土地流转，我们就紧跟着政策节奏，我那时候是政协委员。

问：您那会儿是区政协委员还是什么？

答：我是区政协委员。作为政协委员在参加一些会的时候，开始关注到农业观光这些新提法。我们村也不是城中村，要想发展，只能从土地上做文章。当时政策也鼓励土地流转，推动高效农业。我们从 2010 年开始做村里工作，通过做工作，把村里的土地归拢起来，对外招商。这 10 年时间，我们搞了 14 个合作社。

问：当时流转了多少亩土地？

答：流转了 1200 亩地，村里的地基本都流转了，老百姓手里也就是留了些小菜地。

问：这些合作社主要是哪些方面的呢？

答：我们先后引进了××果蔬专业合作社、××果蔬专业合作社，还专门引进有关专家人才。比如桃子产业，我们就引进了一个国家级专家叫××，他是专门种黄桃的，他有一个很著名的农业专家团队。我们现在有黄桃地 500 亩，30 多个品种。

问：黄桃有 30 多个品种，这么多？

答：是啊，我们从劳动节开始到国庆节，都可以采摘黄桃。除此之外，我们还搞了大樱桃、葡萄等，还有荷花园、牡丹园。

问：荷花园、牡丹园是用来观赏的吗？

答：也不全是。比如我们种的百亩牡丹，牡丹品种是医用牡丹。牡丹花是可以食用的，可以炸着吃，欢迎你们五一来吃牡丹花，牡丹籽可以用来榨油。八月十五后可以摘莲藕，莲藕我们引进的是全国比较著名的鄂莲最新品种，口感非常好，很脆，也是我专门带着人去考察的，现在回头客很多。还包括无花果、桑葚、蓝莓、西瓜，还包括南方的火龙果等。总之，就是打造了一片"千亩采摘园，十里飘香地"，一年四季有花有果。

问：真是打造了一个庞大的花果园。

答：是啊，我们还注册了一个××生态旅游发展公司。下一步要大力发展乡村旅游、民宿、采摘观光等，这也是有前七八年的发展作为基础。下一步我们要围绕深加工做文章，比如围绕桑葚园，我们打算生产桑葚酒。围绕牡丹园，我们打算生产牡丹花茶等。

问：咱们是自己加工还是委托别的企业帮着加工？

答：我们没有工业用地。现在都是摘下桑葚、牡丹花，然后委托外边加工。到××加工牡丹茶、牡丹油，到××加工桑葚酒，现在已经注册了好几个商标。

问：注册了几个商标？

答：现在已经注册了 5 个品牌。

问：能简单介绍下你们××村的由来吗，比如为何叫这个名字？

答：建村的时候原先有条小河，因靠近小河旁立村，所以取村名为××。我们村前有前××村，后有后××村，我们村在中间，所以改叫××。前××村有 200 来口人，后××村有 300 来口人，我们村最大。

问：现在村里有多少口人？

答：现在有 1098 人。

问：我们村现在有多少土地？

答：耕地 1300 亩，村庄占地 300 多亩，总共 1600 亩地吧。

问：咱们村有少数民族吗？

答：没有，一户也没有。

问：姓氏主要有哪几个？

答：姓氏主要有 D 姓和 L 姓，各占一半。

问：这个村在您的带领下，都发生了哪些变化？在吃穿住用行等方面。

答：土地流转之前，老百姓只靠种粮食，根本挣不到钱。比如，种小麦、种玉米，一年每亩地也就挣个三五百元。土地流转后，每亩地土地流转费就1100元。我们坚决兑现承诺，在年底前都能把土地流转费给老百姓分下去，全村一年加起来就是100多万。土地流转后，老百姓到企业去打工。除此之外还有做生意的，做买卖的，收入来源明显多了。

问：关于土地流转费，村里还收管理费吗？

答：村民自己家的地不收。但是通过流转土地，把一些以前犄角旮旯的地给整理了出来，耕地多出了十几亩。这十几亩归村集体所有，村里能收十几亩土地流转费用，每年十几万。我们搞路灯建设、道路修理等都用这个钱。

问：现在咱村民还是住的原先的房子吗？

答：房子还是原先的房子。但这几年，政府投入财力集中搞了厕改、户户通等，村民切实感受到了人居环境的改善。我们村无论是厕改还是户户通，都是试点村，老百姓都很支持。原先的烂田地没了，泥泞路也不见了，村里现在很干净了，环境也很好了，村民的幸福感一天比一天高。今年，政府又给通了天然气，架设上了燃气管道，现在是一点都不比城里人差了。政府投入力度这么大，真是为老百姓在做实事。

问：据我了解，潍坊在农村建设方面，的确是走在前列。

答：是啊，我们现在都是服务型的村干部。政府来组织，我们协调，跑前跑后，把惠民政策落实好。

问：您刚才提到，您之前当过兵？

答：我是1983年当的兵，1989年回来的。

问：您的从军经历，对您当村支书有什么影响吗？

答：影响很大啊。当兵的人干事痛快，强调服从命令，让干什么就坚决执行，该冲的时候也能立马冲上前。咱"退伍不褪色"，信念不能变。我们村两委现在也是这种作风，委员都干了四五届了。

问：咱们村两委具体什么情况？

答：共5个人，这些年一直没变。我们就是以办实事为主，老百姓就认可。我们也很团结，是一个战斗力很强的团体。我是带头人，也很照顾这帮兄弟姊妹。我以前还自掏腰包带领两委成员到外地考察学习，他们都很能干，都能顶起来。

问：村两委里有女同志吗？

答：有一个，妇女主任。

问：作为村支书，您担任这个岗位，现在能收入多少？

答：各种考核奖加起来，一年 3 万出头。

问：两委成员呢？

答：2 万多，干得好的 2 万多，包括绩效在内。

问：那您的企业还继续干着吗？

答：我现在改行了，现在做工程。我觉得做支部书记，自己首先要强，有能力，让人服，才能起到带动作用。

问：村民现在主要从事什么工作？

答：土地流转后，要么打工，要么做生意。

问：村里大部分人都在本地工作吗？

答：是的，大部分都是早上到城里上班，晚上回来，跟城市人一样了。晚上的时候可热闹了，灯光下，有打牌的，有跳广场舞的。

问：这种模式应该不会产生空巢老人、留守儿童问题吧？

答：的确如此。

问：村民收入怎么样呢？

答：以户为单位，我给你算算，土地流转费就四五万。现在在厂子打工，一个人一个月收入也得四五千元，所以一户每年收入得有十二三万。

问：您是所有合作社的负责人吗？

答：我是联合社的负责人。为了有效推动合作社经济健康快速发展，村党支部牵头成立了潍坊××区中××农产品种植农民专业合作社联合社，将 14 个合作社纳入其中，推行"村社一体化"发展新模式。

问：村民中年收入 50 万以上的，能有多少？

答：能占到 10%，主要是做生意的，普通正常家庭也得有十二三万。

问：能简要介绍下咱村里的上学、看病情况吗？

答：村里的孩子上学都去社区的学校，都是街道统一的。小学、幼儿园都去××那上，也很近，就五六百米。一般是家长送，也有校车接送。

问：村里有卫生所吗？

答：村里有两个卫生所，很方便，头疼感冒的就在家门口看了。

问：现在村里每年考上大学的，是个什么情况？

答：现在每年考上大学的得有五六个，都是本科。这个我很有数，我们村博士都好几个了。

问：初中毕业就打工的多吗？

答：很少。考不上高中的，大部分也都上了技校或者职业学院，学门技术。

问：能简单介绍下养老情况吗？

答：养老院在社区，养老以居家养老为主。

问：您担任村支书十几年了，这些年围绕新农村建设、乡村振兴，您都干了哪些工作，有哪些经验呢？

答：首先把土地搞活了。我们村是标准的农村，也是普通的农村。没有别的优势，只能在土地上琢磨农业文章。我这些年通过土地流转增加了村民收入，也解放了生产力，解放了劳动力，让村民到城里去打工。这点不仅在××街道，在××区也都是很成功的。比如，我们的桑葚采摘合作社人流量达到了 5 万余人次。在潍坊都成了网红打卡地、手机刷屏地。牡丹合作社也是，五一期间，人头攒动，成了网红打卡地。

问：为什么会有这么强烈的社会反响呢？

答：我们也没有专门的打广告，就是口口相传，有口碑。三月西瓜，四月牡丹花、桃花，五月大樱桃、黄桃，六月荷花，秋后有葡萄，蜜桃，很多。我们一年四季，除了春节两个月没有，其他都有了。下一步我们会专门成立旅游公司，要在这个基础上进行开发推广工作。只有东西好不行，还得宣传推广出去，有人买才行。

问：你们村在××综合体中扮演什么角色？

答：我们处于核心区，以露天采摘观光为主。××庄以大棚为主，我们都是一个整体，或者说跟××庄是结对子关系。你们也知道××是远近闻名的乡村振兴模范村，以前对××只有羡慕的份，现在我们都是结对子关系，共同发展。

问：现在合作社产品销售情况怎么样？

答：很好的，我们在源头上，引进的都是最优品种，质量过硬，现在销售不是问题。比如黄桃产业，黄桃都供不应求。我们 8 月刚刚跟××学院的生物与农业工程学院签订了合作协议，潍坊市××局、潍坊××区相关负责同志都参加了签约仪式。农业必须要有科技的支撑才行。

问：您刚才提到最多的字眼就是土地流转，当年在流转土地的过程中遇到过哪些困难？

答：确实有很多困难，其实土地流转了2次。由于没有科学规划和具体的产业项目，一开始把归拢好的土地全部流转给了一个大老板。流转完后，这个大老板在1000多亩地上种了麦子和玉米，种了2年。但是第二年资金链断了，仅土地承包费就欠村里50多万，他根本拿不出钱来了。村两委天天去要钱，但也要不来。我们非常着急，因为这可都是村民的口粮钱啊。最后通过招商，下半年及时补上了缺口。年底把钱分下去了，不容易啊。这也是一个教训，我认真反思失败原因，总结出不能把土地全流转给一个大老板。后来我就实行分割对外招商，建设不同的采摘园区，这样可以分散风险。当然，对于招商经营，也是我们走出去考察学习先进地区经验的结果。

问：这是流转后的经营困难及发展难题，在一开始流转时，村民愿意吗？

答：在土地流转时，很多村民也持怀疑态度。村民最担心的是能不能顺利领到土地流转费，我们也是做各种工作打消他们的疑虑。说实话我们村两委头两年都是个人垫钱，确保流转费发放到位。

问：你们拿个人的钱垫付流转费？

答：是啊，经常发生。为什么呢，因为我们实行的是分片招商。1000多亩地，不可能同时都能招商到位。比如有100亩地没找到合适的，那这100亩的钱，就是村两委先垫上，年底统一一发下去。我一直说干支部书记得有点实力。总之无论如何，在过年前，我们一定会把全部流转费发放到位，得让老百姓过好年。

问：这些年还重点做了一些别的工作吧？

答：像村容村貌建设，也是重点工作。安路灯、治理道路我们一直走在区里的前列。户户通之前，我们村的道路是全区道路治理最好的，这都是用的村集体的支出，没花政府的钱，现在也安装上了监控。

问：村里的能人是什么情况呢？

答：有一些做生意的，另外合作社里有很多土专家等，都是能人。

问：合作社的发起人是本村的还是外边的？

答：外边来承包的，我们积极支持和扶持。

问：村里有社会组织或者志愿服务组织吗？

答：有。比如防汛方面，有党员突击队。还有一些广场舞协会、锣鼓队协会等，我们的锣鼓队在十里八村很出名。

问：您刚才提到防汛突击队，近几年，潍坊防汛工作一直备受关注，村里如何做这项工作？

答：我们组建了专门的防汛突击队，以党员为主。主要负责汛期应急准备工作，包括汛期物资准备、巡逻、查看危房等。防疫也是志愿服务，关于防疫工作，自防"疫"战打响以来，我们就带领村"两委"干部和村内的志愿者，利用不到一天的时间，把村内大小20余个路口进行封堵，并树立警戒标识及警戒挡板。我还带领村内退役军人自发集结形成志愿防卫队，主动做好"宣传员""消毒员""快递员"等角色。我们村退伍的党员有十几个，当兵的素质就是高，说集中就集中起来了，发挥了重要作用。我带头发起捐款捐物志愿行动，比如我个人捐的棉袄，分发给志愿者。当时太冷了，还要亲自为乡亲们联系物资，给村民送菜等。我认为我们做得很好，还获得了省委组织部的嘉奖。

问：咱们村党员数量多少？

答：党员33名，（其中）退伍军人党员10几个。党员从年龄结构看，年轻的比较多，退伍军人也比较多。

问：这很难得啊，为什么呢？

答：我们村当兵的特别多，村里一直崇尚当兵，特别典型。这样很省事，特别好商议。

问：你怎么看近年来国家对退役军人的服务保障？

答：我就是一个农民，退伍后就回来种地，做买卖，我从不给国家添乱。我觉得，这几年国家对这个群体非常好，这几年出台了各种政策，现在各种待遇落实得都很好。

问：现在村里有村规民约吗？

答：一直都有。

问：也是随着时间的变化在不断修改吧？

答：是的，比如最近村里安装天然气，这是政府项目，需要每家每户达到卫生标准，我们根据这个情况，就修订了村规民约，要求每家每户要按照上级要求，把自己房前屋后拾掇好，达到安装要求，也就是各人自扫门前雪，谁先打扫干净，拾掇利索，谁先安装。

问：什么时候有村规民约的？

答：一直都有。我们是严格按照上级部署，遇到什么问题解决什么问题。村民代表大会通过，我们就严格执行。

问：这些年村里红白喜事方面变化大吗？

答：变化很大。比如有人去世，一般上午送到殡仪馆火化，下午就到墓地埋了。原先是摆3天，守灵祭拜3天。

问：墓地都是公墓吗？

答：是的，都是公墓。有的来参加葬礼的人中午都不吃饭，直接去墓地了，这也是移风易俗。从现实角度看，现在人都很忙，在外边打工，一天二三百，耽误事。我们强调，老人活着的时候多孝顺。去世了，就简简单单的，家人得到安慰就行了。

问：结婚方面呢？

答：婚宴还是有的，但也是简单多了，亲朋好友聚在一起喝喝喜酒。

问：大龄光棍男多吗？

答：村里很少，一共不超过5个。都是有特殊情况的，比如残疾。

问：现在结婚的，是不是都得在城里买房？

答：一般得买辆车，或者在市里买套房。现在年轻的没有种地的了，种地的都是五六十岁的，所以年轻人在城里买房，这样工作也方便。

问：咱们这边彩礼什么水平？

答：据我了解，一般五六万，根据各家自己的经济情况。

问：作为一名当了十几年的村支书，现在工作中有哪些压力？

答：现在事情特别多，明显比前些年事多。现在村干部不好干，上边所有的压力最后都会汇集到村里，疫情防控、疫苗接种、农业、安全生产、环保等全到村里，天天七八个事，村干部压力很大。

问：你现在每天的时间是如何分配的？

答：每天特别忙碌，农村干部事特别多，每天接到5至8个信息。我那天在村委坐了半天，接待了4个部门。有检查农业资料的，有检查人居环境的，哗的一下，4个部门过来了。现在集中在防疫、疫苗注射、人居环境整治，各个部门都会落实到村里。10几年前，一年加起来也就几个事，比如收公粮啊什么的，现在跟之前差别很大。

问：为何现在压力这么大？

答：我觉得主要是上边要求严格了，工作细致了，落实的细了，还有就是现在重视农村发展。前几天防汛的时候，我们村两委，三天三夜都在村委值班。现在需要填报的表格也很多，比较烦琐。

问：现在村两委年龄结构什么情况？

答：我是最大的，1964 年出生的，57 岁。其余成员 40 来岁，还有 30 来岁的，年龄结构很合理。

问：30 几岁的也是一直跟您干的？

答：是的，也是我们有意识培养的。从一开始组建班子就考虑到了年龄结构，拉开梯度。

问：最近几年村里发展党员情况如何？

答：我任村支书以来，发展了 8 个党员。基本两年发展 1 个，不包括带着党员身份回村的，比如一些在部队入党的。我开党员会的时候一直强调，要鼓励党员出来为群众服务。只要有能力强的，我随时可以让位。"树正气、走正道、办正事"是我们村的座右铭，一进村委就能看到，很醒目地写在村委院里。

问：这个座右铭，体现着浓浓的军人作风。

答：我经常跟新回村，尤其是那些当兵回来的党员，20 几、30 几岁的党员说，只要他们是为了村里着想，我就鼓励他们冒尖。

问：现在部分村，多年不发展一个新党员，您作为村支书有没有思考过为何会出现这种局面？

答：怎么说呢，每个村支部书记想法不一样，村情也不一样，这个事很难总结。但我绝不阻碍年轻人，按照党组织发展党员程序，只要通过，就发展，当然也有党员大会不通过的，那没办法。

问：您如何看待村支部书记与村委会主任"一肩挑"？

答：我一直就是"一肩挑"。从个人角度，这样工作会繁忙一些，但是也有好处。不管什么事，村两委要坐在一起商量研究，不能搞独断。我一直强调，我们村两委只是执行者，村民大会、村民代表大会才是决策者。

问：在党建方面，除了及时发展党员，还做了哪些工作呢？

答：像我们的党员带动致富，帮扶贫困户。灯塔学习，还专门建了学习群，对党员的灯塔学习等有量化打分。我快 60 岁了，年龄大了，有点花眼，但也坚持学习。

**问**：您是什么学历？

**答**：我是大专学历，我是当兵的时候，通过函授取得的，有证的。

**问**：您下一步，带领村庄进一步发展，有哪些打算？

**答**：关于下一步发展，基于我们村庄的条件，还是围绕农业做文章。农村农业做好了，农民问题就解决了。下一步，具体来看，打算搞民宿，发展乡村旅游，围绕采摘观光做文章。

**问**：你们跟××庄是一个什么关系呢？

**答**：××庄是龙头，走高端路线。我们几乎同时搞得土地流转，但我们资金有限，它作为样板，有很多经验不可复制。我们在我们的基础上发展，以效益为主。

**问**：您对现在村两委待遇有什么看法？

**答**：待遇偏低，现在比 10 几年之前的工作量多很多。之前就是一年开几个会，收公粮啥的。现在基本天天得在班上，一个月不到 2000 元。要求坐班，天天轮流值班。现在打工一天两三百，一个月五六千，咱就算在那坐着玩，也玩不起啊。我是带着一种情怀在工作。

**问**：一肩挑这么多年，现在的岗位是否影响了您自己的事业？

**答**：的确有影响，昨天下午我在东营谈一个环保方面的工程项目。但接到党委通知参加这个座谈会后，我就保证今天中午之前赶回来，现在经常是晚上才得空干自己的事。

**问**：您从村支书这个角度看，国家提乡村振兴战略，又要求山东打造乡村振兴齐鲁样板，您认为怎样才算是实现乡村振兴了？

**答**：我觉得，既要农业产业做大做强，还要有村居的变化、人居环境的改善，这两点非常重要。

**问**：咱村里文化建设是个什么情况？

**答**：文化也可以。我们每年搞锣鼓队表演，搞文艺晚会，广场舞晚会，尤其是夏天的消夏晚会。现在，老百姓都不种地了，白天上班，下班后喜欢参加文化活动。

**问**：这都是村里自己组织的吗？

**答**：是的，都是村里自己组织的。村里都有资料，晚会都搞了好几届了。

问：党的领导对乡村振兴至关重要，党的领导班子建设对农村发展非常重要，您在班子建设方面，有哪些想法？

答：我们这个班子，成员最短的干了3届了。我们3个都干了5届了，这15年从来没有红过脸，抬过杠，都是商量着来，你们可以去调查。我觉着，首先一点，农村工作比较复杂，老百姓素质是不一样的。一些素质比较低的，光想好事，想多占便宜。但按照原则，咱肯定不能满足他，这就把他得罪了。然后，他就给你出难题。所以我觉得，当村支部书记首先得有担当，不能遇到问题了，一推二就，要亲自出马。我们村有难题了，我就先出马冲在前面。伙计们一看，就服你，就愿意跟着你干。

问：有故意给你们村委出难题的吗，是不是有些是无理诉求？

答：是的，的确有一些无理诉求。比如，前段时间安装天然气，走到某一家，上边规定，一户只能安一个，他就非得安装两个才行，否则他就不让你从他家走管道，你说遇到这种事怎么解决。我到了现场后，就做工作，向村民说明政策。他可以不让天然气管道走他家，那他得写保证书。不是我们不给你安装，而是他自己不愿意安，再跟天然气公司签协议，绕开他家。类似这种情况，在农村是很多的，包括土地的事等。所以，我觉得作为村委带头人，首先得有担当，否则伙计们不服你。遇到事，村支书得冲在前头。

问：在班子工作中，您对班子有什么要求？

答：虽然每个人都有自己的事业，咱也可以理解。在保证村里事情正常开展之外，可以忙自己的事，毕竟大伙都得养家糊口。但村里有重大事情了，打电话让回来，所有人必须得回来。比如研究村级重大决策，再比如开会、迎接检查，那一个电话，必须得回来。

问：村两委班子里都是干什么工作的？

答：有三个做生意的。一个是开门头（商店）的，一个是开药店的，一个是给超市送货的。只有一个支部委员不做生意，但种着山药，每年卖山药。若仅靠那2万元钱，是不能养家糊口的。

问：您作为村里的一个大家长，这些年村里的矛盾集中在哪些方面？当然不一定是一些大的矛盾。

答：比如，一些村里的孩子，大学毕业了，也在外边工作了，有的甚至都买房买车了。有的虽然在民营企业工作，但一个月一两万。根据有关政策大学毕业后，户口又迁回来的，然后就以户口在村里为由向村里要地，要土地承包费。我们对于这个问题是有原则的，查实后一律不给，坚决不开这个口子，因此产生了一些矛盾。干支部书记，不得罪人是不可能的。这种情况也不多，三五个，很正常。还有退休后把户口迁回来的，我们也是一样对待，都不给。对这种情况，实行的政策就是户口"空挂"，这种事是原则性问题。

问：刚出生的小孩有吗？

答：有。农村土地有关的国家政策是 30 年不变，生不添、死不减。但各村也都有机动规则，各村有机动地的会分。我们村现在不种地了，我们用钱调整。给你钱就等于给你土地了，年底用资金这个杠杆调整，谁生孩子了，谁家有人去世。生得增，死得减，每 5 年调整一次，这也是我们村留下来的传统。现在虽然没有地了，但会在承包费上体现，没地了，咱就分钱。

问：那随着老龄化的到来，老龄人口的增多，这个模式运行下去，村里的收入会不会越来越多？因为老人去世的多了。

答：不是这样的，现在我们村虽然人口增得多，从 900 口人增加到 1100 口人了。但可用地在减少，比如村里搞建设。

问：现在村里生二胎的多吗？

答：一般情况吧，很多不生的。现在人的观念都变了，一些村民都不要二胎。

问：现在村民最期待，或者说最担心的问题是有哪些？

答：现在保险都很普及了，生病也不是大难题了，老百姓通过这些年的实际感受、一些事实教训，都意识到保险的重要性了，在农村收缴医保费用一点不成问题，老百姓普遍接受，农村医疗保险能报销一半。还有很多买商业保险的，也有很多买社保的，买工人保险的。

问：咱村里有没有出现因病返贫的现象？

答：目前还没有，这里边医保起了大作用。原来有生一场大病就一贫如洗的，现在没这种情况。

问：孩子上学呢？

答：这方面的困难几乎没有。

**问：** 咱村里现在离婚情况如何？

**答：** 离婚率比以前高很多。因为现在人们的认识、思想观点、家庭观念都不同了，强调个性。原先谁离婚会被人笑话，一个村只有一个两个离婚的，现在我们村五六家离婚的，现在观念真是变了。

**问：** 离婚的里边，协议离婚为主还是司法离婚为主？

**答：** 司法离婚多，很多得靠打官司。

**问：** 现在村里有不赡养老人的吗？

**答：** 原来有，10年前，像我们村分土地承包费的时候，有儿子儿媳妇抢父母的承包费现象，父子在村委骂架的也有。我们村委坚持树正气的原则，一致通过这一原则——凡是家庭和谐的，谁来支取这笔款项都可以。不孝顺的，父母有意见的，老人优先支取，这也是我们的村规民约。这几年这种情况没有了，以前的确存在为此打到村委的，闹到我家的，都有。比如有户人家，两个儿子，都不赡养老人，老人连饭都吃不上了。我们就想了个办法，让老人到村里开的馒头店拿馒头，就让老人放心去吃，先记账。年底分承包费时，从他两个儿子的承包费里扣。随着物质生活条件的改善，这几年不赡养老人的现象没有了。

**问：** 刚才一直听到您强调树正气，这是你们村文化建设的重要内容吧？

**答：** 是的，这是我们村的座右铭。

**问：** 关于老人补贴，除了国家基本的，咱村里有自己的补贴吗？

**答：** 主要是土地承包费，有户口的都有钱领，并且数额不小，百姓很满意。

**问：** 这两年，村里最紧迫的任务是什么？

**答：** 现在天然气也安装好了，最紧迫的就是如何努力把农业合作社进行提升，如何努力把产业做起来。

**问：** 疫苗注射很顺利吗？

**答：** 这项工作正在做着，坚持应注尽注。前几天一个90多的老人，下着雨还去街道打疫苗了呢。为此，我们也做了很多宣传工作，普及打疫苗的重要性。这是对个人、对家庭、对他人、对社会都有好处的事。到现在，基本都打完了。对一些年纪大的、有特殊情况的，我们村干部都是领着工作人员入户去打。街道党委比较重视，抓的措施也比较严，服务也很好。街道书记和主任，晚上 1 点的时候，还盯着打疫苗。因为有些村民上夜班，一般 12 点下班，正好下班打。总之就是全天候的靠上，才有这么好的成绩。

问：我们村的集体收入有多少？

答：每年十五六万。

问：都做何支出了呢？

答：一些日常事务，像人居环境整治。上边配给占大部分，我们再补补。

问：这个集体收入，在咱们街道算是前列吗？

答：我觉得还行吧。

问：非常感谢，能接受我们的访谈。访谈过程中，看您电话都响了好几次，这也说明，现在基层工作繁忙。

答：欢迎你们再来做客，来采摘，等以后民宿建好了，欢迎来观光。

# 乡村建设访谈十：LXS 主任

**【访谈对象】** 潍坊市××市××街道××村 LXS 主任

**【访谈人员】** 冀翠萍

**【访谈时间】** 2021 年 9 月 6 日

**【访谈内容】**

问：请您先聊一聊您的个人基本情况，例如您的年龄、职业等方面。

答：我是 1976 年 3 月出生的，今年 45 岁，2018 年接任的××村支部书记。

问：当时是公开竞聘的吗？

答：当时的情况是，2018 年原先的老支部书记突然病故，所以我被任命，然后今年进行的换届选举。

问：换届选举都进行完了吗？

答：都进行完了。

问：顺利吗？

答：很顺利。

问：请问您的学历是？

答：以前中专毕业，现在在山东开放大学读大专，应该明年毕业。

问：您现在工资有多少？

答：原先是每月 2425 元。

问：还可以啊，那现在的工资呢？比之前能高点吗？

答：从今年换完届以后到现在，工资还没发，不过我听说应该快发了。

问：到年底还有绩效考核吗？

答：没有，就只有任职补贴。

问：现在咱村两委有多少人，每个人大概什么情况？

答：咱村两委包括我在内共 5 人。4 个男的 1 个女的，我是书记兼主任，然后 2 个支部委员、2 个村委委员，另外女的还兼任妇女主任。

问：他们年龄大概是多少呢？

答：妇女主任年龄稍大点，她今年 56 岁，2 个支部委员年龄很小，一个 35 岁，一个 36 岁。现在要求年轻化，必须要有 35 岁以下的。

问：他们也都一直在村里吗？

答：是的，一直在村里。

问：有外出打工或部队转业回来的吗？还是一直在这？

答：有，我们两个支部委员全是部队转业回来的，之前都参过军。

问：您觉得村庄这几年在衣食住行以及环境等方面发生了哪些变化？

答：平常的变化就是这几年的美丽乡村建设。从哪年开始变化的呢？就是从 2018 年我任职开始，正好搞了个"三清"，这也是咱上边的文件要求，就是清理一下闲杂园子、闲置院落等。

问："三清"是什么？

答："三清"就是清理宅基地、清理宅基地合同，还有一个是清理卫生。实际上我觉得就是为建设美丽乡村打基础，通过这个"三清"将一些街巷不通的通开。就像你们村一样，有的路中间有口屋，我全给他通开了。

问：但是我村里通的比较少。

答：对，你们村通的难度比较大。原先挂职的支部书记叫××，他在咱××局待了两年。

问：在我们村里吗？

答：是的，他现在已经回去了。

问：现在咱村里大概有多少人呢？

答：387 户，共 1703 人。

问：出去打工的多吗？

答：没太有出去打工的。

问：对，主要咱们村里产业好，所以就没有必要出去打工了，是吗？

答：是的，打工的都来咱们村里了，包括××的、××的，都来咱这干活打工。

问：现在村里小孩多吗？

答：小孩也不少。

问：村里有小学吗？

答：小学现在是合并的，村里有幼儿园，这附近几个村的小孩都在这里上幼儿园。

问：就是附近××村等村的孩子都在这上学吗？

答：对，包括俺村里的，这属于公立幼儿园。

问：那费用大概多少钱？

答：很低吧，我觉得应该是很低。

问：有没有班车接送呢？

答：没有班车接送，各家距离幼儿园很近，大家都是自己接送。

问：村里的老人现在大约有多少呢？

答：我问问我们会计吧，有个具体的数字。

问：现在是不是有些国家政策，比如 80 岁以上、90 岁以上的老人该有的待遇，这些政策都落实了吗？

答：都有，满 60 岁就有。共三个档次，60 岁以上一个档，70 岁以上一个档，80 岁到 90 岁之间一个档。

问：每到过节的时候您还得过去看看吧？

答：是啊，俺村里有个组织叫 113，就是每年的 11 月 3 号，把村里的在外人员组织起来聚会，商量村庄发展，然后给村里的老人以及有特殊困难的村民捐款，这种传统已经延续了十四五年了。

问：这是让咱们村里在外务工人员支持村里的发展吗？

答：对，就是将村里在外人员组织起来，搞个联谊会。

问：当时这是谁牵头做的？

答：这个是我们自发的。

问：咱村里人均能有 1 亩多不到 2 亩地吗？

答：应该不到，地都被征去了。包括南边的六七百亩地，征去建了一个苗木盆景园，还有 400 亩河滩地，市里征去做了湿地公园。现在的地主要是在村委里。

问：还有种粮食的吗？

答：基本上没有了，全是种花卉的。

问：咱们村里种花卉的有多少户？

答：俺村里有些住户自己没地，所以他们要么在外边种，要么就包地。据原先做过的统计，大约 80% 以上的住户从事花卉种植，而且大都从事与花卉有关的工作。

问：好的，他们是在花卉交易中心大厅里租赁位置并出售花卉吗？

答：对啊，要么是包，要么是做物流运输花卉的，基本上都从事与花卉有关的工作。对了，还有当苗木经纪人的。

问：当经纪人确实是好啊。

答：俺村里有一些小孩，做经纪人做得很好，不仅赚了钱在城里买了房子、车子，还有的建了沿街房，而且都经营得不错。

问：咱村里这些花不愁卖吧？

答：不用愁，他自己挣了钱，一举两得的事。

问：对，而且时间长了他对哪个地方有什么样的花，有多少盆，他都很了解。

答：这就是信息。

问：现在咱有花卉合作社吗？

答：有。咱村里有个总的花卉合作社，属于镇上的合作社，但是下边也有些花卉合作社，就是几个农户成立的，属于花卉方面的。

问：就一直围绕花卉来做吗？

答：对，到了××就是蔬菜。

问：咱们现在人均收入大约有多少？

答：我们村在 5 万元左右。

问：那一个家庭不得一二十万？

答：对，一个家庭收入一二十万很容易。

问：这才叫乡村振兴，您说是吧？

答：就是，因为有产业。

问：咱村里有卫生所吗？

答：有。

问：有几个大夫？

答：两个大夫。

问：那小病基本上就可以在村卫生所治疗了吧？

答：是的，我们村卫生室条件很好。

问：可以打针吗？

答：没问题，打针、化验都可以。去年还上了一台中医理疗方面的器械。

问：可以做推拿吗？

答：可以，有中医理疗。

问：村里有养老院吗？

答：有，养老院就在我们这个地方。

问：有过来住的吗？

答：有两家在那住着，因为家里正在盖房子，没地方住，所以临时住过来。

问：咱们村里有留守老人吗？就是那种孩子都不在家，只有老头、老太太在家里的那种情况？

答：这种的很少，基本没有。要么就是去世了，要么就跟着孩子住了。

问：在外人才有回来的吗？刚才您提到有两个回来的是吗？

答：刚才我说有两个回来的，一个从北京回来，一个从青岛回来，这两人是夫妻，因为过年放假回家，正好赶上疫情，结果直接就回不去了，然后开始用手机卖花。一开始卖些盆栽，多了以后就开始换品种，国内市场相对来说比较高端，好几百元一盆。

问：宝莲灯有不少种的是吧？

答：咱这里种宝莲灯的还不是很多，但是也有人在种植。

问：咱村里如果直播卖花的话，主要是卖什么花？

答：咱村里一般是多肉，再就是小盆花和草木盆栽，有几块钱一盆的，也有上百、上千元的，针对不同人群卖不同的花。

问：有的村情况比较复杂，乱七八糟的事比较多，那咱村里有这些情况吗？

答：现在咱村里比较和谐。

问：邻里之间有没有摩擦啊？原来我们调研的时候，有些比如说你盖的房子房檐比我高了一点，或者你侵占了我家半米宅基地，类似这样的问题，咱村里有吗？

答：我们村里盖房子之前都办好手续先签字，四邻之间同意多长、多宽、多高，签了字再开始盖。

问：现在没有这种事了吧？

答：盖房子之前他们都商量好了，就是这样盖，下次你再盖房子你也是这样商量。

问：那兄弟之间有矛盾吗？比如有的村里有个老人去世了，兄弟俩就打起来了，都上新闻了，多难看啊，这种情况我们村有吗？

答：这种就属于不和谐因素。咱村里兄弟之间关系都挺好。每个人都有钱了，就没那么多矛盾了。

问：村里原来有些子女对老人不孝，归根结底就是自己条件不行。农村人也比较爱面子，自己有钱了肯定就孝敬老人。

答：我们村里很和谐，那些打市长热线的、上访户一个也没有。

问：村里除了刚才说的从北京回来的人，他们做电商算是能人，还有没有其他的能人，本来就在村里的？多大年龄？

答：有，我们村有一个是××市花卉协会的会长，1972 年出生，今年 49 岁。

问：他是一直种花吗？

答：是的，他从 2000 年有可能更早的时候就开始种花，一直发展到现在，在××这边有 600 多亩地。然后现在又去江苏扩建，又建了 530 亩。

问：他是不是成立公司了？

答：对，他有公司，叫××，他干得非常出色。

问：你们算是同龄人吧？

答：对，他和我哥是同学。

问：刚才你说到有个组织叫 113 是吧？113 是什么意思？

答：就是 11 月 3 日，每年的 11 月 3 日。

问：然后你们聚在一块？

答：对，我们聚在一起研究这个事。

问：就是看村里今年有什么事需要各位出资帮忙等？你们大概有几个人？

答：是的，现在已经有 30 多人了。

问：都是从咱村里出去的吧？

答：是的，有的在外边当领导，有的在外边经商。

问：每年大概能筹集多少款项？

答：大概能筹集1万元钱吧！平均一个人几百块钱。

问：用这些钱看看村里的孩子和老人是吗？

答：对，主要是看老人，还有一些相对困难的家庭，就是家里突然有变故的，我们都会去看看。

问：那村里有没有什么村规民约？

答：都有。

问：这是咱自己制定的，还是咱村里有个领头人牵头制定的？

答：就是咱们自己制定的，也是从以前一直延续下来的。

问：有做一些重点调整吗？

答：重点调整主要是这几年对红白理事会这一块。以前是人去世后三天再出殡，现在是当天或者第二天上午或者中午之前必须弄完，比以前简化了很多，也省钱了。还有些纸钱和喇叭也都不让用了，浪费太大。

问：红白理事会有负责人吗？

答：有的，有会长、副会长等。

问：一整套流程他们是全承包了吗？包括从这个买菜开始？

答：不是全包，他们主要负责料理出殡的事。

问：那像买菜、做菜、摆放桌子椅子这样的事他们还负责吗？

答：现在都不负责了。

问：那还管饭吗？

答：不管饭了。

问：邻近村也是这样吗？也不管饭吗？

答：很难说，反正俺村的情况是到第二天上午都不让住，客人都不住。以前可能程序比较烦琐，如果亲戚是外地的，就要住一晚上然后得管饭。现在因为时间很宝贵，就不再吃饭了。

问：那火化什么的还有补贴吗？

答：火化有补贴，大概200多元。

问：现在办一场白事得花多少钱啊？

答：我们村里来说可能得三四千块钱，不过现在提倡节约时间，减少了不少浪费。

问：现在办白事邻里亲戚还都随份子吗？现在大概都随多少？

答：这都是有来有往的事，各家情况都不太一样。

问：一般村里都随多少钱呢？

答：一般的就是 10 元钱或 20 元钱，感情好点的 50 元钱，再就是亲戚会多点，这是我知道的情况。

问：现在在村里结婚的多吗？

答：挺多的，每年都有。

问：结婚仪式是在村里举行吗？那婚后是在城里住还是在村里住？

答：对，在村里举行仪式，吃饭去酒店。

问：那结婚所需的费用多吗？他们有压力吗？

答：这个得看各家的家庭情况，有钱的就办得隆重一点，没钱的就简单一点。反正份子钱一般就是 100 元钱或 200 元钱。

问：收的份子钱够办酒席吗？

答：差不多够了。

问：国家很关心村里的红白喜事给老百姓带来的负担。有的地方礼仪性的东西太多，花费巨大，有的年轻人一年能挣 2 万元钱，可能光这块就花了 1 万多元钱。还有的地方可能礼金比较重。

问：现在村两委工作压力主要来自哪些方面？比如说有这样一种说法"上面千条线，下面一根针"，指的是市里往下派任务，派到镇里村里，是不是这方面压力比较大一点？

答：确实是工作量比较大。

问：涉及各个方面、层面的事比较多吧？

答：对。但是工作量大，还得看领导班子，只要领导班子牢固那也不是什么大事。

问：那您这边是怎么分配的？

答：我们分配得都很好，每人负责一项事，各负其责，有大事的时候再集中起来统一去做。我们村里村委是 5 个人，原先是分 8 个小组，后来因为小组不好管理，所以从去年开始就把这 8 个小组取消了，然后从中间画一个十字分成了四片区，这也是一个创新。

问：这个办法挺好，有点像"街长制"。

答：对，因为村里各家各户住得近，房子挨着房子，有时候下通知或者什么事，用这个办法很方便。

问：小组的组长是怎么选出来的？

答：就是群众推选，也可以推荐。但是我们选的都很优秀，都很负责，所以我们工作就做得很好。组长制是从以前延续下来的，当时选的时候我也给他们开会了，我说小组长要发挥自己的用处才行。

问：对，必须要发挥作用。

答：现在发挥作用啊，很多事包括村里卫生、厕所改造等，在谁的片区就是谁负责。

问：那他们有补贴之类的吗？

答：有，我们村有点集体收入，所以每个人的年薪是5000元。

问：那可以啊，不耽误他干其他事，这些补贴其实可以了。

答：以前的时候小组长多，年薪是2000元钱，现在相当于涨了。

问：那很不错了。要是真没有补贴的话，可能也得做这个事情。

答：对，也是非干不可的，多少算是点补贴了。

问：咱们的集体收入主要来源是什么？

答：土地承包，就是把××那边的400亩地给承包出去。

问：那承包土地的钱谁给呢？

答：市里，市财政给钱。

问：多少钱一亩啊？

答：当时定的是600元钱一亩。

问：那这两年有没有涨价呢？

答：我也要求涨到1200元钱一亩，这样集体收入就增加一半，600元钱一亩确实有点便宜。

问：600元钱一亩，共400亩地，那一年也20多万元，那你这集体收入可以了。

答：如果加上承包出去的××路的土地，一年一共30万元多点吧。另外还包括其他增加的收入，因为以前一些围庄地都是免费种的，自从我干了以后种围庄地也收费。

问：围庄地有哪些？

答：就是场院地，还有盖得那些老年房，这些之前都是免费住的，现在我们也开始收费，规定了一亩地多少钱，收费方式是每三年交一次，一次交三年的钱。

**问**：村里有钱了好多事就好办了哈，除了这些还有别的收入吗？

**答**：有的，我把之前的老办公室也租出去了，租金是一年 2.6 万元。

**问**：那也可以。

**答**：我认为乡村振兴首先是村里得有集体收入，没钱很难给老百姓办事。我们村每年都有个老年人的保险，叫××，主要是针对 60 岁以上妇女所做的保险，都是免费的。

**问**：这是村里出钱是吧？那如果自己交的话，大概交多少钱？

**答**：今年是交 50 元钱。

**问**：那 60 岁以上的妇女，咱村有多少人啊？能有 100 人吗？总共花多少钱呢？

**答**：大概 100 多人吧，一年得 1 万多元钱。

**问**：那咱村关于孩子这方面有什么保险吗？

**答**：没有统一的，一般都是给年龄大的孩子统一交的××、医疗保险这种。

**问**：咱们村里这些硬化的道路，修建的时候咱老百姓还交钱了吗？

**答**：交钱了，我们村是集资的，一户 2000 元钱。

**问**：是不是整个乡镇都交一样的钱？

**答**：不一样，各个村的情况都不一样，因为村集体收入不一样。有的村有集体收入的，就是集体承包；有些村没有集体收入，还有些村集体收入稍微多一点，这种情况就是市里给补一部分钱，街道给补一部分钱，然后村里户里再拿一部分钱，大家共同承担。

**问**：这个村庄的硬化道路，是从去年还是前年开始修建的？

**答**：从前年开始修建的。

**问**：当时是个什么工程？有名称吗？

**答**：它就叫乡村户户通，原来叫村村通是指村与村之间要互通，现在是到户的，就是指每家每户都是连通的。

**问**：有没有遇到那种拒不交钱的？这种情况怎么办？最后是怎么处理的？

**答**：有，我们村是集体负担费用的，那些拒不缴费的，我们就去做工作，也找他亲戚朋友去做工作，因为只要这几户不缴费，那就相当于我们整个村的任务就没完成。

问：对，只要有一户不通那整个工作就难以进行下去了。

答：这种情况也是很少的，别的村应该有这种通过村干部找他亲戚朋友做工作的情况，这种就是完不成任务，虽然只有几户不通，但也属于到验收的时候没有完成任务。有些特殊情况比如家庭确实困难的，我们集体就给他承担。集体给他交，不收他的，那别人也是有意见的。这种情况也有，但是很少。

问：咱们××这些村是不是都有点集体收入？

答：大部分村都没有，就只有××、××那边的村有，这些村以前的时候有些企业占地什么的，他们每年都到村里来交承包费用。咱们东边这些村都是农村种地的，当时分地的时候都要求分到户里，没留下集体用地。有的村有留下集体用地的但也都很少，比如有的留下10亩地，一亩地现在1500—1800元，一年就是收15000—18000元钱。西面村的乡镇企业比较发达，企业占地多。企业怎么也是有收入的，每年都给集体分钱。早些年没有土地承包30年的期限，所以他们就把地占了，占地之后就不是耕地了，就不用分了。咱们东面这些纯种粮食的村都没有这些，集体收入就很少。

问：这个村主任和书记一肩挑，您觉得有什么优势吗？

答：可以说会增加凝聚力，就是增加工作的凝聚力。

问：我们村委成员肯定都是党员吧？

答：我们支部全部都是党员，但村委不一定是。

问：咱村里有多少位党员？

答：51位。

问：这些党员的年龄呢？

答：年龄稍微偏大，我们这几年也是积极发展年轻党员。

问：对，说到咱有50多个党员，那开展工作是不是要容易一些？

答：对，一般是村委带头，比如说村里的大事乡村振兴，我们就专门成立乡村振兴的一个群，也有党员群啊，我们有什么事就在里边讨论。

问：比如说有些群众工作或者什么其他工作，他们可以领头去做是吧？

答：对，会起个模范带头作用。

问：还有就是您觉得现在咱们村要发展的话，感觉还存在什么制约因素？或者觉得哪一方面还稍微差一点或者弱一点？

**答**：制约因素我觉得还是集体收入太低，要想办法增加集体收入才行。

**问**：你有什么想法和打算吗？

**答**：刚才说的土地承包，看看价格能不能往上调一下。除此之外，我们村里有 400 多亩地，也可以通过发展产业来增加收入，通过提升产业附加值等方式。

**问**：有在咱们村注册企业的吗？

**答**：有。

**问**：那税收方面呢？

**答**：种花的都不交税。

**问**：对，原来就说过种花是咱老百姓致富的方式之一。

**答**：他们种花、卖花都不用开税票。

**问**：对，但是像那些开花盆厂或者塑料膜厂的，这个也是不交税的吗？

**答**：他们这种企业交发票就相当于交税了，包括这个施工。

**问**：在现有的基础上村里还有什么打算吗？下一步重点发展什么呢？

**答**：下一步打算，第一，发展养老型福利院之类的；第二，将村里土地开发利用起来，可以提升一下村集体收入；第三，就是村民素质这一块，想通过培训教育，全面提升村民素质；第四，要注重家庭邻里和睦相处；第五，要把村里环境卫生维护好，不能光知道挣钱；第六，进一步提高这些花卉种植的附加值。

**问**：您觉得咱老百姓对生活有什么要求，或者他最想满足哪方面的要求？

**答**：我觉得我们村里的老百姓现在感到比较满足，通过街上的这些房子就可以看出来，以前街上全是铝合金搭建的厦子，现在全都拆了，从 2019 年春天开始乱搭建的房子就都拆了。

**问**：盖新房子的多吗？

**答**：不少，从去年到今年都很多。通过这个整体规划调整，调整出土地和这些宅基地，用这些土地和宅基地来发展一下项目或者什么企业能增加集体收入。我们村里入住率比较高，位置比较好，都种植花卉。前几年我们收的房子就是应该给他们划宅基地，但是没有地，所以通过"三清"来达到。

# 乡村建设访谈十一：DX 主任

【访谈对象】 潍坊市××市××街道××村 DX 主任
【访谈人员】 冀翠萍
【访谈时间】 2021 年 9 月 6 日
【访谈内容】

问：请您讲一下个人情况，如年龄、学历和工作经历。

答：我是 1987 年 10 月出生的，今年 34 岁，2017 年年底当选村里的支部书记，大学是在中南民族大学读的，因为我们村主要是少数民族，90% 的村民是回族，我自己也是回族。大学毕业以后先参加工作，先干的实体经济，办公司干了大概有八九年。

问：企业在哪办的？就在××市吗？

答：对，就在××市，经济方面算是可以自给自足了，在社会上摸爬滚打也明白了一个道理，人这一辈子不能只有个人价值，还要创造一些社会价值。然后因为我父亲以前在村里干过，我就参与到村里来了，主要是给老百姓服务，基本上我个人就是这样的情况。

问：现在村两委成员的情况呢？

答：村两委我们现在是交叉任职达到了 80% 以上，支部是 3 个人，2 位女性，但也不是完全符合我们现在换届的指导精神。俗话说得好，要想车跑得快，全靠车头带，现在我们自己私下里也经常探讨，就是说要想村里发展得好，或者说有些东西做得快、效率高，大家的意见统一或者团结性是非常重要的。那天我们开玩笑说，如果我们天天坐在这琢磨别人，那就没心情干别的了。你看现在，我们访谈就是在这里，他们忙他们的，我们谈我们的，没有什么遮遮掩掩的，这样人心里都比较敞亮，所以说我们村里整体的状态特别是工作状态、为人民服务的状态非常好，所以说今年是干的第 5 年了也是第 2 届了，总的来说大家在一起工作，相处起来比较舒服。

问：班子之间的配合度怎么样？村民怎么评价这个班子？

答：如果让大家都说十全十美，那肯定是没有的，我估计也不可能有，但是也没听到很大的反对声音。当然，也有一些小牢骚，比如说"一下雨我家门口有水"这样的。现在老百姓对于我们的社会治理工作，提的要求也比之前要多，要求我们提高参与度，以前我们可能只是对一些政策进行形式上的宣传和指导，现在要求我们要设身处地地跟他们在一起，或者说有一些政策的实施，要我们去牵头干，要求我们真正参与到对社会的治理中来。近年来，我们整个的国家政策包括政府的运营体系也在改变。我现在真的是在给老百姓服务，这几年通过实际参与到人口普查、经济普查、平常的疫情防控等这些工作，感觉到整体的社会正在发生转型，正从一个指导型的政府向一个服务型的政府转变，这是我自己的切身感受。

问：现在村里有多少人？

答：我们村一共 300 多户，900 多人，现在准确的数字应该是 905 人，以前是 906 人，后来有一个去世的，所以现在是 905 人。

问：每个家庭都是一个孩子吗？

答：没有，这个问题是这样的，前段时间通过打疫苗，还有人口普查，统计出来的数据就比较准确了。根据普查的数据显示，我们村里村民是 905 人，但是我们这个地方过去属于城中村，现在在城市内部，定义是社区，所以出现了这样一个问题，就是居民特别多，所谓的居民就是在这个地方居住但不是我们村的村民。出现这种情况的原因主要有两个：一个是因为我们在城市里，在社区里边，所以它承载了周边地区也可以说是整个社会的功能，基础资源比较丰富，所以很多人选择来这住；再加上周边有学校，有一些为了子女上学而选择临时在这居住的；另一个原因是在社会发展过程中，我们村民的身份发生了变化。因为我们周边有××卷烟厂，所以我们村很多村民的孩子长大后就到卷烟厂工作了，这样他的身份就发生了变化，即从村民转变为城市居民和职工，但他还是居住在这里，所以说我们这里人口普查的数据是 3500 人。这也就意味着我们现在社区服务的对象不仅仅是村里这 905 人，更多的是 3500 人，也就是说在这居住的所有人都是我们服务的对象。

问：咱村里人口的年龄分布如何？

答：我们村里人口的年龄分布，现在也不是很乐观。前段时间通过人口普查，就是接种疫苗的这个年龄段来看，我们村里现在老龄化特别严重，60岁以上的人口有350多人，所占的比重就有点大了。而且，我们18岁以下的年轻人所占的比重非常小，现在我们这一代人的结婚、生育观念发生了变化。在以前可能男的20来岁就当爹了，现在可能基本上要到30岁。这种情况是非常普遍的，这也体现了我们的社会变迁。当然，这种变化带来的不是只有坏的方面，也有好的方面。那就是社会的发展带给人的追求不一样了，特别是对物质追求，现在不仅仅只追求物质了，还需要一点精神追求。比如，现在我们年轻人工作一天压力很大，回家可能想听听音乐、看个电影之类的，可能这种状态很放松，如果说下班回到家就锅碗瓢盆，那可能就很烦躁、很疲惫。通过跟很多年轻人聊天发现，他们愿意谈恋爱但不愿意结婚，原因是觉得结婚很麻烦，而且要孩子更麻烦，这种情况也不是只有我们这里有，整个社会应该都是这样的现象吧。

问：还有什么变化？

答：现在的社会治理也在发生转变，我个人认为有一些潜移默化的东西在发生变化。比如，我们村前年搞了一个村里的治理创新，因为我们城中村要向城市社区发展，社区怎么做，我们需要摸索，过去都是说村里要"为民做主"，现在我们想社区发展肯定不是光靠村委会、居委会，就我们几个人想的问题、主意都有限，而且还不一定能想到老百姓心坎里去，所以现在的一个关键是要"由民做主"，从"为民做主"到"由民做主"转变，实际上就是说让老百姓参与到治理之中，这跟我们整个社会的发展以及政府官员思想的转变是一致的。比如，我们政府以前叫"民生工程"，比如给老百姓修路、铺桥这些都属于民生工程，现在叫"民心工程"，不再是政府塞给老百姓路、桥，而是老百姓需要什么，我们政府再做什么，我认为这是质的转变，这体现了社会发展的新阶段，具有标志性作用。

问：您能具体举例吗？

答：比如，现在进入秋天了，我们××市政府又出台了新政策，昨天晚上我看新闻，××市长说今年的集中供暖要出一个政策，没有达到集中供暖标准的，要制定一个指导性政策，引导大家不要再去烧煤之类的，考虑通过对环境保护的贡献进行补贴。达到集中供暖标准的，我们不能"一刀切"，可以实行阶梯价，比如 300 方、600 方、1200 方这种，要不一样的价格，之前天然气就实行阶梯价。现在秋天就开始讨论这个事，预判到冬天供暖时老百姓的一些需要，而且考虑得也比以前精细了。这说明我们整个社会服务的发展方向是非常好的，在老百姓还未提意见的时候，我们的办法措施就先拿出来了，这样老百姓就觉得很温馨，我们也会及时去跟老百姓沟通，他们都为我们点赞，我们作为村主任也感觉很光荣。我们党委书记（××街道党委书记），他之前说过一句话，我印象很深，他说要让老百姓参与到我们社会发展中，是因为社会发展需要大家共同做贡献，在参与的过程中，也让他们享受到社会发展带来的红利。因为整个社会的发展不只是靠我们所有的公务员，也不是说只靠农民或者说工人，这需要大家共同参与，要让每一个老百姓都能享受到社会发展的活力，而且周边的学校、医院、道路等都是为了老百姓方便而布局的，真正让老百姓感到便利。

问：村里有学校吗？

答：有一所小学、一所初中，幼儿园大概有七八个。刚才你来的时候，不知道你有没有注意路上的电瓶车、汽车会特别多，这是因为学校快放学了，来接孩子的家长会很多，每天中午和晚上都是这样的。

问：这个小学是村里的吗？

答：听我们村里的村民说，大概是 1990 年以前我们村里有一所小学和一所夜校，后来在 1991 年的时候我们和周边几个村子的学校合并了，成立了这个学校，现在这个学校属于我们整个××街道。

问：除了咱们村，还有哪个村的孩子也在这上学？

答：基本上周边这几个村的孩子都在这个学校上学，另外还有一部分外地人的孩子，比如说烟厂的工人，还有租住在村里的外地打工的，他们的子女都安排在这上学，学校的全称是××市××小学。

问：××小学很有名啊。

答：对啊，这个学校上过中央电视台，大山里的小学。

问：现在城中村跟传统意义上的农村区别大不大？

答：区别没有很大，我觉得这其实跟之前是一样的，就因为我们很早之前就村改居了，要是没记错的话，我们这边应该是 1996 年就改了，虽说村改居时间很长，但实际上因为整个社会的发展还没有达到那种状态，所以我们这边就还是说村民，因为他们出生、成家、立业都是在村里，左邻右舍也都是熟络的人，所以我们这的人就认为自己还是村民，对村民、居民的概念也没分得太清。

问：那城中村的话给我们的工作带来哪些特殊变化？

答：可能对于我们村委来说，有些工作会有些变化。比如，人口普查这项工作，不管你是村民还是居民都要统计的。在城市社区，这些工作都由居委会来管，而我们这边村民和居民是混住的，那么在人口普查的过程中就需要街道办下设的居委会，跟我们村委会配合一块来做，而不是说我们只统计我们村民的数量就可以，这实际上就是工作范围和工作量有些变化，这是跟日常工作的一些区别。另外，城市社区得有城市社区的样子，我看过一本书叫《未来的城市》，我不知道你有没有看过。书里面提到一个观点，就是未来城市没有城中村，它需要完全具备城市应该有的基础公共资源，比如功能设施、学校、幼儿园、医院这些都得有，而且不光是有，还得要达到城市社区的服务水平。

问：那咱们村在这方面做得怎么样？

答：我们村现在可以说是麻雀虽小五脏俱全，既有图书馆、健身房、未成年人活动中心，还有读书屋。这个读书屋我们做得很好，我们放了很多画册和绘本，小孩子们都很喜欢绘本，他们放了学就挤到这里看书，都坐在地上，背个书包，很热闹，接孩子的爷爷奶奶就到这里来跟我们聊天。我们还配合学校里搞了一些活动，因为学校都要求孩子参与社会实践，所以我们就组织孩子到路上捡树叶、打扫卫生、给村里的树浇水等。另外我们还有针对老人开展的活动，像现在小王（注释：村委会成员）正在做的，跟市立医院还有中医院一起合作，给60岁以上老年人查体、量血糖血压，还能抽血等。要说起这个来，还得说得益于上面的政策。大概在3年前，上面出台了一个政策，然后就有医疗口的人主动联系我们，让我们提报一下老年人的数据，填了很多表格交上去，不过当时没有实质性服务。但是，这两年不一样了，他虽然也让我们填数据，但是他说要来村里给老人检查等，现在是确确实实开始做了，不虚搞了，开始实实在在为老百姓办事了。但这也有一些问题，比如，在我们村有一个专门的服务室，可以在这个服务室里给老人测量检查，但是有些村里就没有这么一间服务室，可能整个村委会就一间屋，那就没办法来实现这件事，如果实现不了，让老人继续到医院去，那就失去了它的意义。其实，居家养老和医疗机构养老是一个道理，就是要想办法怎么让它变得更有意义。相对来说，对于这种基层的资源或者说社会的资源，它还需要一些时间完善。我是这么想的，××市通过文明城市的创建，它一方面是为了证明我们现在发展得很好；还有一方面是在督促我们变得更好。比如说，我们××街道有 63 个村，在文明城市创建过程中，我们村的压力绝对是最大的，一方面我们要迎接这个检查；另一方面这个检查也是在督促我们，使一些基础资源变得更优化，所以有些政策我们应该用正确的眼光去看待它，而且即使有些时候出现了一些问题或者不足，也应该用辩证的眼光去看，因为有不足才能让我们进步。

问：村里也有外出务工的人员吗？有多少人？

答：有公务员或者说已经变为职工的，我们这儿有××工厂，还有××工业园，都在周边，村里的年轻人都去打工，这很正常的。当然也有出去的，有一个在××纪委的，他是考公务员考出去的，我觉得这都算外出务工。还有一些自己做生意的，特别是到新疆或者甘肃那边去做水果批发生意的。

问：村里大概有多少土地？

答：我们村里总共有 1000 亩左右，居住面积大概占了 400—500 亩，剩余的土地都用于发展经济、出租，给村里创收的土地大概有 300 多亩。

问：基本农田用地没有了吗？

答：没有了，基本上在 2000 年以前就都消耗完了。另外，还有很小的一部分林地，这是之前农业用地里面一个种果树的园地，后来土地第三次调查以后被保留了下来，但耕地是一点都没有了。

问：这些林地是经济林吗？

答：村里有一些地种了经济林，根据这几年的政策，按树苗的价格出售。还有大部分土地都在出租，仓储类型的用地比较多。2017 年，我跟支部书记还有村两委 4 个人，到这个村里用了两天时间看边界，每个地方都看过。在看边界的过程中，当时第一感受就是闲置的土地资源比较多，它有一定时期的特殊性。比如说，有的村民认为从多少年以前开始，祖辈上就是我们家的地，都种了 40 年了，那这个地肯定就是我的了。但是，其实从政策上来说，是有一些老百姓的意识没有转变过来。因为，当时带地入社的时候土地已经交给集体了，土地肯定属于村集体。但他们可能是意识上或者有可能是装聪明，所以认为土地属于个人。后来用了整整一年的时间，通过我们村里采取的一些措施，也找家里人多次进行协商，直到2018年的时候，这个问题才基本上得到解决。

**问：** 您说采取过一些措施，是有什么经济类补偿措施吗？

**答：** 是的。土地是村集体的没有错，但是地上有附着物，附着物是人家村民自己投资的或者种的，村里想把土地收回来，就好像政府征收一样，得给人家补偿。我们也学政府征收那种模式，对土地和上面的附着物进行评估，这一点很重要。村里当时开会商量了，所有的事情我们要民主决定，两委会通过以后，我们还召集了部分党员和村民代表，以及非常重要的监督委员会一块来商量土地问题。比如，对于地上附着物，有的村民可能说这是属于他的，因为是他管理的，但是过去是集体投资的，所以这个时候就得给他分清楚，哪些是村民个人的，哪些是村集体的，这些都理清楚，理清楚之后就聘请第三方的专业机构做评估，包括地上附属物的评估，还有隐形资产或者是需要折旧的评估，都评估完了以后，就给予相应的补偿，然后就可以收回归集体所有，基本上到2018年年底、2019年年初就完成了。当时我们村里还做了一个基本规划，我们南边大部分是工业用地的闲置资源，我们就以仓储或者工厂的方式进行出租，原来收回之前出租的价格有800元、500元、2000元、1500元，很乱也没个标准。后来我们就统一定价，按照周边市场的价格定了5000块钱一亩，这一下子就提高了集体收入。

**问：** 集体收入提高了，是吧？

**答：** 对。另外，我们村还有一些闲置的房屋，一部分是沿街的商业性资产，还有一部分是村民自己的。那些沿街的商业性资产都很分散，也都做些小生意，对我们来说形不成规模，收入也不是很好，所以我们当时也做了一个规划，就是把沿街的商业性资产全部整合在一起。合并这些资源之后，依靠××发展全域旅游，发展民宿，村里大概有三套房子可以建民宿，而且回民区里的民宿带有民族风格，非常受欢迎，现在收入应该是10几万元。

**问：** 民宿价格一般是多少？

**答**：现在一晚上应该是 150—500 元。

**问**：村民就医这块是怎么解决的？

**答**：我们村里有卫生所，基本的感冒、发烧、肚子疼等小病能够得到很好的救治，卫生所那边还专门增加了艾灸治疗，现在人们对中医比如艾灸接受程度比较高，算是温补，没事的话暖暖身子也是很好的。另外，如果有颈椎不好的也可以刮痧，这是我们卫生所的一个职能。再就是市立医院或者市中医院会定期到我们这里来给老年人查体，如果我没记错的话，今年应该是第 4 次了。

**问**：我们村邻里之间有没有什么矛盾或者纠纷？包括跟村委工作之间有没有比较别扭的地方？

**答**：正好借着这个一块说，我认为乡村振兴跟社区治理有异曲同工之妙。之前我们探讨过做任何事之前，首先得有一个规划，要有一个长期的目标，这是很重要的。我记得 2018 年中旬，我当时印象很深，我们村开了一个务虚会。我们把村两委、村民代表、党员代表还有村里老人召集起来，只要是愿意来的都欢迎，最后大概有五六十个人在楼上会议室开了个会。那次会议没有主题，其实就是想听听老百姓对生活有什么期望。会议刚开始时没人说，后来我就先带头说，说村里的事，包括街道办事处的事，说的时候大家情绪就很激动。我说完之后，气氛就好了，大家就都开始说，畅聊之后就知道大家心里想什么了，当时除了有点吵以外没别的毛病。我记得当时大家还畅想村里未来的样子，有人就说村里未来都是 30 层的楼房，还有人说未来小孩子上幼儿园都不用花钱，孩子上小学村里给买学习用品等。开完会以后，我们村委觉得这就是我们的目标，老百姓眼里的未来，就是我们要走的未来，我相信这也是我们党政策指导的方向，是我们的长远规划。有了这些规划才能付诸实际行动，做一些短期的目标，比如未来 3 年、5 年的计划，不一定形成系统的文字，但是每个人心里应该有一个念想，念念不忘，必有回响。

村里要是说没有一点别扭，那也是不可能的。确实是有，村里的老百姓对于我们村里的资源都看得很紧，它这个紧不光是好的方面，还有不好的方面。就比如说我们村里的市场——早市，过去是免费的，我们这边离××（××市南部的一个镇）的山区比较近，山区那些村民种些桃子、苹果，早上起来就到这边来卖。村民卖点新鲜水果挺好的，而且在这里摆摊免费，多好啊。但是免费并没有起到它的作用，因为山里的这些老头、老太太来卖的时候会受到当地村民或者居民的一些排挤，他们不一定能够有机会在这卖，所以当时也产生了很多矛盾。村里探讨过很多次，从2018年年底到2019年中旬，我们经过一个长期的讨论，最终决定将它全部收为集体。

后来村里就投资，把路灯、地面全都规划得很好。早上是早市，给老百姓提供摊位点，然后到中午和晚上以后就会变成停车场，因为我们少数民族有一些烧烤摊、烧烤店，这边是特色，晚上会有一些大排档出现。我们基本上定了这么一个办法，摊位点变成收费的，我们雇人负责早市的卫生等。另外，我们还定了一个收费的基准价，如果是本村老百姓摆摊打7折，外地人过来摆摊就是原价，这个就相当于给我们本村村民优惠了。

**问**：村里有社会组织吗？

**答**：有好几个社会组织，一个是××市少数民族的××俱乐部，还有一个是××市少数民族的涉农协会。另外，我们村里还有一个合作社。合作社当时是全市农村农业局统一搞的，还有我们的民族饭店项目也马上就要搞起来了，还有一个××市民族经济协会，我们村里也参加。

此外，我个人有些爱好，我把它们都带到村里，你看到的那个牌子，（注释：访谈场所墙上的牌子）这是××市足球协会的，因为我是会长，所以我们村里就变成会长单位了，我是想带给村里这种轻松的、愉快的氛围。这张照片是我们今年7月1号建党100周年拍的大合影，里边有30多个党员，前面4个是在党50年的老党员，还领了在党50年纪念章，中间那个是我们街道办事处的主任，他给他们4个人授的牌，那天我们还统一定制了白色T恤，前面放了一个100周年纪念的标志，你看那些年龄大点的人穿着也很漂亮、很精神，而且通过这些潜移默化的活动还可以感染村里的年轻人，现在好多年轻人都参与到村里的工作中来了。

**问**：您是如何调动村民尤其是年轻人参与活动的积极性的？

**答**：我当时没任支部书记的时候，我从来不参与村里的事，就觉得村里这些事跟我没关系，村里面的事做得好不好的问题，年轻人脑袋里都没有概念，所以要通过这种他感兴趣的事情来吸引他们。比如我们举办了一些诗歌朗诵比赛，就找村里这些五六岁的小孩，不找家长，我就找小孩，这样家长得教他，还得给他打扮一下，比赛时家长也要陪着来。再有××

电视台或者××电视台给他录下来，在电视上一播，他的家长会叫他亲戚朋友一块围着观看，大家都很开心。

还有学习这方面内容，如果让这些村里的十几岁、二十几岁的年轻人来学习，他们一时很难感兴趣，所以就先让他们去参与一些基础活动。比如告诉他们不要从车里往外抛东西、过马路的时候走人行道帮着扶老人等，这里有好多这样的活动。通过这种活动让他们知道我们在做哪些事情，然后再通知他们开会，这样他们才愿意来参会，这时再告诉他们学习内容，他们心里才会对你或者对这个村有认同感，才会愿意听你说，否则村民都没有认同感，就把他喊来学习，那他们肯定都不愿意来，或者来了也不会听你说。

问：村里有村规民约吗？

答：有的。我们村里红白理事会、监督委员会以及村规民约都有，并且随着政策的变化也在不断地完善。比如说，现在人居环境问题，说到底就是个日常的卫生习惯问题。通过村规民约我们把它变成一种制度，利用这个制度进行奖罚。举几个小细节的问题，比如村里的绿化，过去家家户户门口的绿化是自己种的，有的住户种了棵杨树，而邻居就觉得种杨树不行，会把虫子招来，所以就会种棵槐树。还有的村民要种银杏，老百姓都有自己的喜好，有些是喜欢的，有些是不喜欢的，慢慢地就会发生一些小摩擦、小矛盾，看似是些鸡毛蒜皮的小事，但是最后结果肯定会影响邻里团结。

通过这些村规民约，将一些质量不好的树统一清理，村里再投资补植比较好的树，并且绿化带的宽度也统一起来，把道路修整好，加上小路牙石，这样统一整修一下，就有比较好的村容村貌了。但是，如果有的村民门口原来种得不好，我帮你弄好了，我就得给他约法三章，条件就是要精心养护，养护的费用会给予一定补贴；如果养不好，不光费用不给你，村里的待遇也暂停发放，因为要种就要种好。

问：村里办白事对村民的压力大吗？

答：说到这事，我们这儿就没法展开说。我们回族的风俗习惯是一切从简。汉族可能有什么摔盆子、投寿钱、跨火盆之类的事项，然后火化的时候还得放些东西。我们回族没有，我们就是统一到市里边举行一个仪式，把遗体放在白布上卷起来然后就土葬，不需要大家伙去帮忙，只不过就是走个过场。

**问：** 那办红事对于老百姓压力大吗？

**答：** 结婚也是一切从简，一般就是在家里设宴请家里亲戚来吃饭，这一天就结束了。这几年结婚的份子钱也都有明确的规定，有一个标准，好像是不能超过 30 元或者不能超过 50 元，而且这些事都是有来有往的，有些家庭就搞形式走过场了。

**问：** 村两委的工作压力大吗？比如说来自上级的压力？

**答：** 说到重点了，证人在这儿。当着他面说了啊！（注：街道办党委办公室主任）

**问：** 不，这跟赵主任没关系，你说就行。

**答：** 关于这个事也只有这样一个场合才能提。

**问：** 各级都很关心基层工作，也希望您敞开说。

**答：** 从我们自身说起，村两委干活是很累。但是如果心里不累，就感觉不到累。为了给村里创造荣誉，为了让村里变得更好，我们经常加班，周六周日都算是加班了，因为这都属于家常便饭。

这两年台风和下雨天气都比以前多，昨天下着雨还伴随着刮大风，我们还在街上看房子，现在，这都不说，其实大家也都没有叫苦叫累的，是真的不怕。但真正怕的是老百姓不理解，不过这两年这种情况也很少，你看看这个小青年（注：指向办公区的工作人员），他是疫情防控的时候，说自己被村里这个疫情防控感动到了。在那时，口罩真是千金难求，到处都买不到，我们村两委去给老百姓送，老百姓当时状态是"抢"，但我们是很公平的，每个人都发放 10 个，尽量鼓励大家不要出门。这个小家伙就是被当时我们送口罩、疫情防控的举动感动到了，主动来村里帮忙，所以通过这个例子也能看出老百姓很懂我们！

怕什么呢？就说我们这个老姐姐，家里有孩子，上有老下有小；还有G 哥，家里两个孩子，一个上高中，一个大学毕业今年刚参加工作，面临着买房子、娶媳妇、结婚等巨大压力。说到这儿您知道我要表达什么了吗？就是工作任务再多也不怕，老百姓不理解我们可以及时沟通，但是这些工作人员正常的生活负担也要考虑。

**问：** 什么生活负担呢？

**答：** 我想谈一下工资的问题，我现在一个月工资是 1850 元钱，当时跟我说 2017 年要涨到 3000 多元，现在是 2021 年了，还是 1850 元，今年换届的时候，市里说要调整成 4335 元，到现在还是 1850 元。我向上级反映过，有几种答复，第一种答复：有些村连工资还发不出来呢，你们还想涨？还有一种声音：你们现在是做奉献、是为老百姓服务的，这个机构的性质就决定了你们不是要挣钱的。我也查过，国家对于这种村级干部确实不能用工资来定义。

问：对，你这不算工资，算是补贴。

答：村主任知道这个是补贴的还真不多。我查过这种政策文件，×× 市 2019 年的一号文，关于农村基层组织待遇出了一个明文的指导意见，明确说村支部书记工资不得低于两倍的居民人均收入。我们青州市 2020 年人均收入是 4 万多元，这么算，我们一年至少应该有不低于 8 万元钱的收入。其实咱不要求那么多，实话实说 8 万也好、80 万也好，对我来说意义不大，但是对于那些青年干部来说，花销大，在这干的时间久了，对村里也很热爱，但也会迫于生活压力走掉的，如果待遇不解决，3 年以后他还是会走，因为他得结婚、生孩子，先不说买车、买房的费用，他的工资只有我的 60%，只有 1000 元钱，他连自己都养活不了，还得靠家里支持，就是家里有钱给他买个车，开车的花销也很难支付。所以，这是当前我们最怕的问题，也是希望能给我们基层解决一下这个问题。

问：书记和主任一肩挑对您来说有什么变化和影响吗？

答：最主要的一方面就是工资少，本来两个人的工资两个人的工作，现在就一个人工作拿一个人的工资。其他方面也没什么，我从开始干就是一肩挑，没感受到有什么变化，我认为一肩挑也是可以的，至少自己跟自己不矛盾，村两委里边大家伙只要搞好民主，就没问题。当然，如果一肩挑的情况下还不搞民主，那肯定要出问题，这些事情现在都可以敞开谈，肯定是没有问题的，如果有问题他们早就站起来骂我了。

问：党支部工作有什么创新吗？

答：我们搞了一个党建引领下的"由民做主五步法"。

问："由民做主五步法"是什么呢？

答：类似于"小巷总理"，不知道你有没有看过这个电视剧，第一步是提出来；第二步就是商议这个事；第三步是把这个事情交给基层，由基层来想办法，也就是说街巷长解决不了就交给村委，村委组织讨论商量解决一些办不了的事；第四步是联办，就是我们会以村里为基础，找执法部门、职能部门来解决这个事情。比如说，你要翻盖房子，村里去协调职能部门来办手续；第五步是让老百姓来评价这个事，评价一下好坏，对于不好的方面要具体，我们要进行总结，然后提出改进的办法，基本上是这五步法。

问：最后一步特别好。

答：现在街道上搞了一个更高级的，叫作"一核三化"，"一核三化"比我们总结得还要到位，所以现在我们就在推党建的"一核三化"。

问：现在制约村里发展的因素有哪些？

答：政策。

问：哪方面的政策？

答：流程太复杂。比如说，你要用地开展项目建设，周期太长了，而且对于一些专业名词比如土地的"招拍挂流程"，我们都不理解，要去网上搜索查阅，搜完了以后去办理的时候发现还不像网上说得那么简单，网上可能说按步骤办理就行，但是在办理到第三步的时候就发现没法继续办了。这是因为还需要有别的职能部门出证明，结果你去这个部门办理的时候，又告诉你还有别的事情没办，反正就是要办理多次，很浪费时间。

问：那接下来村里打算怎么发展，有什么想法吗？

答：其实刚才都谈了，叫"一张蓝图绘到底"，就是必须要坚定地围绕在以习近平总书记为核心的党中央周围。

问：村主任的理论水平很高啊！那您认为村民最期待的生活目标是什么？最担心的问题是什么？请您排序。

答：老百姓最期待的生活目标也是最迫切最关心的问题就是腰包里的钱，最担心的也是腰包里的钱。这个话题再稍微展开一点。过去我们村子组成的单元是农民，农民是靠土地耕种的，他们之间生活水准差不多。后来，有的村民出去做生意了，有的去打工了，村民的土地被收回集体了，这样村里就会出现一些贫富方面的差距。特别是一些没太有经营能力的村民，随着年龄的逐渐增大，也不种地了，所以心里就慌，怕吃不上饭。当然，现在这个社会饿肚子情况也不可能存在了，只要你勤劳有一定的劳动能力，再加上一些社会保障，相对来说也没有过去那么困难了，但是说到底老百姓最关心的问题还是腰包里边的钱。

问：那您认为村民最担心的问题是什么？

答：他们最担心的可能是生活中的具体事情，比如说，怕生病。我今天上午陪着我母亲去医院看病，在医院门口碰上了一个保安，我在门口抽烟，我给他一支烟，他不敢抽，没抽，装起来了，他说"你这个烟挺好的，我装起来"，然后放口袋里了。他跟我讲，他在这里当保安见了很多人，有时候心里很难受，不是说生死离别，是说那些农村来的老百姓，老百姓在家里种了二十年的地，好不容易攒的钱，来医院一个月就花完了。说完，我又给了他一根，他抽起来了，我也没吱声。他说的我也深有体会啊，农村合作医疗各村都有，但是大家心里都明白，到实际生病了，就是农村合作医疗报销完了，自费的部分还有不少，所以老百姓说"有啥别有病"，最怕生病，老百姓的苦他自己心里最清楚。

回到这个问题，其实说怕什么，只要有钱他现在什么都不怕，因为现在社会比较稳定，没有其他国家那些动荡。总的来说，我们社会要发展、村里要发展、老百姓也要发展，想方设法借助内部或者外部的一些资源，让老百姓都富起来，这才是最重要的。

问：很好，1 个小时 20 分钟了，很完美了。感谢！

答：一定把待遇的问题说一下，我提了以后，希望帮我们多呼吁。

# 乡村建设访谈十二：MXP 主任

【访谈对象】临沂市××区××镇××村 MXP 主任
【访谈时间】2021 年 9 月 6 日
【访谈人员】郭太永
【访谈内容】

问：书记能简单介绍下您的情况吗？

答：我今年 59 岁，我下学（不上学）以后就开始做小生意，1990 年，那次俺村里班子选举，很多老干部就推荐叫我进班子，我心想进班子咱没有底气，因为那个时候才 28 岁。

问：您那会是党员吗？

答：不是党员。

问：选举后，您担任什么？

答：那次选举后，我当村委委员兼村会计。2000 年，由于父亲有病，我得伺候父亲，我不能因此误了集体的事，就退出来了。我父亲那个时候是癌症，花了好几万，最终也没有治过来。退出来以后，又继续专心干生意去了，又干了 10 几年。到 2015 年，村干部中一个有病的，缺人，又把我补进班子里面去了。2017 年，老书记有病，2018 年在党员的推动下，在党委的认可下，我开始任村书记。现在经过选举，我还是任书记，就是简单的这么一个过程。

问：您一开始进得比较早，又出去经商，然后又回到村为村民服务。

答：是，我和党校还是比较有渊源的。我那时候年轻吧，党校培训就叫我去，老书记就说，你年轻，你去吧。1994 年，我就去党校学的农业管理。

问：那个时候有学历吗？

答：有学历。

问：是什么学历？

答：大专学历。

问：现在村两委是几个人？

答：村两委现在是 6 人。

问：6 个人是？村党支部是几个人？

答：村党支部 5 个，村委是 3 个，我一肩挑了主任，设个副主任是女的，这次选举新上来一个村委委员。

问：他们都是多大年龄？

答：完全是按上级政策来的，书记主任一肩挑，必须有个女的，必须有个 35 岁以下的，才上来这个是 35 周岁以下的，89 年的。

问：他们除了这个身份、干这个工作之外，还靠什么为生的？

答：除了我的工资高点之外，其他那些人比较低，他们也有自己的生意。

问：您现在还干着什么工作？

答：我这个生意全部放给孩子了（让孩子经营），没这个精力了。

问：您就是"一肩挑"之后事更多了？

答：事更多了。

问：您现在家里从事什么生意？

答：就是板材加工。

问：板材的话，材料都是以杨树为主？

答：临沂板材加工很有名，整个××就是一个板材加工基地。我们这个板材在全国都有名了，出口也都有名。

问：你们那个原料都是什么？

答：原料一般是杨树，杨树浑身都是宝，杨树皮、杨树枝子，都能利用起来。

问：是的，你们家规模多大？

答：规模不是很大，我们村普遍都不大。

问：真是藏富于民啊。

答：板材加工，发源地在××镇那边，××镇那边规模大，比我们这大。

问：他们发展得早？

答：他们早，咱这边就是厂子都小，但是富了村民了。厂子虽然小，但是全民都去干，80多岁的也能干，捆个皮子、晒个皮子也能挣钱，年轻的可以在里边干点技术活，很壮的劳力他去干点力气活。总之，带动了大部分人就业。

问：村两委那些人他们的补贴是多少？

答：一个月下来，2000元左右。

问：简单介绍下您这个村的情况吧。

答：这个村比较大，3000多人，大约是1023户吧。

问：现在村民主要是靠什么为生？

答：有搞木材加工的，一些经济能人，不想给人打工赚钱，就自己干个小厂子，这是一种。还有一种是种大棚黄瓜的，还有一部分是养猪的，有一部分是养鸭的、养牛的。

问：听说你们还专门建了一些×××的纪念场所？

答：××祠始终就有。

问：始终就有？

答：×××，和孔子是一个时代的人，比孔子小15岁，是非常著名的历史人物。

问：咱们古代是以孝治天下，他就是大孝子，肯定是历来就重视。

答：历来就重视，他历朝历代都加封。现在咱祠堂保留的最古老的就是宋朝宋仁宗皇帝委托大学士王丹整的一个小本，现在"××祠"三个金光大字是乾隆题写的。战争年代肯定不弄这些事，但到了国泰民安、国富民强的时候，就发扬孝文化，但是×××这个孝，应该说是第一孝。为什么这么说呢？因为他最古老，他是孔子时期的人，还是孔子的高徒。

问：本村村民外出务工的人多吗？

答：外出的很少，你现在找个本地工人都很难。本地的都不够用的，大部分都是外地的。打工在一个厂子里，一月也是四五千元钱。昨天去了一个厂子，我问他，俺村里有在这里干的吧，他说有，有个开铲车的，开铲车一月还7000来元。算下来，一年那不得纯收入七八万元。

问：咱村里有多少厂子？各种各样的。

答：2016 年以后，临沂市开了一条西外环，这条西外环是咱临沂历史上质量最高、占线最长、投资最大的一条西外环。咱这个××村土地 170 亩，随着西外环的开通，咱又招商引资，来了 10 家企业。××镇那边发展不开了，就向咱这边发展，现在是××工业园。

问：也就是说这个工业园主要用的你们村的地？

答：对，以我们村的地为主。

问：这也是一个得天独厚的发展优势啊。

答：对，这都是发展优势，大型企业都在村子西部，咱村自己的企业在村的东部，很规范、很好。

问：一共多少家企业？

答：规上企业算是十几家吧。

问：规上是指政府统计里的规模以上企业吗？

答：是的。

问：那企业真不少。

问：现在整个村面积多大？

答：咱村村庄占地面积就得 800 多亩，村里土地应当在 3000 多亩。

问：咱们存在留守儿童、留守老人问题吗？

答：不存在，招工都难，都招外地的。

问：外地的，周边村的？

答：不是周边村的，周边村也有很多企业。

问：周边村也是发展这个，那就是更远的地方？

答：更远的地方，我看有××县的，有这个南边××的。

问：这样的话，基本上没有种地的了？

答：耕地还有点，还有 700 亩地。

问：主要种什么呀？

答：主要种大棚黄瓜，再一个就是小米、玉米也有。

问：这 700 多亩，还是分散在户里？

答：分散在户里。

问：这些年一共流转了多少？

答：这些年一共得流转了 1500 亩地吧。

问：现在有几个合作社？

答：咱现在正在办的吧，就是一个黄瓜种植合作社。

问：您现在是书记、主任，也是合作社的理事长？

答：对。

问：就是这个黄瓜合作社吗？

答：对，这是咱支部领办的，还有个人办的几个合作社，什么花生合作社之类的。

问：咱现在村民收入是什么状况？

答：基本收入差不多，一般户里，一年下来 10 多万元。

问：这些年，尤其是疫情以来，因为咱企业多、厂子多，经济受影响大吗？

答：有点影响，受疫情影响，工厂停产过。

问：销售那一块呢？

答：国外疫情很厉害，做出口的受影响很大。

问：这些年，围绕服务企业，出台了很多政策，咱这边感受明显吗？村里的那些企业，包括您家的企业。

答：感受明显，2011 年，所在镇划到××以后，发展模式发生了较大变化，发展速度也明显加快，现在领导干部都很务实。

问：当时，划过来的初衷是什么呢？

答：××经过这些年的发展没有地了。

问：咱现在村里，幼儿园小学之类的都有吗？

答：咱村是个××社区的中心村。××社区 8 个村，这 8 个村成立了一个社区，共同使用一个学校，这个学校就在咱村里，××小学，上学非常方便。

问：卫生所也有吧？

答：卫生所也有。

问：自负盈亏？

答：归我们镇上的卫生院管理，他们负责管理下面的村卫生室。

问：村卫生室里那些人是原先村里的医生，是这个意思吗？

答：对，就是原先村里的医生，之前的赤脚医生。

问：但是管理归卫生院，现在有几个医生？

答：现在俺村里两个医疗室，夫妻经营。

问：咱现在住房的情况是传统的一家一户？

答：对，传统的。

问：有院的那种？

答：对。

问：农村人在城里买房很普遍，我不知道咱这个村是什么情况？

答：嗯，咱这边也有在城里买的，也有在××镇这边买的。

问：你们××镇这边还有小区啊？

答：你站起来，通过窗户往外看，镇政府办公楼西边的那些楼房，计划都是卖给村里人。

问：你看啊，以前我去一些地方调研，他们都说，我们要是不在城里买房子，媳妇都娶不上，这个在咱们村有这个现象吗？

答：这个没有。村里大部分人都是住楼房，二层或者是三层，跟小别墅似的。

问：咱这边现在养老都是自家自户养是吧？

答：对，自家自户养，养老院在镇上。

问：咱这个老龄补贴，现在执行的是什么标准？

答：我们村经济效益比较好，对这个老人有特别照顾。

问：你们还有单独的一块照顾？

答：就是国家以外的、政府以外的，还有就是 70 周岁以上的老人吧，每人一个月 100 元，一年就是 1200 元。

问：咱省里的标准是什么？或者说咱县里的标准是什么？

答：60 岁以上的有那个养老保险，一个月去年涨到了 150 多元。

问：贫困户，是不是还有别的补贴？

**在场干部**：有啊。光低保一个月可能就是 400 元，然后再加上这个养老保险，还有扶贫项目收益的分红。

问：您属于能人，像您这种能人在村里多吗？

答：村里有，还不少呢，我们村企业很多。

问：你看×××这么有名的历史人物在咱这个村，×××文化对咱们村有什么影响？

答：我们村受那个×××文化的影响，民风还是比较好的，比较容易凝聚人心。

问：有一个祠堂在那里，他是一个文化的象征。

答：每年都办民俗文化节。

问：这个文化节是你们主办的还是县或镇上？

答：嗯，是村里主办的，这个是以前延续下来的，1949 年前就有。

问：文化节的时候，除了你们本村的×姓宗族，还有外边来的吗？

答：全国各地都有来的，姓×的是小姓，天下×氏是一家，他和其他的姓不一样，他很单纯，全国才 60 来万人，63 万人。

问：这个文化节对当地发展也很有利。

答：你说得对，能认识很多人。

问：这个文化节延续了多少年？

答：文化节是 2013 年开始举办的，已经 8 年了，去年因为疫情没有办。

问：这个文化节都有什么形式？

答：这个文化节在每年阴历的二月十四日举办。这天是×××的诞辰日，让×家人回老家看看，也会搞经济论坛。前年的时候咱聘请了济南那边的一个研究会来参加党委组织的一个经济论坛。

问：以前都说文化搭台，经济唱戏，确实是。您担任这个村支部书记，从 2018 年到现在，您为这个村庄发展，都做了哪些工作？

答：为了村庄的发展吧，咱投资 500 多万元提升改造了一条街，对这个街美化、亮化、绿化。

问：这 500 多万元，都是咱村里自己出的？

答：这个钱呀，是咱村里第一书记帮扶的。为了发展×××这个孝文化，专门有第一书记派驻到我们村，他有更高的视野。

问：他是哪个单位的？

答：是××区××局。

问：他是从发展的角度去帮扶，不是从扶贫的角度去帮扶？

答：是的。

问：这就是典型的从振兴这个角度去做的。原先这个路是什么状况？

答：咱村历史比较悠久，从我有记忆算起，××砸出来的（通过拆迁百姓房屋）第一条街，当时俺的房子也在大街上，也砸了，砸了之后就通了这一条街，弄得也很好，也是咱××的第一条大街。这是六几年的事情，当时村里的经济收入也还行，村里有自己的砖厂，我曾问过我二爷爷，他说我们村 1954 年时就有个织布厂，这个织布厂有 100 多部织机，我的父亲在织布厂里干活，一天就挣 4 元钱，4 元钱那时候已经很多了，因为那会鸡蛋才 2 分钱一个。但是呢，由于种种原因，到了 1958 年、1959 年左右，这个织布厂就破产了。这条路历史很悠久，但到了现在也确实需要提升了。

问：您除了投资 500 万元修这一条路，这几年还主要做了哪些工作？

答：对这个××祠进行了改造，这么多年都破败了，"文化大革命"的一些碑都破坏了，又找回来一些。

问：找回来的一些文物？

答：找回来的一些文物啊！历朝历代的家风肯定要树碑啊，咱国家，这个碑竖起来很多。但 20 世纪 60 年代的时候，很多青石碑被搬走修建了石桥与民居围墙。

问：咱们村现在集体收入什么情况？

答：村集体收入还可以吧。

问：大约是多少？

答：土地流转有一部分集体收入，还有一个就是村东工业园出租的厂房，有点收入，一年也就是五六十万吧。

问：这些年村里有哪些比较集中的矛盾？

答：这几年矛盾不是很突出，前段时间还开两委会说，以前的时候，经常能在村里听到 110 警车的警报声，现在很少有打 110 了。

问：你分析一下，这是为什么呢？

答：很多人吧，都想着去挣钱了，没有精力去纠缠一些小事，就觉得挣钱要紧，没闲工夫扯架。

问：能简单介绍下村里土地流转的情况吗？

答：流转土地是在 2017 年吧。

问：那会在流转土地的过程当中有没有矛盾？

答：没什么矛盾，大家伙觉得合适。

问：价位合适就行。

答：村民都想流转土地，有的人就盼着流转土地，种地毕竟粮价很低，收益很低。我弟兄 3 个，老二他家里有地，他捞不着（没空）种，他在××县工作。你包出去吧，包给农户种才500元钱一亩，但你要是包给人家办企业办厂子的，就贵了，就是1千到2千元一亩。

问：建厂房的这些地，土地性质是什么？

问：都是调地，调整用地。咱不能违反国家政策，你得实行那个大政策，在国家发布的建设用地上去建。

问：村里有没有这个热心公益活动的人？

答：都有志愿服务队。

问：哪几种？

答：志愿服务队，一部分比较热心的人，他搞志愿服务，给那个老人家提供一些服务。

问：他这个属于自发的？

答：自发的。

问：现在咱村这个文体活动，是什么情况？

答：文体活动不少，还有打门球的。

问：还有打门球的，这么高雅的活动。

答：嗯，门球有，门球打得比较好，这个广场舞跳得也比较好，还有那个川剧的变脸。

问：哦，变脸为什么能发展起来呢？

答：嗯，有一个人会，他年轻的时候就爱好这个，起到带动作用。

问：他自己还经常在村里表演？

答：对，经常表演，他这个沂蒙山小调唱得也很好。

问：咱们有村规民约吧？

答：嗯，村规民约有。

问：这些年您都新加了哪些条？或者说有什么变化吧？

答：这个肯定是根据当前的形势去改变。比如说设了一条街，在村规民约上就得体现，你不能破坏了绿化，你破坏了之后，你肯定得照价赔偿，你得给村民说；再就是敬老爱老，前段时间打疫苗，我觉得都很感动，有些老人年龄大了，不方便，他的孩子背着他去打，我一看就很感动。

问：这个村民规约也都是落在纸面上的？

答：对，都在纸面上的，三务公开栏里面都有。

问：这个红白事是什么情况呢？

**答**：红白事咱村里跟周边都差不多，都移风易俗了，但是咱村里还有一个特色，就是关于红白理事会，村里专门派了一位两委成员管着。由于这个村很大，太大了，就分为前村后村，南北长约 1 公里。我就给他分成了两伙，北村一伙红白理事会，南村一伙。就拿白事来说吧，出现一个白事后，咱就把管红白理事会的组织起来，就你这 3 个人，把这个事给办好了，就 3 天时间，村里给你负担 1000 元钱，不让户里再出钱，也就是说给你一个误工费。

**问**：哦，这个钱都是村里出的？

**答**：对，都是村里出。咱也是削掉了这个棺材，不让用棺材了，不让扎那个纸人了什么的。

**问**：嗯，这些现在都没有啦？

**答**：这些都没有了，都不让请鼓手了，不让吹吹打打了，什么都没有了。一开始有可能会互相攀比，他家没有，他觉得就没有面子，其实他们自己也省事了。咱说尽孝还是生前尽孝，咱要求的就是厚养薄丧。

**问**：对，确实是，咱村本身就是以孝文化出名的一个地方，咱这周边白事还都是 3 天吗？

**答**：这个 3 天吧，也不是说纯占用你 3 天。比如说这个老人下午两点老（意思是去世）了，这也算一天，按说明天接着把人家这个事办了，后天就入葬了。他不是说单纯的 3 天，合计也就一天半。还有一个事，我在这里汇报一下，就是咱当时削减白事的时候，有的户还想用棺材。那是 2017 年的事，村书记派我过去看看，我那时候不任书记。

**问**：您那会当什么？

**答**：我那时候当委员。这户人家管我叫大哥，这一户比较有钱，他觉得他老的（父母）没了，不用棺材，不搞点阵仗，他觉得对不起老人。他质问我凭啥不让操办，我说这是咱村的村民约定的。他说他自己花自己的钱，碍着村里什么事？我说你违反了村规民约。他说我非得办，你们还能打 110 不成，我说 110 肯定不可能打，如果你真的想大操大办，那么咱立马把红白理事会撤走。你该花钱花钱，该做什么事做什么事。在这种强大的压力下，他不好意思了，一看我这么强势，包括他的叔都在那里，他的叔叔也是干买卖的，一直在本村生活，我就又给他叔叔施加压力，让他给他侄子做工作，我在那边和他们谈了 1 个多小时，这个事最后也就谈妥了。

问：现在都不用棺材了？

答：不用棺材了，都是骨灰盒了，都是公墓了。俺村里有一个公墓林，占地100多亩，棺材占地太大，现在土地紧张。再一个也是浪费资源，你把这个木材埋在地里，这不是浪费吗？

问：您当村支书是近些年的事情，党的十八大以来，各方面的惠农政策很多，对农村也重视，工作压力和责任明显感觉比你原先当委员的时候重多了吧？

答：重多了。

问：是吧，这是作为村支部书记的一个普遍感受，这一方面也反映出我们党重视农村建设了，因为重了就是活多了呀。

答：对，活多了。

问：在这个工作过程中，您有没有感觉有一些工作是形式主义的问题？

答：一个村有一个村的特色，俺这个村就是每天8点钟准时上班，两委准时开会，都去办公室，有时候是7点，有时候是8点。到了办公室，开一个晨会，就像咱老百姓自己家里早上吃饭的时候，肯定也会说说你今天干什么，干到什么程度了，是不是？开这个晨会的目的，也是看一下咱村里发现或出现了一些什么难点热点问题，反映过来的有哪些，我们怎么去解决，然后做好安排部署，你去解决这件事，他去解决那件事。

问：每天都要开这个会？

答：对，每天都要开。

问：现在是不是每天都有一个值班？

答：对，都有值班的。我是星期一值班，星期天我也值班，我一星期值两天班。

问：嗯，我感觉以您的工作劲头，是不是基本上都靠在这里？

答：对，基本上都是靠在这里。

问：看来自上而下的压力不小，那我们村有没有一些比较集中的矛盾？不一定是大矛盾。

答：不服从村委管理的，甚至跟村委对着干的，村里也有，但数量很少。我觉得我们村受×××文化的影响，民风的确淳朴。

问：就是您感觉相比别的村要少？

答：对，比别的村强不少。

问：首先咱有这个经济基础，老百姓都有工作，收入也都有保证，加上从小耳濡目染这种儒家文化，儒家就讲究仁爱、宽厚、谦和这些。现在您觉得"一肩挑"有哪些优势？

答：这个优势真的很多，以前不实行"一肩挑"，村主任干村主任的，书记干书记的，有时候他这个团结力不行，这个向心力不够，我是一把手，你也是一把手，我服你吗？不闹矛盾还行，有矛盾的话，我服你，但你一定服我吗？实行"一肩挑"之后更加有利于团结了，权力比较集中了，心往一处想，劲往一处使。再一个，咱自身还得要正，你要是自身不正的话，人家当面不说，背后肯定还会说你，咱自身正了之后，老百姓才真心佩服，一肩挑以后，对村支书素质要求更高了。

问：一肩挑之后就是权力大了，责任也大了，您哪一年入的党？

答：我是 1997 年吧！

问：您是在哪里入的？村里入的？

答：在村里入的。

问：咱村里现在每年的入党是什么情况？

答：咱村里现在党员七十六七个。

答：咱村里有没有部队退役的？

答：这里退役的不少。

问：都是带着党员的身份过来的。

答：有在部队里入的党，咱村里也有发展的。

问：这几年发展了几个？

答：这几年每年都能发展。

问：每年都能发展那还不错，我调研有些村好几年不发展 1 个党员。

答：现在有要求说，3 年如果不发展 1 个党员的话，就必须得发展。

问：有些村发展党员的积极性非常低，咱这个村每年还能发展，真不错。

答：我干这 3 年发展了 3 个，发展一些年轻的，发展一些想干事、能干事的。

问：您现在就是抓这个班子，这几年在加强这个班子建设、增进团结方面做了哪些工作？

答：还是我刚才说的，首先自身得正，自身正了才能服人。"明大德、守公德、严私德"这几项都得做好，你做不好就不行。还有一块，就是得吃亏、吃苦、吃气，对一个家庭来说也是这样的，你在一个班子里边吃亏、吃苦、吃气，你这个班子就好做，你要是光想着占便宜，人家第一不服气，第二就是背后说你这个说你那个，谁人背后不说谁？谁人背后不被人说？所以说你要是正派的话，别人也没得说。

问：这也是最重要的，在基层工作，这个村支部书记基本上靠自己的威望，您是从 2018 年开始干到现在，就是干了一整届？

答：对，一整届。

问：原先是 3 年？

答：原先是 3 年，现在是 2021 年又换届。

问：围绕乡村振兴，在未来一段时间，您有什么发展思路？

答：我想着吧，一个是也得搞那个小区建设。

问：这个想法有支持政策吗？

答：嗯，暂时没有。

问：现在村民有这个强烈需求吗？

答：村民现在不是很强烈，年轻的吧，他想住小区，年纪大的吧，他已经习惯了，不想住小区。

问：您是从村集体的角度来谋划的，这件事的好处是能腾出地来？

答：对，能腾出地来。

问：对，你们这个地方地很紧张。

答：村庄占地 800 亩，咱能弄出 300 亩来建个小区，500 亩地还能受益。

问：尤其是现在有工业园，你刚才提到不是还有 700 多亩的自己种养的地？

答：那是耕地。

问：哦，那是基本农田。空出这种宅基地可以建设？

答：宅基地是可以建设的，属于建设用地了。

问：对于村来说，这也是一件很大的事，您现在是处于想法酝酿阶段？

答：对，有这个想法，循序渐进吧。

问：基本上要做这件事了吗？

答：现在还没有开始，现在就是设想。你要是想发展村的经济，让这个村得到更大的发展，必须得外出学习，那天我上××街道一个村学习，他那个村叫××吧。他建小区了，他那个书记关系和我比较好，邀请我去看一下。我过去看了看，他是从 2002 年就不让村里自己盖房子了，不让村里建设之后，年轻的村民结婚怎么办？他就建了小区。对比之后感觉，我们村就是当年没有大规划啊，要是 2003 年整地的时候规划一下，现在就很好安排。

问：现在确实难，你现在算这笔账的话，应该投入很大吧？

答：投入很大，咱说这个，不是说抱怨谁耽误了村里发展，你看，如果当年把这个织布厂发展好，我们现在也了不得了。如果从 2003 年就开始规划小区，那个时候也了不得了。现在我们是有项目，但无处发展。

问：您现在如果想干的话，就得先拆，是这个意思吗？

答：拆不好拆，拆挺难的，还有地方。

问：还有地方？

答：还有地方，村子东边有一块地方，村西边有一块地方，完全能行。我计划着，在这两块地方发展，每一块地方都有 100 多亩，现在没有建筑，就是基本农田；这边一块吧，就是林地，栽了一些树，没有其他大型的建筑。

问：关于村集体领办企业，您怎么看待这件事？

答：很多村都想领办这个企业，但是办企业是很难的。

问：对，尤其是办集体企业很难。

答：办集体企业很难，就像扶贫项目一样。集体企业在选择项目上，小项目没有意思，大项目的风险又很大。集体企业为什么难干呢？企业经营是有风险的，个人弄，倒闭了，没话说。集体去弄呢，假设倒闭了，老百姓肯定怨天尤人，你拿着老百姓的血汗钱，垮了，老百姓肯定有意见，所以要慎重。我一直是做生意的，生意场上很复杂，有时候也很凶险，不是很好做的，有些人就是想方设法、不择手段把你手里的钱给套走。我经商那么多年，上过一些当，吃过一些亏。我给你举个小例子，证明生意场上有多复杂，我们家是做板材生意的，有次我让我儿子去收货，卖家就欺生，以次充好，看人下菜碟，各种算计。

**问**：所以说在这个村集体领办企业得慎重。

**答**：很难，还得出于公心，还有很多人看到钱，他就想抓一部分。领办村集体企业，首先得有公心，看着公家的钱，不能动心。

**问**：对，确实是，我同意书记的观点，再问您一个问题，您觉得村民现在最期待什么，或者希望村里能发生哪些变化？

**答**：他现在最想的就是孩子上学，上个好学校，想着老有所养，想着最小的投入有最大的回报。那天有一个村民，对我提出一个意见，说现在这个医疗保险涨了很多，以前10元钱，现在涨到好几百了，今年又涨钱了。

**问**：医保，个人交的多了？

**答**：有些人对医保议论纷纷，因为它每年涨。我记得，我当时开始办医保的时候是零几年，才10元钱。一口人收10元，4口人也就是40元钱。现在涨了好几百，每年都涨，今年又涨了。不是说有的农民交不起，但是就是心疼这个钱。涨了以后，有的人没有病，他又使不着（用不上）这个钱，他又不吃药打针的，使不着这个钱，他觉得心里不平衡。

**问**：还有一个小问题，咱村里有自己的学校，我看咱村离着城里也不是很远，那是不是很多孩子都舍近求远，选择到城里去上学？

**答**：也有。有些家庭条件好一些的，还会找个好点的私立学校上。

**问**：那村里学校的生源还可以？

**答**：生源还可以。

**问**：这几年考大学怎么样？

**答**：年年都有考上大学的。

**问**：咱这个村文化厚重，有文化底蕴，在教育方面，比别的村凸显出优势来了吗，以升学为例？

**答**：有点优势凸显，今年有考上山东大学的，村里人比较崇尚供孩子读书。

**问**：我看您的电话一直不断，今天可能特别忙，其实我很想跟你多聊一聊。

**答**：我也想多跟你交流，交流下村里的发展。

**问**：咱这个村很有特点。还有这么有名的祠堂，对弘扬优秀传统文化有什么做法吗？

**答**：我们比较重视传统节日，每逢传统节日，都举行各种活动，通过活动，让人们了解传统文化、喜欢传统节日。比如今年端午节我们就举办了包粽子比赛活动、村里组织的类似的活动很多。我们村每家都有家风家训，老百姓很重视。

答：每家每户都有家风家训？

问：嗯，每家都有自己的家风，每家都有自己不一样的地方。

问：哦，这个太有特点了。

答：我在这里插句话，以前有一个杜博士，要写论文。上俺村，到现在，得 20 年了，他 2002 年的时候来俺村里写论文，在俺村里住了 3 个月，走街串巷访谈，同吃同住同劳动，他对我们村的一些情况都比较了解。今年，他又来了俺村，觉得我们村发生了巨大变化，经过这 20 年的发展，乡村面貌的确发生了很大变化。

问：他现在在哪里工作？

答：他现在在青岛大学，前段时间带着他的学生过来的。

问：现在咱村除了一个×姓之外，还有别的姓吗？

答：还有别的姓，但以×姓最多，也有别的姓。

问：×姓大约占了多少？

答：×姓大约得两千五六百口人。

问：非常感谢您接受访谈，下次再专门过来调研。

答：欢迎再来，下次一定要去×祠看看。

# 乡村建设访谈十三：QYL 主任

【访谈对象】 枣庄市××市××镇××村 QYL 主任
【访谈人员】 王格芳　刘宇
【访谈时间】 2021 年 10 月 16 日
【访谈内容】

问：请先介绍下您个人的基本情况吧。

答：我是 1964 年 7 月出生，学历是大学专科。我之前是一名退役军人，来××村任职前，我在滕州市××局工作。从 2001 年 11 月来到咱们村任书记，至今整 20 年了。

问：请谈谈村两委成员的基本情况。

答：目前，我们村两委换届后，两委班子成员共 7 人，其中，党支部班子成员 5 人，村委员会成员 3 人，我个人是兼任的，两委班子中有 2 名女性。除我之外，我们村的副书记 52 岁，3 名支部委员分别是 52 岁、27 岁、66 岁；2 名村委委员，1 人是 58 岁，1 人是 55 岁。1 人大学毕业，1 人高中毕业，4 人初中毕业。整体上看，两委班子结构比较好，有年轻的，也有女同志，我感觉在商量工作和决策上，能考虑得更全面。

问：这几年村里都发生了哪些变化？

答：这几年，在党委政府的领导、关心和支持下，特别是从 2018 年到现在，道路硬化加铺设沥青总共 31000 多平方米，全村硬化、绿化、亮化全覆盖。全村天然气都用上了，也都解决了取暖问题。取暖是用电取暖，上面给的补贴。水接入的是城市管网水，我们村的厕所全部改造完成，污水、雨水是分流的，晚上的亮化做得也是比较好的。这几年的变化老百姓还是比较认可的，从这次全省创建和谐社区来看，我们村在群众满

164

意度上排在全省第三名。

问：这个排名是什么时候的？

答：就是最近的。

问：目前村的人口状况如何？

答：现在全村共有 406 户，村民 1774 人，党员 48 名，其中正式党员 46 名，预备党员 2 名。目前村里外出务工的几乎没有，留守儿童也几乎没有。

问：为什么会出现这种情况呢？

答：因为我们村西部有一个工业园区，占地接近 300 亩，我们把这块地盘活用起来了，年轻的基本都在西部工业园打工。东部我们想打造一个集观光休闲采摘于一体的生态园，上了年纪的（老年人）在这个地方力所能及地干点活。我们是想尽一切办法，家里能出一个劳动力就出一个，哪怕六七十岁了，我也动员他们去干活。因为农村和城市不同，城市有健身房、老年公寓这些地方，在农村，这些老人如果一天能挣 50 元钱、60 元钱，一个月就是 1000 多元钱，基本就能解决他个人和家庭的开支了，起码不用伸手向子女要钱，还能给孙子买点东西，有利于家庭和睦、村庄和谐，也有利于他们身心健康。为什么我们村庄满意度能排在第三名，我感觉这也是其中的重要原因。再就是，我们村还实行了股份制，让村民入股分红。每年的合作医疗缴费，都是个人缴一半，村里给拿一半。

问：合作医疗村民每人要交多少钱？

答：每人每年交 280 元。

问：目前咱们村的经济状况怎么样？

答：目前整个村的经济状况比较好，400 来户，光小轿车就 600 多辆。村两委也是想尽办法帮助村民解决做生意缺资金、要贷款的问题。村民拿着手机不到 5 分钟，就能从农商银行贷款 5 万元，两口子加在一起就能贷款 10 万元，做个生意完全够了。

问：咱们村的集体收入和工业园的发展情况怎样？

答：2001 年我刚担任这个村的支部书记时，村里有欠款 36 万元，我用 5 年的时间基本还清了债务，每年以 20% 的比例还，从 2008 年开始没有负债了。我们村现在的集体收入突破了 100 万元，收入主要来源于三大块：一是股份合作社；二是土地租赁；三是给企业进行劳务性输入，这三部分加起来，去年收入就突破了 100 多万元。我们争取在 2022 年集体收入突破 120 万元。

问：现在全村土地情况怎样？

答：全村土地一共 800 亩，人均半亩地，村里的土地已经全部流转，流转后种了一些应雪黄梨，从前期情况看不是太理想，自去年我们村成立合作社接手后，这段时间看还是比较好的。目前村东部正在施工，想打造一个观光休闲采摘于一体的农业示范园。我们东部还有一个上市的养猪场，是××集团下面的，目前每年的出栏量在 5 万头。土地流转后，村民都受益了。这个养猪场现在又给新划了 30 亩地，在扩大规模，扩大后的年出栏量能够达到 10 万头。

问：养猪场的运作也是集体经济吗？

答：养猪场属于民营企业，租我们村的地，给我们交租金，现在每年租金不到 6 万元。我们实际看重的是养猪场产生的粪便，正好可以就近用来作为农业示范园的有机肥料，可以给蔬菜、水果大棚施肥，准备弄成 4 个大棚。

问：围绕乡村振兴，咱们村主要做了哪些工作？成效和经验是什么？

答：从我任书记后，想尽一切办法解决村民的就业问题，让村民有活干。需要扶贫的对象、低保户，像这些人，给他们羊、鸡、猪这样的实物都不能从根本上解决问题。有的村民刚开始也不想去干活，有抵触情绪，但动员后去干了，慢慢就转变想法了，很高兴了，能够实现在家门口就业。就像我们乡镇党委书记给我们村总结的："村西工业园，村中美丽乡村，村东生态农业示范园；村庄户户住楼房，家家有汽车，年年有补贴，门口能就业。"

问：现在这个年年有补贴是个什么水平？

答：村集体每年拿出收入的 50% 补贴给村民，从基本医疗保险、自来水费、卫生费、治安双保到小麦、玉米保险，这些地方都有补贴，对困难家庭、五保对象还有倾斜。目前，合作医疗，每年村里给每人补贴 140 元；吃的水，村里每方补贴 1 元多，每户只收 1 元钱每方，收这 1 元钱也主要是考虑防止浪费；卫生费这些也都是村里承担。2017 年 5 月份，我们还成立了全市第一家置业股份合作社，这个合作社是村民拿现金入股盖钢结构，每人交 500 元入股，每年分红 100 元，入股的当年就分红了。

**问**：所有的村民都入股了吗？

**答**：没有，入股的有 840 多人。

**问**：入股有什么要求吗？

**答**：我们村入股的人数是以 2002 年土地调整时的人员为准。为什么以那个数字为准呢？这里面还涉及另一个事：1998 年国家第二轮调整土地，那时我们村比较乱，土地调不下去，全市唯一没调成的就是我们村。2001 年我接手以后接着调地，从那时开始村里开始产生了民主管理、民主决策、民主监督，用这个手段调整土地，我这里有当时每家每户签订的意见、签名这些原始资料，这个方案老百姓最后都同意了。当时我们对村里 400 多户全部征求调地的意见，从那时调整完土地后，村里没再乱，这也算是村里由乱到治的一个转折点吧。

**问**：调整完土地后，大概有多少村民能有机会参与你说到的置业股份合作社？

**答**：土地调整后，使用权是 30 年不变。只有当时调完地后，占了这个地的人能参与入股。再就是户口当时在村里的，2002 年当时村里共有 1486 人。入股的条件是既要考虑土地的情况，还要考虑户籍，因为老百姓问起来谁有资格入股，咱回复要合理合法。

**在场干部**：2002 年界定的集体经济组织成员，只要有这个身份的，就能参与这次的入股。一个人交 500 元就算是一股，当年年底就返了 100 元的分红，随后连着 4 年每年都返 100 元，入股的村民已经把本金收回来了，5 年后的分红收入就是个人的纯收入了，只要这个厂子在，就能给老百姓带来源源不断的收入。

**答**：从这个事上我尝到了民主决策、民主管理、民主监督的甜头。前段时间，从北京到福州的高速公路占地，一共补偿了村里 80 多万元，我开了村民代表会，拿出方案给大家讨论、表决，钱分到每家每户，还是用于集体经济发展，村里开会以无记名投票的方式进行表决，当时参会的是 68 人，没有一个人在分到每家每户上画"√"，都是在用于集体经济发展上画"√"，这一点很让我感动，也受到启发：给老百姓办事，只要说清楚、道明白，就能赢得老百姓的理解和支持。

**在场干部**：老百姓现在很相信咱们村两委。

**问**：村里有没有村规民约？

答：这一点我也感触很深，管理一个村，我觉得还得用制度来管。

问：咱村的村规民约已经形成几稿了？

答：我们根据情况的变化和发展，随时对内容进行修订完善，添加一些最新的。现在拿出来的是最新一版，一共有 13 章。咱看到的这个征求意见稿是村里的会计手写的，画红线的地方都是修改的。今年，我带村两委到烟台××学习考察，××开始发展的时候，正是我们村当年比较乱的时候，各级纪委到村里查账，根本没有精力搞发展了。

在场干部：1998 年前，××村是最早一批村里办企业的，当时的××化工厂很风光，1990 年就是××市政府评的"工业产值第一村"，化工部授予"全国乡镇化工百强企业"，这个村在那时很辉煌，村民都住上了二层小楼，也是村里统一建的。村里是 1998 年开始乱的。

问：为什么从原先发展得很好到后来又乱了呢？

答：当时市纪委、镇纪委都在这里查，最后没处理任何一名干部，老百姓那时也有点疑惑，感觉是不是存在官官相护，后来发现不是这么回事，之前的干部自身还是干净的，也没贪、也没占。后来我和老干部们一块开座谈会时，我悟出了一个道理，我说当时你们就错在不公开、不透明、不民主，缺乏这三样，村里的事没让村民参与，失去了老百姓的信任。

问：具体是怎么做的？

答：我们从 2002 年开始搞村务公开，按照规定，村务监督委员会应该是 3—5 人，我们设了 9 人，每月 28 号雷打不动对全村的收支、村务工作情况进行全方面监督。村务监督委员会的换届和村委会换届是一致的，也是村民们一票票选出来的，这 9 人是村民代表第一次会议选出的，他们告诉村民，每笔账目、收支情况他们都看。可以这样讲，他们给村民说的情况，说一句顶得上干部说十句。还有一点，之前为啥党员会开不起来，现在能开起来了？我就是想尽办法让党员参政议政，村里的事都给党员汇报交流。比如天然气安装，能安还是不能安，方案拿出来后，我让党员议论，让党员在群众中有一种自豪感，党员可能在外面打工一天能挣 200 元钱，但他不去挣，觉得不如参与到村务管理中更体面。每次开会 40 多人，基本都能达到 90%—95% 的参会率，都有签到，如果几次不来就问为啥不来，这样呢，还能调动党员的积极性。我举个例子，2018 年村里一共拆了 14 家的 28 间房子，村里没钱补贴，这些房子都是当时抢占，是违规建的，其中有一个村民和我吵，党员就站出来质问这个人，你是抢占的，书记让你拆是对的。后来没用一个月就拆除了，没闹出其他矛盾，而且是在村里没有任何钱补偿、自己拆的情况下完成的，主要就是靠干部腿、党员嘴给这些人做工作。拆了这些房子后，我们建设美丽村容村貌，假山、喷泉、水车，给老百姓有个娱乐、休闲的地方，大家看到后也感觉心情舒畅。

**问：** 现在咱们看到的假山、喷泉这个地方，之前是违规建筑？

**答：** 对，整个这条路原来都是违规建的，本身就是个别村民抢占的，理所当然要拆，拆除后对这片区域重新进行了规划和建设。

**问：** 这些房子是不也很多年了？

**答：** 是，都有 20—30 年了。通过这个事，村里的村风民风越来越好，起到了一定的约束作用。今年换届前，说实话，我心里也担心，拆除涉及 14 户的房子，我猜测肯定对我个人的威信有影响，毕竟牵扯个人利益。我没想到今年换届，党员投票我是全票，不管是预选还是正选，我都是全票的；群众代表到会投票的 1350 多人，我达到 1300 多票，我也没去拉选票，从这点上也解开了我心中的疙瘩，说明拆除违章建筑这个事老百姓还是理解的。

**问：** 拆除这个事涉及党员吗？

**答：** 有党员，党员带头先拆。从这点上，我认为只要一心一意为老百姓服务，老百姓心里是有杆秤的。

**在场干部：** 在今年换届之前，QYL 书记担任村支部书记。今年换届后，省里要求提高村干部"一肩挑"的比例，QYL 书记今年也顺利地当选村支部书记和村委会主任，说明 QYL 书记的威信很高，老百姓也是很支持他。

**答：** 书记当时找我谈的时候，我心里也有点困惑，我心想拆房子、搞环境整治，还有处理一些问题，能不得罪人吗？肯定会得罪人，但从今年选举这个事上，我感觉村民还是很理解的，也解了我的心结。

**在场干部：** 这还是说明一个民风，当时村民可能有点不理解，嘴上吵几句，但随后想想还是能明白这是为了大家在做事。村干部能做到一身正气，就能以理服人，以工作服人，老百姓还是拥护的。

**问：** 村里"能人"的基本情况是怎样的？

答：对于村里的"能人"，能够达到党员标准的，我想尽一切办法纳新。这些年，村里新建的喷泉、水车，包括党建灯塔广场，这些公共设施，村里都没有投资，都是村里的"能人"、爱心人士、一些单位过来投的资。我们村里有个年轻人，他捐建的水车、假山，他是在外面创业当老板，回来给村里投资。

问：捐建这些设施，这位年轻人投资了多少？

答：7万多元。这个人也是近三年我们村里新发展的党员。

在场干部：村子发展到今天，凝聚力越来越强。

问：这几个捐建的人在外面干什么？

答：有的在××工业园经营企业，有的搞建筑，也有的做生意。

在场干部：今年××村被评为全国文明村，山东省民政厅评选××村为"全省和谐社区示范单位"，××市就三个村，××村是其中之一，包括前段时间的满意度调查，我们排全省第三。

答：当时这个满意度调查我事先也不知道，没给任何村民提前说过，这个结果也是真实情况的反映。

在场干部：每个月28号是村里的主题党日，包括开展活动、民主理财，这个雷打不动坚持了20年，就是让村民来看。××村的档案是管理保存得最好的。另外，像××村形成的"阳光议事七步法"，这是QYL书记正儿八经的原创，现在在我们镇30多个村也在推广，都向××村学习。

问：请谈谈"阳光议事七步法"具体是哪些内容？

答：在我刚接过来的时候，××村比较乱，党员不参加会议，喊也喊不来，研究什么问题根本研究不下去，更谈不上执行了。在这种情况下，我们根据"四议两公开"，再加上向上级党委、政府汇报，就形成了这个工作法，"阳光议事七步法"这个名称是我们镇书记给总结的。

问：这个"阳光议事七步法"都有哪些步骤？

答：说起来感觉挺复杂，实际做起来主要包括这些，从我刚才举的例子里就包含了。第一步是村支部提议，第二步是村两委商议，第三步报镇党委政府审核，镇党委政府审核通过后，进入第四步村党员大会审议，第五步是村民议事会决议，之后是第六步决议和实施过程公开，最后是第七步实施结果公开，实际上就是"大家的事情大家议，大家的事情大家办"。

在场干部：如果涉及的事项比较大，时间比较长，我们每月开党员、村民会议时，会告诉村民进展到什么阶段了，会进行通报。比如天然气通户，怎么签的协议，通了多少家，这个事涉及的过程就比较长，如果不及时给村民说，就会有村民产生疑问，为什么这条街通气了，另一条街没通，我们就会给村民进行解释，把实施安排告诉大家，一是让各户按要求留门，方便安装；二是不让村民们心里打鼓，消除这样的顾虑。

**答：** 像刚才说的这个天然气进户的事，我们要先拿方案，把投资、用工这些事给领导汇报完后，村务监督员中出 2 名代表，全程对工程的进料、收货情况进行监督，资金来源、货物、修多少平方这些事项都受他们监督，这就让老百姓心里很敞亮。我干了 20 年村书记，还真没和老百姓真正红过脸，顶多吵两句，过去就过去了。我们把干的工作、项目都公开了，村务公开栏的事项每个月都公开，28 号审完账后，村务监督员的 9 人都签字，随后统一张贴到公开栏上，什么工程、进展到什么样，都写得很清楚。

**问：** 这种方法持续多长时间了？

**答：** 这 20 年村里但凡遇到大事，都是拿出方案后，召开党员会、村民代表会，以无记名投票的方式来表决。我们有黑板，专门唱票，同意还是不同意，同意的画"√"，不同意的画"×"，亮出村民的意见；如果大家都同意，或者 80% 赞成，我们就按照村民的意见执行。这样做，在具体干的过程中就没有什么阻力了，老百姓也认可这种模式。目前村民代表是 33 人，老百姓对当选村民代表很在意，都希望能当选。我们每次选举完后，召开的第一次村民代表会议，第一项就是修改村规民约，包括村里的环境整治、红白喜事，这些内容都在村规民约里有规定；再就是选村务监督员。

**问：** 村务监督员也是由村民代表选吗？

**答：** 对，也是村民代表单独选出来的。我们村的老会计就是村务监督员，他被评为"优秀共产党员"的时候，在现场讲了一句话，他说"管理账目的这 20 年，雷打不动地审账"，就算他的家人去世，工作耽误了 3 天，随后也接着补上，他给村务监督员剩下的 8 个人发通知，晚 3 天来审账。

**问：** 您和村两委班子成员的任职补贴是多少？

**答：** 我目前拿的工资是每月 4281 元，在××市村支部书记这一级，是工资最高的。班子成员的工资收入是这样：会计拿我工资的 70%，其他人员拿我工资的 50%。

**在场干部：**目前村里的补贴发放按照 4 级责任人，书记和主任 1 个人，是一级；原来的主任有的转化为了副主任或副书记，或者其他两委成员，这是一级；村委委员或支部委员，这是一级；还有一级是计生专职（专职计划生育）。村书记的工资按两部分构成：基本工资和绩效，基本工资按照村的人口来，绩效按村级发展的等次，分为一二三等。

**问：**绩效是什么标准，怎么划分的？

**在场干部：**绩效工资按照村工作情况，一类村是 2300 元，二类村是 1800 元，三类村是 900 元。像 QYL 书记是按照专业化管理拿工资，他每个月 4281 元是最高的，已经包含绩效工资了。其他村干部的工资是这样，如果村人口在 3000—4999 人，属于大村，基本工资是 1600 元；1000—2999 人属于中村，基本工资是 1400 元；1000 人以下的属于小村，基本工资是 1200 元。这个标准是市里确定的。

**问：**如果是大村，又是一类村，村书记的工资能拿到多少？

**答：**每月能拿到 3900 元。目前两委成员，只有 4 个人能拿上面介绍的这种工资，其他人员的收入以村书记的收入为基数，原来的村主任换届后转换为副书记或副主任，他拿现任村书记的 70%，然后剩下的两位成员，拿村书记的 50%。这个工资的提高是上级关心的结果，最早我干村书记的时候，工资就是 200 元，近些年特别是这五年增长得很明显。

**在场干部：**××的村干部工资，这几年每年都在涨，目前枣庄市组织部定的政策是鼓励发展集体经济，到年底集体经济增长部分的 20% 可以拿出来奖励给村干部，这是名正言顺给的奖励。

**问：**咱的村民代表、村务监督员，包括两委其他成员有补贴吗？

**答：**有。我和会计、专职主任都不拿补贴了，其他人是每个月 500 元，这是村两委成员的，从集体经济中开支；村务监督员按天结算，一天 20 元，干半天 10 元，也从集体经济中开支。

**问：**村里的红白喜事现在是什么状况？

**答：**红白喜事在我们村的村规民约中都有规定。以前有大操大办，我查了一下，2006 年的村规民约，订的标准都比现在的要高。

**问：**当时大概是什么标准？

**答**：当时一办红白事，差不多就是一个庄子（整个村里的人都参加）或者半个庄子（村里一半的人都参加），因为××村 80% 都是姓 Q 的，这就很厉害了。实际上，限制红白喜事大操大办，难点主要在于谁都不想开这个头，如果是从党员干部身上开头，带头也好带，群众也支持。最早的时候我母亲去世，我就用骨灰盒，很简单，其他村民一看都傻眼了。从那以后开始限制了，叫他们大办也不办了，基本都是叫着家里人、亲弟兄，摆上几桌。现在白事不超过 20 桌，主要看到哪一服，以前是到"五服"（"五服"也就是五辈人，往上推五代，从高祖开始，高祖、曾祖、祖父、父、自己，凡是血缘关系在这五代之内的都是亲戚，即同出一个高祖的人都是亲戚，从高祖到自己是五代，就是"五服"），现在是到"三服"（"三服"就是三辈人，从祖父到自己是三代，就是"三服"）。

**在场干部**：红白喜事规定的调整，给主家减少了很大开销，老百姓减轻了负担。

**答**：像我们村过去还有一个风俗，白事必须要到场，基本这一家人十来天什么活都干不了，去了以后就得管饭，有的要吃 3 顿饭。

**问**：现在白事一般是几天？

**答**：一般就是 3 天，最多也不超过 5 天。

**问**：现在大致是到什么范围的人参加？

**答**：现在就是到"三服"，基本就是 30—40 人，一般也就是 3—4 桌，原来像这种事，还要找喇叭、跳舞、唱歌这些人，16 个人抬棺材，现在都没有了，都是骨灰盒，个人张罗个人的墓。

**问**：有专门办红白喜事的人吗？

**答**：有。村里有红白理事会，目前是 5 个工作人员，有专门提供的场地，很漂亮。限制桌数和人数，费用肯定少了。开村民大会的时候，我就给大家说，我家里办事都是这样，你们还大操大办吗？

**问**：咱现在结婚，办喜事是什么情况？

**答**：喜事现在规定婚车 6 辆以内，桌数不超过 15 桌，每桌不超过 400元；酒每桌 2 瓶，每瓶不超过 30 元；烟每桌 4 盒，每盒不超过 20 元，都有规定。

**在场干部**：我们镇上对下面的村都有要求，必须在村规民约中加入红白喜事的规定，给村民提供一个遵循，这是关系村民的一件大事。另外，像是团委、妇联这些群团组织，也都要建起来。

问：团委村里面有几人？

答：团委是 3 人，村里团委换届开的观摩会，枣庄市团委书记亲自来参加的，几个小青年上台演讲，我感觉说得都比我好。再就是这几年发展党员我也很有感触，特别是今年"七一"唱红歌时，组织党员唱红歌，用村民给提供的小白褂头，正好结合建党 100 周年，举办了一个光荣在党 50 年的颁发仪式。怕他们记不住歌词，还提前准备了提词器，结果头一天他们自发组织练歌，反复唱《没有共产党就没有新中国》，第二天音乐一响，我还想给大家用提词器提醒下，大家说不用了，我们都提前练好了，全都统一穿的小白褂头，很精神，在这里唱得很好，气氛一下子就出来了。

问：这两年发展党员是什么情况？

答：每年都有，今年新发展了 2 名。

问：申请入党的人多吗？

答：申请入党的人不少。

问：现在这些人都积极地入党，包括党员也觉得很自豪，积极参加组织活动，动力来自哪里？

答：我觉得动力来自党员会开得频繁，特别是正能量发挥得好。我刚才说了，党员在群众中能显出党员的身份、党员的作用，在一些大事上，党员和村民代表一样，都让党员来参与。年轻人一说想入党，他们的父母都说这是好事，非常支持，家庭支持、社会认可，这些都是他们积极入党的动力。

在场干部：党员觉得到了这个平台，有了这个身份，能发挥作用，参与权、知情权、决策权都能有保障。今年"七一"建党 100 周年的时候，我们村 5 名党员还手写感言，这些都是具体的实例。

问：您感觉现在村两委有什么工作压力吗？

答：有，说实话，不光有，还感觉特别大。如果想干好党支部书记，压力就大，如果是凑合干这 5 年，那压力就不太大。像刚才说的乡村振兴，想让我们村在全市有些地方领先，那肯定得想尽一切办法。现在办集体企业需要资金、人才，这些我们都没有，再就是必须得找对口的产业，我刚才说的村东部的梨园，想打造集观光采摘于一体的生态园，我的目的不是挣多少钱，而是想让六七十岁乃至 80 岁的这部分村民能有活干，干些力所能及的活儿，就像城市里的老人锻炼身体一样，有收入也能身体健康，让他们过得幸福。

**在场干部**：村里面的支部书记，像 QYL 书记说的，要是真想干好，确实有压力，一方面是自己产生的；另一方面从镇党委政府这个层级对他们也有要求。目前乡镇的工作也是点多量大，大的有乡村振兴、集体经济、农村的人居环境整治，这些都抓得比较紧、比较实，像传统的"三秋三夏""秸秆禁烧"，这些具体工作压力都很大，都要靠村书记来落实。最典型的例子是疫情防控，疫苗接种今年是个很繁重的活，包括去年疫情防控中村里进行封闭管理，这些都是实实在在的，方式、内容和此前都不一样，有一些新变化、新要求。

**问**：村里的疫情防控工作是怎样开展的？

**答**：疫情防控落脚在网格化管理上。我们这儿目前有 7 个网格（村里 6 个，工业园区 1 个），网格员对每家每户的情况都比较了解，谁家来人了、出去了，孩子在哪儿上学，家里人在哪里打工，因为他们吃住都在这里。现在村里是 1 个大网格，再画 2 级网格，两条街就是一个 2 级网格，每个网格有 1 个网格长，确定合理的户数、人数。

**问**：两条街大约有多少户？

**答**：100 多户。目前我们村还实行了一个"党员联系户"，把所有的党员都明确出来，家在哪里，党员和谁联系，建立起党员户和普通户的关系，形成"党支部—网格—党员示范户"这样的三级层次。各项事务都有党员参与，由党员牵头组织，有一个主人翁的意识，这也是那些还没入党的村民想入党的一个原因。

**在场干部**：争一面红旗不容易，保一面红旗更不容易。××村在滕州市，村务管理、村集体经济发展等方面，都是名列前茅的，各级领导也比较关注，对 Q 书记的宣传，树这个典型也做得比较好，大家都有荣誉感，既是一种社会的承认，也在给年轻人树这样的导向，年轻人也是找这个榜样，有榜样的力量。

**问**：您对共同富裕是怎么理解的？

**答**：我觉得富裕不仅体现在经济上，还有精神上的。从我自身的角度，我感觉整个村民的满意度还是比较高的，我走到村庄里，大家都主动和我打招呼，不是怕我，而是尊重，能够感觉到大家是发自内心的。入户去看的话，老百姓都收拾得很干净，厨房、卫生间的卫生情况一眼就能看出来，跟咱以往设想的不一样。我们村所有的旱厕都改造了，污水和雨水都是分流的，还获得了全省的卫生村（称号）。当时上面来检查的时候正好是夏天，我就说我们村里没有扯蚊帐的，到村里的哪一户都没有，这也能体现村风和村民素质。

**在场干部：**××市委书记××新上任后，调研乡村振兴的第一站就是××村，在全年召开的工作会议上，就给大家举××村的例子，说我们要多打造像××这样的村，如果我们的村庄都能达到××村的水平，那乡村振兴就实现了。

**问：**您觉得书记、主任"一肩挑"后，咱们村两委工作有什么变化吗？

**答：**我觉得好处是在决策上能避免过多的争执，对自我管理和要求严的书记，那是好事；对自律、自我约束能力差、独断专行的干部来说，感觉自己能当家，权力越大，有时容易产生一些问题。

**在场干部：**"一肩挑"之后，实际有利于工作开展。目前对村干部的教育、培养和引导都很重视，支部书记这支队伍的素质也在逐步提升，只要领头羊素质能力上来了，就能朝着好的方向发展，也能减少原来村主任对一些工作的干扰，或者是决策上的内耗。实际只要发挥好村务监督委员会的作用，就没必要太担心没有人去监督和相互制衡的问题。

**答：**目前我们村的制度是比较健全的，村里的会计就负责研究这些制度，小组长、网格员、会计的职责都是明确的。我觉得××村的发展，就是靠制度管理，用制度管人。用人去管是靠不住的，要用制度来奖惩，按制度对违反规定的该扣的扣，该罚的罚，大家都能认可、服气。我们每个月的15日、28日准时开例会，如果和镇上的例会重叠，就推迟一天，但从来没间断。每次会议记录都保存得很好，一直坚持了20年，在一楼档案室有一个完整的大橱子用来存放。

**在场干部：**村里走出去的人也很多，包括年轻的，也有在国外留学的，像××村年轻的回来后也对村里的发展变化感到很惊讶，评价很高。

**答：**××市有个"四朵金花"，一家四个闺女，一个在美国哈佛，一个在英国的大学，一个是中国人民大学的教授，一个是上海复旦大学的教授。大闺女和二闺女，疫情前过年的时候回来了，小的时候在××长大的，后来上的××二中，对村里五六十岁的老人都认识。回来后每家每户看看，再就是看看村庄的环境卫生，感觉很震撼。她们就对兄弟姐妹说了，咱们××村不次于外国，我们村不存在空心村的问题，有的也在市里有房子，但村里的环境更吸引他们，有的搬走一两个月又回来了，所以我们的420多户，一户不落。大家喜欢这里，因为家里有小菜园，环境好，放车方便，离城区近，交通也方便。

问：日常生活用品的采购方便吗？

答：方便，村里有超市。

问：村里人看病是什么情况？

答：看病现在有农村合作医疗。村里的卫生室也有专职的村医，24小时都在村里。村医是镇卫生院统一管理，给他们开支的。

问：村民现在医疗报销是什么情况？

答：村民加入的合作医疗，买药、看病都按规定报销，去××的医院住院的话能报50%，在乡镇医院住院报销基本能达到100%。小病可以在村里的卫生室、镇卫生院看。

在场干部：现在乡镇卫生院的医疗水平、设备设施也有不小的提高，基本检查像彩超、CT、心电图、抽血检验都能做。××镇的卫生院还是一个眼科专科医院，眼科看得很好，做白内障手术在××地区也很有名。

问：咱们村里有学校吗？

答：学校目前村里暂时还没有。

问：咱这边离着上学的地方多远？

答：村里距城边的学校1—2公里。

问：您心目中理想的乡村振兴是什么样的？

答：我心中的乡村振兴，是通过自身的工作，真心为老百姓服务，能让村民的钱包更鼓，把西部的工业园区弄得更规范，村庄更整洁，能给村里的大龄青年解决住房问题。在工业园的建设上，淘汰一些不好的企业，争取招商引资一些有利于环保、经济效益好的企业入园，把村庄打造得更靓丽。东部打造一个观光休闲采摘于一体的，白天有活干，晚上有地方休闲。我给自己定的目标是，集体收入突破200万元，村民个人突破3万元，让群众的幸福指数步步高。我是这样想的，也在往这个目标上去奔，这就是我给自己定的目标，也是我心目中的乡村振兴。

**问**：村里的工业园区目前有外地人打工吗？

**答**：工业园区目前有 1200 多名工人，外地的很多，济南、青岛及省内各地的都有。企业主要以机械制造为主，原来有××化工厂，在（20世纪）90 年代因为管理、转型不太好，化工厂不办后，村里把原来留下的工业用地盘活，又招商引资引进了一些企业，成了一个工业园区。

**问**：村民最期待的有哪些事情？

**答**：我觉得是富裕、安全、和谐和更好的环境。扫黑除恶后，村霸、地痞都没有了，这三年老百姓真是竖大拇指，村民的安全感越来越好。

**在场干部**：村干部越能和老百姓打成一片，村民的幸福感越强，像QYL 书记天天在村里，一心扑在村子的工作上，老百姓和他打招呼也很热情，自然幸福指数就上去了。

**答**：还是得真心为老百姓服务。我举个例子，我们村有一家两个男的因病死了，撇下老婆和两个孩子，欠××信用社 5 万元，信用社就起诉她了，还不上就找 3 个担保人，担保人就来找。这一家没来找我，是我主动去的，我跟这 3 个担保人说，又跑到银行写证明，说清楚什么情况，目前法院撤诉了，银行说利息也不要了，本金呢多方来凑，我本人拿一部分，银行干部捐一点，让她本人再凑一部分。办实实在在的事，村民就很认可。还有一个事，有一个 Q 家的婆婆和儿媳妇过不到一块，其中一方喝农药死了，后来又闹，这事找到我了，我去了后给他们垫钱，找人调解，我又自己添了 1 万多元，给解决了，这一家人很感激。光嘴上说为村民服务，没有行动是不行的，只有真用心给老百姓办事，他们才能发自内心地认可你。

**在场干部**：村干部主动给老百姓操心，当他们的主心骨。

**问**：您感觉目前村民最担心的是什么？

**答**：上学存在现实困难，两个村庄，××村 2300 多人，××村 1700多人，一共是 4000 多人，孩子们上学，如果正常都在本地小学报名的话，最少也得有两个班的学生，但实际的情况是，今年招生两个村一共就招了 5 个孩子，去年招了 6 个，还有 1 个没学籍的。在这上学的孩子基本上都是家庭条件相对差的群体，但凡有点本事的都去市里上学了，师资和教学质量也很难保障，这一块越来越成为问题。

**在场干部**：这边的党总支下面是 4 个村，市里教育局也有统筹，农村学校的老师也不一定就差，但老百姓心理上还是觉得城里的学校好，再就是××村的村民家里的条件好一些，离城区也比较近，更愿意到市里去上学。实际上村里的孩子到市里上学难度很大，得托关系，还得花钱，但有这个条件，他们还是想千方百计去市里上学。

# 乡村建设访谈十四：ZSJ 主任

【访谈对象】 枣庄××市××镇××村 ZSJ 主任
【访谈时间】 2021 年 10 月 17 日
【访谈人员】 王格芳　孙丽
【访谈内容】

问：您是哪一年生人呢？

答：我年龄不小了，68 年生人，也 54 岁了。

问：讲一下您的工作经历吧。

答：我以前的时候是自己干工程的，在一些村里修路，收入能多一些，后来在泰安农业大学修的专科。2010 年 11 月加入中国共产党，2011 年 10 月任××村的党支部书记，2021 年在村"两委"换届中全票当选××村党支部书记和村委会主任。每一次的选举换届，我都是全票当选的。

问：您任村支部书记，工资补贴大约多少呢？

答：一年 4 万元钱到 5 万元钱吧，一个月 4281 元，都是按照××市专业化管理层次，也就是村支部书记这一级的最高工资发的。

问：目前村两委的情况是什么样的呢？

答：俺村里的两委成员就是书记、会计、妇女主任共 3 人。会计今年 58 岁，干的年数长了，年龄也大了。妇女主任年轻，今年 34 岁。会计学历是高中，妇女主任的学历是初中。

问：会计和妇女主任的工资是多少呢？

答：会计工资是我工资的 70%，妇女主任的工资是我工资的 50%。

问：咱们村庄这些年发生了哪些变化？

**答**：发生的变化确确实实太大了，以前的时候连路都没有，骑车子都乱碰。我来当了支部书记之后先修路，通过测量来确定路的宽度多少，雨污分流，雨水和污水走排水管道，村里用的沼气、光缆线、电都是走的地线。您们来也都看到了，俺村里是没有电线杆的，因为俺村的电线是走的地线，都在地底下了。村里出资金，得叫老百姓受益，要不然谁听咱这一套呀，让老百姓受益了，咱干事的时候，老百姓就没有意见了。俺村新建"四好"（建好、管好、护好、运营好）路 3 公里。俺村首先在全镇实现"户户通"，实现水、电、通信、有线电视、道路、路灯等"四通、一平、一亮"，优化、绿化、美化群众生活居住环境和村容村貌。村里修建健身广场 2000 余平方米，各类健身器材一应俱全，投资 10 万元新建了公共厕所 1 座，投资 30 万元建设 2000 平方米的儿童娱乐场 1 处，建有冲浪浴、游泳池、滑滑梯等各类儿童娱乐设施等。主要是得跟现代化接轨，要不然不好发展旅游采摘。对村内空中电线线路进行改造，全部改成地埋式电缆，线路改造的时候预留了天然气等线路。先后投资 300 余万元，按照省级旅游村庄的标准对村进行打造提升，村内环境更干净了，也更整洁了，老百姓吃了晚饭都愿意出来玩了。以前的时候不行，出来走全是泥，下雨下雪的时候更不用说了，直接没法走。

**问**：平时村里的这些公共设施谁来维护呢？

**答**：村里统一管理，老百姓自觉维护。将农村系统治理纳入村规民约，真正发挥老百姓的自我约束、自我管理、自我提高作用，要让广大的老百姓自觉投入到乡村建设中去。在平时的管理中，运用公共设施责任制，实行党员干部、村民代表包片包点模式，由党员干部和村民代表定期对全村卫生状况和公共服务设施运行情况进行检查，老百姓参与乡村建设的自觉性和主动性也不断提高。把大家伙儿的力量都用起来，不能让人闲着，闲着就闹事，有事情干、有事情忙也有助于和谐。

**问**：咱们在乡村振兴方面做了哪些工作呢？

**答**：俺 2011 年一开始担任村书记的时候，给村里的道路两边都种上绿化树了，还栽的银杏树呢。俺都寻思着，银杏树好看呀，叶子黄了的时候那个美呀，结果到了第二年很多银杏树都死了，而且绿化树日常的维护费用挺贵，还得修剪，还要扫落叶，打扫卫生的各种开支，这些杂七杂八的加起来也是不少钱了。一看这样不行呀，光花钱还不实用，不能这么干了。后来俺认为得出去考察看看，得有实践呀，不实践就没有发言权呀，俺决定得干产业，种花种草就是浪费。2012年7月份，俺就号召一户出一个代表一起出去考察，去了很多地方了，寿光、梁山、大泽山等。咱不懂咱就得出去看呀，去看看人家是怎么发展的，得多跟着外面的学学呀，这样咱才能发展好呀。

问：外出的费用是怎么处理的呢？

答：都是俺自己垫钱出去，村里那时候没有钱呀，带领大家出去看看肯定就得我自己出钱呀。俺刚到村里的第一件事情就是，个人先拿出70万元钱，给村里修路，俺那些年干点小工程，有点积蓄，以前俺又是干修路的，很多事俺都明白，所以就先给村里修路，给老百姓干点实事，这样老百姓才能服咱。

问：您给村里的修路投资花费70万元是在哪一年？

答：2012年9月修完的，都修的水泥路。我为什么修水泥路呢？是为了能节省土地，要是不修水泥路，村里的土地这里有个坑，那里多个沿的，土地都利用不起来。俺修路的时候，把硬化直接修到老百姓的家门口，就是老百姓的大门沿子下头，这样防止老百姓一看修路了，就开始纷纷用铁锨把沥青都铲到自个儿门口。把路修到老百姓家门口，大家就不用再鼓捣那一套了。施工材料需要的多出来的钱，俺再给施工队，反正就是要求一定先把路修得好好的，让老百姓满意了。

问：您自己出钱的话，家庭成员会有其他意见吗？

答：当然有意见，意见大得很。俺家里妻子和俺儿媳妇可反对俺了，说俺逞能。但是，一些东西不建设不行呀，想发展就得投资搞建设呀。

问：修的沥青路是什么时候升级的？

答：2020年升级的，村集体投资，花了87万元，享受国家政策70多万元，扣去享受的国家政策，村里只花了10来万元。

问：有外面的人员捐助吗？

答：去年修"四好"农村路，有人捐款5万元钱。

问：您通过去各地学习考察有哪些收获啊？对您建设乡村有哪些启发呢？

答：出去看看，启发大了，收获很多呀。俺出去看看，回来后觉得可以发展产业经济，就决定种葡萄。后来我通过总结带领党员群众到青岛、滨州、烟台和周边乡镇、村等地考察学习的经验，根据俺村耕地少、居住相对集中的特点，研究提出了利用边角地、四旁地种植经济作物，形成了发展庭院经济的路子。

**问**：怎么干的？

**答**：我也是边干边学习，干上这一块了，就得好好弄呀。我了解到设施葡萄结果早、上市早、产量高、价格高，经过党员和群众代表一致同意，确定了发展设施葡萄种植项目，现在总投资 80 余万元的 100 亩设施葡萄种植基建已初具规模。建成后，预计盛果期可产葡萄 50 万斤，集体收入可达 25 万元。同时，积极试点发展火龙果种植业，先后流转土地 20 多亩、投资 70 万元建设智能温室大棚两处，年实现产值效益 4 万余元。以采摘为重点，发挥农村经济合作社在市场信息、生产技术、社会服务等方面优势作用，通过土地整体流转、统一管理、争取政策资金等方式，吸引大学毕业生、退伍军人等本土能人回乡创业。在××村发展葡萄产业的基础上，通过流转周边村的土地，××村建设火龙果采摘园 30 亩，××村计划发展水蜜桃 50 亩。只发展葡萄有点单一，所以就初步有个想法，弄点其他的水果，增加种类，这样能更好地发展休闲观光采摘区。

**问**：可以谈一下发展种植葡萄的具体过程吗？

**答**：由于刚开始的时候村集体没有钱，我个人先期拿出了 30 多万元，统一从省农科院和周边先进葡萄种植地区引进种苗，充分利用村内"四旁、四荒"的土地资源搞葡萄种植，搭建不锈钢葡萄架 2 公里，种植红提、美人指等 10 多个葡萄品种 2000 余株。目前，已搭建葡萄长廊 3 公里，全村土地 200 亩全部流转发展，先后举办三届葡萄采摘节，吸引 14 万余名外地游客前来休闲、观光、采摘、餐饮，直接经济收入达 300 万元。每年村集体通过集体产权的空闲宅基地、道路两侧、广场、停车场等公共场所产生的收益比较稳定，超过 20 万元。种葡萄也得讲究科学，俺们会请农科院的专家帮着把关，给俺们讲农业知识，给老百姓普及种植葡萄的注意事项。同时，俺们会进行集体统一修剪和施肥，来确保葡萄的质量。

**问**：种的这些葡萄，谁来管理呢？

**答**：村里有技术员负责修剪，收入是村民的。施肥需要经过村里同意，名声出去了，万一有不按照要求办的，就影响名声。有的农户偷偷地用膨大剂、催熟剂，我们已经因此砍了五六户的葡萄。按照商业性质，就怕砸牌子。俺们规定：施肥，必须发酵完了进村。坚持这些要求挺难的，但是为了品质和品牌，不能怕得罪人。

问：自然成熟的葡萄有什么特点吗？

答：要吃自然成熟的葡萄，自然成熟的葡萄，有深的浅的，大的小的。如果是催熟的，颜色就都一样。每年的9月1日前后，都有好多老人来买俺村自然成熟的葡萄，基本都是要买给自己的孙子孙女吃，要开学了，带着回城里。

问：集体管理是通过合作社的形式吗？

答：是的，村里都是按照"依法、自愿、有偿"的原则，没有规矩不成方圆。我们成立股份合作社，合作社与农民签订协议，把村集体土地进行整体规划、完善设施、连片开发后，再向种植专业户或社会经济组织发包经营，把农村土地流转与设施农业、规模经营、农业专业合作社的发展结合起来，让老百姓在股份合作社中得到更多实惠。目前，大家伙儿已成立股份合作社3家，合作社每年保底分红给老百姓每亩700元，即便有个天灾什么的，葡萄收成不好，也保证给老百姓每年每亩700元的收入，让老百姓把心放到肚子里。如果合作社有其他收入就再额外分红，每年每亩有400元的时候，也有多几百的时候。

问：你们用股份制的时候老百姓能明白吗？

答：老百姓一开始不明白的，但是后来就一点点讲，讲给老百姓听，俺村里目前集体收入25万元是统一管理的，其他的村里收的葡萄，是股份制，俺村是全市第一个实施股份制的村。

问：村里目前没有承包地了，对吗？

答：总的来说，土地以前在户里，现在是在村里。这样好发展，也增加了土地利用面积。从前的时候有200亩地，只能往外分180亩地，因为有沟、坑。现在全部把沟和坑填了，又整理出30多亩。集体有51亩地种葡萄，给村里增加收入10多万元。

问：目前村里一共多少亩地？

答：现在是村里流转了外村的大约有260亩地，村里自己不到200亩。

问：您实施土地入股是哪一年？

答：2014年开始实施土地入股。

**问**：那村民的收入有保障吗？

**答**：合作社保障一亩地一年保底 700 元，经营好了再按照合作社收入的 20%—30% 额外分红，2012 年的时候老百姓一亩地分到 1400 元。除了种葡萄，剩余的地，也是村里统一种和统一播，用有机肥，这样种出来的粮食好，老百姓用自己种出来的粮食打面，自己蒸馒头。村里的干部得让老百姓实现自给自足，但是他们也是要交钱的，也就是该交钱的交钱，该分红的分红。把利益分给群众，群众就会听你的。

**问**：想自己种地，需要交钱吗？

**答**：自己交钱包地种，种葡萄的户一亩地收 2000 元。

**问**：鼓励村民跟着合作社种葡萄，有哪些好政策呢？

**答**：就是得多给老百姓一些好处，可以享受统一修剪、施肥，不要钱，就是谁跟着合作社干，谁受益。前期是下血本的，前期的时候种葡萄 3 年不收租金，合作社补贴 1000 元钱。

**问**：如果老百姓想多租地可以吗？

**答**：一户限制 3 亩，多了人手不够了，管理就不行了，质量上容易出问题。

**问**：现在村里闲着的土地还有吗？

**答**：现在咱村没有闲着的土地了。土地收益比较高，一亩地收益 2 万元钱一年。

**问**：合作社会向村里交钱吗？

**答**：合作社每年向村里集体交五六万元钱。看年份，要合理化地进行。今年雨水多，咱们就不能要太多钱，不能让老百姓心里难受了呀。

**问**：我们看到村里房屋的屋顶，基本都有光伏发电，对吧？

**答**：通过外出调研，跟别人学习，我们利用本地光照时间长、平房空置的一些条件，引进××市××有限公司，在本村实施分布式光伏发电项目，项目投资 600 余万元，采取"自发自用，余额上网"运行模式，每年为村民节省电费 6 万度。

**问**：那是很好的成绩呀。

**答**：是取得了一点成绩，干活得干好呀。俺村通过发展"庭院经济 + 特色种植"的方式，让每家每户都参与到种植中来，然后再有针对性地进行特色种植，要让种植形成科学化的模式，同时也形成一定规模。现在俺这个村，从以前的落后村发展成为远近闻名的富裕村了。俺村得了不少奖了，获得"山东省乡村振兴示范村"称号，还被评为"××市先进基层党组织"，还有"××十佳美丽乡村"的称号，俺也上电视了，学习强国上有俺村，山东电视台和大众日报一些媒体多次到俺村里进行采访，周边江苏省的人也到俺这里学习了，以前是俺四处去其他地方学习，现在人家也到俺这里来学习了。还有咱省市县乡镇村和企业都多次组织人员到俺这里学习调研，2021年俺被评为山东省"担当作为好书记（好干部）"，还给俺记一等功了。

**问：**为了发展村里的旅游业，具体做了哪些事情呢？

**答：**2014年开始发展"庭院经济"，2019年又进行了比较大的投资，按照省级旅游村庄的标准进行打造提升，建设广场300平方米，栽植了桂花等树种，也得增加点洋气的植物。改造花池2000余平方米，建设木质长廊100余米，亭子5个，荷花池7个，将村办公室改造成开放式场所。投资80余万元，新改建道路3000余米。投资15万元，新建4.1米高的钢结构葡萄长廊200米。投资110万元，大力发展冷棚葡萄70亩，栽植藤稔、巨峰、夏黑3个品种，预计亩平均纯收入将达到1.6万元。俺们先后举办了三届葡萄采摘节，吸引了大约得14万外地游客来休闲、观光、采摘、餐饮，直接经济收入达300万元。俺们"××葡萄"也出名了，在2019年中国农民丰收节"千企万品助增收"活动中荣获"最受市场欢迎名优农产品"。俺们还计划在村西北部建设17亩地的湿地公园，让村民有个休闲锻炼的好去处。还打算积极筹备丰收节，一期规划种植高粱、荞麦、大豆、玉米、谷子、芝麻、绿豆、向日葵等很多农作物，占地40亩到100亩，也就是想搞个农作物采摘，比如采摘玉米或者地瓜，这些城里人稀罕的作物；二期规划建暖棚式的观光园，一年四季能吃到葡萄，温度20多度，俺村里的小孩冬天冷的时候也可以在这里玩，现在冬天挺冷，小孩没地方去。

**问：**现在还投资吗？

**答：**本来是想投资的，但是因为疫情原因，耽误了，怕投了钱，再没人来。疫情期间，一个人都不敢进，一年两年发展不上来。这玩意可得谨慎呀，这是投钱不是别的，不能弄赔钱了，那样就麻烦了。

**问：**咱们村距离××城里有多远？

答：30 公里左右。

问：村里一共多少户？多少口人？

答：71 户，实际一共 171 口人（户籍人口）。

问：那咱们村不属于很大的一类呀。

答：的确不是很大，但是五脏俱全。而且过年的时候，村里就有很多人了，因为在外面的都回来过年了。

问：出去打工的人多吗？

答：现在基本上 18 岁到 60 岁的人，都在外面打工。俺们村里，平时很少能看见人。80 岁以上的，就留一个人在家里，还有特殊情况的，小孩上学的。村里有个理事会，一天 10 元钱，给老人送一菜一汤，小孩可以去理事会吃饭。

问：打工都在外面干什么呢？哪一类工作呢？

答：在外面做什么工作的都有，比如在北京、上海的人，有做海鲜或者蔬菜生意的，其他人也有干工程的，干工程工资高，一天五六百元。

问：村里有把家里人一起带出去不在村里生活的吗？

答：这样的情况很多，能占到一半。过年的时候，如果家里有叔叔或者大爷还在村里住，出去的人就到村里来看看。留守老人过年也不是自己过，现在过年也是在理事会的会堂了。以前的时候，农村拜年磕头，就是真跪下实实在在地磕头呀。有一次去一位 90 多岁的老人家里拜年，拜年的时候，年轻人不愿意在院子里磕头，老人还看不惯这些年轻人的做法，就跟我抱怨"嘿，你看看那谁谁家的熊孩子，二十好几了，都不懂礼貌，不磕头拜年，还拽得很"。老人在家等着年轻人去拜年的时候，得准备上烟，也是不少花钱。后来我觉得那样不行，不能有好的作用，对很多年轻人来说反而是心理负担，对老人来说花费也很多，所以就决定改革了。从2015 年开始，俺们村就开始实行团拜，大年初一 10 点 10 分，有活动，可以献歌表演。实行过年团拜后，热闹得很，我也会在会上讲几句，而且在外面混得好的，动员动员也会给村里捐款，通过大家伙儿聚在一起拉呱聊天，就让大家更互相了解彼此了。

问：村里有养老院吗？

答：村里没有，家里有特殊情况的，就在红白理事会待着。

问：这是临时性的吗？

**答**：是临时性的，全天开着，对外营业。

**问**：小孩去吃的多吗？

**答**：特殊情况才去，一般不去。

**问**：理事会有几个人？

**答**：3个人。

**问**：咱们有专门的村规民约吗？

**答**：有啊，没有规矩不成方圆，得引导老百姓更新观念，破除陋习，积极响应社会的进步思想，进行科学、文明、健康的生活方式。支部成员带头签订移风易俗承诺书，成立红白理事会，由村党支部书记担任理事会长，制定红白理事会章程和标准化《村规民约》，建立常态化议事制度。投入40余万元建设了集便民服务中心和红白理事会服务中心为一体的一处场所，以统一的标准规范红白宴，极大地推动了移风易俗，现在已经规范地操办红白喜事30多场，每年节约开支10多万元，深受村民群众好评。

**问**：办红白喜事的情况如何？

**答**：实行喜事新办、丧事俭办，提倡文明、健康、节约的生活消费方式。有些具体的要求：白事席每桌不超过300元，白酒每桌2瓶，每瓶价格不能超过15元，烟每桌2盒，每盒不超过13元；红事席每桌不超过500元，白酒每桌2瓶，每瓶价格不能超过30元，烟每桌4盒，每盒不超过15元。婚事彩车不超过4辆，不准燃放烟花。红事白事都坚决取消喇叭乐队，改用音响代替，音响设备由村委会免费提供。丧事提倡厚养薄葬，严格实行火化殡葬制度，所有亲朋一律不准破大孝、穿白鞋，不准办"朋请"，不准办"回头席"，不准置办"哭灵、假孝子"等。按照穷户支付能力定的统一标准，不能形成攀比。红白事规定，如有村民不执行或执行不到位的，罚款1000元，党员干部加倍处罚。2015年10月10日，村里有一个老人去世了，他家儿媳妇说要给村里捐2万元钱，但还是要用喇叭，要求在门口搭棚子，我说如果这样2万元钱我也不要了。后来统一在理事会办的，娘家来了几十口子，嫌没喇叭、嫌没棚子，我接待他们，女的1个、男的2个，先到理事会看村规民约，要是不识字，就让讲解员来说，后来他们就按照规定来的，就在红白理事会办的。

**问**：现在一般的家庭，白事大约花费多少？

**答**：别的村里得五六万元钱，连吃加喝，我们村里2万元钱，孝衣都取消了，现在是戴白帽子，别人骂我显能，但是我是给大家省钱，后来老百姓都说好。

问：在那里办喜事的多吗？

答：凡是办的都要在这里办，邻村也来办，十里村八里庄的也有很多在这里办，但是价格俺不管。

问：村里对理事会利用挺多的嘛。

答：挺多的，理事会那个地方，又叫"游客接待中心"。每年春节团拜会也在这里开，并评选一个好媳妇和好婆婆，都给发奖，每人一个红包，200 元钱哪，而且我也要说说好孬。

问：不好的直接说嘛？

答：直接说，指名道姓地讲。我就是直，不能怕得罪人。好的也说，不好的也说。比方说，在哪些地方出现什么问题，就直接讲。

问：团拜会的时候得有个百十口子人吧？

答：是呐，人多得很。说白了，得来炫耀炫耀，开的什么车子，吹吹牛，100 元钱的烟掏出来了，让让这个，让让那个。

问：团拜会讲不好的情况还多吗？

答：以前每年会讲一次，现在基本不用讲了。以前的时候，媳妇都会骂人，现在妇女都很有礼貌。如果有些人的家里很脏，也得说说。有些事情，细节的事情，还要讲。不敢说、不敢讲也不行，要不然就会出现攀比，比方说，有人就攀比"去年不说她，今年怎么说我呢？"

问：理事会是谁建的呢？

答：村集体投资的，厨师是聘请的，想着弄这个理事会，可以对村里的宣传做点贡献。规定理事会大年初二就开始接待客人，要是盈利了就自己收。很多其他村里的老人来俺村后，对俺村的印象都挺好，向别人说去一个种葡萄的村里喝酒，说村里都是葡萄，还买了葡萄。有的距离 40 多里路来喝喜酒，给俺村起到了很好的宣传作用。

问：城里团队来的人多吗？

答：××市最大的物业公司去年团体预定了 100 桌，全部在葡萄架下面，200 多元钱一桌，每桌 12 个菜，我们还送的葡萄酒。

问：葡萄酒有产业吗？

答：目前还不行，得等正规了以后。卫生、安全等一系列问题得达到咱国家要求的标准才行。

问：咱刚进村的时候看的房子，还是比较豪华的。

答：他们家里条件都不错，凡是按照村里标准盖房子的，村里都会支持，给盖房子的老百姓补贴 18 万元。

问：这个住房的补贴是从什么时候开始的呢？

答：这个是从 2018 年开始补贴的。村里有人要盖房子，那就得按照标准来，要不然就乱七八糟的。所以，村里从南方买了图纸，花了 7000元钱，不需要很高端的，发过几个图纸，然后选了一个，有些好看的，但是太豪华了，不实用，光一个屋顶就很贵。

问：村里人要建设那样的房子，大约花费多少钱？

答：盖那样的房子，加上置办家具，一共得花百十万元。盖房子也是花费不少呀，水泥、钢筋、砖瓦都花不少钱呀，盖房子也得请人工，现在人工费可不低了。老百姓要是想盖房子，都是要提前存钱，要不然盖着盖着钱就不够了，到时候又是麻烦事。在俺们农村盖房子可是一件大事情，是老百姓一辈子的大事情。但是现在条件好了，很多人也不愿意在村里盖房子了，都愿意去城里了，年轻人都认为城里好。但是老一辈的人，还是愿意在村里。

问：我们看到有几户是相同的，是有具体规划吗？

答：现在是这样，只要有老百姓要盖新房子，俺们开会一起商量过，就不让从老宅子盖了，到另一道街，一道街 8 户，盖完一道街，然后再盖另一道街，这样有助于统一规划和整齐划一，看起来也美观。

问：整体看，村里的房子还不错。

答：对，平时不来，就闲着。但是，我们也收空宅子，村里已经收空闲宅基地 5 处了。如果宅子塌了，露天了，我们就给主家打电话，他要么回来盖，盖的时候需要符合村里要求，要不回来盖就收给村里。宅基地还是他的，但是要交给村里使用，一年村里给他 300 元钱。

问：宅基地多大？

答：一般是一亩半分。

问：宅基地交给村里干什么了呢？

答：拉光伏或者种葡萄，种几棵葡萄，葡萄的产量不少，也能收入几千元钱。

问：村里有特别富的户吗？

答：特别富的户在外边。

问：特别富的户一年能收入多少呢？

答：有的一年收入几百万元，在外面承包工程的一年三五十万元，村里种葡萄的一年能收入五六万元。

问：村里的人在外面买房的有多少？

答：有百分之六七十的在城里买房子了，也有车。

问：要娶媳妇的，需要在城里买房吗？

答：这是最基本的了，标准配置，好的每平方米一万五。

问：村子有幼儿园吗？

答：附近 4 个村合起来建了一个幼儿园。

问：村里有小学和中学吗？

答：都在镇上了。

问：村里有卫生所吗？

答：有的，由乡镇卫生院统一管理。

问：村子里最近这几年有什么矛盾吗？

答：我们村里基本没有。给村里办事，主要注重一碗水端平。从我开始干，给村里开第一个会的时候，就是村民代表和党员一起开。党员 12 个，村民代表 30 个，要共同参与，村里的大小事宜一起开会。决策基本都是一起，做决策只要不损害他们的利益，就像类似拓宽道路这样的事情，没有不同意的。在支部的领导下，就是有点小问题，他们也不吱声了，基本是共同富裕。

问：村子里面有热衷于公益活动的吗？

答：热衷公益活动的多了。我们村里活动非常多，下乡演出的京剧团，学校以及幼儿园经常来搞活动，村里的预备党员、老党员、受照顾的，他们觉得过意不去，就帮忙扫扫街道，主动干活。

问：主动干活有规定吗？

答：基本都是自愿的，比如低保户，他们过意不去，就是觉得享受国家的钱，就想干活，主动干活。

问：有来的公益性组织吗？

答：有的。有各大学校的，幼儿园多，驾校，枣庄科技学院来上课，林果方面的专家来讲课，林业局搞大型的活动，也到我们村里来。

**问**：这些是怎么联系的呢？

**答**：他们联系咱，咱们环境好，大夏天的也凉快。

**问**：村两委的工作有压力吗？

**答**：从上面来说，来自镇级的，说实在是有压力的，我们的团结是没有压力的，就是来自上层的压力，上层给的任务和指标不好完成，让我报这报那。

**问**：书记，您认为书记主任"一肩挑"有优势吗？

**答**：有的。这样的话，好处太多了。有些工作自己想好了，就可以更加敢担当、敢作为了。俺们党支部会议，每个月5日和28日都开，因为我们村里事情比较多，比如举办什么活动也都开会商量，别出什么岔子。

**问**：有新发展的党员吗？

**答**：有，去年就有，发展了两个，很优秀的年轻人。村里想搞电商，就有一个在外面发展很好的年轻人想帮助村里搞。还有一个做装修设计的，他们对村里的工作很积极。疫情期间，黑天白夜地值班，村里有活动也捐款。今年，又发展了两个入党积极分子。

**问**：提出入党的人多吗？

**答**：每年都有。

**问**：需要申请名额吗？

**答**：每年都会有名额的，3年不发展是违规，就是支部建设不行，党内批评，明文规定。

**问**：村里发展党员一般是什么流程呢？

**答**：写入党申请书，考察一下，能不能听党话，能不能参加村里会议，开会的时候参会率得达到所有人员的70%，6个月以上的入党积极分子，考察一年，然后一年的预备党员时间。

**问**：您在党建方面，还做了哪些工作呢？

**答**：党建工作也得有好的工作方法。俺坚持把"强班子、强队伍、强产业、强服务"作为抓党建的很重要的方面，同时给村里的党员全面落实党建责任制，责任到人呀，这样才能夯实基层工作基础。然后再积极聚焦党建创新，要得到老百姓的支持与信任。村里注重打造建强示范支部，开展"亮承诺、晒实绩、比作为"活动。俺党支部统一想法，要"建立一套好机制、打造一个好班子、建设一支好队伍"，夯实村级组织基础，我们要打造"为民富民型"党支部，俺们也建立并且落实了很多制度，比如"三会一课""28 日党员活动日"等制度，用好山东 e 支部系统，在我们的日常工作中落实好组织生活计划报备、活动纪实、现场指导、检查考核等制度，切实增强村级党员干部的党性观念，这样就能不断地增加俺们党支部的凝聚力、战斗力、号召力。虽然有一些工作做起来有困难，但是也得按照规范的标准去做呀，不做的话就永远做不好。只要不断地努力，就能把党员责任摆上来，把党员的形象树起来了。

问：在日常工作中党员发挥了哪些重要作用呢？

答：在俺们的日常工作中，十分注重发挥党员的重要作用，而且党员必须带头，树立先锋模范形象。积极强化共产党员党性修养，提升党员综合素质。在乡村建设中的各环节均通过全村党员和村民代表大会进行表决，得到全体党员、群众代表的大力支持。通过民主表决，群众更加认可俺们了。积极组织党员、致富能手、在外创业人员、群众代表等共同为村里的发展出主意、想法子，得让大家伙儿一起出力才行，自己单干是不行呀。特别是村里的党员工作，我们必须下大力气，下真功夫，这样才能让老百姓信服。俺们不断深化党员量化积分管理，分类研究细化差异化的设岗定责、积分评价和考核奖惩办法，将评价结果与评先树优、民主评议党员挂钩。引导党员在脱贫攻坚、农村人居环境整治、美丽乡村建设等工作中发挥带头作用，把老百姓组织起来，全面参与乡村振兴各项工作。

问：您认为制约乡村振兴的因素有哪些呢？

答：政策，只要政策到位了、政策好了，不管好村孬村都好发展。

问：您理想中的乡村振兴是什么样子？

答：生态环境美，一片蓝天，老百姓吃喝不愁，有固定收入。咱自己这个地方，虽然达不到山清水秀，但是有一个好的环境，可以发展能够留住人的项目。老百姓的要求不高，能有个稳定的收入，就挺知足，吃饭穿衣能满足，再就是看病问题能解决，这是老百姓最基本的心愿。

问：村庄的发展，下一步有什么计划吗？

答：有呀，整体要进行田园综合体打造，建设成可观光旅游的好地方。俺有工作设想，也离不开上级领导的支持和帮助。咱想好了一件事情，领导不支持的话，咱也做不了呀。俺村的发展在镇党委政府和市派第一书记的共同帮助下，又投资 300 余万元，按照省级旅游村庄的标准对全村进行了打造提升，老百姓都可高兴了，村子发展好了，能给他们带来实际的钱袋子的收入。下一步按照旅游村庄规划，要再投入 80 万元建设酒坊、民宿、售货展台、儿童娱乐广场等旅游设施。俺们的目标是要进行一个党建旗帜引领，让群众生活幸福，让村里的集体经济壮大，发展更好的生态村庄旅游地，打开俺们乡村振兴的新局面，真正给村民带来实惠，这也是俺不断努力的方向。

**问**：在村的发展过程中，镇上给予了哪些支持呢？

**答**：俺镇党委先后通过市里选派第一书记、培养党员和后备干部，帮助建强村级班子，帮助俺们完善村级决策制度等，给俺们的发展制定出"党建+"的工作方法，这样有利于更好地强村富民。抓住村庄规模调整机遇，充分发挥我们村的产业优势和示范党支部引领作用，将××村和××村进行优化融合，成立××联合党支部，设书记 1 名，委员 5 名，通过重新排列组合使人员的分布更合理。可以更好地集中力量办大事，有利于给老百姓真正干点实事。

**问**：老百姓最期待的生活目标有哪些？

**答**：现在基本上都能有一个稳定的收入、和谐的家庭，现在说就是都能吃上喝上。我认为我们村是最和谐的村，以前的时候吵架了，还需要教育儿媳妇，现在婆婆疼儿媳妇。生活目标就是过得一年比一年好吧，赚钱越来越多一些。

**问**：村民最担心的问题有哪些呢？

**答**：目前我们村没有太多担心的问题，以前老百姓最担心的是住房，现在我们村里所有的房子都修缮完毕了。

**问**：村里最旧的房子是哪一年建的？

**答**：八几年、九几年建的都有，也有 2000 年以后的房子，自己盖的房子挺结实，因为我们村人均收入 2.6 万元左右，年年持续都有收入，光伏发电、葡萄种植让他们每年也不少赚钱，只要他们想翻新房子，按照村里统一的规划都可以进行翻新。

# 乡村建设访谈十五：ZYP 主任

【访谈对象】 枣庄市××区××街道××村 ZYP 主任
【访谈时间】 2021 年 9 月 18 日
【访谈人员】 张登国　王连伟　郭太龙
【访谈内容】

**问：** 请简单介绍一下您的情况吧。

**答：** 我是 1972 年出生，今年 49 岁了，中专毕业后，被分配到了××造纸厂。到后期呢，这个企业破产之后，被中国香港××集团给收购了，我就在这个××集团企业里工作。在它的山东有限公司干了不到 10 年的时间，在里边干过联盟班长、工人、车间主任、电厂副厂长，最后呢，干的是我们公司内部的经理，负责公司员工的招聘和整个公司的营运，一直干到 2011 年。

**问：** 后来不干了？

**答：** 不干了，为了要孩子，公司那边工作压力大，我就辞职了，我现在也是自己做点生意。

**问：** 做什么生意？

**答：** 建材方面，我来之前自己做生意，我叔觉得我不忙，回村里为兄弟们出一份力。一开始，我不大想回来，后来又给我打了几次电话，去找了我们老书记。我来任职这边当时是三间小屋，协助老书记，现在我们的老书记跟着我做副书记。

**问：** 目前咱是个什么学历呢？

**答：** 去年拿了个大专学历。最初是中专毕业，后期在 2018 年的时候，咱们这个组织部搞了一个村干部的大专学历培训，我去了，去年 7 月份拿了一个××电大的大专学历。

问：村里委员的情况呢？

答：我们副书记在村里干，在我回村之前，这些人都是承担老村委，就像刚才坐在这的那个，他是我们村支部委员，也是纪检书记，嗯，他在村里就是干了接近20年，他们在村里最低都工作15年了。

问：之前他是做什么职业的？

答：这个副书记呢，今年应该是56岁了，军人转业。这个副书记人品很好，所以刚才说这个支部委员呢，他也是老村委，也一直跟我配合，我们工作配合都很好。

问：村两委的工作怎么样？

答：我们这个××村两委班子在2018年、2019年连续两年被我们区委区政府评为"干事创业好班子"。

问：新党员多大（年龄）了？

答：年纪不大，1987年的。

问：1987年啊，这个文化水平较高吧？

答：咱按照上级的要求，这个文化水平较高的女性同志对我们村两委工作有很大帮助，做得非常出色，这个有文化嘛，年轻人要有理想，基本上都在村里，我们村子几个年轻人经常在村子里。

问：咱们村里的基本情况呢？

答：这个村是468户，1716人，党员40名，还有去年去世了几位老党员。

问：其他委员大致的情况呢？

答：我们村现在是副书记1名，妇联主席1名，还有一个是村的支部委员，他们在村里最少工作4—5年了。

问：其他委员呢？

答：支部委员，也是老村委，妇联主席是2018年上来的，1987年出生，大专文化，能留在村里的35岁以下的年轻人中，算文化程度较高的，年轻人有文化。

问：咱们村里的工作人员都是本村老百姓吗？

答：不是的。去年，在市委区委组织部的指导下，我们先后成立了"××生态农业专业合作社"和"××种植专业合作社"，因为事情比较多，又聘了 4 个工作人员啊，合作社、村务啊，包括环境整治环境卫生的整理啊，那我们还有个小区项目，就是当时村里有一个土地"增减挂钩"项目，这个建了一个小区，唉，事情比较多，又聘了 4 个工作人员。

**问：**平时都在哪里办公？

**答：**以前办事不方便，这不又建了办公楼。在这个办公室建之前，我们的办公室搬出去了，在门口那个门市房（办公）一年多。后期就是当时整体要搬迁，后来又确定不般了，我才盖了这个办公室，我在那边办公不方便，年龄大的老头、老太太找我们签个字，反映一个问题，远啊，有一段路，老年人不方便，所以我们把办公室又迁了，又建的办公室，建的办公楼。

**问：**那委员的具体分工呢？

**答：**支部成员也是矛盾调解委员会成员。Z 主任负责整个村的治安问题，矛盾的调节，杂七杂八都是。我是负责全部的工作，副主任协助我的工作。会计负责扶贫，妇联主任负责比较多，分工不分家。

**问：**那村里平日里的矛盾解决呢？

**答：**Z 主任呢，他是那个支部成员，也是我们村矛盾调解委员会的主任，还有一名治保主任。嗯，于××是妇联主任，我们都有明确的分工，这个治保主任和这个矛盾调解委的主任，就是负责整个村子的这个治安。这个矛盾的调解（需要）经常开会、大量的事都是他们在管理。

**问：**任职补贴是什么情况？

**答：**现在咱区里有一个专业化管理，我的工资享受的是专业化管理，享受这个事业单位工作人员的工资，拿到手的有每月 4365 元。

**问：**这个街道的工作人员都是享受在编人员的工资吧？

**答：**对。

**问：**保险呢？

**答：**也不一样，享受事业编人员的待遇。当然这个也是动态的，就是一年调整一次，如果今年你收入高了，到明年可能就降下去了，这个过程是动态的，然后就是可能退出管理。

**问：**每年有几位书记享受这个激励？

**在场干部：**街道有 2 个，整个区有 7 位，我们一共有 38 个行政村。

**问：**还有绩效工资吗？那你这个收入跟青岛那边差不多。

答：我不享受绩效了。书记可拿50%，其他的部分可以平分，村里可以自由决定。

问：咱村里有什么热心公益的人吗？

答：有的。比如，我联系我们村里的一些能人，找了4个人，他们都很热心，我们5人每人1万元，成立了一个基金会，有专人管理。

问：这些资金怎么用了？

答：我们村里孩子，把大学录取通知书拿来，确认是本村的孩子，就把奖学金发给他们。其他村的孩子我们也可以帮助，慢慢实现。

问：发放的标准呢？

答：这也是正能量的宣传，去年发了36000元。

问：一人能平分多少？

答：本科是1人1万元。

问：两委成员工资呢？

答：一人3万元，这是基本工资。

问：除了基本工资还有什么？

答：绩效工资第一档是100%，第二档是80%，第三档是50%。

问：村里最近几年的变化呢？

答：整体的村容村貌发生了变化，安了路灯、太阳能，大街小巷，治安环境得到改善。我们区委区政府搞了一个三资清理"阳光行动"，通过三资清理行动，对某些人原来的历史遗留问题，对老百姓有侵占、霸占的资源，我们都收回了，没利用起来的地，我们都把它盘活了。

问：除了村容村貌呢？

答：除此之外我觉得改变最大的，就是我们村集体收入。我们村原来2016年收入就3万元左右，我接任书记之后，第一年我们2017年纯收入突破了30万元，2018年我们村收入达到516228元，2019年我们集体收入是576000元，到2020年，收入达到了103.9万元。

问：集体经济收入从哪里来？

答：我们成立了"××种植专业合作社""××农业生产合作社"。

问：主要做什么呢？

答：500亩地，多肉（一种植物花卉）经济效益特别好，主要是网络销售。

问：500 亩？

答：对，500 亩。原来的时候，整个 4 大片区，主要以种植红心火龙果、葡萄、草莓为主。我们去年还引进这个多肉种植，8 个大棚 15 亩。这个多肉呢，经济效益非常好，因为这是个网红植物，我们主要通过线上销售，每天就是销往全国各地，网上一天高峰的时候能卖到 2 万多元。

问：这个合作社负责人呢？

答：都是党支部领办的，村集体的。

问：村里的土地呢？

答：流转了 500 多亩，打算全部流转，下一步发展规模种植。

问：下一步规模种植什么呢？

答：种植农作物，同时考察经济作物，以前与××酒厂合作。

问：怎么来种植？

答：做订单种植，种植粮食作物为主。

问：能浇水吗？

答：我们村里有水系，东西南北好几条河。

问：目前种了什么？

答：玉米、小麦较多。

问：咱的机械设备情况呢？

答：我们村有 19 台收割机。

问：收割机是个人的？

答：个人，可以大面积种植。

问：大规模机械种植需要多少钱？

答：咱这个规模种植一亩地可以降低成本 20 元钱左右，耕地 80 元的话，我们 50 元就行。

问：这个土地为什么大面积流转呢？

答：因为现在越是大面积地规模增值，越是能降低成本。我很细致地算过，咱这个规模种植一亩地光降低成本，能降低 100—120 元钱。就像现在收玉米，农户自己收的话，3 亩地、2 亩地、5 亩地是 80 元，我们是 55 元，虽然价格低，但能接着跑起来，这个收购的时间效率高了。你给农户搞这一亩，一会儿就搞完了。

问：下一步合作社的规模如何做？

**答**：以后搞一个联合合作社，我们这 10 几个村联合起来，可以直接与商家讨论，可以降低成本。

**问**：怎么联合？

**答**：把我们 12 个村全部联合起来，比如我们用的化肥多，我们直接可以跟化肥厂谈判，直接在化肥厂采购，这样呢，买一吨化肥大概能省 800—1000 元钱，利润特别高，所以说在这个农资的采购上，我们成本降得很厉害。

**问**：还有什么呢？

**答**：规模种植能够降低成本，增加公共面积，所以说咱产量就比单独种要高。

**问**：最主要还有什么好处呢？

**答**：老百姓不用再种地了，年龄大的老人，子女在外面打工，到了农忙的时候，虽然是机器收割，你说你有人往家拉，你得弄吧，所以孩子们还得从外地回来，哪怕回来三两天的，他们都回来。他一来一去路费、请假，他在外边打工的工资也不低于 300 元钱，这个浪费得很厉害。

**问**：具体给咱们老百姓带来了什么？

**答**：老百姓不用种地了，到了农忙季节，孩子、打工的人不用都回来了，解决老百姓的后顾之忧。

**问**：老百姓有分红吗？

**答**：有的，我们这个收益准备拿出 30% 分给老百姓。去年我们豆子收益不好，本来打算今天举办分红大会。我们钱都取好了，今天正好有事情，我们明天上午举办一个分享大会，让老百姓感受到村子的变化，享受发展的成果。

**问**：有没有测算，所有土地流转后，收益增加的情况？

**答**：一季小麦，一季玉米，把它平均下来，去掉 1600 元的流转费，600—700 元的收益，去掉自然灾害，还有 500 元的收益。

**问**：关键是劳动力解放？

**答**：对的，把老百姓解放出来，让他们干别的事，打工啊、看孩子啊等。

**问**：您觉得咱村里发生变化的原因有哪些？

**答**：领头人是关键，支部书记起关键性的作用。

问：在乡村振兴过程中有什么经验？

答：首先是支部书记要有公心、有担当，一个村有很多干部，老百姓一说自己有私心的话，就没法获得老百姓的信任了。

问：乡村振兴关键是什么呢？

答：人是关键，产业靠人才。

问：咱们村的外出务工人员，是个什么样的情况？

答：我们村里有，不算多，40—50 岁的老百姓都在当地打工。

问：外出务工的都去了哪里？

答：年轻人有去宁波、上海的。

问：有多少人十天半个月不在家？

答：40 多个人吧。

问：这些人从事什么工作？

答：有些在贵州下煤矿呢，专业的矿工，在贵州下煤矿的大部分在40—50 岁。

问：那在省内务工的呢？

答：主要是搞建筑。

问：白天去上班，晚上回来的能有多少人？

答：没算过。

问：下煤矿的能赚多少钱？

答：不低于 1 万元，属于高风险工作。

问：在当地打工的呢？

答：搞建筑的大概 350 元一天，搭架子、砌墙，小工开到 240 元钱。

问：女同志干什么工作呢？

答：家政、楼顶专业防水，她们干活不是按天，她们干的也是技术活。

问：咱们村里，有没有留守老人？

答：很少，没大有两口子同时出去打工的。

问：留守儿童呢？

答：留守儿童也少。

问：留守妇女呢？

答：我们村育龄妇女有 130 个。

问：老公在外面打工的呢？

答：30—40 个吧。

问：村里人均耕地大约有多少？

答：1.1 亩。

问：土地有闲置的情况吗？

答：没有，我们都种地。

问：主要种什么？

答：小麦，大部分种玉米。种大豆省事，但大豆产量不如玉米高，行情好的时候，种玉米还得晒，费工夫。

问：村民的收入状况大约有多少？

答：基本上不好去统计，人均收入 1 万元左右，矿工收入一年 10 万元左右。

问：村里有没有典型的富户？

答：有，还不少呢。

问：做什么呢？

答：枣庄最早的公司是我们村的，产出都过亿，××集团，生产混凝土。××食品蛋糕，去年产值 7000 多万元，开了连锁店，利润很高。还有一个是做煤炭的。

问：都是咱村的人吧？

答：是啊，我们 5 个人成立了助学基金会。

问：他们还做了什么贡献？

答：这办公楼，建这办公楼花销 70 多万元。

问：都是他们出的？

答：村里、镇上没钱，都是这几个老板赞助的，这几个人都是我们村走出去的，都不忘了给我们做些贡献，一次性给村里投了 40 多万元，那时候我还在企业上班。

问：咱村里现在有公交车吗？

答：大路上有公交车。

问：咱过去讲的"村村通"？

答：那说的是村村通公路、水泥路。

问：咱村里有幼儿园吗？

答：小区门口有一个，条件好的都进城了，包括上学，有条件的都去城里了。

问：小学呢？

答：我们村里没有，几个村一起，有个联校。

问：附近的中学呢？

答：有 1 个中学。

问：中学距离村里多远？

答：离我们大约有 3 公里，教学质量还不错，在我们这边升学率还是比较高的。

问：村里每年大学生能出多少个？

答：考上 10 个高中，现在中考比高考还难。

问：大学生呢？

答：今年考上大学的有 13 个。

问：具体去了哪里，这个您知道吗？

答：有××职业学院、烟台××学院，有 2 个本科，11 个专科。

问：咱村里有卫生所吗？

答：有 2 个诊所，小区门口有一个，建立的省级化卫生所。

问：咱这个老百姓看病拿药，都怎么报销啊？

答：看病、拿药不报销，自己花钱，新农合能报一部分，报销 60%，打个吊瓶，稍微重点的，离我们 2 公里有个医院，现在老百姓医疗看病都很方便。

问：村里有没有老百姓的看病补助？

答：没有，我们下一步的想法是 70 岁以上的人全免，随着集体经济发展，我打算 60 岁以上的人由村里垫付。

问：村里住房怎么样？

答：很好。

问：什么情况？

答：老房子没有规划，现在的房子都得有规划，有些破旧的房屋没有翻修，因为他们很多都在城里买房了。

问：在城里买房的人多吗？

答：不少，为了让孩子在城里上学。

问：村里 60 岁以上的能有多少人？

答：150 个吧。

问：咱村里有多少个五保户？

答：5 个。

问：低保户呢？

答：8 个低保户。

问：脱贫了吗？

答：他们都脱贫了，收入达到脱贫的标准了。原来呢，这个低保管理没那么严格，开始村里 57 户，2018 年开会后，把不符合条件的都拿下来了，一次性拿下来 40 多户。

问：咱这些年，乡村振兴都做了哪些工作？

答：产业振兴率先一步，建立产业合作社，流转了土地，下一步准备扩大规模。人才振兴还没有什么突破。生态振兴，搞得不错。组织振兴，把我们党支部引领做出品牌。文化振兴，也没有什么，我们现在是"一村一场戏"，我们街道举办的广场舞大赛，我们村的参与度还是很高的。

问：村里大学生回来就业的情况呢？

答：很少有回来的。

问：咱村总的来看做得很好，主要经验是什么？

答：作为一个支部带头人，要有一颗公心，必须得有会管理的头脑，带领兄弟姊妹们共同致富，吃上饭，吃上好饭。

问：村里的矛盾纠纷多吗？

答：邻里之间种地挨一起可能会产生一点矛盾，其他的没有。村风民风，还有党风，在我们周围的几个村是最好的。我们每个月 28 日都要一起学习，农村基层党员发挥宣传引导作用。

问：通过哪些方式加强党的教育？

答：通过 28 日党的教育，每次活动都是 1 个多小时。我们村里这几年的党风、民风越来越好，我现在每天都和他们联网交流学习了什么东西。

问：抓党支部建设有什么经验呢？

答：首先支部书记得自己做得好，基本上每天在村里办公室碰个头，安排明天的工作。

问：你们碰头会的频率？

答：不好说，我们基本上天天都在办公室，正经遇到事的时候，我们会坐下来拉拉（商量商量）。

问：咱这个党支部对于村建设有什么影响呢？

答：我们支部班子强了，做事有公心了，有责任心了，老百姓就会听，对老百姓的影响还是很大的。

问：咱村里成立了教育基金会，除了这些，还有什么热心公益活动的人吗？

答：有，防疫期间我们村里的小伙子给环卫工人发放了洗衣液。

问：咱们村里的村规民约是什么时候制定的？

答：我们每个村都会制定，今年 5 月 20 日换届，我们村里就修订了村规民约，换一次届就会修改。

问：大致内容有什么？

答：维护中央、支持政府、爱党爱国、邻里和睦、维护水电交通等很多内容。

问：除了村规民约，我们有红白理事会吗？

答：有的。

问：会长是谁呢？

答：我就是会长。

问：其他成员呢？

答：有 2 个副会长，4 个成员，还有 2 个有威望的老人。

问：白事有什么规定呢？

答：国家也提倡严禁大操大办、严禁穿孝。就到孙子辈，其他的亲戚朋友大孝就算了。这个做法深得老百姓的拥护，不要搞那些什么演出，本身很伤心的事，不要整。

问：咱村里有公墓吗？

答：目前没有公墓，统一规划将来放在山里。

问：红事方面有什么要求？

答：村里要求别铺张浪费。

问：村委面对村民提出的要求有压力吗？

答：没有什么压力，有些村民打市长热线，要求我们去做什么事情，合理的就做。之前有个人告我们违规招标，后来查清了，他告的不是事实。

问：咱们这个"一肩挑"有什么好处？

**答：**在村里主任和书记搭配好的不多，"一肩挑"减少了不必要的矛盾，推动了决策的制定，提高了决策效率。

**问：**除了这个，还怎么提高了效率？

**答：**其他的我倒没考虑，而是更集中了，好办事了。

**问：**制约咱们村发展的因素有哪些？

**答：**很多地方政策和政策之间衔接不上，很多地方特色产业不敢上，还是得把政策统一一下，有些不是咱能解决的问题。

**问：**其他方面呢？

**答：**老百姓的思想观念和小农意识。比如，村里的合作社还没壮大起来，村民还没入股，但农民觉得得先给他们钱，现在在给老百姓一步一步地做思想工作。

**问：**从村民角度来说，村民最期待哪些事情？

**答：**村民期待的不一定是我们村里能解决的，比如上学问题，孩子要去城里上学，必须有房子，孩子上学是个大问题。建一个比较好的学校，教育问题是农村家长最重要的问题，别的还没有太大的要求，向好的方向发展，我做了什么决策，老百姓都一呼百应。

**问：**村民有没有担心的事？

**答：**老百姓不担心什么，担心干部做事不公平，"为官清廉，公众办事才敢言"，党员风气还是很重要的。

**问：**下一步的发展目标呢？

**答：**通过生态园合作社，把土地都流转回来，成立联合社，把周围村的土地联合流转回来。把合作社做强、做大、做优，增加村民收入，村集体收入争取突破200万元。

# 乡村建设访谈十六：HGS 主任

【访谈对象】 济南市××管委会××街道××村 HGS 主任
【访谈人员】 张登国　陈晓红　黄效茂　郭太永
【访谈时间】 2021 年 8 月 24 日
【访谈内容】

问：请先谈谈您个人的工作经历吧。

答：我是 2002 年进村里，2005 年任支部书记到现在，原先在外面卖菜。

问：在哪个地方卖菜？

答：在××村。

问：卖了多少年？

答：卖了 10 年，我是 28（岁）回来的，十七八岁就出去了。从回来以后就干了村主任，俺村民都不愿意干。

问：您介绍一下村里的基本情况吧？

答：我们全村是 653 口人。俺村这个条件呢，基本上咱们大概看了，这个比较偏僻点，山地为主。老百姓收入呢，基本上是外出打工。家里种点核桃、花椒、小米等。家里年龄大点的，60 岁以上的，就种这些。这些效益并不是很好，因为这个核桃价格这几年也很低了，主要是以打工为主。在家常住的人口啊，今年是换届嘛，我就知道了，一共不到 200 口人，全村 653 口人，三分之二在外面打工。因为啥呢？这年轻的吧，在外面基本准备买房子，买了房子基本上就在外面住了，家里光剩下老人了。

问：您再介绍下咱村两委的情况吧？

答：我们村目前有 42 个正式党员，支部、村委是 4 个人。上面的要求吧，要书记主任一肩挑，要有 35 岁以下的，要有女同志，这个都是按照党委政府的要求选举的。选举完了以后呢，应该说，年轻的上来了。原来的老同志吧，年龄超过 60 岁不符合政策，不符合上面的规定了。因为现在的形势吧，信息化、电脑化太普遍了，老同志有时候确实是做不了，所以这个政策也符合现在形势。

问：咱们这个村两委成员的补贴现在是什么规定啊？是不是全市都统一啊？

答：今年还没开始发呢，早的时候，村两委（成员的集体工资），大村是 3 万元吧，小村 2 万元。

问：这是一年的补贴吗？

答：对，补贴，书记是单独发。

问：您说的这个 3 万元是所有委员的补贴？

答：嗯，1000 口人以上的村是一个标准，1000 口人以下的村是一个标准。

问：1000 口人以上的大村，所有委员待遇是 3 万元。书记呢？是不是还有个考核？

答：书记呢，绩效工资是每月 1338 元，还有一块也是 1338 元。

问：如果都能拿到的话，能拿到多少？

答：3 万多元钱。

在场干部：他是一个月有一个工资，1300 多元。到了年底，还有一个绩效考核。根据街道上综合考核的办法打分，分多的工资多点，分少的工资少点，年底是 14000 多元。

答：年底的，拿全了是 15700 元。

问：嗯，那就是 3 万元。大村和小村都是这个钱吗？

答：书记都是一样的，大村、小村是给委员的不一样。

问：咱们这个村两委成员，他们过去的时候都从事什么工作？

答：咱说新当选的吧，H 书记原先是在外面干工地的，就是拉工人去干。

问：就是干园林、绿化？那现在还得继续啊！

答：村里现在太忙了，你看看就知道，基本上天天有事，现在每个部门的档案都得整出来。还有个疫情防控，还有个电子医保，反诈 App，还有疫苗接种，这都是大事，基本上天天有事啊，这是新添的。像环境卫生，这是大事，每个月都得检查。去年，区里、市里是抽查，管区是每个星期再检查。

问：其他的委员呢？

答：还有一个女同志，妇女主任啊。我们一块进的村委，干到现在，就是在家里种地。还有一个年轻的，是在外面，毕业以后干电器，就是干个小班长。

这次换届，实实在在地说，是给他们施加了点压力。不是说村里的事，是政策的事。因为年轻的吧，这点工资他肯定待不住，在家里吧，事还多。像在外面，他一天就 200 元钱，带班的话另外还有奖金呢。你回来半年，挣不着这钱了。他们有积极性，也有想法。但是这个收入呢，工资低点，干了半年，也觉出来了。

问：您一直都待在村里，村里这么多年都发生了哪些变化？

答：这个生产生活条件都有了很大的改变。除了这个生产啊，前期有一个土地整理。原来咱们这个路啊，都是沙土路，一下雨就不行了，每年都得修两次。但是 2009 年吧，土地整理，所有都硬化了。路东还有个水池，一下雨就把水存起来，生产用水是很方便了。生活这方面呢，安装了自来水，也是在 2009 年，水利局给通了自来水。2020 年是水务集团，咱这里是统一的，这个标准高了，水的质量也好了。原先打的井，不符合标准的都封了，重新打的井。原先是定期供水，三天跑一次，接上水，吃三天，现在是 24 小时供水。2019 年又重新通了公交车，并且这个班次呢也符合老百姓外出打工时间的需要。早上一早，坐车走了，晚上那一班，回来了。原先不通公交车的时候，有些年龄大点的，他骑不了车，他出不去。俺村里是五趟车，这五车就是五六十个人，大点的商务车，来回跑，家里耽误不了，钱也挣了，这个公交车是很方便了。2020 年，这个路又重新铺了一遍沥青，这些是咱政府投资的。另外呢，还有包村的干部，咱这个一直是××区××局包村。

问：从哪一年开始包村？

答：从 2016 年开始包村，现在一直在包（村）。单位没有换，但是第一书记换了第三个了。

问：第一书记也是××局的？

**答**：也是××局的。

**在场干部**：原则上应该是区县这一级，还有市里派第一书记。因为××山区，他本来人就不够使的，一个人顶着好几个部门，忙不过来。所以，当时就通过市里跟××区协调，那边有10来个部门在咱们这边包村，这个村是省定的贫困村。

**问**：一个是政府，一个是包村的第一书记，这是发生变化的重要原因。

**答**：嗯。这个第一书记一来，相比来说，支持力度还是很大的。

**问**：他一年带来多少资金？20来万元吗？还是不固定？

**答**：不是固定的，政策允许的时候，可能给的多点。现在呢，专款专用了，人家局里从办公经费里省下来给村里。去年有14万元，修护栏啊，包括年底走访60岁以上的老年人和救济贫困户，买点慰问品，这一块人家做得很好。村委的办公室，也是时间长了，前期漏雨，第一书记就跟局里协商，从办公经费里拿了点钱进行维修。

**问**：这个办公经费怎么走账？

**答**：局里的财务先往咱镇上拨，镇财政出个条，写明干什么用。钱用的时候，第一书记签字，比方说这个护栏吧，咱们计划用护栏，用多少米，招标之后多少钱，打报告，管区书记、分管科长、包办镇长，现在叫主任了，都签上字，才能用这部分钱。

**问**：村里发生了这么多变化，除了政府、第一书记包村之外，还有别的什么推动因素吗？

**答**：咱实话实说，像俺这个地方吧，毕竟偏僻点。在家的人也少点，特别是年轻的。像我，这些年我就算年轻的了。60岁以下的，在家的，就俺2个。还是靠政府的政策支持，以及包村的资金支持。你说叫人家回来，年轻的他不干。你别说这些钱，你就是叫他回来干书记他也不回来。一结婚，一有小孩，一个人他没有三万五万的，他没法生活。现在核桃也不值钱了，老年人还上不了树，年轻的都不在家。现在核桃2元钱一斤没人要，不好卖。一开始换届以后，我也琢磨乡村振兴这一块怎么做，但是很难办。年龄大的，毕竟接受事物慢了，你再叫他改变现在这个生活方式，很难。核桃树，现在基本上不管了，都出去打工了。年轻的不再回来了。一般的打工都每月三五千元钱了，你再回来种地，现在这个效益根本养活不了这 3 口人。

**问**：您觉得 10 年以后还有人会种地吗？

**答**：我是实话实说，也只能说俺村的情况。现在 60 岁的都不在家种地，你像他 65 岁左右，一天一百四五十元，他就不在家干这个了。一般种地的，都是 70 岁左右的。

**问**：再过 10 年，这 70 多岁的就干不了了。

**答**：就是现在 60 多岁的在种地，年轻的基本上不干了。

**问**：都感觉再过 10 年、15 年、20 年的，就断层了。

**答**：我这个孩子十五六岁的时候，暑假里，星期六、星期天了，让他帮帮忙去点个化肥、点个种子，能去。现在 25 岁了，再让他去，就不去了。他就问，这个值多少钱啊？他就不去了。你包括俺现在一些老哥哥，对果树管理也挺好的，也都 70 岁左右了。从去年开始这个价格不行了吧，树就不再管了。为啥不管了？他看出来了。孩子在外面打工，在市里或是在郊区买了房子了，他不可能再回来了，这是很现实的。你像我这个孩子吧，他再回来不现实了。

**问**：您孩子现在在哪工作？

**答**：在××厂，××区那边。俺一个哥哥，管理树很有一套。俺村一共三个会打药的，他今年就不打了。为啥不打了？他爬不上树去了，孩子不回来给他打。10 年以后，这个地基本上也就种点小米啊、绿豆啊，这些个人还能用的。

**问**：就是更谈不上经济价值了。

**答**：是的，不现实了。十年以前就这样了，不依靠种地生存了，就那个时候种的树嘛。2008 年、2009 年，好的核桃价格在十二三元，一般的十元钱，那个时候还不用打药。

**问**：为什么现在必须打药呢？

**答**：基本上是树苗带来的。从 2017 年、2018 年开始，不打药就不行了，你打晚了都不行。

**问**：咱村里这个留守老人、留守儿童还有留守妇女多吗？

**答**：留守儿童、妇女、老人，大概 160 个人，这是长期在家的。再就是出去打工的，一早走一晚回来的，是五六十个人，总共两百多个人。

**问**：在家里的，这些留守的，出现过什么情况吗？过去这三五年。

**答：** 这个没有。这些（早出晚归）打工的，主要就是为了照顾老人，如果家里没老人了，就都走了。

**问：** 我看到有几个房子基本上就空着了，还有个二层楼，那个是什么情况？

**答：** 他是在外面做绘图、做测绘的。

**问：** 也是咱村里的人？

**答：** 咱村里的，有老人的时候，盖的房子，那个时候就花了 100 万元左右。

**问：** 哪一年花的 100 多万元？

**答：** 应该是 2014 年、2015 年左右（建的），那个时候有老的，他父亲，住了三年，2017 年他父亲去世的，就闲着了。有老人的时候天天回来，现在过年也不回来了，就是清明、七月十五，上个坟就走了。

**问：** 那个时候 100 多万元得顶现在的一百七八十万元吧。咱这个人均耕地能有多少？

**答：** 最早的时候，就是大队的时候，一口人三市亩地，这三市亩地包括山地。现在平均的话市亩一亩半，基本上也是山地。

**问：** 土地撂荒地能有多少？

**答：** 估计有一半了。我干的时候，在 2002 年的时候，半山腰还种谷子。那一批老人没了之后，就闪（荒）了。现在好种的就种，不好种的就荒了。原先的时候，还租地来种，一亩地我给你多少钱，现在你给他钱，他都不种了。你给他钱，他说没有工夫。白种，给他点钱，他都不给你管了。

**问：** 早些时候主要种什么？

**答：** 早的时候，俺村是种地瓜、玉米、小麦，现在基本上就是种核桃树了。

**问：** 现在一亩地刨去成本能剩多少？

**答：** 人工不算，去了种子、化肥，今年种谷子的，一亩地最多能挣个 500 元钱。前提是人工不算，算上人工可能就赔钱了，这是种得好点的。

**问：** 核桃如果打药，基本上就收不成了？

**答：** 现在咱村里连卖打药杆子的都没有，基本上都不想收了。2 元钱一斤，你雇个人，加上脱皮、晒干，这 2 元钱还不好卖来，不够人工钱了。

问：今年花椒是不是也不大行？

答：都冻了。

问：咱这个村里应该就不存在土地流转了吧？

答：没有，山地太多。

问：有没有外来的人，包过山什么的？

答：原先咱们村里种过中草药，那个是核桃树小的时候。种了四五年，也是一个扶贫项目。后来（核桃）树长大了，遮阴了，就没法种了。现在核桃树也不收了，镇上的（干部）也跟我说过，说这个中草药种植。

问：那这个就需要把核桃树砍了。

答：这个老百姓没有意见，可就是谁来种呢？流转呢，10 年前，你给他 500 元他不流转，现在你给他三百二百元他就流转了，这地还是他的。但是咱这个地还是小啊，用不上机械，还是全靠人工。

问：当时种的什么中草药？

答：原来种丹参、黄芪、板蓝根、柴胡。

问：这些都是比较常规的，容易种。

答：都是常规的，管理也很粗放的。种了四五年，收益倒行。

问：比种粮食要强？

答：比种粮食能翻两番，一亩地收入的话，在 1500 元左右。

问：花的工夫差不多？

答：嗯，差不多。

问：那么，未来咱们这个村的土地打算怎么发展？

答：过去俺们也谈过这个事情，其他几个村也出现这种情况。打算呢，一个是特色种植，特色种植种啥呢，就是小米。说实在的，××小米一半是俺村的，他那个地面积比较小啊。还有小豆啦，绿豆啦，紫薯啦，再就是地瓜，这一块来买的是不少，山地种出来的口感很好。特色种植，一个是中草药，一个是小杂粮。因为养殖不允许了，也养不了。流转的话也能行，不流转的话，年龄大的也能种了。小米啦，它耕完地，加上不是很危险的一些工序，就能干了。换届以后呢，想先试试，看看效益怎么样。种的小米、小豆、绿豆啊，接近 50 来亩。今年是 15 亩，丰收，很好啊。

问：咱自己有什么品牌吗？还是依托××村那个品牌？

答：现在管区是有电商。今年不是换届嘛，粮食季节性强，换届前就安排先试试，看看通过电商怎么把这个先推出去。效益好了，老百姓就种得多了。并且村里还有一部分人，就是说每家每户能种地的、能干的还有一个。小米、绿豆、地瓜、中草药，看着都能行。因为中草药有的是多年生的，并不是今年种上，今年就收了，今年种上它可能多年之后再收，效益好点，管理也有基础了。

问：咱这个村集体经济情况怎么样？有集体经济吧？

答：集体经济之前是没有，现在有一个光伏发电，还有一点投资收益分红。光发电一年接近2万元钱，投资收益分红是3万—5万元，不是固定的。

问：咱村里有什么合作社吗？

答：注册了一个中草药种植合作社。

问：但是现在不种药了的话，就发挥不了作用了。

答：嗯，发挥不了作用了。

问：村民收入主要是靠打工？

答：嗯，主要是靠打工。

问：咱村里大概有多少富户？

答：很富的没有，现在很穷的也没有了，就说有存款的吧，应该在三分之二以上。（存款）50万元以上的，有个10户、20户的。10万元、20万元的，比较多。他只要家里没有遇上天灾人祸，一年收入5万元很正常啊。只要有看孩子的，两口子上班打工，5万元没有问题。要是孩子稍微大点，孩子不用钱了，每年纯收入5万元是不成问题的。

问：存款50万元以上的，他主要是靠什么呢？

答：主要是靠经商，在外面干门头啊，比如干这个装饰材料，在外面干测绘的，干测绘的是4家。

问：干测绘的是自己开公司？

答：自己开公司，在早的时候，俺村里就他一个人，就是盖房子的他爸爸，他是学的这个。有个说法，他是教了4个徒弟，加上他儿子，就都起来了，都行。

问：主要是给谁测绘，测绘什么东西？

答：他是测绘和设计图文，就是图文设计啊。再就是那些卖装饰材料，干点小买卖的。

问：干小买卖的是在镇上，还是在济南？

答：基本上是在××那边。

问：××离这比较近吗？

答：嗯，近啊。像在××的、××的，就是在那里卖菜的。干建筑的没有发财的。再就是一些年轻的，有干快餐的、干饭店的，自己当老板。

问：那还比较灵活啊？

答：他是逼得没有办法，得想办法挣钱啊。

问：现在比过去条件也好了，机会也多了，过去连出去都出不去啊。

答：嗯，是啊。现在地这一块放松以后，他也有精力去干别的了。

问：咱村里现在有幼儿园吗，还是几个村一块？

答：幼儿园现在都在枣林村，整个管区的幼儿园现在都在枣林村。各村都没有了，小学也没有了。

问：咱村里这几年出了多少个大学生？

答：今年不赖，今年出了 4 个本科，2 个专科，6 个人。应该是五年还是四年没出本科了，今年出了 4 个本科。

问：去年也有考大专的？

答：嗯，专科每年都有。今年的本科考得都不孬，都在 500 分以上。

问：在哪上的中学？

答：××一中、××二中，这两个学校。

问：考得最好的那个，大学是考的哪里？

答：大连……

问：大连海事学院？大连理工大学？

答：嗯，大连理工大学。

问：咱村里有一个卫生所？

答：有一个。

问：医生呢？

答：他是××村的，联合搞的卫生所。

问：卫生所建在哪个位置，在咱村里？

答：咱村里。

问：能拿药？

答：嗯，能拿药。

问：除了卫生所，还有药店吗？

答：村里没有药店。

问：老百姓住房情况怎么样？村民现在住的最早的房子得多少年了？

答：住房的话，从开始有危房改造，就是政府扶持的，俺村里是42户，这也是好事。怎么说呢，基本上在家里的是老头、老太太，让他们再投个资，不想投了。但是危房改造以后，住房是没有问题了，60个平方。

问：危房改造基本上就是推掉，重新来啦？

答：嗯，重建啊。

问：他有什么面积的要求吗？

答：有啊，就是一口人不能低于60（平方米），两口人以上的80，有一个前提还得是贫困户。

问：咱这个村附近有没有养老院？

答：没有，就是××街道有一个。

问：就那个老年公寓？

答：是敬老院。

问：咱现在60岁以上的老年人，养老金能拿多少钱？

答：140多元，可能又涨了一点钱，145元左右。

问：咱村里给这些老年人有什么补贴吗？

答：没有。

问：您刚才说的村集体收入，好的时候一年能有多少？

答：好的时候，去年拿了20万元。收益分红，光伏发电，还有一片果园，咱收过来吧，也有一点钱。

问：差的时候能有多少？

答：差的时候，10万元左右。

问：办公经费呢？小村和大村有区别吗？

答：有区别啊，小村应该是3万元吧。

问：党的十九大提出乡村振兴之后，咱村里或是镇上在乡村振兴这一方面做了哪些工作？

答：一个是技能培训，劳保所组织的。这个60岁以下的妇女，出去干面点也好，还是干其他的，学了有个证书啊。这两年培训是每年2期。

问：镇上组织的？

答：嗯，劳保所，也就是镇上组织的。

问：主要搞哪些方面的技能培训？

答：电气焊、面点、护理，这些都有。

问：咱村里四五十岁的女同志有没有在外面干家政的？

答：有啊，他们就是在外面干家政、保姆啊。

问：大概能有多少人？10 来个人有吗？

答：多，得 20 多个。

问：工资还不低呢，至少得 4000 元吧？

答：嗯，4000 多元钱。

问：除了技能培训，还做了哪些事？

答：再就是联系外出务工，这也是劳保所组织的。

问：咱这个村不是美丽乡村？

答：不是。

问：因为什么没进入美丽乡村名单？

答：它就是一个阶段，过了那个阶段就没有了。但是呢，也附带着干了一些活，包括俺这个户户通、美化、亮化……户户通是去年干的。

问：户户通就是水泥路通到家门口是吧？

答：嗯，大门口啊。还安装了自来水，这个事应该是很成功的，水质、包括这个供水时间，大家都反映很好啊。

问：这几年村里有没有矛盾纠纷啊？

答：矛盾纠纷，怎么说呢，近十年吧，基本没有。为什么这么说呢？都看开了，素质都高了。他就是有些事的话，他也都想开了。为什么说不跟原先一样了？这一块地吧，原先比较近，能吵起来了，你这个院吧，原先为了 10 公分能打官司啊。现在呢，他多要 10 公分又有什么意思呢？盖房子之前上面政策先得叫四邻签字，得认可。我打谱盖多长的、多宽的、多高的。你同意，他也同意，都签了字，他才给你批，给你办手续。你一个不同意，他不给你批，提前都把这些矛盾处理好了。

问：这些变化的原因是什么？

答：一个是在外面的人多了，接受的新鲜事物多了，不是什么都计较了，这是基本的素质提高了。再一个就是咱通过引导吧，政策方面也都很普及了，跟法律普及也有关，电视、网络一看，他就明白了。

问：村里面有没有能人？刚才问的富户就是能人。

答：几百万元以上的，就是这三个做图文设计的。还有一个是在外面干蔬菜配送的，就是卖菜的吧，他那边有地方、有销路、有车队。

问：村里还有没有德高望重的老人？

答：德高望重的，有啊。

问：得 70 多岁了吧？

答：年轻点的 75 岁了，年龄大的 86 岁了，在村里威望挺高的。还有一个年轻点的，是从机关上退下来的，他懂得多吧，了解政策，他说话人家就听。

问：咱这个村主要都是姓 H 吗？

答：姓 H 的占三分之二，姓 Y 的占不到三分之一。其他的姓就很少了，三户两户的，姓 W 的，姓 J 的，姓 L 的，很少，姓 J 的一共两户。

问：村里有没有热心公益活动的人？比如说疫情防控。

答：疫情防控我们是以党员为主，在这个事上，党员做得很好，我是说真事。外面要求是 60 岁以下的、身体条件允许的才让值班嘛，有些年龄大的还说，俺下去值班去吧，俺还害怕出点事。因为年轻劳力那个时候都在家里吧，光年轻的就有 20 多个党员参与这个事。

问：20 多个党员跟各村的人口规模比，算中等的，还是多的？

答：这 20 多个党员是年轻的，总的 40 多个。

问：这个比例算高吗？

在场干部：和全国差不多，就是平均水平。现在有一个村 300 来口子人，光党员有 30 多个，你现在找一个入党积极分子写入党申请书，再发展也很难。因为现在入党啊，你有工作单位，工作单位有支部，你就不能从村里入，虽然你户口在村里。再就是现在入党重点是考虑年轻的，但是呢，年龄大的，他出不去的还想在村里入党，尽量卡着年龄。

问：像我们这个党员没法转回来，是吧？

在场干部：得分情况，你退了休也看情况。只要是行政和事业部门的退了休的，都有一个支部，一个老干部支部，都上那里去了，不让回村了。教育上也是，原来教育上不管，只要老师他自己愿意回来，他就转回村里，从去年开始，他们也是不让转回来。

问：村里有村规民约吗？

答：有啊。

问：谁来制定呢？

答：村民代表啊。

问：您还有印象我们是哪一年制定的村规民约？

答：应该是一几年。

问：从那制定了以后，内容有没有什么变化？

答：有变化，随着形势变啊。原先人居环境没有吧，现在也把它加进去了。

问：现在村里的红白喜事怎么弄的？

答：我们有理事会。

问：红白喜事也是简化了吗？

答：简化了，应该简化不少了。

问：白事是几天？

答：基本是 2 天。因为 1 天的话很挤啊，有晚上去世的。基本是 2 天，1 天的很少，3 天没有了。第 1 天出事了，有个过程啊，第 2 天出殡了。

问：理事会，办这个丧事大概需要多少人？

答：理事会一共是 5 个人。

问：除了这 5 个人，像处理其他的事，咱还能找出人来吗？

答：其他的事，俺村里是有个什么风气呢？现在你不管是在哪里上班，只要是村里有人去世的，你上班再忙也得回来帮忙，管事的他就安排了。

问：像这种白事的话，大概多少钱能搞定？

答：一般 8500 元左右就办下来了，这个"客"是有数的。

问：能够吗？

答：够啊。

问：你比如说，棺木、火化……

答：火化不要钱了。

问：殡葬车？

答：100 元钱车费，其余都不要钱了，并且还有补贴。

**在场干部**：现在骨灰盒还必须得买吧？

答：不，赠送的。你要好的，就得买。你要普通的，就是赠送。

问：咱们还得伺候客呢？

答：大锅菜。

问：就是馒头和菜，不炒盘子了？

答：就是4个菜啊，原来的吹鼓手都不用了。

问：咱有公墓吗？

答：现在是个人向个人地里埋。

问：还得买棺木吧？

答：对啊，还得修坟。俺这里一般是提前修，年龄大了吧，70多岁、80多岁了，就提前修坟了。

问：然后红事呢？你比如说结婚啊，基本上就是在镇上？

答：结婚就是就近啊，条件好的吧，在市里有房子，他就在市里办。你要是一般的话，就是在家里办。

问：一般20来桌？

答：没有，十五六桌。

问：一桌加菜加酒，1000元够不？

答：差不多，喝酒的少了，也是分家庭、分条件。

问：这几年咱村里结婚的有没有在济南买房子？

答：都买房子。不买房子，找不着媳妇，哈哈。

问：都在济南买了？

答：不是，也可能在近郊，也可能在市里，也可能在章丘，都买房子了，不买房子，白搭。只要不买房子的，他就找不着媳妇。

问：目前咱们村两委的工作面临哪些压力啊？

答：压力还真有，咱是实话实说，每个部门都得整档案。

问：都有哪些部门啊？

答：是各个部门都有档案。像安全生产啊，这个那个的，原来没有这些事，原先一个党建，一个村务，现在是各个部门都得整档案。一共4个人，各个口还得有人管，一个人他能管10几个事。

问：4个人大概对应着多少个事？

答：常规的，也得十七八个事，水利、林业、扶贫、统计、经管、民政、劳保、残联、军人事务、安全生产、环保……

**在场干部**：政府现在的部门吧，虽然换成街道了，还是按原来的乡镇配置，现在（街道）是有三十四五个部门，村里就得面对这些部门。

**问**：除了来自上级的任务压力，还有什么压力？

**答**：再就是工资低啊，怎么说呢，现在干工作，我是实话实说，基本上是靠感情啊。他（们）就 3 个人，2 万元钱啊，一个人平均的话是7000 元。

**问**：这 2 万元钱是工作经费吗？

**答**：就是干部补贴啊。

**问**：不是一个人 2 万元，是 3 个人 2 万元？

**答**：除了书记主任以外，就是 2 万元钱，不是一个人 2 万元。烟还不够呢，7000 元钱，你抽烟都抽不着。再说呢，这考核那考核，这事那事的。明天可能就来检查，你准备不好就不行。现在还让坐班值班，每天得有人。你像我吧，基本上事多点。他 3 个人，轮流值班，一个人也得 2 天班。

**问**：我怎么感觉委员们得 2 万元钱吧？

**答**：村书记是 2015 年才有的钱，2015 年以前是光书记有 1000 多元钱，两委都没有，是从 2018 年开始才有两委成员补贴的。怎么说呢，确实上面要求高了，也严了，制度也健全了，下面呢，成员素质也上来了，也年轻了，但是待遇太低了，哈哈。特别是像咱××街道，它又没有啥其他项目，就这些事儿。

**问**：还有别的压力不？村里啊？村民啊？

**答**：怎么说呢，个人思路还是左右不了政策。咱这个地方发展，就政策引导，村里边有想法吧，就靠政策去推行。很多人出现什么情况呢，一上来，我怎么着，想怎么发展。但是，毕竟咱这个地方偏僻，产业呢，就这点地，旅游不行，种植不行，养殖不行……

**问**：您认为村书记和主任一肩挑对村委的工作有什么影响？跟过去比有什么变化？

**答**：俺村里吧，从一开始有段时间是一肩挑啊。从 2005 年还是 2002 年，到 2011 年。俺村里相对来说，还比较稳定点。有主任也好，书记主任一肩挑也好，我也挑了一段时间，村里稳定吧，确实也没有什么特别的感觉，弟兄姊妹们都是不错的。但是怎么说呢，工作起来是责任大了。

**问**：您觉得一肩挑还有什么影响或变化吗？

**答**：我说实话，在俺村里吧，觉不出来。因为村里稳定，原先有主任是这样，没有主任、书记主任一肩挑了，也是这样。

**问**：这几年基层党建工作给咱村带来哪些影响？

**答**：不管干什么不都是党建引领嘛，疫情防控了、人居环境了、社会稳定了，还是通过党建引领才能干好。

**问**：您觉得党建下一步怎么样更好地去引领乡村振兴？

**答**：乡村振兴还是要根据实际情况，它不适合种的就不能种，再就是搞合作社，虽然能办起来，就是效益不可能和咱预想的一样，还是说因地制宜吧。你就一个乡镇，各村条件不一样。

**问**：您觉得制约本村发展的因素有哪些？

**答**：很多啦，叫我说呢，真说不上来。一个是人员的事，老龄化严重，年轻的在外面打工。党建引领呢，年轻的党员在家的也很少，需要开会、有活动、学习，他回来了，平常还是在外面。居家的以老年人为主，以老年妇女为主。

**问**：人，首先是人。

**答**：对啊，因为咱这个条件他留不住人，在家里他就容易吃不上饭了。

**问**：还有别的因素吗？

**答**：地理条件，地理环境。我感觉就是这样，一个是地理环境，一个是人的事。政策的话，你干什么事还有资金扶持。现在担心啥呢？有资金扶持了，担心扶持的这个资金你能不能给他收回来，能不能有收益？担心这事。作为俺这些人来说，也不敢去很盲目地去做什么事。

**问**：您觉得什么样的村才是实现了乡村振兴？你有没有想过？比如说我们这个村达到一个什么状况？或者您认为浙江的一些村是不是就是我们要追求的乡村振兴？

**答**：我感觉还是政府的规划。你比方说咱××街道吧，旅游了或者是农业了，你要是单独一个村基本成不了气候。就是几个村联合一片，就是这几个村或是这十几个村一块打造，干一个事，统一一起干，这是我个人的想法。

**在场干部**：说起这个地来，去年花椒树不是都冻死了嘛。我有一块地，其实就是俺爸爸的一块坟地，这块地有500来个平方米。我栽上花椒树，去年刚见果，然后都冻死了。俺妈说种上棒子，我说种棒子怎么弄，那么远，还得施粪，还得往家运，都得找人。这里亲戚朋友干个活，你得吃个饭，喝个酒，比你弄出来的棒子（玉米）还贵。

**答**：一亩地 500 斤棒子就 600 元钱，这几个人一顿饭就吃了。

**问**：书记，您下一步对本村实现乡村振兴有什么想法，或者说您觉得有什么路径啊？怎么去贯彻落实？

**答**：这个题吧，怎么说啊，跟着政策走吧。咱个人的想法左右不了，实话实说啊。领导站得高看得远啊，领导看准的事，咱跟着干。很多事，它能赔不了钱就算好事。政府投资投进来了，你把本给他收回来，这得做好。

**问**：还是主要靠外力？

**答**：嗯，外力。

**问**：内部的因素、内部的活力都得靠外力。

**答**：就一个事，外出务工啊，一个打工的就能把一个家庭搞活了。在家里，不管你种的地再好，地里一棵草都没有，温饱能解决就不错了，别说小康了什么的，就达不到。就说有一个打工的，这 4 口人、5 口人就能吃饱饭，有 2 个就能有存款。

**问**：您认为咱们现在这个老百姓啊，他对未来的生活有什么期待？能列出几个来吗？第一期待是什么？第二期待是什么？第三期待是什么？

**答**：关键是在家里的一般都是老年人吧，一个是咱当地的医疗条件要建好，医疗条件是一方面。养老这一方面呢，多数家庭基本上能养老，关键是一个医疗。再一个就是孩子上学，俺村里的，在外面买了房子了，举个例子，假如我吧，我有房子，孩子到了上学年龄，在那边不能上，得回来上，回来上的话就没人照顾。把户口迁过去，才能上学。家里的老人吧，他照顾小孩毕竟让孩子们不放心，多数人反映这个事。

**在场干部**：他现在是这样，那个市区里的小学啊，你在市区里边租房子也行，买房子也行，然后再比如说是在外面务工，给开证明或者交社保什么的，反正就是有那些证明之后，在那个市区里边上小学没有问题，都解决这一块了，没有单独的那种务工子弟小学。

**问**：老人的问题，孩子教育的问题，还有吗？

**答**：别的，现在生活条件强点了。水很正常，路、公交都可以了。虽然老年人这个养老金少点，100 多元钱一个月，钱多少不说，方便就可以了。

问：现在村里老人，家里有个儿子、有几个闺女的，他们的养老，咱这边的风俗是？

答：主要是男孩。

问：您认为咱老百姓最担心的还有哪些问题？

答：长病啊。

问：如果列出第一、第二、第三的话？

答：第一就是长病啊。

问：长病的话，主要是怕经济负担呢，还是怕病本身？

答：关键是经济负担，为什么呢，虽然有合作医疗，但一长病呢，他牵扯人太多，不光是费用的事，不光是钱的事，牵扯人多了。俺村里 80 岁以上的就 30 多个。

在场干部：长病不光是说花钱的事、这个报销比例多不多，再就是咱们地方的医院，他医疗水平还是不行，倒是报销比例大，基本上还得上市里去，上市里去他一定是花费高，这是其中一个方面。其他的方面带来的就是，这个老人住院得有人伺候啊，伺候的这个人如果是有工作的话，他得请假或把工作辞掉。再就是出了院，这个老人如果不能自理，然后他又得找个人照顾，现在咱这个农村还达不到那种再雇个人照顾老人那种地步啊。

问：第一个最担心的就是生病的问题，第二个呢，如果你要排序的话？

答：现在吃的是不担心了，住的是不担心了。关键是长病，再就是孩子上学的事。一个孩子上学，公交车不按点啊，得接送啊，到幼儿园、到小学得有人接送啊。

问：咱这边没有配校车吗？

答：校车有，一共 1 辆，不是很方便。

在场干部：在外面买了房子，而在村里上小学的，还多吗？

答：有啊。今年就出现好几个是不能在外面上的。具体什么情况不知道。

问：咱村里这个男的找对象，俗话说，打光棍的有吗？

答：你不能说没有啊，那就是脑子的事了。

问：除了这种先天不足的呢？

答：正常的话，都能找上对象了。

# 乡村建设访谈十七：FJZ 主任

【访谈对象】济南市××管委会××街道××村 FJZ 主任
【访谈时间】2021 年 10 月 10 日
【访谈人员】吴忠民　张登国　黄效茂
【访谈内容】

问：您先介绍自己的学历、经历、工作吧。

答：我现在实际上干了不到 3 年，2 年多。以前的时候，我是上到中专。

问：职业中专？

答：对，上了个职业中专，那时候也穷。

问：您今年多大岁数了？

答：我今年 50，1972 年的。我从那个职业中专毕业之后，我就学木工。说句实话现在干到主任，之前我都没寻思过，之前就觉得做个木工就行了，一辈子也没能想到能从事这个工作。

问：这也是不小的官了。

答：我是 2018 年 12 月的时候，正好村里缺个主任，我没想到就把我给选上了。

问：还是有威望的。

答：你看我们姓 F 的，我们村一共三个姓，F 不是大姓，一共也就十几户人吧，不到 20 户。

问：原来这个 F 姓是从哪迁过来的？

答：这个我爷爷他们也一直续不上，据说当时我那个老老爷爷是个飞毛腿，他那时候被国民党逮住了，要杀他，当时老人传得虚啊。

**问**：飞毛腿是指什么？

**答**：那时候老人就是说飞毛腿跑得很快，比汽车跑得都快。那时候他就从我们原来的庄里到这来躲，来了之后找了个对象，把这个F姓就传下来了。

**问**：别的村民家里都有家谱吗？

**答**：别人家都有家谱。

**问**：一般都记到多少代？

**答**：现在一般的还真不好说，以前的时候一续都是五辈子。

**问**：就是记载五辈子？

**答**：对，五辈子以上。

**问**：五辈子以上就不记了？

**答**：五辈子以上有的可以再去续，像我家就续不起来。当时我那个"飞毛腿"老爷爷有6个儿子，那时候挺不赖，那么难还生6个儿子，最后有两个出去的，有一个找不着了，就是要饭走了，还有一个去东北了，那一个要饭走了就再也没回来。我们F家都说要饭走的这个儿子本事最大，出了一个本事最大的。他本事倒不大，要饭要到遥墙，到遥墙之后就安家落户了，找了个对象，生了孩子，我在那边有两个叔叔、两个姑姑。我有个叔叔成器，当了大官。我们F家就出了这么个能人，哈哈，这官不小。以前谁想干个大官，得是富家大户才能干上。现在我寻思在村里也不缺吃、不缺喝的，我不愿意干村主任，结果一下子干上了，把这个职务摁头上了。现在村里没钱，光垫钱。

**问**：从哪找到的钱去垫？

**答**：都是自己出钱。我是2018年12月干上主任的，2019年我就垫进去十二三万元，干什么工作都得先垫钱，现在村里没有一点集体收入。以前村里弄了个冷库，那时候冷库收益不是国家扶贫项目吗？每年冷库收益是2万元，现在咱租出去一年才3000元钱，一年光这个冷库就赔1.7万元。

**问**：国家现在每个月发给您补贴吗？

**答**：这个书记的补贴高。我干了这两年之后，书记是3.2万元，主任是书记的一半。

**问**：不是80%吗？

**答：** 没有，一共一半，去年才给我 1.6 万多元，这是一年的工资。咱说句实话，也就仗着咱个人家底子厚，我个人干装修干了 20 多年了。

**问：** 现在还干着吗？

**答：** 我必须得干着，我要是不干就麻烦了，这生活怎么办。也不怕你笑话，我对象现在也是每天生气，不光是垫钱。

**问：** 这些就是您媳妇也得知道吧？

**答：** 那必须得让她知道。

**问：** 这个一般村民家里都有存款吗？

**答：** 现在是富了村民，穷了村里。现在老百姓都找着致富的窍门了，比如种地不行了，就出去打工。打工的话，一个妇女，最低得 3000 元一个月，再少就是两千五六，这不一年就能赚两三万元。现在老百姓种这个瓜果啊，苹果、核桃、梨，这个每年收下来的时候都能有五六万元。咱村里一个养桃的，就是管的一个桃园，这个桃是他管的作物里效益最好的，人家两口子一年这个桃的毛收入就有 10 几万元。

**问：** 一般的话，村民家里的存款能有多少？

**答：** 那天我在办公室还说，现在老百姓随便一户存款都得有个二三十万元，实际上有二三十万元存款在农村就可以了。

**问：** 有车的人多吗？

**答：** 现在基本上我们村如果包括面包车的话，因为面包车在农村属于很实用的车，有车率基本能达到 90% 以上，就是 10 户里最少有 9 户都有车，大小车都算上。这出门属于交通工具，再加上现在买个面包车，可以出去卖个桃、卖个梨的。

**问：** 对，非常方便。

**答：** 现在我们这个××村，还有个××村，在我们这两个村什么最有名？高光效苹果最有名，这个苹果，去年最高的时候，别人来采摘能达到 10 元钱一斤。

**问：** ××苹果？

**答：** 对，红富士，就是××红富士，这个苹果特甜。现在这个苹果上哪去卖呢？都是去市政府、区政府或者卖给一些关系户，我们这个苹果基本上到不了市场。

**问：** 大概年产量有多少？

答：我们这两个村加起来能达到 20 多万斤吧，老百姓都说这个苹果很好。像我们村里包括××村，全是种这种苹果的人，我今年又栽了 100 来棵苹果树。

问：这一亩地能种多少棵？

答：我们这都分大亩小亩，小亩的话一亩地能栽到 80 来棵。

问：你们这人均耕地能有多少？

答：人均耕地很少，我们这里人均耕地，老百姓之前都是按大亩分的，按大亩分，人均连 3 亩地都没有。

问：一大亩等于几小亩？

答：一大亩顶小亩的二亩半。

问：你们种这个苹果是占耕地还是不占耕地？

答：占耕地，必须得占耕地啊。

问：不是在山上种苹果？

答：以前的时候苹果是种在山上，现在这不是种粮食不值钱了吗，老百姓就把它都挪到耕地上来了。

问：底下不能再种粮食了。

答：对，再种粮食不合适了。

问：我认识一个云南的煤老板，特别有钱，他的梦想就是回村当村支书或者村主任。

答：那行，那他来了就能给老百姓做点实事。

问：咱这个村两委成员的情况能不能给简单介绍介绍。

答：村委会的话，以前咱村支部是有 6 个，从去年开始就成了 4 个了。

问：4 个？

答：就是 4 个成员，1 个书记 1 个主任，还有 2 个委员，以前的时候是 6 个人。

问：委员的话一年国家给的补贴能有多少？

答：在以前的时候国家不给钱，在 2018 年春节的时候，就是我上任那一年，国家就开始给两委成员发补贴了，现在是 1000 口人之内的（村）给 2 万，我们村达不到 1000 口人，就给 2 万。

问：1000 口人以上的给多少？

答：1000 口人以上的给 3 万。

问：这个能保证领到吧？

答：这个每年都发。

问：按年发？不按月？

答：每年发，每年春节年底这个钱就到了。

问：扣税吗？

答：不扣税，这个是直接打到公账上。

问：这个 2 万元是这两个委员一起分吗？

答：对的。我上任之后，从 2018 年年底的时候接着就出现了这个 2 万元钱的收入。

问：这个钱是两个委员平均分吗？

答：在 2018 年刚有这个钱的时候，村两委不是 6 个人吗，4 个委员分这 2 万元。怎么分呢？不是平均分，一般妇女主任分得最多，因为她在村里工作的时间最长。一般就是妇女主任多，会计多，其余那 2 个委员一个人就是 2000 多元。

问：会计也算委员？

答：对，会计也算委员。

问：什么委员？

答：就是村两委委员，不过像咱今年这个换届，要求的是 1000 口人之内的（村）是 3 个委员。就是要求 1 个书记主任，就是书记主任一肩挑，1 个会计，1 个妇女主任，这样是 3 个。咱们村现在是特殊情况，就是 4 个，有个主任，就是我。

问：一年能发展一两个新党员吧？

答：现在发展个党员可难了。

问：要动员人选？

答：不是动员，现在不知道两年能发展上一个新党员不。

问：是大家不愿意入党还是什么原因？

答：现在名额太少了。

问：大家还是愿意入党，就是名额少？

答：今年交入党申请书的特别多，我们村交了十几个。

问：那是什么原因呢？今年突然这么多？

答：咱也不知道，以前都没有写的，因为知道写了也不行，可能是建党100周年的事。

问：年龄呢？都是多大年龄？

答：现在最大的一个是50来岁，一般就是年轻人交得多。一般有的年纪大的，像这50多岁还积极地向党靠拢，就先照顾这样的人，年轻的可以先放放。

问：现在留在村里的年轻人还有多少？

答：基本上没有了。

问：能有三五个？

答：连三五个在家闲着的都没有，全出去了。

问：出去的都能找着工作？

答：都能找着。就算实在没有基础，比如说干这个木工，这种基本功型的是抢手货，再加上瓦工。就算没有基础，干个小工也有的是。昨天一个济南的朋友给我打电话，他在燕山立交桥那边给人看场子，不管年龄大小，只有晚上看，一个月都5000元，比保安都厉害。

问：这也没有什么技术含量。

答：可不说么，就晚上看厂子，我说我去不行吗？哈哈。

问：晚上去，白天在这干活。

答：你看现在还有的老百姓长心眼了，晚上出去干保安，白天再回来干活。干保安一个月3000多元，家里还什么都不耽误。现在这个村民和以前不一样了，前几天我们几个坐这里聊天，说要是在10年、15年之前，原来在老家的时候，就像你刚才说的，谁都不出去，光在家待着。这时候正好秋收，秋收完了之后，冬天也不出去干活，就在家打扑克。那时候思想上一点压力也没有，除了玩还是玩，也不考虑这些工作。那时候没钱没压力，现在经济好了就有压力了。

问：为什么有钱了之后就有压力了？

答：竞争厉害了。你在外面比我混得好就不行，你在外头工作，我在家里玩，你回来之后吃香的、喝辣的，所以说就竞争起来了。你看现在这人吧，真是经济条件好了，生活好了，这个压力就大了，压力真是挺大。你看现在这些妇女，妇女都没有在家里的，都出去打工。

问：在这里最富裕的人家估计存款能有多少？

答：我们村里有一个大户，就在这个村委后面住，他盖了个豪宅，就是你停车那个位置前面那一趟房子，他是干的石化、化工，是我们村最有钱的一个，得有上千万财产。

问：他给村里能做点贡献吗？

答：白搭。有钱了什么贡献都不给做，太抠。现在你看咱村里这么难，他从来没说拿出点什么东西来，不过人家这个钱也是自己混的。为什么说压力大呢，就是各人把各人日子过好了，谁也没有笑话的。

问：现在村里对家庭，或者对人的评价标准变了吗？

答：肯定变了，最起码说现在这个村里老百姓的素质都提高了，或者说原来见了面不是打架就是骂人的，现在这个风气没有了。

问：和富了有关系？

答：现在这个人真是，包括这个老人，以前在那骂街，整天骂街，两个人一句话不和，你骂他、他骂你，现在没有了。

问：原因是什么呢？

答：现在就是你说的富了，有钱了。

问：富起来了，然后自己的事忙不过来了。

答：都想开了，现在这人都想开了。

问：现在村里治安明显也好了吧？

答：很好。你看我们村这个治安，我们村这个老百姓的素质都很高，在别处买房子的村民很多，老百姓现在的法律意识都提高了，连打架的都没有，他们也知道打架是不行的。

问：你们这出的大学生多不多？

答：不少。现在高中也不少了，高中生都考大学。像我大闺女，等月底就回来了，就是回来实习。

问：她在哪个地方？

答：在四川成都，她学的是空乘。

问：这几年你们供她上大学，起码得 10 万元钱吧？

答：我闺女光学费一年就 2.2 万元，她这个空乘专业（学费）贵，属于艺术类。

问：那光学费也得将近 10 万元了。

答：我闺女一年上学就得四五万元。

问：还有路费什么的。

**答：**她坐飞机，来回都是坐飞机。

**问：**现在以种地为生活来源的人是不是很少了？

**答：**没有了。

**问：**就是完全没有了？

**答：**在家里只是种地的人基本没有了，就是两口子出去干活，都能干得不错。我们村有个叫×××的，两口子还都是贫困户，人家两口子身体都挺好，这个姓×的耳朵有点聋，人家两口子都出去打工。这个姓×的给人家干园林，就是给人家拔拔草什么的，一天能挣100来元，她对象干小工，一天也能赚个80元。

**问：**假设在外面一个月能挣4000元，那租房也得花不少吧？

**答：**不用租房子，就天天来回跑。

**问：**噢，就是晚上再回来。

**答：**为什么说现在农村的这个面包车多，都是天天来回跑。要是像你说的那样在外面住着，在外面干活100元钱一天，要是不来回跑，在外面150元住一天，那怎么办？主要是开车太近了，尤其是现在有了高速太方便了，上次我跑得最快的时候，从×××立交桥到家不用半个小时，就咱这说话的工夫就到了。

**问：**这里的幼儿园是什么情况？小孩是在家里待着还是去幼儿园？

**答：**我们村里有一个小学，小学里有个幼儿教师。现在老百姓要求都高了，都高了之后就感觉这个幼儿教师好像教得不好、管不好似的。他现在目前就教两三个学生。

**问：**是学前班还是什么？

**答：**学前班。

**问：**就两三个？

**答：**对，就两三个学生。

**问：**那他怎么挣钱呢？

**答：**这都是国家的。其实这个事也有的人觉得不方便，个人也得接送孩子，人家有的就直接把孩子放到××幼儿园了。现在私人幼儿园也很多，个人办的那种，中午在那里吃饭，一个月交点钱。

**问：**那小学在哪里？

**答：**全部上××小学，××镇，原来是镇，现在是街道了。

问：附近的村都去那个小学上吗？

答：对。

问：你们这村里有卫生所吗？

答：我们村里卫生所原来有一个，现在不干了。

问：那要是有点头疼脑热的找谁看？

答：头疼脑热的现在×××村有一个卫生所干着呢，要是厉害了就在那打个小针、打个吊瓶，就在×××村那个卫生所，一个小伙子干的。但这个报销得少，老百姓现在都有这个可以报销的医保，有的就直接去××镇医院，在那里办个住院都能报销 70%、80%，很近，坐公交车也很方便。

问：老人养老的话就是在家里待着吗？

答：你看见刚才围着的那群老头了吗？其中就有我父亲。我父亲 80 岁了，没事就溜达着玩。

问：没有什么养老院吗？

答：我们村里没有，镇上有一个养老院。

问：养老院进去容易吗？

答：一般的进不去，都是各个村里特困的，无儿无女的老人可以去养老院。

问：到那去就是国家掏钱？

答：国家掏钱。

问：主要就是孤寡老人？

答：对，孤寡老人。孤寡老人多了就出现个现象，就是房子不是你自己的。

问：收为国有？

答：就是去养老院之后，以前是交 2000 元钱，有兄弟姐妹给他交，交完以后这个房子就属于他兄弟姐妹的，也不属于国家的。

问：噢，也不属于国家的？

答：不属于。咱村有好几个贫困户，老人，让他上养老院他还不去。

问：现在过 60 岁的老人有多少养老金了？

答：现在 60 岁以上的老人每月有 150 多元钱吧。

问：70 岁以上呢？

答：70 岁以上还没钱，80 岁以上就有钱了。

问：那村里集体经济如何？

答：现在咱们村里没有集体收入。

问：没打算办点什么民宿酒店之类的？

答：现在主要咱村里征不下房子来。咱村里闲置的院子也有，但是说实在的，现在征这些闲院的话，我那次和书记还聊，我们俩在办公室就是聊你说这个事，关于集体收入，现在国家倒是也支持这一块，政府也支持，允许咱们办这些。但现在出现一个什么现象呢？就是投入太大，再一个咱这个平台也不行，就算办起来了还得考虑客源的问题。

问：咱这里生态环境怎么样？

答：咱这里环境很好，我整天跟我济南的一些朋友说，说我们这里才是真正的绿水青山。

问：您当主任以后您父亲很高兴吧？

答：我父亲也不愿意让我当。

问：老人为什么不愿意让你干？

答：意思就是还耽误事，这个活真是干不完。尤其干咱这个基层干部，也没有周六也没有周末的，就整天干活。再加上这个头几天的防火任务，光这个防火就是 6 个月的防火期，就是天天忙活。

问：这个您垫的钱怎么办？

答：垫的这个钱只能是以后咱们别的产业有结余的时候从这里面一点一点还上，现在都是专款专用。

问：这个村来过最大的官能到哪一级？市长来过吗？

答：市长没来过，目前来说就是区里领导来得比较多，因为咱这里也没有什么大的业绩。××村那个书记行，那个第一书记×××，是咱全国第一书记的劳模，咱市长亲自来看望的。

问：区长每个村子都走了吗？

答：基本上每个村子都走了。

问：咱镇长和书记是不是经常来？

答：镇长和书记经常来，一些工作问题，有些事不放心什么的。

问：市民政局的来过吗？

答：没有，来的话就是直接上镇里去。

**问**：那贫困户怎么办？这不都是民政的职责吗？

**答**：咱这个贫困户的管理一般都专门有个扶贫办，有什么事都是对口的，有事一般都直接对接。

**问**：咱这个村民对未来生活有什么目标或者期待？

**答**：老百姓当然是想过得越来越好。

**问**：如果排序的话，第一是什么？

**答**：这个怎么说呢，现在老百姓有经济基础的就是过一天是一天，比如现在这些打工的老百姓，一天挣 300 元挣 500 元的，一年要是干十个月，每年就四五万元，每个月就是见着钱就行，也没什么大的目标。说实在的，我也是这个情况，咱能有啥大的目标？有点好活就干点活，挣点钱，这都是真事。

**问**：没有比较确定的，比如明年比今年一定要高多少这种目标？

**答**：没有这一说。像春节的时候，你这边要人了，大家就跟着你干去，就是谁有活跟谁干。

**问**：老百姓有没有比较担心的事？

**答**：现在最好的就是老百姓，人家什么心都不操。现在主要就是各人过各人的日子，只要是牵扯不到他的利益，他就不膈应（方言：找你麻烦、恶心人）你。

**问**：没有说万一明年治安特别不好，出现一些村霸，没有这种担心吧？

**答**：他也不膈应你，也不理你。以前还拿着村干部当个事，现在都没人管你。老百姓现在惹不了了，他想盖个章、办个什么事都是合法的，你要是不好好办，他一个 12345 就给你打过去了。现在最不好干的就是村干部，老百姓都比村干部有钱，又好干。那天我还和书记说，咱们村里 700 多口人，一个都得罪不起，包括小孩子都不敢得罪。现在基层干部就这样，现在老百姓都懂法了，动不动 12345 就打过去了，接着人家就得回访，现在基层干部是最难干的。

**问**：现在你们这些支书、主任有没有想法当个副镇长？

**答**：以前的时候有两个村的书记，一个到××乡干乡长，到镇上当的副镇长，现在又转到××当副镇长，到××以后退休了，这真是从基层干部慢慢地熬上去的。现在来说，正经的干书记，熬到退休的都很少。

**问**：你看现在子女都出去打工，对于父母的孝敬这方面如何？

答：这个很好。

问：每个月能给老人多少钱？

答：这个不好说，像我父亲，我还有两个姐姐，一个妹妹，我父亲他本身一个月就有100多元钱的补贴，他已经80多岁了，可以领多点。这样的话我们不用给他钱，经济上不用考虑，因为一个月100多元就够他吃的，够他花的，吃这方面也不用他操心，我有时候在家做好饭给他送去，他都不要，他住在老院里，就在这个广场旁边。现在这个乡村老人情况都挺好，以前我们都说市里的老人不要孩子的经济补贴，现在农村也是，只要能活动，能动弹，够吃的够喝的，他就不跟子女要钱。

问：现在结个婚要盖房子吗？

答：现在这些20多岁的小伙子要结婚，都得买房子，而且要在市里买房子。

问：那花钱得花好几十万吧？

答：没办法。现在村里这些小伙子结婚，没有一个不在市里买房子的。

问：在市里还是镇里买？

答：市郊。

问：价钱呢？

答：都在1万元钱左右。

问：那买个百十平方米就得不少钱啊？

答：都得贷款现在。经济条件好点的买个大点的，经济条件差的买个小点的。头几天村里一个姓×的，刚结了婚，就买了个50平方米的房子，也是借钱买的房子，该（欠）人家好几十万元。

问：那他们这一买房子，家里的存款也就没了。

答：就基本上没有存款了。现在一个最大的坏处就是，现在这些小媳妇们一聊对象，先问有没有房子，就是逼着你买房。现在农村这个独居老人多了，你看现在像我这个年龄以上的，就是60岁左右的，孩子如果结了婚，两口子在市里工作，不管正式工还是非正式工，就找个单位上班，到时候又有了孩子，这个爷爷奶奶就得去看孩子。爷爷一般不去，在老家看着家，奶奶都得去看孩子，一看就得七八年，万一再要个二胎。现在不是只有我们村，各个村都出现这种现象，很多老人现在都成了活光棍了。

问：现在娶媳妇的彩礼一般多少钱？

**答：** 这个不一定。

**问：** 那也不能太少，总不能就 100 元钱吧。

**答：** 像姓×的那个，找的那个对象，他们家一共要了 10 万元，10 万元钱是最多的，正常要是按我们当地来说，三五万元钱就行了，也不用愁。现在就是找这些外地的彩礼要得高。

**问：** 他那个对象是哪的？

**答：** ××的。现在这些年轻人结婚，他要的这个 10 万元钱是最多的。

**问：** 这 10 万元有返回来的吗？

**答：** 那就得看人家那边了，人家最后愿意给他回多少就回多少。

**问：** 有一部分应该得回来，然后一部分留下来。

**答：** 像前两天那个结婚的，八月十六结的婚，拿出去 10 万元钱，就那个闺女自己来结婚，一分钱没回来，爹妈都没见着。现在老百姓你看着有个 20 万元、30 万元的，但就怕你买房子，一买房子全给你花光。就我们村里来说老百姓目前有个二三十万元的人多了。

**问：** 买房子要交首付吧？

**答：** 光首付最低得四五十万元。就这样说吧，要是孩子不结婚，这村民的小日子都挺好。

**问：** 都让房子闹的。

**答：** 没办法，现在社会就这样。最大的坏处，找了对象先问你有没有房子，必须得买房子，现在这些年轻人逼着对方买房子的不少，咱说买房子最差也得在××镇买房子。

**问：** 现在在村民们对社会上的职业觉得什么最好？如果排个序的话。

**答：** 现在想个人要有个手艺。

**问：** 还是要有个手艺，不是公务员？

**答：** 谁不愿意让孩子好好学习考个公务员？

**问：** 就是不太可能？

**答：** 连想也不敢想。

**问：** 那如果不关乎自己的孩子，就是聊起天来，哪些职业最好？公务员还是好职业？医生呢？

**答：** 现在这些小年轻基本上都没有干这个的。

**问：** 不是很羡慕大夫？

答：我们村里出的大夫比较少。

问：那比较羡慕的职业，如果排个序呢？

答：那咱要是对孩子来讲的话，咱最低恨不得就让孩子考上公务员，是吧？要是有特长的话，像我那个外甥，前几天给我说以后想当个大夫，我说这就很好。就是这个年轻人吧，就是根据他的个人爱好。实际上我们现在这些人，像我这个年龄的50多岁的，都盼着孩子有个很好的职业，都想让他当公务员，但是实现不了。

问：那大学老师呢？

答：很少。

问：排序的话大学老师是在公务员前面还是后面？

答：现在还是都羡慕公务员，这个是铁饭碗，老百姓都羡慕铁饭碗。像我们那个妇女主任的闺女，读的研究生，毕业后工作一般。

问：在哪个学校？

答：不知道。研究生毕业了也没有找到很好的单位，现在干什么呢？干家教，已经结婚了，专门给人家干家教，是在一个培训学校里，然后学校给发工资，她上一小时是一百几来着，然后学校再给她多少钱。

问：那村民觉得××大学校长好呢还是区长好？

答：这个不好说，哈哈。这个人在什么单位，接触什么人，有什么级别。假如说在部队上，一个师长和一个正团级的，来到咱镇上了最低也得是个镇委书记，他处的环境不一样，级别不一样。像我刚才说的，谁也不愿意干咱这个基层干部，干部级别越大了越好干，一句话就支使着底下人了，底下人就开始围着转了。

问：像您一样，哈哈。

答：你看现在咱不是在开区里的大会吗，大会发个通知，发给镇上，镇上接着派给办事处，办事处再派给村里，我们就是一个最低的单位，你要是干不好就是你这里的责任。所以说谁都愿意干个大官，大官好干。我那次和我叔叔吃饭的时候拉呱，我说我可见着一个当大官的了，他一句话旁边人就开始转，干活很好干的。我叔叔现在是大官，他手底下有五六十个人，都是年轻的，干得可好了，他可省心了现在，他比当初小官的时候强多了，最起码好干了。他有什么任务、什么通知，发给年轻的，他们都抢着干。谁不愿意干个大官，哈哈，这就是咱的愿望。那次我儿子去他家玩，我叔叔说我儿子："好好学习，孩子，干到我这一级就行。"我给我儿子说，你这个爷爷盼着你干到他那一级，你有这愿望吗？他说行，人家这都是熬出来的。

问：现在村里干活的小伙子们不怕吃苦吗？

答：现在的孩子怕吃苦。

问：现在这个木匠活很多都是由机器取代了吧？

答：全都是电脑（操作），现在尤其是干装修，干装修的这些木工太少了，镇上就这一百来个人，下面的年轻人没学的。

问：F 主任，我老是理解不了一个事。过去的技术工人上中专、技校，然后学徒好多年，才会一门手艺；现在好像不需要学那么多技术了是吗，都很简单了？

答：你就只把一项学好了就行。

问：比如说现在抹墙，抹平整是个技术活，现在这个还需要人去抹这么平吗？

答：必须要。

问：就是这个最基础的还必须有？

答：对。

问：那需要学多长时间呢？

答：很快，现在这些妇女自己都能干。小媳妇、小闺女什么的，现在这些年轻的小媳妇去干这个的很多。现在这个活外头都是 200 多元一天。

问：那要学多长时间？也得半年？

答：用不了，假如说你是工头，我是一个妇女，我跟着你去干活，咱都是有关系才能进去，不然工头不愿意让我跟着去做，但要是正经学，十几天就学会了。他不是木工，也不是瓦工，这个抹墙是很简单的，最难学的是木工，它需要这个基本功，瓦工就得眼管事，现在年轻人都不上心，瓦工只要眼管事，垒的这个墙是直的，就是好老师了。现在这些人，尤其是年轻人，都不上心，不动脑子。咱们村里还有个小伙子，现在在镇上当保安，一个月 3000 多元钱，他就是宁愿当保安，也不出去做点啥去。

问：保安还是挺好的活，挺轻松。

答：这个活能把人干懒了。

问：斗志就没了，勤奋的劲头没了。

答：像我这个人我就是说干就干。我当时还给我们书记开玩笑说，我很聪明，虽然上学不成器，但有的活我一看就会。真的，像我这个干装修，一直都是我领着干的，干完之后人家主家感觉咱干得挺好。基本上我在外面接了活，人家主家都说咱干得好。我都是给你干了，你给我引荐，给他干了他给我引荐，都是朋友关系推荐的。包括在一个机关大院我干了3年，这些领导都认识我，那时候在2012年、2013年左右，那时候可好了，我在工商局的一个朋友就说："有困难，找老F。"哈哈，家里有点小毛病，水管有毛病、电有毛病，我都去给人家修修。

问：水、电、装修，这些都行？

答：对。

问：咱村这些年纪比较大的村民认为这几十年来村里发生了哪些大的变化？

答：就拿我刚结婚那时候来说，我是1997年结婚的，那时候我们村里就5辆摩托车。

问：首先就是现在生活好了，对吧？

答：对，主要还是国家政策好了。你看我结婚那时候，出去打工都找不着门路，没机会。到了2000年以后，国家政策就好了，建设也多了，就开始面向这个社会招工，老百姓的生活才逐渐强起来了。像我干装修的时候最开始一天才20元，现在达到了300元，这是什么程度？现在干一天300元钱，中午还管顿饭，一天就是干八九个小时。我当时结婚的时候就给我对象说，在10年之内就得用上汽车，从1997年到2007年的时候，这个汽车就有很多了，老百姓的生活变化就很大了。

问：现在这个人心变好了还是变坏了？

答：好了，现在人心都变好了，除非是个别特别不懂事的人。

问：人心变好的原因是什么呢？

答：还是现在生活好了。那时候山区的老百姓最难了，没有钱，那时候老百姓都在埋怨，还有各种集资什么的。

问：那时候村干部更不好干啊。

答：更不好干，那时候老百姓是真骂，他们是真没钱，越没钱越需要交钱。现在什么费用都免了，老百姓什么都不用交了。

问：全免了还给钱。

答：对，还得给钱，现在国家政策太好了，村民都说共产党好。现在老百姓只要是愿意干什么，干就行了，只要能动弹，去哪干活都有人要你，人家妇女出去干个小工一天还得 100 多元，这日子现在很舒服。但现在有一个问题，老百姓过好了，集体过孬了，集体没钱了。

问：想做些公益事业什么的，要是集体没钱也是个事啊。

答：对，想办点事太难了。现在村里干什么东西都不好干。

问：每个村是不是都有那个党建活动中心？

答：有，咱的就在旁边那个屋里。

问：一年能给多少钱？

答：我也不知道。

问：现在村里有合作社吗？

答：有，今年刚成立的合作社，名字叫××合作社。现在不办合作社的话，给老百姓办点事情不好办。

问：合作社是谁来投资？

答：咱村里个人办的，办的营业执照。

问：有什么优惠政策吗？

答：办起来合作社的话，就是老百姓收的苹果有点门路，有点销路，给老百姓找点出路。

问：村集体留点收入吗？

答：如果是经过咱村里的，咱就收一点作为集体收入。

问：现在村民种这些苹果，通过网上卖的有多少？

答：很多，现在的年轻人通过网上卖得很多。

问：这省事了。

答：对。你看这些核桃什么的，年轻人都在卖，咱不会卖。鲜果没人收，就是核桃卖得多。

问：这个卖得好的能挣多少钱？

答：不说能挣多少钱，老百姓能把这些核桃销售出去就很好了。

问：村民种了苹果和核桃卖不出去怎么办？

答：基本都能卖出去，尤其是苹果，咱的高光效苹果，现在在市场上真是供不应求，很好吃。

问：多少钱一斤？

答：正常来说就是 5 元钱左右，就是采摘的，去年最高的时候达到 10 元钱左右。

问：采摘就是人家来这里？

答：对。

问：那别人怎么知道你这里可以采摘？

答：都是关系介绍的，有的人吃过咱的苹果，觉得确实好吃，一问可以采摘吗，我们就说可以采摘，人家就带着单位上的人来这里采摘，咱的苹果很有名。

问：村里这个白事现在是什么情况？

答：以前咱村是 7 个组，当时老书记任职的时候，一家有事，全庄都派人去，后来我们村是 4 个组一伙，后来又到 2 个组一伙，最后 2 个组一伙还是派不下去，因为都抓经济了，都出去干活了，一干一天。

问：4 个组什么意思？

答：就是 4 个生产队，原来是 4 个生产队集体派人，头几年的时候派到 2 个生产队，后来 2 个生产队也派不下去了，现在派到 1 个生产队，1 个生产队就是 100 多户人，这就好派了，每户都得来。现在这个白事都是小组长（负责）。

问：每家还交份子钱吗？

答：份子钱的话，每家关系好的都交份子钱，感情好的那些。

问：一般都是多少？

答：那这个就得看感情了。

问：最少的有多少？

答：最少的 100 元。像这个红白喜事最低是 100 元，娶个媳妇什么的下饭店去××，随礼最低得 200 元。

问：现在一般都是火化吗？

答：对。

问：火化以后放哪？咱这有公墓吗？

答：有公墓，现在这个政策还是让他们埋在公墓里。

问：买个小墓地多少钱？

答：现在都埋各人地里，公墓大部分人都不去。

问：各人的地里？

答：各人找个风水先生看看，哪块地好就埋在哪里。

问：咱村也有公墓？

答：咱村有，咱村4个组都有公墓。那时候埋的很多，现在有个什么现象呢？有的公墓风水比较好的，他就不动；有的公墓风水不好的，他就挪走了。

问：人之常情。

答：对，有的看个好风水的地，就把家里老人的墓挪走了。像我就把我爷爷奶奶的墓地挪走了，挪到各人的地里。要是挪到人家地里，给人家说他那个地方风水好，在那修个陵地，人家200元钱一平方能卖给你就不错了，一般都不能说是去看陵地。

问：就是坐地起价？

答：对，要不然人家不卖。

问：如果买一块安息地得多少钱？

答：现在正常买的话就是100元钱一平方米。

问：也不贵哈，就是100多元一平方米，如果看中这块安息地，但前提是不给人家说？

答：对，而且他得愿意卖给你。他要是知道你建陵地，他就不卖给你了。

问：这个地就算买了，理论上讲还是集体所有的吧？

答：集体所有，目前自己是用着，就是别人就不种了。

问：现在咱这个地的情况如何？

答：以前生产队分得都很好，分一等地、二等地和三等地。一等地就是水浇地，就是山脚上的地，二等地是半山腰上的，三等地就是到了山上去了。

问：那你们分地就是按一、二、三等地？

答：对，那时候我们这里就是一家里面，一等地也有，二等地、三等地也有。像那个林地，像山上那些柿子树、核桃树，这个地给你之后，这些柿子树、核桃树就是你的了，连树加地都是你的了。正常来说都是一、二、三等地，现在有了基本农田。

问：您看现在很多村民都不种地了，这个地是租给别人种还是荒着？

答：能租的都租了，不能租的都荒了。

**问**：租的话一年能收多少钱？

**答**：咱们村上一届书记任职的时候，当时也是扶贫，租出去20多亩地，一亩地就是1000元钱。以前相当贵，现在村里还赔钱，现在村里光这个农副收益就赔1.7万元。

**问**：租出去这20亩是干啥的？

**答**：那时候是一个扶贫项目，栽苹果树，栽的树也没管好。

**问**：这个弄苹果树可是个技术活。

**答**：对，是个技术活。

**问**：那可不是谁想弄就能弄的。

**答**：现在老百姓80%的人都会管理，有这个经验。

**问**：没有请高校研究所什么的来指导吗？

**答**：以前的时候南方有个公司每年都来村里，一年四季给老百姓讲这个苹果树的管理，老百姓也很愿意参加。

**问**：这是无偿的还是有偿的？

**答**：无偿的。现在也有，现在个别的像××管委会组织的培训，现在这都是高科技了。现在培训都是免费的，每年都有，政府给下通知，每个村子派几个人去××管委会学。

**问**：这个不要学费？

**答**：不要学费，还管饭呢。现在政策很好，老百姓现在过得很舒服，所以说为什么都不愿意干这个基层干部了。以前老百姓看我们还觉得是个大村干部，现在真是拿村主任不当干部了，老百姓都看不起咱。

**问**：现在这个宅基地是谁管？村两委管吗？

**答**：管不了，镇政府说了都不算，现在宅基地不批。

**问**：是镇里说了算吗？

**答**：现在基本咱村的建设用地没有。像我们村想迁出去，找个建设用地，就批不了，现在没有。批地就是给的固定的数，像××那个翻建都停了。现在××这个政策也不知道怎么回事，今年春节的时候还整着呢，刚建了一个多月、两个月，办事处就给封了，到现在一直没放开。

**在场干部**：去年的时候让统计过，统计村里确实房子住不开的，确实需要申请宅基地的这些村民，写过一次申请，写过申请之后没音了，没消息了。

答：他要求的是祖孙三代在一个户口本上，可以申请。结果老百姓都来报，这就矛盾，都来报了谁敢批？市长也不敢批啊。

**在场干部：**现在村里的建设用地很少。

问：宅基地也要申请？

答：对。今年换届完之后，书记主任去××开会，开了三天会。当时×书记开会时说的，××有一条红线，就是无论往××引进什么项目，意义有多大，只要不牵扯建设用地，怎么都行，只要牵扯建设用地，谁都不行，有再大的收益也不行。

问：这就是不可能有了啊。

答：对。

问：这不是拒绝项目吗？

答：就是不能牵扯建设用地，红线任何人不能碰。

问：现在有没有城里人到这里租房子住的？

答：很多。

问：租 20 年 30 年这种？

答：咱村里都有很多。

问：一年能租多少钱？

答：现在有个什么情况呢，就是有人来了之后，比如这个小院我花几十万元买的，有的买个老院，10 几万、20 万元买的，然后人家再来干饭店，干饭店的时候签合同，签个五十年几十年的。

问：这个有法律效力吗？

答：就是写个房子转让、租赁合同，等到期了再续，现在老百姓闲房子很多。

问：租房子的人还得装修一下哈。

答：当然了，现在不让翻建，要是让翻建那肯定很多都重建。

问：村里下水道都有吗？

答：有，现在咱村里还没有污水管道，别的村都有污水管道，都装了。

问：那没有怎么办？

答：没有就往街上淌。

问：这也是个事。

答：你看咱这个村，尤其是一到夏天，洗澡的、洗菜的水到处淌，现在都是路路通，全都是水泥地，水都在上面淌，到处都是。

**在场干部：**基本上都是生活污水，厕所的水基本上都改了，有特殊的管道。

**答：**这几天镇上也是，咱们××统一配卫生间、厕所改造，现在条件都很好。以前那些旱厕都没有了，卫生条件都提高了。那时候我就说，去谁家就看看他家的厕所和厨房，就能看出这个人的文明程度了。现在这个垃圾分类进了农村，每个村里至少有一个垃圾分类站，老百姓的垃圾也不用往外提，每家每户都有一个垃圾桶，产生的垃圾就放到门口，有收的。现在这个社会太好了，老百姓也不用向国家交钱，国家还给补贴，厕所满了国家也给免费抽。

**问：**还有什么？

**答：**现在老百姓的生活真是很好，现在穷就是穷那些懒汉，不愿意干活的人。

**问：**现在懒汉不多吧？

**答：**反正也有，不能说没有。

**问：**三五个？

**答：**反正我们村还得有一两个。

**问：**娶不起媳妇的有吗？

**答：**娶不起媳妇的没有了。像我刚才说的那个姓×的，娶媳妇，人家女方要10万元钱，他全都是借的，再加上买房什么的。这个事没有说娶起娶不起的，女方张的口，提的要求，只要男方能满足，这个事就成了，但借钱的情况很多。

**问：**现在不是娶不起，可能是一个找不上的问题。

**答：**对，这个是有。

**问：**钱凑凑吧，可能娶媳妇的钱还是有的。

**答：**对，现在钱不是问题，都是借点钱就凑出来了。

**问：**现在村民之间借钱都打借条吗？

**答：**一般没有。

**问：**不打借条？

**答：**打借条的都成外人了，（村民）都是亲戚邻里，有人借就借，基本不打借条。

问：很正常，熟人社会啊。

答：你看，都是亲戚邻居，咱们爷们之间借钱没事。像头几天我们村里交保险，给老百姓买的一个保险，村里没钱，我们村的第一书记在他单位上借了 1.6 万元，我又借了人家 1.5 万元钱，这个也不用打借条，是我们村后面一个一块长大的一个女孩子的，挺有钱，我们都是同龄的。我给她一说这个事，她就说没问题，很痛快地就借了。

问：现在村民的家里有存款，有没有人买股票？

答：现在在我们村里买股票的很少，除非是一些年轻人。

问：还是存在银行？

答：全存银行。

问：是存三年期的还是一年期的？

答：这个咱不清楚，哈哈。

问：他们不存那个大额存单？

答：有，都存那个大额存单，三年的或者几年的。前几天我一个弟妹，在一个银行工作，他们银行这些大领导小领导都有任务，我那个弟妹在银行也是个主任，也有任务，非得叫我给她凑 20 万元，存 3 年的。

问：利息是多高？

答：这个 20 万元存 3 年才 3 万多利息。

问：年利率多少？

问：三点几左右吧？

答：不多，不过碍着这关系我也不能不给她弄。

问：买理财的多不多？

答：这个不知道，我反正没买。谁知道那些年轻人咋样，特别是现在的年轻人，现在喜欢鼓捣这个。对咱这个年龄来说，把这个钱放银行心里稳，不太敢去冒风险。

问：那钱存着不担心毛（贬值）了吗？

答：毛不毛的和咱啥关系呢？

问：就是不值钱了以后不会产生影响吗？

答：只要银行倒闭不了，只要有咱的钱，害怕啥。再一个，咱在银行里存着吃着利息吧，也用不着，放家也没用。只要孩子不上学，孩子不买房，这钱就在那放着，咱也没有什么大的投资，咱也不理财，每年够花的就行。

问：现在是不是不光咱这个村里，周围也没有要饭的了吧？

答：要饭的没有了。

问：这几年就杜绝了。

答：现在也不允许要饭了，真要是有那么一个，国家也得想法解决了。

问：救助站这种机构就可以解决。

答：前两天××哪的一个伙计，夏天穿个裤衩子，一个流浪汉跑我们村里来了。他把我们上一任书记家的那个车库门打开，里面有个电动车，他在那偷电动车。把车子推出来了，正好我们那个书记他媳妇听见了，书记还没在家，她害怕就给我打了个电话，我给好几个人打电话，先去堵着他。把他抓住，我问他是哪的，他不说，不行就报警吧。他们接了警就来了，他们就说拉救助站去吧，就让他上车，拉到救助站去了。

问：镇上有救助站吗？

答：镇上没有。

问：去济南的救助站？

答：对。

问：现在村里有没有偷盗现象？

答：没有了，村里老百姓现在法律意识可高了，尤其我们村治安很好，老百姓的法律意识很高，但还是有一些极个别的，不过这都不是大事。

问：村里还有没有比较集中的矛盾纠纷？

答：矛盾纠纷现在没有了，像一些邻居之间的小矛盾纠纷，现在都想开了，基本上没有，兄弟姐妹之间也都没有什么矛盾。头两天在另一个小自然村有一个家务事，我们去人给他处理了，有什么想不开的，把这个事给他们摆明了，这就好处理了。现在真是都好处理了，像邻里纠纷、婆媳纠纷都少了现在。

问：是不是跟分开住有关系？

答：现在的小媳妇，都会来事了。我整天说，年轻人只要有老人，都得孝敬老人，不孝敬老人，你这个人就不行，不孝敬老人谁和你交往，你说是吧？现在婆媳关系就是个别的有点什么，那种天天不出门，因为婆媳关系整天又吵又打的基本上没有了。

问：现在年轻人一般生几个孩子？

答：一般老百姓的老风俗就是不生儿誓不罢休，哈哈。

问：现在一般家里几个孩子？

答：像最早的时候计划生育，后来放开二孩，现在又放开三孩，最多的就是生 3 个，生 2 个的都属于很多了，有的真想开的就生 1 个，现在都想开了。我们村有 2 个，比我年龄还大一点的，那时候生了闺女，人家就想开了，就不要孩子了，到现在也就是 1 个闺女，但是老百姓中还得有一多半属于不生儿誓不罢休的，这个老百姓的老思想、老观念不太好。

问：要是有一儿一女，或者两个儿了，还会生第三胎吗？

答：这样的不是很多。

问：两个闺女的呢？

答：两个闺女的，现在放开三孩了，有的生活条件好的会考虑。这个事他得考虑考虑，不过大部分都不敢要。现在放开三胎了，要的都很少。

问：主要考虑成本太高。

答：孩子养不起啊，真养不起。要是个人打工，就拿我闺女来说，一年就 5 万元钱，上这四年学就得 20 万元，要是没有个稳定的经济收入，真培养不起，说实在的。谁还敢再要？现在这些老的看孩子都娇，恨不得让孩子吃最好的，穿最好的，在外面让孩子出人头地，所以说真是要不起。

问：村里有没有特别热心公益活动的人？

答：有，现在我们村有几个退休的老师和退休的干部，教村民打太极拳。

问：免费教别人？

答：对，现在他们一直在干着这个。

**在场干部**：我们村里还有一个全国的最美母亲？

答：对，我们村有一个全国最美母亲，去年总书记亲自接见过她。她是拉扯了两个孤儿，一个姑娘、一个儿子，那时候她还是个民办教师。现在两个孩子一个在医院上班，一个当兵直接上军校了。

问：她自己有孩子吗？

答：有一个男孩，在××镇政府上班。

问：在你们这盖个新房要花多少钱？

答：打个比方一个房子要重新盖的话，一个平方得 2000 多元将近

3000 元。

问：一般是多大平方？

答：要是一百五六十个平方，估计都得达到四五十万元。

问：现在这些村民住的房子一般都翻新了吧？

答：大部分都翻新了，像现在的房子，村民自身安全意识也提高了，下雨天如果有什么安全隐患的，哪里不行就提前修。原来政府也强调，有塌房子、危房的，就赶快把它弄好。

问：现在这个村民对穿着不太看重吧？

答：现在很看重，现在老百姓的穿着打扮很时尚、很在意。出门的是出门的，干活的是干活。现在老百姓的穿着打扮都讲究了，尤其是农村的妇女，都很看重打扮。现在这些妇女出去打工，也分不出来是市里的还是农村的。现在这些妇女出去干家政的，都化着妆带着项链，抹着口红，比市里的妇女还厉害，哈哈。现在老百姓的生活条件就是提高了。

问：村里 700 多号人，晚上在村里住的能有多少人？

答：现在咱村正常 728 口人，300 个在家睡觉的也没有，大部分都在外面。现在年轻的，结了婚，三口子全出去了，有了孩子就叫他母亲给他看孩子去。现在家里的人很少，头两天我和书记去一个新村子里看贫困户，那个新村子将近 200 人，连 30 个人都看不见。

问：就这几个老同志吗？

答：对，在家的全是老人，大部分妇女都在城里帮忙看孩子呢。我就整天说，来两个壮小伙子就能把村子给掀了。现在别管到哪个村，都没人，全出去了。为什么说现在老百姓生活水平提高了呢？都想着挣钱了，就像我说的，之前没钱也没压力，现在有钱了也有压力了。

问：现在村民对这个户口还在乎吗？城镇户口和农村户口？

答：现在不太在乎了，以前大家都想弄个城镇户口，现在城里人都想到农村来了，哈哈。以前转出去的那些人，在集体人员认定的时候，都转回来了。人家有的在镇上上班的，也有工人，就转回来了。

问：村里这个留守老人、留守儿童多吗？

答：现在留守儿童基本上没有，或者有了孩子他父母都在城里，奶奶就去看孩子去了。留守老人多，大部分村的留守老人太多了。

问：咱村大约有多少？

答：现在光我们村 80 岁以上的老人，就有 20 多个，要是算着 70 多岁的，那就很多了。咱村不是建了一个幸福苑吗，准备让 80 岁以上的都去吃饭，一摸查有 20 多个。

问：幸福院谁出钱？

答：政府。

问：镇里政府？

答：对。

问：假如村里搞一些公益活动需要出工还能出得了人吗？

答：现在没有出工这一说了。

问：那这怎么办呢？

答：都是花钱雇人，以前的时候有义务工，就把这个事办了。现在没有义务工了，全部都市场化了。而且人家要 100 元，咱得给人家 100 元，要是老师傅要 200 元，咱得给人家 200 元，现在干活都干不起了，村里没钱干什么都不行。

问：那村支书说了算还是第一书记说了算？

答：第一书记派下来是辅助咱工作的，也不能说谁说了算谁说了不算，谁说得在理就听谁的。第一书记要是来了给村里争取个什么项目，单位给咱投个资，争取个资金什么的就挺好。

问：多少投资属于让村民比较满意的一个第一书记？一百万元？

答：100 万元的咱镇上有吗？一般有个几十万元，每年有个十万八万的就不错了。像咱村这个书记，弄好了每年能弄 10 万元钱。

问：要求的是每个第一书记至少有 5 万元钱。

答：像××村那个第一书记，就是之前受表彰那个，是真给他们村里办事。他给他们村里不说拉来上千万元，也得有几百万元吧。

问：那个最美母亲是这个村里的？

答：对。

问：我确实很佩服，那么善良。现在这个老人多大年纪了？

答：她退休了，现在 60 多岁了。

问：她丈夫是干什么的？

答：是从政府退休的。

问：自己有个儿，然后又抚养两个孤儿？

**答**：对，她抚养的两个孤儿其实比她亲儿厉害。

**问**：这两个孤儿也很孝敬她吧？

**答**：很孝敬，跟亲妈一样。她那个儿上军校，那个女儿上学也争气，现在在医院工作。

**问**：都上过大学？

**答**：肯定上大学啊，人家拉扯这俩孩子也付出了很多。真不简单，她收养的这两个孩子比她亲儿有出息。

# 乡村建设访谈十八：CKL 主任

**【访谈对象】** 济南市××管委会××镇××村 CKL 主任
**【访谈时间】** 2021 年 10 月 10 日
**【访谈人员】** 吴忠民　张登国　黄效茂
**【访谈内容】**

问：书记先简单介绍您的个人情况吧。

答：我是 1964 年生人，今年 57 周岁。我是 1996 年干村主任的，1996 年干了一届主任，然后 1998 年 10 月份主持工作，1999 年入党，入党之后就干书记。

问：一直干到现在？

答：对。

问：那是老支书了。20 年的支书，在村委会 25 年了。

答：我是高中学历，1981 年高中毕业。当时高考没考上，然后我在济南就做生意。

问：做什么生意？

答：卖服装。

问：做了几年服装生意？

答：做了 10 几年。1984 年结婚，一直做到 1995 年。1993 年和 1994 年那时候乡里搞了一个啥事呢，就是能人当村干部。那时候就选我干主任，我一直没干，后来第二届，到了 1996 年的时候又把我选上了，那时候领导一直在找，来到我家就不走，非得让我干，就干上了。那时候年轻啊，也是想着挣点钱。干了以后，前几年也没拿这个当正事，觉得选上就选上呗，村里有事就跟着干。后来当了书记就不一样了，当了书记之后事事都得你来解决。到了 2002 年，我就没再上济南干服装去了，把营业执照注销了。那时候包柜台，在××商场开商店，后来在××干了 8 年，那个服装市场建好以后待了 8 年我就回来了，那时候也挣了点钱，回来以后就是村里都不让我走，所以就放弃了。我一开始高中毕业的时候，学了半年瓦工，干了 7 个月的瓦工，对于工程方面比较了解，所以我又干了几年工程，干到 2008 年。

问：现在还干吗？

答：现在我把那些都交给孩子了，现在是一心就扑到村里了。近 10 年村里发展很快，这 10 年我没再出去，一直在村里干。

问：这 10 年的变化您能不能讲一下？

答：这个变化挺大。2000 年的时候我们村里那个路，就是你们来的那个路，只有 3 米宽，你开着小车也进不来，一下雨就把那个路冲得很深。当时我几个朋友来送我，说："你看你还干书记呢，你看你们村这个路，冲得这么深，连个小车都上不去。"他们把车停到外面，跑着来到村里，我让这些朋友说得脸上噌噌冒火。从那以后，我就找村里的能人，找他们开会。那时候是筹了不到 3 万元，不到 3 万元钱就彻底把这个路弄好了。这个路是 2004 年硬化的，质量很好。从 2008 年我就安心在村里干，环山公路所有的山头上都有大水池，所有的山都有环山路。

问：这个资金从哪来？

答：这个资金都是通过个人争取的，从各个部门要，像林业、农业、水利，都是通过这个渠道争取的。现在的问题就是你不争取，他们不知道你想干什么，只要是争取，找着门路，还是有资金的。我刚干的时候这个村的外债是 107 万元，等到我干书记的时候，又欠了 30 多万元。因为那时候修路，可能上面给你 10 万元钱，但干着干着就花了 15 万元，所以总共有 130 多万元。我用这 10 年，全部还清了。这个村自从有人以来，就种山楂，在六几年、七几年，山东的山楂外贸出口，就是来自这个村。这个村里有千斤树，就是一棵山楂树能下一千斤山楂，这种树很多。

问：外面的一般一棵山楂树能产多少山楂？

答：外面种的就不行了，那价格也不行，像我们这里山楂收的两块五一斤，它们那些也就是五毛钱一斤。

问：一般像外庄的一棵树能产多少斤？

**答**：他那大树也产不了几百斤。像现在咱们村这种老树也就是千斤树，已经没有了。为什么没有了？改革开放之后，老百姓开始用化肥了，过去没有化肥，全用有机肥，用有机肥的这些树，生存年限还是比较长的，所以我们村近 10 年，大部分都不让用化肥了，都用有机肥。用有机肥一是产量高，二是产的果子的品质、口感好。

**问**：那要是一家种几棵树的话，可得不少呢。

**答**：现在有的户弄几万斤，最高的户能弄 5 万多斤，10 几万元，挺可以的，一个家庭三四口人。

**问**：种这个山楂树的技术含量高不高？

**答**：种山楂树的技术含量很低。

**问**：这个千斤树主要是因为土壤好？还是别的原因？

**答**：气候，是气候的事。咱这个地方是沙土地，沙土地这个透气能力强，这是一个原因。再一个呢，昼夜温差大，像咱这里白天和晚上的温差非常大，比济南市里还要大，晚上和白天得差七八度。像咱这种地方，夏天伏天里晚上也得盖被子睡觉，就是昼夜温差大，昼夜温差大长出来的果子甜度就高，口感好，咱村就是这个情况。咱村自古以来每一代人都是种山楂，山楂已经成为这个村的主导产业了。

**问**：这个山楂树的种植面积也在不断扩充吗？

**答**：对，每年都有扩充，像以前都在耕地上，现在荒山上都是，梯田都种上了，就是漫山遍野的都是。

**问**：种地的村民还多吗？

**答**：种地的村民不多了，但是这个村的村民他耽误不了出去打工。因为这个山楂种植时间太长了，从春天就开始种植，一直到现在才收获，10个月的时间，管理不用那么拘束，只要剪好枝、施好肥、打好药就行。打药的目的是治一种湿虫，7 月 1 日之前，整个 6 月只要下一场雨就会有这个湿虫，就必须治这个湿虫。但是从 6 月份之后就不打药了，所以也没有药物残留，后期也不用再打药了。山楂树再好的果子一旦招了虫就不好了，所以必须把这个虫治了。

**问**：现在在册的村民有多少人？

**答**：大概 839 人。

**问**：多少户？

答：313 户。

问：有几个自然村？

答：3 个自然村，你刚才来那个叫××，这个叫××，里面还有一个叫××。

问：自然村属于什么性质呢？

答：是生产小组，是以××村为主体，我们整个村叫××村，是分三个生产小组。

问：这个村支书的补贴怎么样？

答：去年的时候有书记和主任，书记是每个月 1365 元。主任是拿绩效工资，就是按一类二类三类四类评，如果评到一类，也是 1365 元，可能今年"一肩挑"涨了 400 元钱，1700 多元。

问：就是 2 万多元一年。

答：对，这点钱不管事啊。

问：其他的委员呢？

答：其他的委员原来没钱，就是××管委会成立了以后，从 2018 年开始，两委干部一年有 2 万元钱的补助，这是中型村，然后大村是 4 万元，小村是 1 万元，不管你村两委有几个人。

问：大小村的划分标准是什么？

答：就是 500 口人以内的是 1 万元。

问：这是小村？

答：对，500 口人到 2000 人的是 2 万元。

问：这是中等村。

答：对，2000 口人以上的是 4 万元，就划了这么一个标准。500 口人以上的一般都 7 个（委员），我们村原来就是 3 个，这届才 4 个人。

问：除了书记主任还有 4 个委员？

答：书记主任一肩挑了，还有 3 个委员。

问：3 个委员的情况能不能介绍一下？

答：3 个委员里有个会计，比我大一岁，1963 年的，另外两个委员一个 1984 年的，一个 1995 年的，咱现在都年轻化了。这一届要求很严，新任书记不能超过 50 岁。像我这个连任的年龄不能超过 60 岁，村委必须得有一个 35 岁以内的。

问：35 岁以内的好找吗？

答：35 岁以内的，有文化的，都在外面，只要是在家的，就是没文化的。

问：咱村里这个 35 岁以下的委员是什么情况？

答：她是一个女孩子，在保险公司干活，到现在还没找对象，当时找她做工作的时候她也挺愿意的，挺乐意参加，很积极。在农村找这个 35 岁以下有文化的，很难找，这是个大范围的难题，不是咱这一个地区的问题。

问：大学生毕业来当"村官"的，我们这里有没有？

答：大学生"村官"，都落不到村里，大部分都在乡镇。

问：那还有什么意义呢？那就成"乡官"了。

答：对，属于"乡官"了。他这个村官吧，说实话，留不住人。像我这个年龄的无所谓了，咱以前做过生意，有家底，孩子也不用攒钱了，能把心全都放在村里。像 30 多岁、20 多岁，没结婚的"村官"，他能养活自己吗？他养活不了。

问：您这个村历史有多长？

答：我们这个村应该是清末出现的，主要是围绕着这个××村，但也没有明确的一些表述。我刚上任的时候找过老书记，80 多岁了，但年龄越大的，都没文化，也不知道这个××名字的由来。这个村有三大姓，姓 M 的来得最早，清末的时候就来了。

问：都是汉族？

答：对。然后是姓 X 的来了。姓 X 的以后姓 C 的来了，这个村就这三大姓，姓 X 的，姓 M 的，姓 C 的。也不知道这个村名的由来，这个×× 村名是怎么起的，不知道。这个村过去一些有文化的人，一些地主，也说不清。

问：现在村里普通的人家存款能有多少？

答：这个村相对于整个××镇来说，在 2000 年之前还是比较好的村，包括在大集体的时候。因为这个村在集体时代，那个老书记也很有思路，有磨坊、发面坊、瓦工组、木工组，弄得很全乎。但是后来的几届干得不好，就是没有接上。改革开放之后，这个村的山楂一直很赚钱。这个村是 1983 年开始改革开放，是××区最后一个下放土地的村。那时候×× 的县委书记在村里待了7天，逼着老书记划地，当时老书记领着头不划，认为划地是一种倒退，就是县委书记硬逼着他划的，到了1983年的7月，才彻底下放这个土地政策。

问：现在这个人均耕地有多少？

答：人均耕地有7分地吧。

问：这个山楂树都占的耕地，还是？

答：大部分都在山上。

问：没占耕地是吧？

答：这个村的荒山比较多，那时候山上没地。改革开放以后随着经济的发展，设备有了，有挖掘机了，又上山凿的地，原来的荒山都凿成梯田了，这外面这些都是，原来都是荒山，改革开放后都凿成梯田了，栽上树了。所以这个村山楂的产量是从山上起来的，不是从那个基本口粮地里。原来是824口人，全村总共才684亩地，但后来为什么产量这么高了？咱村是1200亩山地，都到山上种去了。

问：耕地还有多少？

答：这个耕地原来有600多亩是耕地，现在开出来的这些也叫耕地了。并且大部分都是基本农田。

问：基本农田和耕地有什么差别？

答：基本农田就是国家那18亿亩土地，不允许侵占的那部分。耕地叫二类地，基本农田就是种地用的，栽果树也不行。耕地还可以修个小路，基本农田连路都不能修，叫口粮田。

问：您说的那个人均耕地指的是这个？

答：我说那个人均耕地，过去咱叫耕地，现在都叫基本农田了。

问：咱现在基本农田有多少？

答：咱现在基本农田在这个村里最少不低于1000亩。为什么增多了呢？比如说，就是咱市有个建筑公司，他在市里占了1000亩的建设用地，他每年开发1500亩，这500亩从哪来？就是从其他地方抽指标。我刚干主任的时候这个村有将近300亩的建设用地，现在一点也没有了，你没建设，就把你的指标给抽走了。

问：抽走了给你们什么好处？

答：什么好处谁也不知道，老百姓不知道，大部分的书记也不知道。

比如咱这里盖房子，原来是建设用地，后来国土局一查不是建设用地，成耕地了，因为指标被抽走了。

问：现在这个幸福院是谁建的？是村里建的还是乡里建的？

答：这个幸福院是政府投资的，是市民政局出的。他这个投资就是按平方米给钱，咱现在是总共 300 平方米，这 300 平方米补助 11 万元钱。咱这个幸福院前边是餐厅，后面是棋牌室、阅览室、休息室。

问：住进去的话需要有什么条件吗？

答：这个是村里规定的，村里规定的是 75 岁以上的，中午来吃一顿饭，吃完饭在休息室休息，打扑克看书，愿意什么时候走就什么时候走，就是中午管一顿饭。

问：1 天吃 1 次还是？

答：1 周管 5 天，它这种形式不是说纯养老院形式的，它叫日间照料，就是来吃顿饭，休息休息。

问：现在这村里年轻人待的不多了吧？

答：年轻人基本上不在这里。

问：那什么时候回来？周末或者过年？

答：分几类人吧。有在济南买房子的，有正式工作的。

问：这种不回来吗？

答：这种平时基本不回来。

问：户口还在这？

答：户口在这，节假日回来。有一部分就是在济南干商业的，也有公务员，有在企业、厂里上班的，有干个体的，还有一部分给人家打工，打工的是天天回来。

问：常住在这里的现在是 900 多口人吗？

答：800 多。

问：每天那个灯光亮着的家有多少？

答：亮着的也就是三分之一吧，农村基本上都是这个情况。只要在城里买了房子的，节假日的时候家里有老人的就回来，家里没老人的也不回来了。

问：年轻人结婚以后家里也不在这里盖新房了吧？

答：凡是结婚的，像我们这个村，到了 2000 年以后，基本上所有房子都翻修了，但结婚大部分都在济南买的房。

问：就是在济南买房的在这就不用再翻盖房子了吧？

答：不用。

问：就是占一头就行？

答：对，大部分都是在市里买房，或者在乡镇买房，有的人在乡镇上班就在乡镇买房，但如果在市里上班就大部分在市里买房。

问：结婚的成本怎么样？彩礼什么的。

答：彩礼分地区。像咱村里的男孩，要是找了××那边的老婆，那边一般都10几万元。××那边虽然要的钱少，但它那边礼多，规矩多，都要10样东西，十全十美，酒得10箱，烟得10条，10只鸡，10个肘子什么的，它浪费。

问：一般的村民家里能有多少钱？

答：存款应该就几万元钱吧。

问：到不了20万元？

答：到不了，这个村最好的有家产几千万元的，最穷的有欠几十万元的，都有。但你要是说正常的户，那就是存个十万八万的。

问：咱这个村集体还有经济收入吗？

答：咱这个村集体从2018年开始就有收入了。

问：村集体收入每年能有多少？

答：村集体的收入现在达到14.7万元吧。2016年镇上给了个扶贫项目，建了个冷库，2017年我们又建了一个山楂片加工车间，这个冷库投了50多万元，这个加工车间是30万元，这两项上边给了70多万元，我又通过包村单位，就是××局给投资了一部分。然后××局又给弄了一个养鸡项目，再一个就是咱买那个磷虾粉，就是南极那个磷虾，把它提炼了以后加到鸡饲料里，所以咱这个品牌就叫山楂树下磷虾鸡。

问：是肉食鸡还是？

答：就是公鸡，散养的公鸡。

问：散养不得养母鸡吗？

答：有母鸡，还下蛋的。

问：那下的这个蛋归谁呢？

答：我们把项目包给人家了，咱村委会养也不好养。我们给他建好了以后，给他投好资，他再养。咱村第一年给他投资，第二年就不给他投资了，这样让他个人投资，给村里面交钱，一年交 8000 元钱，那个鸡蛋现在卖到两三元一个。

问：他得养多少只鸡才能挣 8000 元钱？

答：他今年养了几百只鸡，他卖得贵，卖 160 元一只。

问：这么贵啊？

答：他这是纯散养鸡，吃起来真的不一样，和市里饭店吃那种鸡的口感真不一样。

问：都是 160 元一只吗？

答：他那个都是 5 斤多的，5 斤多 160 元一只，不论斤论个，全都是市里的有钱人买了。他养的这些鸡都是在山上，喂的饲料就是玉米面加磷虾粉。

问：现在我们村的老同志过了 60 岁有多少养老费？

答：这些过了 60 岁的只能领国家那一块，咱村里没有。咱村里确实没这个精力，你看现在虽然脱贫攻坚完成了，但咱村还有 20 几户、33 个人是在册的贫困户，就是享受政策的贫困户。

问：60 岁以上的给多少？国家那一块。

答：160 元吧。

问：80 岁以上的给多少？

答：再加 100 元，90 岁以上的加 200 元，今年加了 300 元，还有 100 岁以上的，都加钱了。

问：就是 80 多岁的这些老人谁来照料？

答：大部分还是靠儿女。像我们村这个幸福院只能说是每天中午来吃个饭，别的办不了。

问：这个饭钱是谁出？

答：饭钱是政府一年给出 6 万元钱，剩余的村里出。

问：请谁来做饭呢？

答：咱找了 2 个人，早晨 8 点就来，来了打扫卫生，就开始做饭，十一点半开饭。

问：一个月给他们多少钱？

答：一天是 80 元钱，他俩一天一共是 160 元钱。最多的时候有 38 个老人，因为这个村我规定的是 75 岁以上的老人可以来，75 岁以上的老人一共有 49 个，前两天刚去世一个，现在是 48 个，有 10 个来不了的，这样平均生活费 5 元多钱，人多了平均生活费就少点，成本低点。

问：60 岁以上的有多少人？

答：60 岁以上的 183 个，你看这个老龄化特别严重。

问：基本都在这个村里？

答：对，60 岁以上的基本都在村里。

问：留守老人和留守儿童多吗？

答：这个不多。

问：子女出去打工，把老人留下的没有吗？

答：基本没有，70 岁以下的还有一些，70 岁以上的基本都被子女接走了。这个村的民风比较正，从我在村里干了 20 多年可以知道，民风挺好。大部分 70 岁以内的在家还能种点地，还能稍微干点活，基本不怎么跟着儿女；70 岁以上的基本也不在家，有儿的跟着儿，有闺女的跟着闺女，基本没有留守的。

问：留守妇女呢？

答：留守妇女也没有了。

问：现在子女孝敬老人还可以吧？

答：可以，这个村民风很好。我刚干主任的时候，1996 年、1998 年的时候，那个时候济南城里干饭店的比较多，从我这个村找个男孩子、女孩子当服务员都找不着，都上学，没有不上学的。考不上高中的也上个职专，没有辍学的，这个村就这么个好处，文化底蕴很好。

问：现在考得最好的是考到哪？

答：是考到山东大学读研究生。那一年考上三个，都是研究生。2001 年，那一年考上了 12 个大学生，全是本科。

问：考上后村里没有什么奖励吗？

答：那时还是我开始倡导的，考上给 100 元钱。那时候也没啥钱，村里也没钱，我自己拿出 100 元钱，用 100 元钱买点洗脸盆，买点肥皂，买点毛巾什么的，我当时当书记。全镇都出名了，一个村考上 12 个大学生，不是一般的事，我就说一人给 100 元钱，意思意思，表示表示。

问：C 书记您觉得现在社会上哪几个职业比较好？就是农村都比较向

往哪几个职业？

**答**：原来羡慕的就是教师、医生，现在最烦的是教师和医生。

**问**：最烦？不愿意干吗？

**答**：不愿意干。

**问**：为什么呢？

**答**：在老百姓心中就是这样，声誉出问题了。现在最高的就是考公务员了，政府这是铁饭碗。

**问**：羡慕老板吗？

**答**：现在老板都不羡慕，都不缺钱了，真正缺钱的就是那种懒汉，勤快人谁缺钱？出去干活一天赚 200 多元，所以老板他们都不羡慕。现在都不缺钱，原来那时候缺钱，一听说老板就不得了，现在家家户户都不缺钱了，90％的都不缺钱了，所以他不用羡慕老板。

**问**：咱这村里有没有上访的？

**答**：我们这里从来没有。我在村里就说了，如果老百姓对我不满，就来办公室聊一聊，要是谈不拢，我炒俩菜，买两瓶酒，咱俩再聊聊。我没有给别人将过军，也没跟人家打过架，我觉得在这个村里没有解决不了的矛盾。如果我要对不起你，我改就是了，咱当干部的就是给村民服务的，为什么不给人家解决？要是实在解决不了，就给人家说实话，这个事确实难办，我半年之内解决不了，一年之内给你解决。咱让人家满意，人家怎么可能会去上访？不可能的事。人家有事找你，你不解决，人家不得上访吗？谁不是为了自己切身利益？老百姓再拥护你，但一旦碰到他的切身利益，他绝对不干。所以只要保证他的切身利益不受损失，他是不会上访的。但他只要上访，肯定为了自身利益，但我也给他讲了，要是完全为了他自己的利益，那也不可能解决，百分之百达到你的利益，不行，但你这个事我差不多给你解决了就行，没有解决不了的事。

**问**：咱村里边来过最大的干部是？

**答**：来的最大的干部是咱市里的一个政协主席，还有一位副市长。

**问**：现在老百姓对干部有没有什么看法？

**答**：国家有一些政策是比较好的，但可能到了市县区镇这一层面，有些工作落实得不太到位。当然这几年还是比较好的，一直到乡镇落实得都是比较透彻的。

问：您觉得现在老百姓对未来有什么担心的事情吗？比如说国家政策变了，物价涨了等？

答：老百姓根本没这个方面的担心，老百姓关切的就是大病。

问：除了农村合作医疗不是还有一个大病保险吗？

答：这个大病保险是刚开始推行，并且老百姓现在一般还意识不到。原来咱那个合作医疗要交300多元钱，老百姓在省市级医院连30%都报不上，在街道报80%也解不了渴，因为治不了这些病，他有了病还是去省市级医院报40%，定的是40%，但实际上30%都报不了。这个老百姓因病返贫，将来就是个大事。

问：现在村里有卫生站吗？

答：有。

问：卫生站雇的人是政府出钱吗？

答：现在都归乡镇医院管了，但是他那个药是从乡镇医院批的，就是批了之后他来卖。

问：卫生站一般有多少人？

答：就1个。

问：是正规学的医吗？

答：是过去集体时代的时候，政府培养的，统一培训的。

问：赤脚医生？

答：对。也有文化，也有技术，但是他这个进修、深造还是不够。

问：他现在给人看病吗？

答：看，看点感冒什么的。

问：医术如何？

答：咱村这个医生还不错，技术还是不错的。

问：有多大岁数？

答：他今年64岁了。

问：那他这个收入是谁给？

答：乡镇街道每个月给他发工资。

问：一个月发多少？

答：五六百元吧。

问：也不高。

**答**：他自己还能挣钱。

**问**：他自己靠什么挣钱？

**答**：卖药、打针这些，他收入不低。

**问**：乡医这个地位还可以？

**答**：还可以。毕竟远水不解近渴，真有了病给他打个电话，他来第一时间抢救，这一点还是比较好的。

**问**：村民要是有什么急病就先找他？

**答**：先给乡医打电话，然后再打 120，因为他能第一时间抢救。

**问**：到最近的医院 120 要多长时间？

**答**：也得 20 分钟吧，到县级医院。所以为什么我们之前有人从市里来买房子，后来退得也比较多，就是因为这个。凡是来农村住的都是年纪大的，一旦突发疾病应对不了。在市里 10 分钟就到医院了，现在到市里没 1 小时到不了，就耽误了。

**问**：村里有幼儿园什么的吗？

**答**：现在没有了，原来还有一个小学。1976 年、1978 年是知青住的地方，改革开放之后就是小学了，一直到五年级，后来一年一年的就没了，人口少了。

**问**：幼儿园怎么解决？

**答**：幼儿园就去那个××小学，就是你们来的时候往咱村拐的那个地方。

**问**：一个月交多少钱？

**答**：他这是一学期交 900 多元。

**问**：管午饭吗？

**答**：午饭是 7 元。

**问**：另算？

**答**：对。他这都是按国家标准来的。

**问**：小学呢？

**答**：小学基本不管午饭。

**问**：也是在那个××小学吗？

**答**：对。

**问**：从这到学校得走多长时间？

答：要是走的话得 15 分钟。

问：那很近。

答：对。

问：咱村里或者旁边村里没有发生过小孩被拐卖的事吧？

答：没有，现在都是接送，不接不送老师也不同意，不见家属人家不放人。

问：警惕性挺好。

答：对，现在实际上农村最担心的就是医疗。为什么害怕这个？有的人 50 多岁、60 多岁了，本来过得挺好的，结果一检查，查出来个大病晚期，这一下子就把家庭弄垮了，花 30 万、50 万根本不管事。我那个邻居今年属虎的，8 月 27 日查出来肺癌晚期。

问：他平常抽烟吗？

答：他原来抽烟，后来不抽烟。他原来是瓦工，在 2000 年以后才抽烟，抽烟也不多，现在已经晚了。

问：那大病保险医疗能给他报多少？

答：他就是只交了农村医疗保险，农村医疗保险在省市级医院是报 40%，实际上连 35% 都报不上。

问：那这样的病县医院能报多少？

答：县医院能报 80%，关键是县医院治不了这病。像老百姓说的，就算××街道卫生院能报 300% 也不去，因为它治不了大病。

问：咱村里这个山楂有什么合作社吗？

答：有，××山楂农业合作社。

问：这个合作社主要发挥什么作用？

答：当时加入合作社的时候，也是镇上推广合作社。那时候每个人可以联系 10 户，共同加入一个合作社，这 10 个人创建合作社之后就是共同生产、共同经营。但是建了这个合作社之后，2 户没有了，现在是 8 户，他们就是一直合伙干，可以说，就这么一个股份制企业吧。就是山楂我们一起对外营销，比如说你家有一万斤，一斤两元钱，这个就是先纳入合作社，然后合作社需要买什么农具、请什么专家的，就在这里面花销。

问：这里面还产生负责人吗？

答：有负责人。

问：负责人怎么产生？

答：就是他们 8 个人选，然后还有监委会、理事会。

问：这个地方以种山楂为特色，那合作社里 8 个人也太少了吧？

答：8 个人太少了，但当时是政府要求的。现在咱这个集体经济组织，从 2018 年产权制度改革之后就成立了一个以××村为主的经济合作社，它就跟村委会分开了。所有××村的土地、人员，都归这个集体经济组织，就是合作社，村委会就是一个服务组织，像组织经费、办公经费这些钱还在村委会的账户上，但所有的收入都要归集体经济组织，就是合作社，哪怕只收入一分钱，也要给村里这 800 人分这一分钱。

问：那它不给村委会交点什么吗？

答：村委会留了 5% 的股份。

问：现在这个老百姓的收入主要依靠什么？

答：老百姓的收入主要还是以打工为主。你别看咱们山楂比较好，但是主要收入还是以打工为主。

问：打工能挣多少钱？

答：瓦工的话应该在 230 元、240 元左右一天，要是木工的话，做建筑这种就得 300 元以上了。

问：那一个月就得将近 1 万元了。

答：对，像那种车床的工人，一个月都 1 万多元。像电工一天也能挣300 多元。有的壮劳力在外面什么技术都没有，也得 180 元一天。

问：保安呢？

答：保安少点，2300—2600 元（一个月）。

问：餐馆服务员呢？

答：咱周边服务员的话，中午这一顿饭，就是中午管饭，下午三四点回家，一天 80 元钱，也不低，现在打工挣钱比较容易。

问：村庄这么多年发生的变化，您觉得原因有哪些？

答：还得靠政府支持，乡村集体得有集体经济收入。现在这个乡村振兴还是得企业振兴，没企业就很难办、很难维持。当时咱脱贫攻坚这么多年，有包村单位，有的单位行，有的单位就拿不出钱来。咱这个村当时是××局包村的，现在改名了，他们这个单位是比较可以的，一年给个二三十万元的，后来拿到 100 万元，现在拿到 200 万元。

问：这个局哪来的钱？

答：××局有一些业务，收入很高，但都是交给市政府财政。但如果包村的话，它作为扶贫单位可以申请支出。这几年和这些领导关系不错，我们想干的事他们也觉得我们能干，就增加了支出。

问：这个局一共是包几年？

答：两年一次，换一个。2017年××局来的，2019年10月要把××局调到别的村了。我就找领导协调，说有的工作还没干完，资金投入还没来，不能调走，就接着包我们这个村了，今年10月到期，还有1个月。

问：所以说这个包村单位很重要。

答：对。你这个单位本身没有经济来源，你包了村来了也干不了多少事。

问：咱村当兵出去的多吗？

答：咱村当兵的最多了。

问：一年能有几个？三五个？

答：近两年是没有，原来每年都是两三个。这一家就有一个正师级干部，退休好几年了。

问：退休回来了？

答：经常回来，前段时间还在家。

问：当兵的话村里给什么补贴吗？

答：以前村里每年都慰问这些家属，给点肉、大米、面什么的。

问：国家有什么补贴吗？

答：国家给得高。

问：主要是乡里给吗？

答：街道，主要是民政这一块。

问：能给多少？

答：现在是一年4500元。

问：给家属？

答：对。我那时候当兵的一年是给800元，现在给4000多元。当兵这个出路还是不错，我们村现在还有5个军官，最次的是正连，都是大学生。现在有个在××的是正营，还有个在××武警支队的是正团，也是这个村的，这个村出去当兵的挺多的。

问：现在村里有没有什么比较集中的矛盾纠纷？

答：这几年没怎么有了，前几年就是因为土地，因为前几年的政策"增人不增地，减人不减地"，这个政策在农村是个大麻烦。比如说有个人有 2 个儿子，都娶了媳妇，再生了孩子，就有 4 口人没地；如果有 2 个女儿，都嫁走了，他家还种着 4 口人的地，所以说矛盾就在这。农村毕竟是为了地，最大的矛盾就在这里。

问：现在是怎么解决的？

答：就是解决不了啊。

问：不好解决，这个地如果增加的话必须得有人的减掉才行？

答：对。

问：比如那个媳妇嫁过来，这边的地增加，那边的地应该退出来了，就是娘家那边。不然这边占着地，那边也占着地，都占了。那边不让出来，这边肯定不增加。

答：对，肯定不增加。

问：是，然后那边也不会给他减少。

答：矛盾就在这里。

问：2016 年 10 月的时候我们书记带着（我们）去××大学培训，有一个教授第一堂课就讲的这个，就是这个政策，他说他们八个人给政府写的这个报告。下了课我第一个去找他，说："教授您知道您提这个建议让下面作多少难吗？多少人埋怨，我要和您聊聊，为什么增人不增地，为什么减人不减地。"咱这个村当时矛盾最大的就是因为这个事，那时候我就是（实行）增了人必须增地，闺女出嫁了就把地拿出来，家里有人去世了就把地拿出来，这样搞了十年。等到 2008 年就不行了，人家都明文规定了，再拿就是违反国家规定。现在这个村有将近 100 口人没地，有的人家 2 口子，6 个闺女都嫁走了，剩 8 个人的地，你说怎么办？

问：那你们这个村不种山楂树的人还是大多数吗？

答：不种的几乎没有，家家户户几乎都在种地，只不过是有人出去打工。

问：那要是 8 亩地的话种起来跟 1 亩地的差别可很大。

答：那当然了。

问：收入差距有多大？

**答**：这荒山上要是有 8 亩地，种的东西能卖 10 好几万元，种一亩地才能卖多少钱？这个差距相当大，这个矛盾如果国家政策不变，不好解决。要是农村的书记硬调的话，违规违法，人家村民能告你，但是如果集体在 1983 年分地的时候留出一块集中地，就是按人口分了之后留出一块集中地。这个集中地干什么？就为了防止增加人口。但是没有，一竿子插到底了，没留地。

**问**：那些考上公务员、考上大学的也都有地？

**答**：有地，像这种就应该拿出来。

**问**：对，人家都有工资了，铁饭碗。

**答**：你说要是一般的人考上学出来找不着工作，去个企业工作，这样的不给他拿；但考上公务员了，为什么不给他拿出来？现在就是拿不出来。像我们村里公务员还不少，现在有将近 30 个，都有地，我原来开党员会就说过，这 30 个人就应该拿出来，因为吃着国家的饭。

**问**：应该带头拿出来。

**答**：人家有家庭承包那个证明，你这样弄，人家就告你。

**问**：这个不能想办法解决吗？

**答**：我觉得这个还得是政府的事，政府政策的事。

**问**：咱村里有什么能人吗？除了刚才您说的。

**答**：××政委，还有济南市××局的办公室主任。

**问**：在村里还有什么能人？就是在村里面的。

**答**：都在这呢，都退休了，像那个××主席，还有原来××一中的主任也是我们村的，原来街道的××主任也是咱村的，××区××院的院长也是咱村的。咱村能人还是挺多的，××市××局副局长，也是咱村的。

**问**：这里出的最大的官是不是那个师级干部？

**答**：对。

**问**：师级干部转业了。

**答**：对，到地方上应该就是副厅。

**问**：除了您刚才说的考出去的，在村里做产业的有吗？

**答**：有三四个，一个做医疗器械的，一个做药的，干得比较大。

**问**：这两个人对村里有什么贡献吗？

**答**：做得很不错，当初 2000 年我来村里集资的时候，一人捐了 5000

元钱，平常村里有什么活动也都捐点。这个村的风气很正，去年我们村有个人出车祸，现在是植物人，当时给他捐款，这俩人一人捐 1 万元。

问：他俩做产业大概能做多少销售额？

答：几千万元吧。

问：一个做药，一个做医疗器械？

答：对，这俩人厉害，是我们庄上最富的人。

问：他们是偶尔回村里住？

答：他俩每个星期六、星期天有时间就回来，大部分星期六、星期天这个做药的人都回来。

问：一般都是在城里住？

答：城里有房子，不止一套房子呢。

问：那个厂房也不在这里？

答：这个做药的做的是美国的一个药，他是山东××五市的总代理。

问：那他们能捐款还相当不错了，不在这里住，厂也不在这，还能捐款是真不错。

答：对。做医疗器械的那个是做 CT 机、磁共振这些设备，各大城市都去。其他的一般都是干工程的，干化肥的，家里能有个几百万元。

问：这村民的房屋一般都翻修或者重盖过吗？

答：基本上都翻修完了。

问：翻修的话一般花多少钱呢？

答：也不确定，也有五六十万元的，七八十万元的，也有二三十万元的。

问：五六十万元就等于重新盖了。

答：对，重新盖了。

问：翻修也指的是重新盖吧？

答：基本上是。

问：就在原来的宅基地上？

答：必须得在原来的宅基地上。

问：新的宅基地也没有了？

答：没有，这个村里要求很严。

问：没有名额了？

答：对，这个村原来的老书记要求很严，我干这 20 多年也要求很严，一片地我也没划过，我干 20 多年没划过地基，就是在原宅基地上，现在一处违章都没有。从 2019 年到现在，没有一处多划的地，起码省心了。原来我济南的朋友得罪不少，想来我村要二分地盖个屋子，我没让他们来，现在已经盖了的，都拆了。

问：盖了就拆？

答：盖了就拆，属于违章建筑。

问：现在××山区的别墅区拆的很多。

答：你们走的时候可以去西边那个小区看看，有 4 栋别墅，一栋卖1000 万元，全拆了。有一个卖给济南的一个人了，800 万元买的，人家把钱给卖主了，付了钱一个月之后就拆了，现在还打着官司。

问：这不挺倒霉的，是因为手续不全吗？

答：哪有什么手续，都是违章的。

问：那就是说他买卖这个东西也不行？

答：本身就不合法。

问：本身它是不应该卖，没有卖的这个权力，对吧？那个买它的人倒有理由。

答：买它的人理由就是对方把钱拿走了，现在拿不回来了。你告他告赢了可能你也拿不回来了。

问：那村里有没有热心公益活动的人？

答：这个村的话，从党员这一快搞得比较多，包括帮扶贫困党员、老党员，还有以前抗美援朝的一个人，今年去世了。

问：多大年纪去世的？

答：97 岁。他也是我们村第一任党支部书记，1952 年回来以后干的书记，第一任书记。那些有大病的，比如说我们刚才说那个出车祸的，大家都能给他们捐点款，有的到特困的贫困户家里去给打扫卫生，买点奶。这个村的村民人品都特别好，只要倡议，就有人干。你看咱幸福院才开了10 几天，9 月 15 日开的，这些年轻党员就过来和面包包子的，挺好。

问：村里这个村规民约有没有？

答：村规民约有，这个是刚改了，因为刚换届。

问：换届以后就改了？

**答**：对，有些条款改了。因为这个社会发展，村里也有变化，有些必须得改了。

**问**：改的过程是什么样的？

**答**：改的过程是先开党员会、村民代表会，开完以后在各个小组开，因为你要是想开全体村民大会，现在这个社会开不起来了，就开小组会，就是一户一个代表来的，就比如你这个村里有 60 户，只要是家里当家做主的，不管男女老少都行，咱一起把村规民约制定的这些东西给大家念念，如果有想补充的，想加进去的就往里加，因为他们是代表群众的，村规民约就是老百姓自己管理自己的，自我管理、自我监督、自我服务、自我教育，用这个来约束自己，你自己提出来的事，你自己来约束，就这么来的。特别是像咱们村这个垃圾乱堆，现在整个××山区，就是以环境卫生打造为主，那村民这个房前屋后的垃圾谁来解决？靠村里还是你自己除？最起码得各扫门前雪，那这一条就必须得有。所有房前屋后的卫生，包括以后下了雪，这个公路谁来扫？家家户户都有车，谁来扫？下了雪也不用说喊着扫雪，下了雪就得扫雪，这是很正常的，要让老百姓有这个意识。通过 4 个小组，各个小组开完会以后，回来再开党员会、群众代表会、两委会，最后决定这个事，再制定出来，是这么个过程。

**问**：这个村有多少党员？

**答**：我们村现在有 35 个党员，我刚干书记的时候 50 多个党员，老党员比较多。

**问**：党员少了快 20 个，都去哪了？

**答**：都老了，去世了，我那时候就是老党员多。

**问**：村里这个红白喜事是什么情况？

**答**：红白喜事咱有个理事会，这个红事好办，大部分就是村里这几个人参与。比如我愿意让你给我弄，那就以你为主，两委里有参与的就辅佐着办。主要是白事，因为白事这个在农村属于大事。这个白事成立理事会以后，有 3 个成员，一个理事长，还有一个男的一个女的两个理事。

**问**：理事长谁来担任？

**答**：理事长原来是我的一个叔，他前年去世了。这不今年选举还没找着人，现在是我兼着。我是理事长，然后下面 2 个理事，1 个男的 1 个女的。女的干的活就是老百姓说的叫女知品，吊唁的时候来的女人，就是娘家人，就她来负责；男的是搞这个财务，就是记账的，一些大的事就是我来管，我来掌全盘。

问：这个难在什么地方？

答：难就难在人，家里没人。现在这个农村有个习惯，本来是火化的，使个骨灰盒就完了。这个习惯我改了多少次了都改不了，就是还得用馆材，就是火化回来以后还得放到棺材里。

问：把寿盒放进去？

答：盒就不要了，直接把骨灰撒到棺材里，棺材里都有服装。就这个事，就是怎么来埋它，这是个大事。农村现在在家的人很少了，大部分在家的都是老弱残疾，就很难搞。所以这个村里老想着白事改革，就没改好，到现在还改不好。

问：将来会不会有这种情况？就是谁家有人去世了，然后拿出一部分资金，就相当于谁来帮忙，就是雇用了。

答：雇用这个事倒很少干。现在为了减轻家人的负担，有的家庭行。

问：比如就是雇 20 个人忙 2 天。

答：有钱的人家无所谓，没钱的呢？

问：对。

答：咱干书记就得考虑全盘。有钱的好办，没人拿钱雇人；没钱的怎么办？我们村上就出了两个事。有一个兄弟俩，他俩也不是没本事，就是好吃懒做，他们父亲去世了以后，我还给他们垫了七八百元钱，难道还能不埋他吗？得埋啊，所以咱考虑的是全部。

问：现在买个棺材多少钱？

答：棺材要 1000 多元。连着修那种池子弄下来得将近 3000 元钱。

问：这墓地都在村里吗？

答：都在村里，谁去世了就埋谁地里。各人都有地，所以这就是大事。

问：那这个土地 30 年变了不就成别人的了？

答：那坟头也不能去，去不了，这个地换了主也去不了。将来政府应该出个政策，一村一墓，就设一个公墓，光卡这个耕地不行，就是批一块建设用地，就建公墓。

问：就在山上，也不占什么地方？

答：就比如这个村拿出 50 亩地来，找一个合理的地方修公墓。

**问**：现在浪费土地很厉害吧？

**答**：很厉害，一个坟得占 20 来个平方米。为什么呢？一开始挖坑的时候都不大，就是 3 米乘 3 米，9 个平方米，但是一埋起来就扩大了，到最后越埋越大，20 平方米都不一定够，就这一个坟你看浪费多少土地。要是建个公墓，就埋一个骨灰盒，你看多方便。

**问**：也不用占土地。

**答**：对，不用占土地，埋着也轻快，一个人抱着骨灰盒就行了，都减轻负担。所以农村这个墓地是大事，现在漫山遍野都是墓地。原来集体的时候反而好办，就画一个地方，就在这个地方埋，现在反而是他们怎么得劲怎么来。

**问**：村两委工作目前还有哪些压力？

**答**：村两委工作现在主要就是怎么壮大集体经济，这是最大的压力，现在村集体没收入，老百姓都富裕了，村集体没收入，不好干事，想发展什么都发展不起来。像 ×× 山区这个政策，我们村现在有冷库产业，冷库产业一年交 2 万元钱，山楂片加工车间一年交 2.45 万元，光伏发电有一个 50 千瓦的，一年挣 6 万多元钱，还有一个养鸡场，加起来能到 14 万元。今年我准备上一个山楂醋项目，小山楂想做个大文章。我们都知道山楂是一种药材，降血脂、降血压。但是这个政策受限，建设用地没有，不让建项目，有也不让建。就像这个项目，街道上也给批了，我申请了资金 350 万元，给了 325 万元，管委会也批了。但是到了规划局，建设用地就是不让建，到现在还在卡着，这个成品我已经做出来了。

**问**：这个醋和别的醋有什么差别？

**答**：就是果醋，降血脂的。

**问**：味道也一样？

**答**：这个有山楂味。

**问**：成分不一样？

**答**：咱吃的醋都是粮食醋，但是现在都做水果醋，像山楂、苹果都能做醋。就是还是得想法做产业，增加收入。

**问**：这个村支书和主任一肩挑给村两委工作带来哪些变化？

**答**：一肩挑有一肩挑的好处，作为我们这个村无所谓，有主任也没毛病，没主任了就是压力大点。但是要是别的村，有的主任就是扯皮，90%

都扯皮。说到压力，实际上也稍微有点压力，不是完全没压力，毕竟两人的活一个人干了，但对整体工作来说还是有好处的。

问：您有没有想过将来的乡村振兴是什么样子？

答：我觉得最起码得有企业振兴、产业振兴，这是个大事。再一个就是人才，人才怎么引人家回来呢？人才、大学生都跑了，人家不会在这里，都去济南，都去大城市，人家在哪上学就在哪落户了，现在落户政策这么方便。我觉得要是企业不振兴、人才不振兴，肯定不行。一个村没企业，就养不住人，有人没企业，更不行，所以要先有企业、有收入，再引进人才，最起码得有企业，企业振兴应该放在前头。

# 乡村建设访谈十九：RQS 主任

【访谈对象】 菏泽市××县××镇××村 RQS 主任
【访谈时间】 2021 年 9 月 23 日
【访谈人员】 王丽萍　陈秀红　黄效茂
【访谈内容】

问：书记，请介绍一下您的个人情况吧。

答：我也是个农民，高中毕业，高中毕业以后在这个 2015 年取得函授大专学历。这几年也是在家做电商，从 2009 年开始做，在咱村属于比较早的一个。从 2009 年开始就和我爱人一起做，现在有 4 家公司。

问：您自己的吗？

答：对，注册了 4 个公司。由原来单一的演出服到现在做影视服装、广场舞服、运动装。特别是这两年做的这个广场舞服、运动装比较多一点。因为咱农民生活水平提高以后，全国的舞蹈队、徒步队数量很多，衣服需求量很大。工厂就根据客户的需求，各种各样的款式，10 几个，根据客户要求的质量、价格来给他们制作。

问：现在是一家公司做一个产业呢？还是一家公司做不同的事情？

答：现在是单独以运动装（为业务）注册了一家公司，做这些运动装，包括舞蹈队、广场舞的服装；现在来说，主要给政府干活较多，因为现在文化下乡，政府现在都有一些免费的锣鼓、音响、服装送下乡，充实文化生活。我现在主要就是给一些县城联系提供服装，有泰安的几个县、河北的几个县，还有我们菏泽的几个县。

问：这个销售得怎么样？

答：他们一般一年要 2 次，春夏换季的时候要 1 次，然后秋季的时候再要 1 次冬装，每个地方都要一两万套，一年的话光这一块销售大概二三十万套。

问：您担任这个村支书也是有任职补贴的吧？

答：对，我是 2014 年任村支部书记。这一届换届选举的时候实行书记主任一肩挑，特别是我们××镇，完全按照上面的政策走，全部村庄都基本实行了一肩挑。

问：政府现在给您的任职补贴是多少？

答：我是每个月 1800 多元钱。

问：其他的村两委成员有吗？

答：有，以前村主任在的时候，他的补贴是村支书的 80%，像其他的支部委员领的就是村支书的 50%。再一个是看人数，2000 人以下的村，像我们村就是这种标准；2000 人以上的村，领的就高了，书记能领到 3000 元左右。而且这个数额也是根据村子的一个综合评比来定，每一年我们的工资领到 70%，等每年春节时，根据各个村的殡葬改革、税收、环境治理各方面打出一个分数进行排名，排名靠前的几个村，全体委员可以领到一些额外的工资作为奖励，中间的几个村就是正常的工资，把剩下的 30% 发下来，靠后的几个村就是领那 70% 的工资，30% 就不给了，这也算是对工作的一种激励吧。

问：请介绍一下咱村村两委的情况吧。

答：咱村现在是 3 人支部、5 人村委，但是由于存在兼职，合在一起一共是 5 个人。2000 人以下的村子两委就是 5 人，2000 人以上的村两委是 7 人。

问：5 个人的年龄大概是多少？

答：平均年龄按身份证上的年龄是在 47 岁左右，但实际上要年轻一些。因为当时农村结婚早，就把年龄登记得早一些。

问：现在是不是有要求必须是"80 后"呢？

答：现在我们这个地方有规定，就是如果你曾经担任过支部书记，可以干到 60 岁；如果是新上任的支书，必须是 45 岁以下，但如果是新委员，必须要在 35 岁以下。

问：这个成员里面妇女主任的情况呢？

答：有，我们两个都是大专文凭，妇女主任的实际年龄应该是 45 岁。

问：您觉得这么多年来咱村最大的变化是什么？比如老百姓的吃穿住行方面。

答：变化很多，我就举一个例子，2011 年的时候，当时我还在镇上上班，那时候单位组织统一办驾驶证，当时我想，我这辈子哪还能买上车，也就没有参加。谁知道到现在，短短 10 年，我们家就已经有了 3 辆车，我 1 辆，我爱人 1 辆，我女儿 1 辆。这就是我的一个家庭发生的变化，从这一个例子就可以看出村里的变化。可以说现在我们整个村，在没干电商之前，就是 2009 年左右，谁家孩子有点事，或者要相亲，都是去外村租一个面包车，我们整个村里都没有一辆车。

问：那时候的收入主要靠什么？

答：就是靠外出打工，70%、80% 的人都是外出打工，那时候也没有什么文化，也没有什么技术。现在我们村，统计有 350 辆车，基本上户均1 辆车，没有车的大部分是老年人，或者一些吊销驾驶证没法开车的。

问：现在咱村的人口有多少？

答：人口现在有 1230 人左右。

问：人均收入大概有多少？

答：人均收入的话，2020 年由于疫情，对我们这个产业有很大影响。2019 年的话，全年的销售额应该在 4.5 亿元到 5 亿元左右，净利润应该在10%—15%，像一些新产品的利润能达到 30%—40%，有些老产品只能达到 1%，但有的产品走的是量，总收入的话咱这个村我估计去年应该不低于 5000 万元吧。

问：这 1200 多人里现在有多少人是干这个产业的？

答：在我们村得占 90% 以上。这 90% 不是说全部在开网店，有的是开网店的，还有的是一边生产一边开网店的，还有的是只生产，没有网店的。

问：公司的话有多少家？

答：公司的数量多了，手里只要有一个天猫网店，就得有一个公司。有的公司注册就是为了天猫网店，没有公司开不了网店。

问：现在一个天猫店注册要花费多少钱？

答：现在花费得少了，也就是几万元钱。从办起来到运营起来，一个网店也就是二三十万元。

问：咱这个村还有种地的吗？

答：种地的还有一小部分，特别是 60 岁以上的老人，50% 左右还在种地。这些老人中的一大部分人认为家里不放点粮食，心里就不舒服，有土地情结。

问：就觉得大家还是得吃饭，是不是感觉网店这些都是虚的？

答：对，害怕万一挨了饿，到时候没办法，他们手里有点粮食就踏实了。

问：现在的农业用地有没有闲置不种的？

答：这个没有，都让一部分人流转了，有的还种些特殊作物。我们村总共有 1440 亩耕地，现在有 300 多亩的朝天椒。我们村里有个专门的农业合作社，把这些朝天椒全部进行深加工生产，包括辣椒酱、腌辣椒，现在辣椒收获了，已经开始生产了。冬季的时候就从海南往这边调辣椒，调过来再加工，一年四季不断。今年又种了一二百亩特色大豆，这个大豆是青色的，收下来以后全部送到方便面工厂里，打碎之后放到方便面的作料里。今年还养了 300 亩左右的豆虫，这个豆虫蛋白高，网上都卖 40 元一斤，送到大酒店里。

问：这个合作社是咱们村集体领办的还是？

答：村集体领办，交给个人去运作。

问：有几个合作社？

答：现在就这 1 个，应该是 2 个，但现在运营的就这一个。

问：已经交给个人去运作了是吗？

答：对，正在运营中。

问：这个合作社是外面的公司还是咱们村的村民自己的？

答：我们本村的，我们本村一个媳妇管着，这个女孩很有能力。

问：她自己的加工厂是吗？

答：对，她收别人的，同时她自己也有一部分地种这个辣椒，她把人家的收过来一块进行深加工。加工以后我们村里有开网店的，卖这些农副产品的，直接把订单发给她，她在那边工厂直接就打包发货了，旺季的时候，一天发货就能发两三车。

问：咱村这个公共服务怎么样？比如幼儿园什么的。

答：有幼儿园，就在你们来的那个路上再往北一二百米。

**问**：这个幼儿园是咱自己办的还是？

**答**：这个是国有的，这个财产属于国家，但这个幼儿园现在是个人承包的，因为它还不是完全免费，但所有的财产、所有的设施都是国家的。

**问**：咱村有没有幸福院这种养老场所？

**答**：这个还没有，我们乡镇里建了一个医养结合的场所，现在主体已经起来了，基本上快装修完了，是省里直接拨款，下一步就是医养结合。

**问**：卫生室有吗？

**答**：卫生室有，就在村里。

**问**：这个卫生室的钱是国家补助还是？

**答**：卫生室属于国家投入，包括建造和人员，现在属于乡镇卫生院统一调配。

**问**：您看咱村在乡村振兴方面做得很好，您觉得主要的成功经验是什么？

**答**：我是省人大代表，每次去省里开人代会的时候我都提出，乡村要振兴，首先产业要振兴，一个地方必须要有一个好的产业，没有产业什么都谈不上。只有这样老百姓才能有收入，生活水平才能提高。像我们村现在很整洁，绿化美化都很好，村里刚建的公园占地 20 多亩，建这个公园时投资了 80 多万元，当时政府扶持了一部分，我也在这里用广播给村民讲，希望村民积极踊跃捐款，这项目有利于后人，当时一下午就捐了几十万元，这就实现了我们美丽乡村的一个口号。老百姓捐款是为了建公园，建公园是为了老百姓茶余饭后健健身、散散步。如果没有产业，家里连电费都交不起，还怎么捐款？包括修我们村的环村路，翻修的时候也是这样，需要七八万元，当时我在广播上一广播，收到了 10 多万元。就是说必须产业振兴，产业振兴了，老百姓有事干了，生活水平普遍提高了，他们从思维上、生活方式上，无形之中就发生变化了，环境也美化了，这样好的乡村才能打造出来。我认为这个乡村振兴、美丽乡村首先要让老百姓心里有一种对美的渴求和向往，他自己没有好的向往，只靠外人督促还是白搭。

**问**：那在这个过程中我们村两委发挥了什么样的作用？

**答**：咱们村在 2017 年之前基本全部脱贫，除了一些很特殊的孤寡老人。就说现在我们做的这个产业，老百姓一开始没有房产证，农村的房子没有房产证，再一个他们没有什么抵押物，老百姓做生意贷款什么的，基本上都是村里担保，村里不担保他们几乎贷不出款，村委就是协调资金帮助老百姓贷款。再一个就是衣服的一些款式，你认为我抄袭你了，我认为你抄袭我了，村委主要就是一个协调作用，不要认为这个产品是我的，那个产品是你的，想挣大钱，就必须打造一个新的款式，拓宽新生产渠道。再一个形成市场之后，一家哪怕做得再大，也不可能形成一个淘宝村，也不会形成全国最大的生产基地，像我们现在这种演出服，现在我们已经占到全国的70%以上，是全国销售演出服的一个最大市场，必须要共同努力。如果只是自由发展，没有引导，一家企业无论如何也不会成为全国最大的市场，这个市场要靠大家共同去打造。

问：你们是如何去协调的？这个协调应该也不容易。

答：对，打个比方，比如你做猴子衣服，我也做猴子衣服，我就觉得你模仿我。但是你要知道你一天能生产多少，一年又能生产多少，我就使劲让你做，看你能做多少，整个市场又需要多少。现在我们的产品不仅仅面向国内了，东南亚很多国家也要我们的产品，你一个厂家能生产得出来吗？再一个比如你生产的这个货物，你先做出来，存上几千万套，一旦销售不顺，你能不能承受？一下子都可能让你破产。

问：那咱有没有这种协会？

答：一开始有，村里有一个协会，我是会长，当时我没干村支书的时候我是电商协会会长。任务的话主要就是把矛盾给厂家化解了，再一个就是让他们知道，一棵树再大也成不了森林，只有共同努力、共同去做一件事才能把它做好做大。不要看别人干一件事就去争去抢，不然要是全国都干一样的产业还咋办呀。

问：您刚才所说的淘宝村整个市场是怎么做出来的？您觉得有哪几个关键性因素？或者什么契机？

答：刚开始的时候也是很难，就像打游击。其实在2009年以前开始做这个产业，但当时都是传统的销售，没有通过互联网去销售，从2009年才开始通过互联网去销售。在2012年之前，周边没有一个村在做这个，只有我们村在做。所以，在2013年我们村就成为全国20个淘宝村之一，那时候我们全省才3个。后来经过这么多年的发展，到处都在干淘宝，在2020年我们村被评为全国最美淘宝村，现在我们全国已经有5254个淘宝村了，为什么我们村能被评上呢？别的村有可能销售额几十个亿，做一些大产业，像家具，他们卖一个产品就赚几十万元，我们一件衣服才几十元钱。但是我们村更加集中，干得最多。办网店需要用身份证实名认证，阿里的后台都可以看到，村里有多少人口，有多少人在办网店，根据这个指标去评价。

**问：**一个人能注册好几个网店吗？

**答：**一个人只能注册一个，如果一个人能注册好几个，那我们村就更厉害了。

**问：**政府的压力也让您扛，老百姓的压力也让您扛，您是怎么解决这些矛盾的？

**答：**有时候一些政策上的问题，老百姓不理解，有时候政府施压，要求必须完成，这时候作为村支书就是两头受气，如果处理不好就会出现矛盾。有时候看具体情况，如果是国家的大政策，就先把容易的做完，剩下的比较难的，就去这些老百姓家里，像聊天一样慢慢地说，让他理解，有时候一个工作就好几天做不下来。像有一次修路要拆一个房子，对方不同意拆，大年三十我还在他家做工作，一直在他家，最后才把他说通了。但有的时候也处理不好，有时候出完力了又被镇党委说一顿，有时候不知道又得罪了哪个老百姓，但我认为只要用心去做，最后大家还是都能理解的。

**问：**从网上看到过关于我们这个村的视频，当时在搬产业园的时候是不是很艰难？

**答：**当时搬产业园的时候确实也产生了很大的矛盾。政府这边书记和镇长一直找我，让我作为支部书记要发挥带头作用搬过去，当时那个厂房是55万元，他那边给我40万元，让我过去随便挑个厂房，其实40万元根本就盖不起来，但就是要让我带头，我过去以后再做村里其他人的工作，当时产业园没人去，就想着从我们村里往那边搬。本来我想着要不就过去吧，但是当天晚上来了几个年轻人，说什么也不让我走，说我作为支书如果一走，他们这些老百姓不走，政府可能会强制他们搬走，你说我是走还是不走？最后我还是没走。但说句实话，当时镇里领导很生气，认为我是不配合工作。但最后也去了一些，做得也很好，但还是回来了一部分。为什么？因为北边产业园做这个产业，还是不如我们这边集中。

问：是那边受限制吗？为什么在村子里好呢？

答：后来我们村也挪过去几个，挪过去之后，在那边生产完产品，还是再拉到这边来。为什么？因为周边乡镇这些开网店的还是来我们这里找货源，不往那边跑。现在我们这个村做的服装得有五六千种，一般情况下开网店，只要到了我们村，我们在网上有几个专门的群，最大的群有5000多人，一个淘宝卖家群，谁需要某种衣服，只要用手机拍个照片发到群里，马上就能联系到。他们也省得到处走了，因为有的衣服不见得是家家都生产，有的人网店里有七八百种，但实际上自己只生产100多种，他自己也拿着别人家的衣服，需要的话就是那样去找，但最集中的还是在我们这里。所以很多开网店的就认为，只要到了我们这里，就能找到衣服，实际上也确实是这样。所以你看现在那个园区建得大，但厂家只有10几个，其中70%还都是我们村过去的。我们村过去的也是弄两个厂子，在那里生产，然后再拉过来销售。

问：产业园那边当时咱们村搬过去了几家？回来了几家？

答：现在都是弄两个厂子，以前都搬过去了，现在又回来，在那边就是以生产为主。

问：之前您说因为村里占了一些农业用地搞厂房，所以要修建产业园。现在这些厂房被拆了吗？

答：它这个也不是不合法，当时镇政府的意思是为了扩大市场，所以建一个产业园，但是作为我们这边，因为周边拿货的还是来这边，另外一个就是在我们这边，很多老年人可以在家帮忙做个电商，和孩子待在一起，如果搬的话，年轻人过去了，老人在这边，他们又分居了，老人又不愿意搬过去住。所以上次一位领导人来时就评价到，任何一个地方，电商的发展都让空巢老人和留守儿童成为历史。像我们这个村现在有人口1200多人，在咱村长期打工的得有将近4000人，咱这个村带动了得有三万到五万人就业。这是咋算出来的？在4月份旺季时候，我这个网店一天能卖万把套衣服，这还算少的，有一些年轻人，一天能卖到四五万套。像我侄子一天能卖三四万套，一个工人一天加工衣服也就是20多套，还需要包装、熨烫，又得需要一部分人，就以他这一家来算，就得需要1000个工人来给他缝纫，再说又得需要多少人去熨烫、包装、上扣、发货等。

问：这些都是在你们这里打工吗？

**答**：大批打工的都是来源于周边县、周边地区甚至外省。我们做服装都是放在江苏、河南、安徽，周边几百公里都有，最远的还有江西。我刚才算的只是一家，在旺季都需要一两千工人，整个村就按有一百家做得好的，乘上一百就是多少人了，所以这个带动创业就业能力很厉害。

**问**：村民也不需要往外跑了，就在家里打个工也挺好。

**答**：对，钉个扣，打扫个卫生，扯个布，很多杂活，包括七八十岁的老人，帮忙叠个衣服，一天也挣个七八十元钱，一个月也挣 2000 元钱左右。有些系盘扣的，一个盘扣 5 毛钱，几个老太太边聊天边做着，一上午都能弄百十个。

**问**：这些年咱们村的矛盾纠纷主要集中在哪些方面？

**答**：这个说句实在的，在前些年就是家庭矛盾，农民种地就是因为一些地头地边的问题，现在农民之间的矛盾基本没有了。我再举几个例子，我们村已经 6 年没有发生过一起盗窃案，再一个就是最近两三年都没听说过家里吵架，邻里之间现在也没有什么矛盾，包括打麻将的，除了过年时，平时一个都看不到。因为现在有了产业，就减少了很多矛盾。说句实话，村里在这方面是很让人省心的。

**问**：村民和村两委之间有没有什么矛盾？

**答**：这个也没有。每次在收合作医疗、医疗保险费的时候，我们在全县都是速度第一，在广播上一喊就收齐了。村民现在有了钱，也不在乎这点小钱了。就是现在搞点募捐，收的钱还老是用不完哩。咱们村里也有集体收入，我们今年刚给徒步队买了 240 件运动服。

**问**：咱这个集体收入主要是来自哪里？

**答**：一个是把村里荒废的院子拆掉建大棚，组织部又给了一些拨款，还有的是村里自己建的，建起来以后再租给做电商的当场地，这些收入一年就是七八万元；咱们村还有光伏，这个收入有十七八万元；咱村还有一部分土地，也租出去了。咱们村总共收入一年 30 万元不到。

**问**：这个电商咱们村有没有管理费用什么的？

**答**：这个没有。

**问**：咱村里面有没有一些能人？

**答**：一种是大学生返乡的；还有一种是在外面打工的。像之前的 R× ×、G× ×等这些人，有的是在外打工的，有的是大学毕业的。说句实话我感觉那些销售额比较大的，一个是大学生；一个是在外创业返乡的年轻人，这些人确实有经验，特别是这些大学生，各方面都要好很多。

问：现在大约有多少大学生？

答：咱们村现在回来的得有十三四个，像我那个侄子 R××，他之前是在油田工作，负责软件，已经在那里工作好几年了。他来的时候他们老板说什么也不让走，什么条件都满足他，最后他还是回来了。回来这 3 年做得也很好，在县城买了 3 套房子，又在我们村旁边买了 1 套门市房，现在也是有 3 辆车。

问：也是回来做的电商吗？

答：对，我那个侄媳妇之前在济南一个公司做会计，她先回来的，我侄子又回来的，他俩现在做电商做得很好。还有那个××，他以前是在天津做空调售后服务，他的房子也在天津，后来把那边房子卖了回家来了，现在做得也很好，今年他的销售额我估计得在 5000 万元左右，所以我觉得真正做到顶尖的还是这些人。

问：务工人员也有返乡的吗？

答：对，有一个之前在无锡当电焊工，现在也就是三十五六岁，干了四五年之后回来了，现在做得也很厉害，今年光投资新机器就花了四五百万。

问：他们这些是起初创业时就有资本还是说回来之后慢慢积累的？

答：咱说实话，就像滚雪球一样慢慢滚。我当时刚开始干的时候买的电脑还是借钱买的，刚开始做衣服的时候家里只有 12000 元钱，就是在家里做，买了 2 台缝纫机，自己在家裁布。反正咱这里没有说一下子挣了几百万的，都是一步一步积累起来的。

问：像咱村里这个厂家现在生产一般雇多少人？

答：雇人的话一般都有十几个。

问：咱村现在有没有一些比较热心公益的人？

答：有，像刚才提到的搞一些募捐，一些义务活动，我们有一个战狼志愿队，每年有学生高考或者什么的，就免费提供车辆，我们村里车也多。他们就是平时该在家在家，该工作工作，有事时无偿做一些志愿。或者说村里搞一些募捐什么的，他们就无偿捐赠。像学生高考时，我们县城有一个绿丝带行动，就是给考生提供爱心车辆，每年高考我们村就得出去几十辆车。我感觉国家发展、乡村振兴是很好的，过去有些事不是农民不去做，而是环境不允许他去做。一旦生活条件达到一定程度，富有起来，这个农民也是很有爱心的。我们这个村庄就是这样，问我有什么矛盾，没有矛盾，我在心里真的是很感动。

问：咱村里面有没有村规民约？

答：有。

问：是怎么制定的？

答：我就举一个例子吧，就拿红白喜事来说，在我上任之前，不光我们村，很多村都是，从老人一去世，当天晚上就很多人在家里又吃又喝，大操大办。从我上任以后，可以说是一桌都没有了。我是 2014 年 10 月 13 日上任，12 月 25 日，我上任以来第一位老人去世，我去他家做了工作，从他家开始，全体村民出席葬礼，帮忙的人一人给三盒烟，忙完之后各回各家。一直到现在都是这样，老人去世出门之后，就不允许请客了，不允许参加任何宴会。我认为这也是老百姓心里希望的。为什么？因为有人素质很差，人家老人去世了，子女都很悲伤，吃饭的时候他却喝得酩酊大醉，甚至和别人开玩笑，这种事我也发现过很多次。人家那边老人去世了，你在这边嘻嘻哈哈，是对老人的不尊重，也是对子女的一种侮辱。现在村里都很赞同这个事。

问：现在村里办场丧事大约要花费多少？

答：现在村里老人办丧事，最多不能超过 10 桌，喜事也不能超过 10 桌。

问：咱这有没有红白理事会？

答：有，我就是会长，里面有 2 个是我们村委成员，其他都是在村里找一些年纪大的有威望的老人。我们村总共 6 个生产队，1 个生产队找 1 位。这样哪个队里有事，就让这个队里的成员去负责。

问：办喜事大约要花多少钱？彩礼如何？

答：彩礼这个说实话不好控制。

问：咱这边一般是多少？

答：这边一般是 18 万 8 千元。

问：这也是一个传统，是不是好像现在有钱了，给得更重了？

答：一个是有钱，再一个有的人就是想出风头，实际上受苦的是那些没有钱的，越没钱，娶媳妇就越难。这就是一种恶性竞争，按理说越有钱的应该越少花钱。还有一个跟风，就是有的女孩攀比心理很厉害。

**问**：您觉得现在工作主要有哪些压力？来自政府的或者来自老百姓的？

**答**：我觉得上级政府实行的"指标法"会给我们一定压力，有的东西不能简单用指标去衡量。就比如说有许多保险公司的事情政府化，这个惠农政策说着是惠农，但是办不成就不行，不是老百姓自愿的，打比方说玉米保险、小麦保险，完不成就不行，强制参加。还有一些政策，像合作医疗，每年都在涨价，每年收取的时候听的抱怨声是最多的，今年又涨了几十元，去年是280元，今年是320元。最近又出了一个"惠农保"政策，让宣传，但是老百姓没有一个赞同的，这个工作就很难做。这个政策是啥意思呢？就是老百姓每个人交129元钱，收起来以后保险公司给提供大病保险什么的，但是老百姓已经交过新农合保险了，所以这个只能让他们自愿交，谁想交谁交，谁不想交就算了。所以现在这种工作是最难的，老百姓一听到这类事就埋怨。老百姓现在真正关心的是教育，农村教育落后，城乡教育资源差距大。再一个就是医疗，农村看病报销说可以报70%，但到真正报销的时候50%都算多的了，老百姓还是要承担一定的费用。而且钱还每年都在涨，无论涨多涨少，都给老百姓形成了这样一种印象，不知道年年涨的意义在哪。像之前说的那种保险，商业保险就是商业保险，保险公司应该和政府区别开来，不能让这些保险凌驾于我们政府的工作之上。

**问**：这种商业保险就是强制性的吗？

**答**：对，就是一种工作，不做不行。

**问**：那咱这个强制打疫苗呢？

**答**：这个都很赞成、很认可。当时组织来打的时候，有的不能走路的老人，他家人用车推着过来，或者搀扶着过来也打。

**问**：像这种保险吧，政府的角度可能觉得你村民生了大病有的就看不起，就会给家庭、社会造成负担，那么就在有钱的时候交点小钱，可以解决这个问题。

**答**：那他这个也需要自愿，根据村民的能力。

**问**：对，可能这个事是好事，但是方式不对，大家不理解，就会导致一些心里的不舒坦。

**答**：对，我就有一个乘车险、一个特大疾病险、一个理财险，这就属于我自愿交的。

**问**：我们村这几年是如何建设党支部的？如何抓组织建设的？

**答**：我们村目前有26名党员，其中有14个都是干电商的，剩下的十几个有几个是年龄很大的，都七八十岁了。之前农村的党员普遍老龄化，现在情况还好一点。头几年抓扶贫的时候，都是让党员负责，比如村里有28个贫困户，就让党员去帮扶。当时我认领了3个贫困户，主要就是根据党员能力大小和产业大小，把贫困户领下去。比如有的年纪大的贫困户，也没有文化，就看看他能干些什么活，在一个人的厂子里没有合适的活就去另一个人厂子里看看，还没有的话就再去一个厂子看看，让他做一些力所能及的活。再一个，我之前刚刚上任的时候，很多党员都认为党费就该村里交，因为之前很多年都是村里给他们交党费，个人从来没交过党费，但从那时开始，每次开会我都讲，不要认为入了党，成了党员就比别人高一等，有的党员觉得自己有了投票权了，支书、主任都要听自己的。开会的时候我就说：第一，我也不怕得罪你们这些人。第二，你们投不投我的票无所谓，我这个支书也不是非干不可。第三，不要觉得自己是一名党员就凌驾于群众之上，让你入党，让你向组织靠拢，你靠什么靠拢？入党誓词是什么？组织的章程又是什么？你入党是为了帮助村里村民共同发家致富，另外在觉悟上要比村民高一等，但更要严格要求自己，如果你不严格要求自己，我这个支书管不了你，我可以反映给镇里组织委员，劝你退党。现在经过这几年的发展，村里的党员对于自己的义务是什么、应该去做什么，都有一个普遍的认识了，比如在党费方面，像我们农村党员一个月是一元钱，有的党员甚至都提前交。所以在这方面，我认为首先是先把党员的意识提高，让他们知道他们是做什么的。现在我们村里的3个入党积极分子，在入党之前我就让他们先给村里干点活，看看这个人怎么样。

**问**：您认为目前制约咱们村乡村振兴发展的最大因素是什么？

**答**：还是人才。说句实话，现在有的大学生在城里找不到工作，但觉得自己上学上了这么多年，如果再回村里，感觉心里很不舒服，有落差，所以他就不回来，宁愿在城市里领3000元的工资，也不愿意回村里领5000元的工资。

**问**：除了人才呢？比如用地资源什么的。

**答：**用地肯定是一个制约，但现在相比较来说缓解了很多。主要是现在有些家庭家里干着电商，还生产着衣服，但是一家四代住在一个院子里，小孙子、父母、祖父母、曾祖父母，四世同堂，卧室里挤得只能放下一张床，所以土地确实也是制约发展的一个很大的瓶颈。这个事我们也给上边提过建议，但也没有太好的效果。

**问：**咱村有建设用地的指标吗？有多少？

**答：**很少。我再举个例子，以前像棚户区改造，比如说像菏泽扩建，或者××县扩建，这个土地指标去哪找？就是把农村的建设用地收回来，房前房后的一些建设用地指标调到城里去，作为一种动力和激励，哪个村调出一亩地，就给这个村 10 万元 20 万元的奖励，早几年听说河南那边都是这样，所以农村都没有建设用地了，就很难发展，这就是一个最大的瓶颈。这不是说某一个区的问题，基本是在这 10 年之内都是全国性的问题。

**问：**在资金方面有什么困难吗？

**答：**资金方面，村里就算协调贷款，也只能协调一小部分，10 万 20 万元的，主要还是因为农村没有房屋抵押。我们做的这个服装，因为做着卖着，卖着做着，也不能当作一种实质性的财产抵押，所以贷款额度也是很小，相当一部分都是靠村民自己开网店，卖着赚着，村里再给协调一部分来。

**问：**一开始都是慢慢赚，但后来家底厚了，是不是就不需要贷款了？

**答：**也不是这样，不管一个店干得多大，比如根据老板的经验、能力、公司的扩展，手里存了 100 万元钱，这时候他把 100 万元存起来，不再拓展公司，原地踏步走，这样的情况是不存在的，都是赚了 100 万元，就想赚 200 万元，赚了 200 万元就想赚 1000 万元。今年生产的衣服赚了 10 万元，下一年我就多生产点，都是在不断地拓展自己的产业，不管什么样的企业，哪怕是世界五百强，没有不贷款的。

**问：**您理想中的乡村振兴应该是什么样的？

**答：**第一个，人人得有活干，不能只靠种地为生，必须是新型的现代农民，拥有产业。再一个，就是人的精神上、生活上要改变，村庄的环境必须按照社区慢慢来规划，甚至打造新的农村社区，有广场、有街道、有花园，让村民在里面走一圈就能认为比在县城住高楼大厦还要好。县城的小区一个小区里有几万人，让人感到压抑，车也没地方停，农村的空气让人感到新鲜，让人感到舒服。这一切的前提必须是产业振兴。村庄必须是温馨、美丽的，特别是污水治理，现在因为各方面的原因，坑塘里的黑水发臭，这种现象必须要治理好，污水治理就是一个很关键的事情，在污水治理这方面还不太好。

问：主要是这个基础设施这一块，像这个污水坑治理是不是成本太高了？

答：对，原来几辈子留下的老坑塘，把它改造好，这个其实是很费钱的，对国家来说也是需要很大的努力。

问：未来几年您准备如何进一步去推进乡村振兴？

答：我的想法是村里人要根据市场的发展和社会的需求，把我们的产品打造好，不能落后，要处于不败之地。随着市场的发展，产品要提高品质，拓宽自己的产品渠道。乡村振兴，第一个要保证的就是把产业发展起来，产业发展了，什么都好说，产业发展不上去，一切都是空谈，必须让村民有一个长远的眼光。

问：您觉得党组织应该怎么去做？

答：现在有一小部分厂家就做那几款衣服，比如八路军装，这个衣服利润也不高，今年卖不完的下一年再卖。一些颜色、款式都不换，这就属于保守的，赚不了大钱，我们党组织就要引导他们开发一些新的产品。现在我们村有三分之一的村民有自己的一个商标，知道打造一个属于自己的产品，维护自己的产权，但还有一部分还意识不到。

问：现在还有一些人没有自己的商标吗？

答：现在有三分之一的注册了，其他的还没有注册。

问：注册商标要花钱的是吧？

答：花钱也不多，千把块钱左右。

问：您认为老百姓最期待的生活目标是什么？最担心的又是什么？

答：我们这个地方我感觉老百姓担心的就是现在家家都在做这个产业，怎么才能让这个产业不出什么问题。这些老百姓最期待的目标就是手里有钱，有事做，有一个好的环境，这应该就是他们期待的。这些都不是一蹴而就的，现在产业发展起来了，村民手里有钱了，怎么才能把自己的村子、自己的家打造好也是个很重要的事情。

问：现在是不是有很多在城里买房子的？这里好像对他们来说只是一

个工作的地方。也有一些挣了钱想在村里盖房子的吧?

**答:** 现在说实话很多都是两个家,在城里买了房子,在村里也有房。

**问:** 但是如果农村搞得非常好,教育资源也好,村民的感情是不一样的,如果能和城市一样美丽的话,就愿意回来了,你觉得是不是?

**答:** 对,所以说我们现在村里这个徒步队,早上一起跑步,晚上一起跳广场舞。为什么他们不愿意到城里去? 一方面是村民之间相互熟悉,再一个就是有一种情感。

**问:** 对,像我现在也是这样。以前住的房子虽然拆了,我就觉得不愿意离开,因为从小就在那里长大,有回忆有什么的。如果在旧地能盖上特别好的房子,就觉得还是在这里好。

**答:** 现在说句实在的,我们村现在得有 100 家左右,他们家里的一些设施配套各方面,甚至比城里的房子都要好得多,包括卫生间、客厅、卧室各方面,进到里面之后,也是现代化的。

**问:** 通暖怎么样?

**答:** 暖气现在没有,像我住的现在是一个 670 平方米的房子,一楼是客厅,二楼是我孩子住的,三楼是我们两口住的,一层是 200 多平方米,但我那里装的都是空调,只能用空调取暖。

# 乡村建设访谈二十：CCG 主任

**【访谈对象】** 菏泽市××县××街道××村 CCG 主任

**【访谈时间】** 2021 年 9 月 23 日

**【访谈人员】** 王丽萍　陈秀红　黄效茂

**【访谈内容】**

问：请谈谈咱们村庄的基本情况吧。

答：我们这个村有 1360 多人，是一个独立行政村。

问：村子原来就这么大吗？

答：原来就这么大。

问：咱村班子成员情况如何？

答：这个村今年领导班子是 5 名成员，4 个男的，1 个女的，女的刚 30 多岁，整个班子按照上面的配比，就是 5 个职位。

问：咱村里的地大概有多少？

答：我们村的地基本上都被企业征收了。

问：被企业征收了？

答：对，现在还剩 200 多亩地。

问：都是一些什么企业？

答：我们村里的企业和一些外来企业，都是做木制品的企业。

问：那这些木制品企业是外来的？

答：有我们本村的，也有外来的。

问：是以外来的为主还是以本村的为主？

答：我们本村的企业更多，外来的只有几个企业。

问：主要是做什么木制品？

答：做的木制品的种类可多了，得有一两千种。主要是木盒、红酒包装盒，以前是出口的多，现在国内的很多红酒像张裕或者其他各品牌红酒的包装盒，大部分都是出自我们村。还有白酒的包装盒，比如茅台酒厂的白酒外包装所使用的木盒，也是我们这里做的。

问：那咱现在这个人口是以老龄人为主还是青年劳动力为主？

答：以青壮年为主。

问：就是外出务工的不多？

答：一个都没有，现在在我们村打工的有四五百人，都是外来人员。

问：你们那个企业在哪个位置啊？

答：这周边都是，还包括一些个体户。

问：我们就是从这个中间绕过来的。

答：你走过了。

问：咱这条街就是主街吗？

答：对，主街。从那个桥那里再往东边走就不是我们××村了。

问：那个路的西边也是××村？

答：那是新村，这边是老村。

问：那咱村的地好像也不叫土地流转，这叫什么呢？

答：这属于土地都被征收了，收给企业了，然后企业每年每亩地给老百姓付1460元的租金。

问：那这样的话土地用途不就变了吗？

答：这都是之前征的地，最近几年没再征过地，也没地了。

问：现在都不让动了？

答：不让动了。

问：这些地种的也不多是吧？

答：对，种的不多，总共就200多亩地。

问：那现在种地的是不是以老年人为主？

答：对，但那也得种呀，反正现在也都是机械化耕种了。

问：主要是种什么？种玉米吗？

答：玉米和小麦，就这两种。

问：这边都是吗？

答：对，这些地是没有办法才种的，一般大家都不愿意种。

问：如果要是种玉米的话，现在一个家庭大约能有几亩地？

答：村里现在有 1000 多口人，大部分都没地了。企业征完地以后，就只剩余了很少的土地，而且都是在一些比较背光的地方、没用的地方、位置不太好的地方。

问：村里的这 1000 多口人，是自己开工厂的多还是打工的多？

答：自己用网站经商的多，像淘宝、阿里，还有一些国际网站，像天猫。这些年轻人，家家户户基本最少也得有一个店铺。

问：咱这边也是家家做淘宝？

答：对，有的甚至三四个、四五个（店铺），大部分都是做这种。

问：全是电商吗？

答：对，电商。

问：这些木制品都是通过这种渠道销售吗？

答：大部分都是通过这种渠道。原来是在厂家接单，就我们附近的一些厂家，都是在那里接订单，现在大部分都是自己在网上接。

问：这样更省了一些中间环节。

答：对。

问：现在村里这么多企业，有没有相关的协会什么的？

答：没有，还没有协会。

问：都是自己独自干的吗？

答：对，各干各的。

问：这剩下的两三百亩地也是散户在种吗？

答：对。

问：没有流转给别人？也没有合作社什么的吗？

答：现在没人种地，这地也流转不出去，因为没人种。

问：村里有没有合作社？

答：有合作社。

问：合作社主要是做什么的？现在有没有运转起来的？

答：有木制品合作社，但有的合作社还是运转不起来，因为有的商家自己做得挺好的，就不想加入合作社，想自己独立做。

问：他自己独立做，销量也没问题，就不愿意加入合作社。

答：对，有销售渠道，就不愿意加入。

问：那合作社现在基本上就是没怎么运转吗？

答：基本上没怎么运转，他们不愿意加入，合作社有时反而成了一种约束。

问：您担任支书很多年了吧？

答：我是从 2002 年进的村委。

问：也是很有经验。

答：我之前干工艺品干了 30 多年了，也是干木制品。原来我们××县总共有 15 家工厂，15 家干木制品的，其中就有我们这一家。

问：××县最早的这 15 家是怎么起来的？或者说怎么出现的？

答：这 15 家以前都有木工基础，像我们村这些商家都有木工基础。一开始流行编柳编筐，后来柳编筐底改成了木质筐底，在上面打上孔，这样就逐渐向木制工艺品发展了，后来慢慢一点一点发展。

问：咱是怎么从最开始的 15 家扩展到现在这么大的一个产业规模的？

答：现在得有几千家了。原来有些订单很赚钱，在大约八几年的时候开始干的，那时候非常赚钱。

问：这 20 年来咱们村里的变化能不能简单谈谈？

答：那和原来相比变化大了，现在家家没有闲人，有的七八十岁的老太太，有时候还帮着包装、打磨，一天还赚七八十元钱哩。

问：就是从 2002 年您干村委开始，到现在有没有很大的变化？

答：我刚进村委那时候百姓的温饱能满足，但零花钱不够。现在按平均收入来说，人均一年也得收入三四万元，原来人均几千元钱，甚至几千元钱都不到。

问：一个家庭的话年收入大约有多少？

答：这个不好说，小家庭一般八万十万的，有的干得好的二三十万元，有的做电商做得好的一年能挣上百万元。

问：这 20 年的变化从哪一年开始明显发展的？

答：最近 10 年吧。

问：最近 10 年？

答：对，从 2010 年开始发展就快了。

问：也是借助于这个电商？

答：对，主要是借助电商这个网络平台。

**问**：产品有销路，又有木工技术。

**答**：对，在全国各地一说××村，他们都知道。有的厂家来这边找工厂，就直接开着车来我们村这边。现在也不需要来了，在网上就可以查到。

**问**：直接在网上看照片就行了，然后发货。

**答**：以前我们干这行，什么工艺品、辅料，都是从温州那边发货。现在我们都不用出村，所有的各式各样的这些东西，在我们村里都可以买到。

**问**：最典型的变化是兜里有钱了。除了经济上还有其他的一些变化吗？比如住的或者人的精神面貌？

**答**：现在住的条件都好了，原来住的都是平房，现在很多都是盖的楼房。这还是控制了一些，不然村里全部都是楼房。

**问**：为啥要控制呢？

**答**：不让盖。

**问**：可以在原先的基础上加盖呀。

**答**：不让加，只有危房才行。

**问**：现在就是只有危房才能拆，不是危房不能盖？

**答**：对。

**问**：在老房子上翻盖一下不行吗？

**答**：翻盖那也得是危房，比如漏水了或者快塌了，就让房主翻盖。其他的乡镇都可以，唯独我们乡镇不行。

**问**：它有可能是牵扯到以后补偿的问题。

**答**：现在也没有棚户区改造了。

**问**：那为什么不让盖呢？

**答**：不知道什么原因。以前老百姓的那些危房，都好几年了，想盖个两层楼，也不让盖，不让盖也没办法，就只能盖一层了。

**问**：是不是因为咱这个街道离县城比较近，以后还有规划什么的？

**答**：对，有可能是离县城比较近。现在的要求就是你拆多少平方米就盖多少平方米，这几年还好点。原来有些三四十年的老房子，就 3 间屋子，共四五十个平方米，现在要是还让他盖四五十个平方米，以前两口人，现在七八口人，就没法住了。

问：咱村里的民生呢？比如教育方面，村里有幼儿园吗？

答：原来这里就是学校。我们村里条件好，大家都不在这里上学。之前有几个公办老师，三四个班就七八个学生。

问：大家都在县城买房子了，都在城里上。

答：对。

问：大部分年轻人都在城里买房子了？

答：对，很多在城里买房子的。基本上这些年轻人每个人在县城里都有1套房子。

问：这里到县城是不是很近啊？

答：对，从前面那个路口走，不到10分钟就到县城了，家家都有车。

问：一些公共需求，如教育卫生都可以去县城解决，感觉在村里就没有需求了。

答：那些孩子都不在这里上学。我们村里也有幼儿园，私立的，但是没人上，认为这里的教学不太好。

问：这个幼儿园还有人吗？

答：有。

问：他们的工厂在这里，然后家在县城。

答：有在县城住的，也有不在县城里住的。

问：咱这有没有类似幸福院这样的照料中心？

答：这个没有。

问：村里卫生室什么的都有吧？

答：卫生室有。养老院的话，有的农村里的老头老太太，让他们去他们还不去，觉得在那里不自由，有约束。总体上，在××县以北像我们村这种基础的村还不多，因为我们干工艺品起步早。

问：这几年我们村两委在乡村振兴中主要做了哪些工作？

答：我们主要是进行了道路改造。我们村这个道路以前很窄，大约在2004年的时候，我们把村里的公路进行了升级改造，全部弄成了柏油路面。

问：那这个钱从哪来？

答：那时候是老百姓集资。2018年还是2019年的时候，我们村里这些路又全部硬化了一遍，老百姓集资20多万元，还有政府给解决一部分。

老百姓集资不是让老百姓按人头分摊，而是谁有车谁摊钱。比方说你有轿车就拿 1000 元，有三轮车就拿 500 元，剩下的就自愿，还有拿 10000 元的，还有拿 5000 元的，自愿捐钱。

问：这是哪一年的事？

答：2018 年还是 2019 年来着。

问：政府出钱了吗？

答：政府出钱了，村里拿出一部分，剩余的政府出钱。

问：这次是政府出钱，以前是老百姓自愿捐款？

答：以前那时候政府也有投入。

问：最近这个户户通修建了吗？

答：都修了。

问：这个钱是如何解决的？

答：户户通是乡镇，也就是县里面一平方米给补贴 20 元，剩余的老百姓自己修，修完村里验收合格以后，县里再把钱返给老百姓，打到老百姓卡上。修 5 公里、10 公里都行，一平方好像是补贴 20 元。

问：咱们村集体收入怎么样？

答：村集体收入主要来源于一个扶贫车间，一年大约收入 9000 元钱，不到 1 万元。

问：这么少吗？

答：这个车间很小，租出去了。

问：扶贫车间是不是也是在扶贫攻坚的时候修建的？

答：对。

问：咱村过去贫困人口多吗？

答：贫困人口不多，我们本来贫困户就不多，总共也就是有十一二户，现在全部都脱贫了。

问：扶贫车间主要是干什么？

答：现在有一户在那里做雕刻。

问：那我们现在村集体收入有没有其他来源，一年大约多少钱？

答：没有。

问：那村里怎么运行？

答：现在花钱也不太多，有时候上面会返给一些办公经费。

**问**：现在村两委这个办公经费一年多少钱？

**答**：具体数字不太清楚。

**问**：现在给你们办公经费吗？

**答**：我们的办公经费主要是用在了人居环境这方面了。现在主要是支出很多，有时甚至需要村委垫钱。

**问**：村两委垫钱？

**答**：这不人居环境检查又开始了。这秋收以后，这些草、垃圾都需要找人清理一遍，不说每月，但经常有这些事。

**问**：咱村里没有集体用地或者集体产业吗？

**答**：没有集体产业。

**问**：有的村是有好多地，然后出租也能获得收入。

**答**：没有，我们村里总共就是 12 亩土地，都租给供电所了。供电所再把租金交到镇里，总共就 12 亩地。

**问**：那些厂子租的都是老百姓的地吗？

**答**：老百姓的地是我们领了租金，再交给办事处，把这个租金打到老百姓卡上。

**问**：就是咱村里收入比较少，然后老百姓收入多。

**答**：对，老百姓收入多。

**问**：村两委成员现在基本上都有自己的产业吗？

**答**：基本上都有活干，家家户户都干着活呢，没有闲人。

**问**：党员的情况怎么样？

**答**：村里总共有 21 名党员，有 9 名是上了年纪的老党员。

**问**：在产业发展的过程中，您认为村两委发挥了什么作用？

**答**：原来有些事情，比如干木制品的有人接不到活了，村委会可以帮忙给厂家联系，在厂里接活，接了活让他们在家里干，现在他自己在网上找活。说实话我对电脑还不如小孩懂得多，他比我懂得多，就有些地方像环保，我们给他们指导一下；安全方面我们给他们指导一下，有什么需要整改的地方，需要引进一些环保设备的，都按照国家标准执行。

**问**：这个时候咱们村两委监督他是吧？

**答**：对，监督他。如果不监督他，就像那个磨筐机，磨筐的时候一用起来就眯得人睁不开眼，就需要把粉尘收集起来。

**问**：环保方面越来越严格，是不是也给村里造成了影响？

**答**：前年受的影响大，经常让停产、停电，现在逐步都整改到位了。

**问**：现在也是上了一些设备？

**答**：对，特别是企业，这些环保设备都配齐了，粉尘收集等方面都有设备，这些个体户也都有那些小型的粉尘收集设备。

**问**：之前有一段时间很严格也确实受影响。

**答**：对，就停电，不让干。整改到位以后基本上就没有影响了。

**问**：环保、消防这方面吗？

**答**：对，消防一年也查个两三次，环保是经常查。如果村里不监管这一块，过一段时间，环保方面就乱套了，有的环保设备他们就不用。

**问**：这几年咱们村里面有没有什么矛盾纠纷？

**答**：没有。

**问**：前些年呢？

**答**：前些年也没有，我们村本来骂街、喝酒吵架的就基本上没有，特别是这几年，连打牌的都没有。现在要是白天到我们村来看一看，大街上基本上没人，除非是秋收季节。

**问**：都在车间里忙吗？

**答**：对，都在车间里忙。

**问**：都挣钱呢。

**答**：现在没有矛盾，现在他们顾不上闹矛盾了，打架吵架什么的就更没有了，都忙着赚钱呢。

**问**：那村民跟咱们村委之间有没有什么矛盾？

**答**：没有。

**问**：现在村里干企业不错的情况怎么样？

**答**：干得好有很多现在都没法发展了，就都去北边七八里地远的一个孵化园了，这是我们县里搞的一个孵化园，他们都去那里的车间了。

**问**：那里的厂房是免费用的吗？

**答**：不是，也需要买。原来买 10 亩地的车间，要花七八十万元，现在都是四五百万元。

**问**：10 亩地的车间？

**答**：对，也就最近这几年涨的，也就五六年，同样的地皮，同样的车间，原来七八十万元，现在都得四五百万元，因为经济发展好了。

问：买还是租啊？

答：买车间。

问：咱村里买的多吗？

答：也不少，有几个年轻人在那里买的。

问：咱村现在是1360口人是吗？

答：对，大约就这么多。

问：这是大约有多少户？

答：300多户。

问：有多少户是在干这个企业的？

答：反正是户户没闲人。这300多户有些是老年人，有的老年人是上了年纪没法干活，其他有的五六十岁的老年人还帮忙干活哩。

问：干买卖的有多少？就是自己创业的。

答：独立干的也有将近200户。

问：大约有多少个企业？能有200多个企业？

答：企业数量不太多，有10多家企业，主要是个体户多，成规模的也就是十几家。

问：个体户也挺多。

答：对，家庭作坊，就是在家里面支个棚子，两口子干活，家庭作坊式的。有时活多的时候两口子干不完，就雇一些人来干。

问：个体户大概有多少家？

答：个体户大约有200家。

问：这200多家个体户估计收不上什么税，也就是那十几家大的企业能收税，对吧？

答：对，个体户没有税。

问：老百姓也愿意干个体户，成本低。

答：成本低，对。

问：企业的规模大约有多少？产值和雇用工人什么的。

答：企业的规模大。

问：能有多大？

答：一般都得有几十亩地，二三十亩地，在村子周边。

问：主要是返乡创业的还是本地人？

答：我们本地的。大多都是和我一样以前干工艺品，后来慢慢发展起来。

问：现在有没有大学生返乡创业的？

答：大学生比较少，他们嫌这个活脏。

问：可能这个产业对他们没太有吸引力，不像别的产业。

答：就像刚才说的，干活的时候眯得睁不开眼，什么都看不见，而且很脏，所以很多年轻人不愿意干。

问：村里面除了经商的大户，还有没有其他什么能人？

答：其他的没有了，我们村也没有人在外面经商。

问：没有在外面的？

答：对，都是在我们本村。

问：咱们村里有没有比较热心公益事业的一些人？

答：有，我们这些年轻党员之中就有。你看像去年疫情，需要组织一些人，我在工作群里一说，这些年轻人就主动提出自愿轮班站岗，守路口。当时正值春节，村里也没有什么活。

问：这就相当于志愿组织了。

答：对，这些年轻人觉悟都很高。现在不光我们这个村没矛盾，周边其他村也都没有矛盾，都忙着发展经济了。

问：都忙着挣钱了。

答：对，也都守法了。以前闹矛盾打架，派出所过来调解，现在再有这种事就得拘留，所以现在村民的法治意识也强了。

问：咱们村里有没有村规民约？

答：有。

问：这个村规民约是怎么制定出来的？

答：通过村民代表由村民制定村规民约。

问：是什么时候制定的？

答：做了有几年了，大约是前年做的。

问：村民代表一块商议的还是咱们党支部定了之后再讨论的？

答：党支部不能定。党支部讨论完以后，再由村民代表讨论，还得公示，再交到办事处进行公示什么的。

问：现在的村规民约大概涉及哪些方面呢？

答：涉及的主要是红白喜事这方面，还有群众对于组织监督这一块，以及对于我们村支部进行监督这一块。

问：现在还有村民监督委员会吗？

答：我们这里有理财小组、村民代表，村民监督这一块之前有，今年没太进行。

问：您觉得这个村规民约对于约束老百姓行为、引导老百姓行为有帮助吗？

答：他一般不能约束老百姓，只能是一种引导。

问：您觉得有帮助吗？

答：那帮助大了。

问：有用吗？

答：用处肯定是有的，对老百姓都有帮助。

问：咱这个村民代表是怎么选出来的？

答：村民选出来的。制定村规民约的大约有 20 个村民代表吧。

问：咱现在还有生产小队吗？

答：生产小队没有了。

问：村民小组有吗？

答：现在基本还保留着村民小组。

问：村民小组现在还有用吗？

答：可以说基本上没用了，之前我们村分 3 个队，一个队 4 个小组，现在不种地了，基本也就没什么用了。但有些事还是按这个程序走，谁和谁一个组，有啥事一商量，每个组选几个人商量，基本就是按这个程序走。

问：那这个村民代表是怎么选出来的？

答：群众选举，还是以之前的村民小组为单位进行选举。像这一块，我们分北队、东队、南队，一个队 4 个小组。选举什么的都是从小组里往外选人，基本上按这个模式走。

问：现在村里这个红白事是什么情况？

答：简办了。

问：也是移风易俗。

答：不让大操大办。

问：结婚这个彩礼怎么样？

答：这个还比较多，我们这里一般 10 万元左右，还算比较好点的。到了那一片一般都得十七八万元，一二十万元。我们这里最多也就是 10 万元，8.8 万元这些。

问：那一片是哪里？

答：就是××那一片，到那就不行了，有的都快结婚了，结果因为彩礼又闹崩了。

问：这个也不好控制。

答：对，越有钱的，越花不多钱，彩礼不要那么多；越没钱的，彩礼要得越多。

问：酒席花费高吗？

答：酒席花费一般喜事就是七八百元一桌，最高的标准也就是 1000 元钱一桌。

问：烟酒什么的呢？

答：酒也就是百十元钱一瓶，现在生活条件好了，如果再使劲控制烟酒，让喝几块钱一瓶的酒也不现实。

问：咱有没有红白理事会？

答：有。

问：您是担任会长吗？

答：对，除了我们村委会成员 5 个，还有 3 个群众代表，都是一些威望比较高的。

问：这个是怎么干预这些事的？

答：把政策给老百姓解释了，他们现在也不敢大办酒席了。

问：主要可能是一些丧事。

答：对，一些丧事。丧事现在按我们的标准，不让超过 6 桌，一般就是吃大锅饭。

问：喜事有没有标准？

答：喜事也就是十几桌，也有所控制。

问：作为村支书，您最大的工作压力来自哪？

答：工作压力现在就是人居环境这一块。

问：人居环境，上面的督查？

答：对。

问：就是来自上级政府的压力？

答：对，因为农村环境这个脏、乱、差，其实很不好改变。

问：现在城乡环卫不是已经一体化了吗？

答：是，有专门的拉垃圾的车。但有的地方垃圾车不去，像我们村主干道它来，很偏僻的地方就不去了，我们还得再组织人员专门找垃圾公司清理。

问：咱现在每年那个 36 元的卫生费村民都交吗？

答：都交，每年一次。

问：咱村里现在打扫卫生的是村里人还是？

答：环卫就是我们村的人。

问：那他这个工资？

答：工资由办事处发，但是办事处发得少，一个月三四百元，太低了没人干，我们村又补贴一些。

问：补贴能有多少？

答：一月 300 元钱，一共七八百元钱。

问：现在有了环卫工人，确实人居环境也有所改变。

答：改变多了。之前我们村的垃圾扔得到处都是，现在在我们村里基本看不到垃圾了。

问：人居环境压力大是检查的压力大还是？

答：主要是整治压力大。

问：是上面的要求达不到还是什么？

答：那如果按上面的要求，像我们这种大村、干企业的村要想达到是非常难。

问：它这个是什么环境标准？

答：人居环境我们镇每年都考核，领导们坐着大巴挨个村评比，一个村一个村地看。

问：主要是考核什么？

答：考核我们的卫生情况、整理情况，比如河道有没有垃圾、村头有没有垃圾、有没有"三堆"情况，就是柴堆砖堆什么的，主要是这些。

问：现在咱们这个"厕所革命"是不是也是考核的内容？

答：对，都改了。但这个旱厕弄得不太切合实际，有很多都坏了，坏了就不用了，但大部分都是自己建的。

问：它是定期往外抽吗？

答：没有人定期抽。

问：自己联系，一次 50 元钱？

答：不是，你像我家那个抽一次要二三百元，说的是 50 元，但是不现实。

问：人居环境整治是不是这一块也要管？

答：是，但是落实不太好。像抽一次，上面规定的是四五十元，但实际上要的就多了。

问：老百姓有没有旱厕？有旱厕也不用？

答：有，但是旱厕少，一般都是水冲式厕所。

问：你们这有下水道吗？

答：有。

问：排到哪去？

答：我们有那个污水处理站，就通过那个污水处理站排出，有污水管道。

问：这个投入是哪一级财政？

答：老百姓不负责，都是我们乡镇出，归属于环保局这一块。

问：咱们村是不是以前村支书和主任是两个人？

答：对，两个人。

问：是哪一年开始一人兼的？

答：从今年开始。

问：您是一直当书记吗？

答：我是从 2004 年开始担任书记的。

问：今年开始您就全当了？

答：对，上面要求一肩挑。

问：您觉得之前书记主任两个人和现在一肩挑相比哪个更好？

答：原来的老支书干了几十年了，现在已经去世。

问：原来您是主任吧？

答：原来我是主任，他去世后我接任支书。

问：您认为以前的村支书和主任哪个起的作用更大？

答：感觉没有什么太大的区别。

问：是村主任管着村里这些村务吗？

答：支书，我们这里都是支书管。和其他地方不一样，其他地方村主任管村里的事，我们是支书管。

问：之前两个人的话，在工作配合上有没有感觉有矛盾？

答：没有矛盾。我们之前那个老支书干了几十年了，经验丰富，有的事情我就会听他的。

问：有的地方村主任权力比较大。

答：一般在我们这里，村主任都是听村支书的。

问：您是从今年开始一肩挑的？

答：对。

问：您觉得一肩挑之后您的责任是不是更大了？

答：比以前管的事多点了，责任也更大了。

问：比如说哪些事？

答：包括卫生费征收、养老保险、合作医疗等大大小小的事情，每天都会有，说不准就有啥事。还有老百姓土地租金的发放，都是通过我们这里，租金银行里给打成存单，我们再发给大家，交到老百姓手里，还有想不到的一些事情。

问：您是如何抓党建工作的？

答：党建方面我们定期每月 15 号召开全体党员会，在一起学习。

问：现在都提党建引领，我们这个村的党建您觉得有没有对村里的产业以及各方面的发展起到一定的引领带动作用？

答：在带动发展这一块，我们村里党支部成员也经常去和村里的企业老板进行交流，看看他们有什么想法，有什么困难，能帮助的都尽量帮助。

问：有没有帮他们解决什么问题？

答：有的企业之间可能会有一些矛盾，必须村里给他解决，比如土地方面的纠纷。

问：能举个例子吗？

答：很多杂事、小事，也不好举例。像有的企业挖下水道，排水设施说不定从别人厂口过了，别人不同意，不让过，就需要沟通协调。但作为支部只能给企业服务，很大的作用也发挥不了。

问：您觉得当前制约乡村振兴最大的因素是什么？

答：像我们村，按道理说，应该重新规划。以前镇里也说过重新规划，但是没法规划。我们之前计划把老村全部拆迁，改成加工区，把新村全部改成住宅区。但是给办事处说了几次，没人出钱，没人搞这一块，村里又没这个实力。

问：就是把加工的地方和住的地方分开吗？

答：对，比如我们这里的几百亩地，全部改成厂房，不用说别人，光我们村里的年轻人就能买完。这边是加工区，另一边是住宅，干净卫生，也好管理了。

问：现在都混在一起是吗？

答：对，都是家庭作坊。

问：现在土地不让动了。

答：对，不让动了，反而制约了发展。

问：除此之外，人才、资金您觉得这些因素有没有制约发展？

答：主要是我们现在的设想规划很好，但是实现不了。这些地是建设用地，但是老百姓补偿这一块没人去补偿。之前国家有补偿标准，但现在让我们村里搞，我们村没钱，搞不起来。

问：是不是老百姓愿意拆？

答：很多老百姓，差不多一多半老百姓都愿意。但有的老百姓自己盖的楼，拆了之后也没有补偿，他们就不愿意拆。

问：现在咱村里老房子多吗？

答：现在也基本上没有了。

问：这都是新盖的吗？

答：都是这几年陆续盖的。

问：咱们村还属于人比较多的，有的人少的村，就出现那种"鬼城"，而且没人的那种村子，不让拆也不让动，都是破屋烂房，这就是个问题。

答：对，这都是实际情况。

问：像咱××村也不是没有。

答：像这危房去年领导就看过，这个户主当时想盖个二层楼，就不让盖，一直拖到现在。拖到现在不盖不行了，因为住不开了，但也只能盖一层。

**问：**一层这个面积有限制吗？

**答：**限制，主要就是限制面积，所以就是不贴合实际。

**问：**那人家院子大的想把房子盖宽一点也不行吗？

**答：**不行。

**问：**比如原来这个房子小，现在住肯定不行啊。

**答：**假设一开始就是 5 米的院子，3 间屋子，60 多个平方米；但当时就两口住，现在儿孙媳妇都有了，再让盖五六十个平方米也不现实。现在还好一点，多少还可以活动一点，多加点平方，但也是有限制。

**问：**原来这个宅基地面积都量了，现在盖了是不是还得重新量啊？

**答：**不让盖，原来就是光量了个院子。

**问：**那他光量院子，也不知道这个房子是新盖的还是原来的。

**答：**我们其他村都可以盖，拆掉老院子盖两层、三层，多少平方米都行，就我们这一个村可能是离县城比较近，不让盖。原则上是掀（拆）多少盖多少，掀 50（平）就盖 50（平），掀 60（平）就盖 60（平）。这个不切合实际，有的老房子拆了之后，只能是拆多少盖多少，所以房主宁愿就放在那里也不盖。

**问：**您对乡村振兴有没有什么规划？

**答：**我给镇里也提过，但就是资金没有来源，没有人来投资。

**问：**您理想中的乡村振兴是什么样？

**答：**就是把我们村里这些老房子全部拆掉，这些地规划好，就像县里的那个孵化园一样，我们也盖一个工业园，给我们村里这些干淘宝、干电商的年轻人提供车间。另一边新村里的房子也得十五六年了，全部盖成几栋小高层，这样规划人住的地方和生产的地方分开了，卫生也干净了，也便于管理了。现在就是设想得很好，但还实现不了。

**问：**除了村庄规划这一块，您理想中振兴起来的乡村应该是个什么样子？村民是个什么状态？

**答：**环境也改变，人的精神面貌也改变，特别是农村要有一个好的宜居环境。老百姓看到好的宜居环境，心情也好了，也健康长寿，如果看到哪都不顺眼不舒服，肯定是不行的。

**问**：咱们村这个娱乐场所有没有？

**答**：有广场舞，这里就是跳广场舞的地方。

**问**：您现在觉得老百姓最期待的生活目标是什么？最担心的又是什么？

**答**：现在国家政策很好，他们没有什么好担心的，他们期待的生活当然是越来越好。国家政策也比以前好了，以前做生意要缴各种管理费，现在除了一些企业必须要纳税之外，做生意也不用缴任何费用了。

**问**：养老和医疗这方面呢？

**答**：养老医疗这方面，现在老百姓都有养老保险，老了之后可以领到养老金，从几十元到一百多元，都够花的。

**问**：咱村里这些老人子女都在身边的，养老也挺好的吧？

**答**：都挺好，有的子女不给父母交保险的，我就直接给他们打电话。现在这人都很自觉，我就告诉他们交钱别让老人来交，路上车多，老人来不方便，必须子女给老人交。现在这几年都是这样，都是子女自觉地给老人交合作医疗、养老保险。现在我们村里这些年轻人都有钱，给老人交几百元钱也没事。

**问**：有个别的是不是也需要教育引导？

**答**：要是有老头老太太来交钱，我就直接给他家孩子打电话。

**问**：孤寡老人多吗？

**答**：不多。

**问**：书记您今年多大？

**答**：我是 1966 年出生。

**问**：您是当过兵吗？

**答**：没有。

**问**：之前做过什么工作？

**答**：没做过工作。

**问**：就是干那个工厂是吧？

**答**：我也卖过冰糕、收过酒瓶。

**问**：您不是做过木匠吗？

**答**：对，我几个哥哥都是木工。我 10 几岁就不上学了，高中上一年就不上了，借了五元钱进的冰糕，跑到几十里地远的××去卖冰糕。我收酒瓶一天能赚七八元钱，我还跑到××体育场那里收过，百十里地远，一天来回，那时候还不到 20 岁。

问：收酒瓶一天赚七八元钱？

答：对，那时候八几年，一天七八元钱不错了，我卖冰糕的时候一天才挣几毛钱。

问：您现在还在干企业吗？

答：我现在还是干个体企业，我儿子干电商。

问：你们是各人干各人的？

答：一块干，我也不懂电脑，我儿子儿媳懂。

问：就是企业生产管理是您负责，然后电商是您儿子负责？

答：对。

问：现在书记主任一肩挑，每个月政府给发多少钱？

答：1500 多元。

问：每个月都发吗？

答：一个季度一发，好像是按人口标准发的。

问：村两委补贴是多少？

答：这个少点，大概几百元钱。

# 乡村建设访谈二十一：XLY 主任

【访谈对象】 菏泽市××区××镇××村 XLY 主任
【访谈时间】 2021 年 9 月 24 日
【访谈人员】 王丽萍　陈秀红　黄效茂
【访谈内容】

问：请您先介绍一下咱们村的基本情况吧。

答：我们这个村由 6 个自然村组成。

问：人口呢？

答：2600 多人。

问：现在咱们这个村是叫什么名字？

答：××行政村。

问：我们看有的路牌上写的××新村。

答：就是这个地方，就是××行政村。

问：××新村是这个小区的名字吗？

答：在地图上标的叫××新村，但在行政上这个村还是叫××村。

问：咱村党员和村两委的情况怎么样？

答：现在是有 45 名党员，村干部总共有 7 个。

问：学历或者性别比例怎么样？

答：有 2 个女同志，40 岁以上的有 4 个。

问：您干村支书多长时间了？

答：我是 1988 年 11 月入党，1989 年 11 月开始担任村支书。

问：您今年多大年纪？

答：我是 1962 年（出生）。

问：您之前做过什么？

答：之前在供销社干过。

问：后来又干了村支书？

答：对，也是当时比较穷吧，也没有想干村支书的人，老支书又天天找我，给我做工作。

问：您干支书的时候很年轻啊，二十六七岁就干了。

答：对。

问：您干村支书的时候就已经合村了吗？还是后来才合的村？

答：没有，我干的时候是 4 个自然村。

问：就是一个小村？

答：对，4 个自然村，后来又合了 2 个。

问：您也任职这么多年了，这 30 多年村里有没有什么变化？衣食住行方面。

答：我刚开始干的时候，村里连个办公场所都没有。

问：后来呢？能不能具体再讲讲？

答：后来我当支书，就开始建了个小学。那时候村里有个学校，房子都是土房子，我当了支书以后又改成了砖房，当时投资了 3 万多元钱。

问：那是哪一年？

答：1991 年。

问：那也挺多钱的，这钱从哪来？

答：当时就是筹资。

问：怎么筹的资？

答：村干部带头拿点，就是捐款。那时候老百姓有拿 5 元的，有拿 10 元的，村干部有拿 50 元的，做生意的拿得多点，后来又建了个大队部和办公室。

问：那是在哪一年？

答：大队部是在 1994 年，建了 9 间，属于是一个办公楼，现在还有，还在原村那边，再后来又建了一个 14 间房的小学教学楼。

问：咱现在村里小学、中学都有吗？

答：现在没有了，现在都合并到××小学了。

问：哪一年合并的？

答：2003 年或 2004 年左右。

问：幼儿园现在有吗？

答：有幼儿园，但建好了还没启用，现在这个幼儿园是区里管着还不让用，包括这个商业街也是，都是区里管着。

问：还没启用吗？

答：对。

问：那现在上幼儿园在哪上？

答：也是到××。

问：咱们村外出打工的多不多？

答：外出打工的多，大约 2015 年的时候机场开始征地，地征走以后，村民主要是打工，地总共被征走大约 2000 亩吧。

问：现在还剩多少？

答：现在还剩 2000 亩，原来合庄合的地比较多。

问：咱这跟机场大概有多远？

答：大概 500 米吧。

问：当时征地这个补偿怎么样？

答：补偿还可以的，挺高的，一亩地 6 万元，另外一亩地还有失地保险 1.5 万元，一共 7.5 万元。

问：这属于一次性买断那种吗？

答：对，一次性买断了。

问：也不是那种每年付租金的，就是一次性买断。那地被征了之后那些村民就没地了，还是说其他 2000 亩继续分一分？

答：就是没地了。

问：那这部分人的生活来源怎么办？

答：就主要靠打工。

问：现在大约有多少这种人？

答：800 人左右吧。

问：那这个留守老人和儿童的问题是不是也比较严重？

答：大部分去打工的就把老人孩子都带走了。

问：咱之前统计的留守的大约有多少人？

答：也就是百十个人吧。

问：那咱平常村里的常住人口有多少？

答：1000 多人。

问：当地这些村民的经济收入情况如何？

答：凡是没征着地的，或者征的地少的，就需要在家种地不能经常出去，所以就是季节性、阶段性地出去打工，那种长期在外打工的一般就是失地比较多的。

问：现在这 2000 亩地主要种植什么？

答：果树、玉米，粮食作物不是很多，还是果树多，得占 1000 多亩。

问：种的什么果树？

答：种类比较杂，主要是桃，还有苹果什么的。

问：这个收益怎么样？一亩地能收多少钱？

答：还不错，一般就是七八千元钱，产量比较高。

问：农民种果树是成片包的还是各家各户种的？

答：有承包的，现在流转了大约 300 亩地了。

问：是流转给外村的人还是本村的人？

答：有本村的，也有外村的。

问：流转的费用是多少？

答：一亩地 300 元。

问：这么低吗？

答：因为这个地地质比较差，都是盐碱地。还有就是机场堵住了 3 条河，基本上用不上河水，地下水又不行，所以价格比较低。

问：种玉米的话一亩地能收多少钱？

答：也就是 1000 元钱。

问：除了农业和打工之外，还有没有其他的产业？

答：以前也搞点小生意，之前我领着弄了个砖厂，但是收入不高，只能挣点办公费。从去年开始，村民思想也不一样了。2018 年的时候提出致富兴办合作社，我们就搞了个小车间，转让出去之后一年赚 3.5 万元，还有一些小服装厂，这两天都放假了，一年也能赚 5 万多元。今年情况好得多了，搞这个乡村振兴，镇里拿出了一部分奖励政策，我们建了 4000 平方米的厂房，现在已经有 3 个小型企业入驻，开始交租赁费。这样上半年总收入是 20.6 万元。还有一个场地已经找好了，3000 平方米，还没有建造，有一个企业昨天刚过来，都定好了，就等建造厂房了。

问：他们都是做什么的？

答：机床加工，汽车配件。

问：咱主要就是提供厂房租赁？

答：对。

问：咱这个厂房是怎么建成的？

答：建的第一个车间主要是靠上面扶持，第二个、第三个和第四个都是我们自己集资建起来的。

问：地是怎么来的？

答：地是以前的老村庄拆迁了以后得到的，不多，总共也就是十几亩。

问：原来的老村庄都拆迁了吗？

答：对，拆了之后都挪到这里来了。当时建机场有一个村庄没用（拆）完，当时这边地多，空房子也多，镇里就结合着把那边拆完，都挪到这边来了，那个地现在还属于建设用地。

问：咱村的面积是不是挺大的？

答：不算大，400 亩，主要是绿化面积大。

问：就是现在新村 400 亩地？

答：对。

问：这一片楼看着就是不小。

答：这都是复式楼，一楼二楼是一家，三楼四楼是一家。

问：咱这个当时面积是怎么给的？

答：按拆迁的面积，老百姓也比较满意，因为他那个面积当时评估得比较高一点，等于是赔本卖给他们的，当时有 940 元（一个平方米）和 960 元（一个平方米）两个价格。当时评估的老百姓的砖瓦房一般都是 1000 元（一平），楼房都是 1300—1400 元（一个平方米），所以老百姓比较满意。

问：刚才您说咱村里的房子住的地方不大，院子很大，这个院子是怎么算的？

答：院子的话是每亩 5.8 万元。

问：补贴也不少。

答：对，有的是半亩的院子，大部分都是二三分的院子。

问：这个复式楼一般是多大的面积？

答：有160多平方米的，还有200多平方米的。

问：那比如村民买一个160平方米的，是不是自己还得贴点钱？

答：我们农村有个情况是这样的，有的老房子面积小，但是院落多，有两三个院子，这样的情况很多，他这个院子多，有用不着的院子。

问：其实也贴不了多少钱，160平方米的房子才10几万元。

答：对，外面买不着这么便宜的。

问：也合适。这是一个住的变化，对老百姓来说，住上这样的房子，这就是一个契机。

答：老百姓通过转让土地，总体上日子还是过得不错的。

问：人均收入怎么样？

答：人均收入现在还不算高。

问：主要是打工收入？

答：是。

问：如果打工的话一般都是去哪？或者做什么工作？

答：干技术活的不少，年轻的都在电子厂，还有100多个在北京搞机床加工。

问：都在一个厂子里吗？

答：不在一个厂子里。现在做小老板的有20多个，还有从东莞回来的三四个，回村创业。

问：是不是这个车间现在有本村的人承包的？

答：对，大部分是本村的人，也有外地的。他们的生意都比较好，订单很多，加班都干不完。

问：那就是有些人打工就在本村就行了，不用外出。

答：对，不用外出。前几天我们开群众代表会，都认为可以个人购买机床，放在工厂里让厂家管理，机床也不贵，大约20万元一个。这样的话就相当于个人入股，到时候分红就行了。

问：这就相当于拿20万元入个股，等着分红，比存钱合适。

答：对，比存钱合适。

问：村民对这个事的积极性高吗？

答：积极性还行。

问：大概有几家愿意投的？

答：现在有 10 几家。

问：这个风险是之前讲好的，比如每年付给多少利息，还是说按照行情来付？

答：有的是不计较利息，就把机器放在那里，看着按行情给钱就行了，这些一般都是和老板有关系的人，现在我们就是在讨论这个事。

问：也是村民看到这些工厂的收益还可以。

答：对，这些厂子都属于供不应求，在我们菏泽应该也只有 2 家这种企业，都是同时从北京搬过来的。

问：都是在北京打工后来又返乡的？

答：对。我们当时动员的这 3 个企业主，都是十几岁就出去打工，现在都三十多岁，回来正好。

问：大学生返乡的多吗？

答：这个还不多，有一个村干部，韩××，是大专生。

问：不是刚毕业吗？

答：去年刚毕业。

问：还干着别的吗？

答：没有，他之前有个养鸡场。

问：养殖这块咱们村怎么样？

答：现在不让养了。

问：他的养鸡场规模有多大？

答：也不是很大，有 1 万多只鸡。

问：现在村委成员有没有做产业的？

答：就是之前说的韩××，从北京回来那个，他现在是村委委员。

问：您刚才讲 2018 年您搞合作社，是个什么合作社？

答：当时就是联合一些村民，主要是向外推销水果，然后流转一些土地。

问：流转了多少亩地？

答：总共流转了 300 亩地，其中 87 亩是合作社流转的。

问：也是种水果吗？

答：对，都是果树。

问：那个合作社收益怎么样？

答：收益也行吧，一般挣七八千元钱。关键是在这个管理上还是缺人才，销售不行，产品走不出去。

问：现在有些网络平台好卖吗？

答：那个也不好卖。

问：就这个水果、农产品，这个运输、储藏确实比较困难。

答：像那个水果加工，比如桃罐头，去年也做得不少。

问：有做的是吧？

答：有，也是初步发展。

问：现在这个合作社还在运转吗？

答：对，但运转得不好。现在就是想着看看能不能发动这些返乡创业人员转到这个上面来。

问：是把合作社转到这个产业上来吗？

答：对。

问：有可能把这个合作社交给返乡创业人员管理吗？

答：有这个想法，就是让他们来做。我们村成立了一个发展经济委员会，本来上头的政策里没有这一项，我们专门成立了一个，后来镇里一看挺好，现在我们全镇各村都有这个了。

答：我，还有 H×× 等，都是成员，我们每天都集中起来，讨论这些事。另外，我们村还有环境卫生委员会。

问：还有其他的委员会吗？

答：其他的都是上面要求成立的，这两个是我们自己成立的。

问：这个委员会的成员一般都是？

答：都是村干部加上一些比较积极的人，像 H××，他是长期做生意的，他愿意也很高兴加入，给村里建言献策。

问：咱们村里有卫生所吗？

答：有。

问：老人的数量呢？养老这一块。

答：条件好的三四个老人都去城里的养老院了，我们这边还有老年房，专门给老人安排的。

问：那这个照料呢？

**答**：照料我们集体有组织，看老人有什么需求，买面买馍什么的。

**问**：没有专门的日间照料吗？

**答**：这个还没有。

**问**：咱现在老人一个月的养老金是多少钱？

**答**：140 多元。这个不确定，根据年龄大小不一样，最低的是 100 元多点。

**问**：这个在老年房的老人是没有子女的还是有子女的？

**答**：有的是和子女订了合同，就在这里住，他们拿一半的钱，一直住到百年之后，也有一些没儿子或者没孩子的老人。

**问**：这随着年龄大了，照料也是个事。

**答**：对，像一些无儿无女的、年龄大的，我们就把他送到敬老院去了。我们镇上也没有敬老院，都是送到县里的敬老院。

**问**：主要是这个住房条件一解决，就会好很多。

**答**：对，不存在没住房的情况。养老的话现在我们没有专门的照料人员，村里组织人一周两次，看老人有什么需求，给他们买些东西。

**问**：谁来做这个事？

**答**：一个村委员，妇女主任 W××，她负责这个工作和美丽庭院。

**问**：能不能介绍一下这些年咱们村响应乡村振兴做的一些工作或者成功的经验？

**答**：我觉得从乡村振兴实施以来，在发展集体经济、创业车间方面，我们这个村是比较好的。这可以增加集体收入，以前是没有集体收入。现在建这个车间，一个是能增加集体收入，再一个是老百姓可以就业，特别是加上服装、机床加工这些，现在带动了三四百人的就业，一些老年人、留守妇女都可以做，也不耽误别的事。

**问**：这些厂也是咱们村的吗？

**答**：是，现在村里大大小小的厂有五六个了，都交点租赁费就有集体收入了。

**问**：这些年咱们村里有没有什么矛盾纠纷？

**答**：现在基本上矛盾纠纷不多，很少。说实话现在老百姓和村里没有什么矛盾纠纷，但就是机场这一块有的政策落实不到位，存在一些有问题，对政府也没啥影响，不到位也是因为土地的问题。机场现在已经运行了，结果只把跑道占的地批了，跑道旁边的绿化占的地都没有批手续，老百姓的失地保险就交不上，所以有点矛盾。

问：这个失地保险不是发放给老百姓吗？

答：不是，是交到人社局，然后每月再返给老百姓。

问：每月能返多少钱？

答：这个不太清楚，因为是直接打到老百姓卡上，不经过我们这边。

问：这些事是不是也得我们去协调？

答：我们只能办手续。

问：除了这些其他的还有吗？

答：其他的没有。

问：过去呢？过去有没有？

答：过去矛盾多了。

问：主要是什么类型？

答：就收费方面的，比如水费电费，有的不交。

问：现在呢？

答：现在都明确了，先张榜，收多少交多少，各种保险等等。

问：就是现在他们知道收什么钱，收多少了，是吗？

答：对，像合作医疗，老百姓知道不交就报销不了，就自己交了，一开始的时候都需要我们去做工作才交，就像养老保险不交就领不到钱。现在就是为老百姓服务，转为服务型了。

问：现在养老保险一个月收多少钱？

答：一年 300 元。

**在场干部**：村民一开始看不到这个好处，后来知道不交就领不了钱。

问：咱村里的能人，现在发展得比较好的都是干什么的？

答：主要就是做产业的，还有几个在外面干工程的，干工程的想给家乡办事也办不了，除了捐点钱。最主要的还是办企业的这种，光干机床的得有 20 多个。

问：他们这个规模能有多大？

答：反正不超过 1000 万元钱吧。

问：20 多个，要是都回来，咱们村里也了不得。

答：是。

问：除了机床、工程，还有其他发展得比较好的吗？

答：经商的、做买卖的，还有干物流的，多种多样，跑运输的也得有二三十个，现在也是各想各的办法。

问：咱村有没有什么社会组织、公益组织这种？

答：现在专门的服务队伍就是 W×× 领着做一些服务，就是刚才说的那个妇女主任。

问：除了这些以外，还有什么公共活动组织吗？

答：有剧组、广场舞队，这些活动都很好。

问：剧组是做什么的？

答：扬琴。

问：这都属于非遗了，咱有老艺人吗？

答：有几个。

问：村里搞党史学习教育是不是就邀请咱村的人去表演？

答：对，有去表演扬琴的，还有旁边村的有一个大鼓表演，也是非遗。

问：其实挺好的，这种文化。

答：对。就是用这个来宣传一些先进文化，特别是孝道这方面，还有党的一些政策也可以编成歌。

问：这种文化传播挺管用的。

答：确实挺管用的，尤其是孝道这方面，宣传之后家庭矛盾确实少了。

问：咱这是定期搞活动吗？

答：一般是闲的时候搞。

问：有地方吗？

答：有，冬天在屋里，夏天就在广场上。

问：它没有一个固定的时间吧？比如每周的哪天什么的。

答：不太固定，不忙的时候自主地就开始了。

问：咱们村里有没有什么节日？

答：之前有一个桃花节，这几年不搞了。凡是过年什么的节日，都会有唱歌之类的表演。

问：他们就是自发地表演吗？

答：对。

问：没有纳入咱的一个规定或者什么约定俗成的东西吗？

答：没有，但是村集体会给他们买乐器，花了万把块钱呢，各种乐器都有。

问：那他们自己就拿回家了吗，还是？

答：都在村委会放着，他们用的时候再来拿。

问：咱们村里有村规民约吗？

答：有。

问：有没有做得比较好的，或者对乡村振兴发挥作用很大的？

答：一个是孝道，另一个是发展经济。当时刚搬过来的时候，儿媳和婆婆闹矛盾的、儿子和父亲打官司的、争家产的，这些情况都很多，我们整天就处理这些事。

问：哪一年搬过来的？

答：2019 年。

问：那是如何通过村规民约解决的这些问题呢？

答：当时村里就去解决这些事，对于一些实在不听的，也不是吓唬他，真的和他去打官司，然后再通过广播讲一讲，这样慢慢地好多了。现在也不存在这种情况了。有的问题谁都解决不了，像那个李××家里，就只能村里、镇里出面解决，让他写个保证书什么的才行。

问：这些个体的是一方面，咱的村规民约有没有统一约束的一方面？

答：有，环境卫生方面什么的，基本是每个村子都有。

问：孝道方面有吗？

答：有，孝道方面、精神文明建设方面的都有，也可以结合到美丽家庭、美丽庭院这一块。

问：美丽家庭这些还有评选吗？

答：有，像这个学习星、创业星，都有评选。

问：每年都评吗？

答：今年刚开始的，也是村里自己设立的。

问：一年评几个人？

答：每样评 10 个。

问：评出来有什么奖励吗？

答：这个还没有，准备到时候评出来再讨论。

问：学习星是什么？

**答**：有些党员、先进青年学习那个灯塔在线，学习效果比较好的一些人。党员发展也是看这个，学习比较积极的，就列为积极分子、发展对象。

**问**：咱村里有没有红白理事会？

**答**：有红白理事会，存在很多年了。

**问**：有没有发挥什么作用？村里有没有什么改观？

**答**：现在确实也没有大操大办了，也几乎是全部火化，葬礼除了自己的亲属参加以外，也就是几个外人来帮忙，也不随礼。以前人多、亲戚多，随礼的也多，现在只有本家的人参加，外人几乎很少参加。

**问**：丧事现在一般办多少天？

**答**：都是一天。

**问**：咱这里有公墓吗？

**答**：现在还没有。

**在场干部**：咱镇里现在要搞一个墓地，就在之前××庄那个位置。

**问**：现在都是埋在哪里？

**答**：都是埋在自己田里。

**问**：娶媳妇什么的呢？

**答**：娶媳妇现在也有规定，不能超过5桌。

**问**：咱们现在的彩礼怎么样？

**答**：现在咱们这边正常的就是八九万元，8.8万元左右。

**问**：除了这个还有别的吗？

**答**：其他的就是一些结婚的花费了，烟酒什么的。

**问**：咱们村两委工作中有没有什么压力？来自上级的或者村民的？

**答**：压力肯定有，我有时候觉得压力就是发展经济，因为不发展肯定不行，村民把我选上，我就得做出点什么，有时当的时间越长，我越觉得很没有脸面，这么长时间啥成绩也做不出来，有这个感觉，所以就感觉这是个压力。干了这么长时间，也没少得罪人，但是没有什么成绩，这个是最大的压力。不过我的这些同事也都很听话，干得都很好，现在本来就是忙的时候，但他们都按时来工作。

**问**：咱村两委成员每天都来上班吗？

**答**：对，咱村现在实行的是考核制，工资分三块管理，一个是基本工资400元；一个是签到工资，一天5元；还有部分学习工资，灯塔在线和学习强国的分数，每35分5元钱。

问：咱抓支部建设也抓得挺紧的。

答：支部工作的话，三会一课肯定是要坚持做的，还有一些主题党会活动。

问：大约多长时间一次？

答：主题党会活动是一月一次，每月的15号。以前这个主题党会活动办得并不及时，这几年这个党支部开会才开得比较多，一月一次。

问：除了学习党的方针政策之外，这些支部活动对村里的发展有没有什么作用？

答：有，这个组织建设如果不配套，发展积极性肯定就上不去，所以就通过支部的一些制度，正常开展工作。

问：各项工作定期汇报一下？

答：对，我们每天早晨都在一起交流各自分管的工作。

问：这个党建业务呢？

答：H××专门做党建方面的材料，以前都是我做，现在事情多了，我就不做了。

问：咱这支委都是怎么分管的？

答：一个分管卫生，还有的分管党建，我是分管招商引资这一块。

问：村里是什么时候开始一肩挑的？

答：上一届就是一肩挑，比咱要求的还早一届。

问：一肩挑和以前有什么不一样？

答：原来双方就是有矛盾，嫌对方管得太多，假如要是早一点一肩挑，村里各方面会更好点。我们是从2018年开始的一肩挑，村里产业的底子也是从2018年开始有的，要是现在再招商引资找人去，也找不来，现在这些都是找了两三年才来的，要是村委会和党支部分开，这些工作就不好做了。

问：对，这应该是村委会的职能，他如果不愿意做这一块的话还得协调。

答：对，光靠党支部是不行的。之前有的事就商量不成，现在就好得多，遇事就商量，每天都开会，有事就请假。

问：咱村两委平均年龄多大？

答：这一届不大，上一届年龄大，和我差不多，都是 50 多岁。

问：这一届呢？

答：40 多岁。

问：您觉得未来咱们村乡村振兴最大的制约因素是什么？

答：凭着咱们自己的能力、村委会的能力，当然是能做多大就做多大，最受制约的应该是税务、环保，有的事就是很格格不入的，也制约着这个事，就像环保上罚了钱就能好了吗？也不是，要整改到能干才行，标准很严格。

在场干部：咱这里的整改和南方的不一样，南方的整改是三年五年之内整改完，我们这里是马上整改，不安全的要罚款，罚了款就能安全了？也不是，要告诉他哪里不安全才行。就是咱现在的政策很好，但有的事实施得不好。之前和南方的一些企业主交流，他们那边是限企业几年之内整改，告诉他们哪里不符合规范，不罚款；我们这里是马上整改、马上罚款，这样就让企业发展受限了，有些企业想来，也怕被罚跑了，所以我们不仅要招商，还要养商，要留住它们。

问：招商类型现在有什么限制？

答：现在污染企业我们是一个都不要。

问：税务方面呢？

答：税务方面基本该缴的税咱都缴，不缴早晚少不了。

问：还有别的一些制约因素吗？

答：别的没有了，别的就是能力的事了。招大的企业招不来，做大的企业做不了，我们这个土地受限制，钱倒真不是限制，现在这个银行的政策也很好。

问：您觉得理想化的乡村振兴应该是什么样子的？

答：首先应该是人才振兴，我想着村委这些人，还是年轻的更好。先有人才，再有产业，要有钱，没钱的话治理环境、发展各方面都被动，而且产业发展就需要这个领导班子网罗人才，没人才也振兴不起来。

问：将来咱村您打算怎么进一步发展？

答：还得引进人才，我们现在通过两三年的努力，已经有点门路了，找这些回乡办企业的人已经能找到了，这一点现在我们村委都已经认可了，就是因为这几年在这方面的工作，我们村账面上才有点钱，不然也不会有钱。之前我们村有个第一书记，他在这里的时候帮着建了第一个车间，他来的时候是2019年，在这里待了两年，当时我2018年选上村支书，正好这个第一书记来了，我们就讨论发展经济的事。当时几个村刚合并在一起，很困难，也没有资金，银行政策也没那么好，贷不出来钱，这个第一书记说要想把村做好，必须发展经济，我说我也是这样想的，所以我也是一直在做服装的小生意。

问：那就接着干呗。

答：忙不过来，上面的事太多，也可以说脱产了。

问：就是第一书记来了之后您又有干劲了，然后这两年也找着门路了。

答：对。利用返乡人员过年回来的时间坐下来聊一聊，聊一聊家乡的变化，他们也觉得脸上有光，自己的村子发展好了。

我们这个第一书记是中行的副行长，他之前也带着我见过一些其他银行的行长，所以资金这一块是没问题，作为一个村子能这样，我感觉慢慢发展就行了。

问：您觉得老百姓最关心的事有哪些？

答：养老，因为孩子都出去了，还有就是现在看病也有点困难。

问：村里贫困户之前有多少？

答：130多户。

问：现在呢？

答：现在全部脱贫了。

问：还享受着政策吧？

答：对。

问：那有没有最担心的事？

答：那就是看病，害怕得大病，有的病除了报销之外的花费还是很难承担，有的病报销比例不高。

问：那这个贫困户有的也是因病致贫、因病返贫吗？

答：我们村里现在有两户这样的，其他的都不是。

问：也得纳入低保什么的吧？

答：低保有。

问：这两户人家是什么情况？

**答：**这个 L××是以前就常年有病，又得了乳腺癌、子宫癌，当时也没交那个妇女两癌保险；另一个人之前不是贫困户，但手有点残疾，他老婆之前在济南住院，我们当时不知道，后来他来村委会找我们帮忙才知道，他本来还有辆车，但他大儿子得神经病了，二儿子又在上学，所以家庭条件不好。

# 乡村建设访谈二十二：HXH 主任

【访谈对象】 菏泽市××区××镇××村 HXH 主任

【访谈时间】 2021 年 9 月 24 日

【访谈人员】 王丽萍　黄效茂　陈秀红

【访谈内容】

问：请您先给我们介绍一下村里的基本情况吧。

答：我们村现在就是一个大自然村，1700 人左右。

问：就是咱这个村只有一个自然村？

答：对。

问：主要的姓呢？

答：姓有好几个，主要是姓 H、姓 L。

问：姓 H 的大概能占多少？

答：姓 H 的大约占 1000 人。

问：姓 L 的呢？

答：姓 L 的大约占 400 人吧。

问：姓 H 的和姓 L 的就占了 1400 人，一大半。

答：对，还有姓 W 的。

问：1700 多人，很多都在村里还是很多外出打工？

答：这次通过疫情防控、接种疫苗，正好排查了一下，在外打工的得占三分之一，去掉学生、老人和一些留守的，在附近打工的也得占到三分之一。

问：留守的妇女、儿童、老人大概有多少人？

答：差不多占到三分之二，不过有的留守人员在家也能打工，我们这里有搞机床加工的厂家。

问：这个是做什么零部件的？

答：啥都做，做医疗器械、航空座椅、高铁零部件等，不是规模生产的一种附件。

问：这是哪里的企业做的？

答：我们村里的，我们村里现在还有5家企业在北京，就是一开始在那里打工的，做这个，后来技术成熟了，就开始单干做老板，后来回村来了。率先回来的一个就是H××，上次换届时把他纳入了村两委，属于一个致富带头人，返乡创业的。村里陆续还有其他回来的，在北京不是长久之计，因为北京对于一些外地的企业都在清理，他们也是想找个出路。H××比我小两岁，我们关系也不错，我给他说在北京发展还不如在村里，村里有厂房、有快递，物流很发达，在北京用工贵、房租贵，各方面消费都高，还是在家里发展的综合成本低，他就率先回来了，回来以后做得还很好。

问：他是做什么的？

答：就是机床加工。

问：他回来之后是不是就带动其他一些人也回来了？

答：正在谈。还有我们村里原来有废旧的厂子，现在有一个发展得特别好的，就是制作那个麻辣串，现在用工量很大，最高峰时接近300人。

问：麻辣烫的串吗？

答：对，就是那些鸭肠、鸡柳什么的。

问：这个能用到300多人吗？

答：对，就是比较密集型的产业。还有一个是通过我们的省派第一书记搞了一个冷库，也是废旧翻新的，现在在储存山药，这个量非常大，库里几乎都存满了，就是给别人代存，我们村里种山药的也可以存里面。

问：咱这种的是什么山药？

答：就是铁棍，和××那边差不多。现在我们本村是没地了，因为这个山药不能重茬，种一季之后就得换地，得15年到20年之后才能再种，现在我们这边几乎都种一遍了。现在我们都是去山西、黄河滩包地去种，种了以后收了山药然后再运到我们这边库里。

问：就是来这储存？

答：对。

问：品牌还是咱这里的品牌吗？

答：品牌还是咱这里的品牌，包括质量都是有保证的。我们这做山药的这个人，他非常有生意头脑，就是别人把山药放在这里代存，他给别人代销，因为他在广东广西那边都有客户，所以别人的仓库都闲着，他的仓库满满的。比如有个包地大户在山西有100亩地，种了山药之后就存放在他这里，一方面他收的存费比较低；另一方面还帮别人代销，这是个好的途径，所以大家都在他这里存。

问：现在这个冷库是个人承包了吗？

答：它用的地就是我们村里一个集体用地，再一个它用的是咱的扶贫资金，就是第一书记带来的扶贫资金，把原来的旧厂房改建了，换了屋顶、换了门什么的。

问：它这个给村里多少钱？

答：他这个一开始是给了40万元，当时按扶贫办的要求是每年给13%，一年就是5万多元。

问：不是一次性给完那种？

答：不是。

问：那差不多七八年给完，这就算卖给他了吗？

答：不是，后来改了。一开始几年是按13%给的，后来扶贫办又说按照综合扶贫资金这一块，包括优惠政策利息什么的，给得太高，后来又改成了6%，现在是每年给村里6%。

问：咱村集体除了这个之外还有没有其他的收入？

答：其他收入就是有人用我们的地得给我们钱。

问：这个大约有多少？

答：我们村一共就是69亩地，就是厂房，租金每亩地按1000元收。

问：咱村集体这个收入一年总共能有多少？

答：总共每年接近20万元。

问：咱村里除了69亩地的厂房，还有多少耕地？

答：耕地有2497亩。

问：现在这个耕地主要是种什么？

答：最近几年主要是种玉米、小麦、大蒜和山药，山药地比较少，但还是有种的，以前我们的主导产业就是胡萝卜和甘蓝。之前我们这里有几个工厂，后来因为烧煤有污染倒闭了，就是不让生产了，当时是一个完整的产业链，就是我们村种胡萝卜和甘蓝，然后送到这些工厂里进行深加工，做那个脱水蔬菜，就是方便面里面那个蔬菜包，给××等公司进行合作。那时甘蓝每年都有订单种植，按那个模式走，现在环保查得严，工厂倒闭了，也没法干了。

问：大约是哪一年倒闭的？

答：得七八年前吧。

问：干了多少年？

答：干了 11 年左右，上次第一书记来，想着把这一块再利用起来，但是需要的资金量太大，就没搞起来。因为还有一个水的问题，白菜、甘蓝加工这些都需要洗，洗完以后的水需要排出去，也造成污染，这样环保部门也不同意。

问：本来是想着重新启用的？

答：对，但是因为环保检查，所以并未重新启用，因此村里老百姓的收入直线下降，以前外出打工的也少，现在打工的也多了。

问：村里的企业不行了，就得外出打工了。

答：对，再一个外出打工我们还有几个关联的主导产业，一个是我们村里有几个老板在外地搞房地产，有专门做钢筋的钢筋队、有专门修桥的桥梁队；另一个是那个脱水蔬菜，现在不在我们这里生产了，去了内蒙古和宁夏，每年又可以让村民去干半年。

问：这个蔬菜厂就是我们本村的企业家做的吗？

答：是我们村带出去的，就是我们村有技术，然后人家那边有场地、有资源，然后我们这边就去人给他们加工，挣个工费。

问：怎么到内蒙古是干半年呢？

答：他那边是菠菜、辣椒、甘蓝和萝卜都能脱水烘干，有好几种。

问：主要就是夏季的，在那边生长出来，然后在那边干半年再回家？

答：对，一天大约 200 元钱。

问：那回来之后再干吗呢？

答：回来之后就是在家里干点别的，一些小加工什么的。反正现在的人都不愿意闲着，10 年前 15 年前人们的思想就是饿不着就行，能吃饱喝饱就行，种完地就在家闲着。现在转变思想了，都不愿意在家闲着，哪怕是在家打点零工，村民也不愿意闲着。现在这个风气很正了，打牌的、吵架的都少了，家里闹矛盾的也少了。

问：村民的平均收入大约是多少？包括打工的和种地的。

答：要是在家打工的话，比如做机床加工的，属于技术类的，比较高端，这样的工人一个月差不多能挣1万元。这个主要是有两部分，像师傅一般能拿到这个数，徒弟的话要先学两年才行，一般一个月就是7000元或8000元左右，这是这部分人。像"穿"麻辣串的，平均一天就是120元到150元。

问："穿"串的也不需要什么技术。

答：对，年纪大的人也能干，跟缝衣服差不多。

问：做机床加工的雇了多少人？

答：像我们刚才说的那个从北京回来的，他是雇了30多个人。我们村里在北京做老板的也不少，基本也是雇这么多，工资基本也跟这个差不多。

问：这些对于解决咱们村里的就业帮助能有多大？

答：就业的话他这些厂子雇的都是我们村的人。

问：在外打工的能挣多少？

答：那得看具体干的啥了，如果是干建筑的，做模板、做壳子的大约一天能赚四五百元，绑钢筋的话一天也不低于300元。

问：做钢筋的有多少人？

答：100多号人。知道这个挣钱了，就都跟着去，稍微学学就行了。

问：桥梁队大约有多少人？

答：四五十个人吧。

问：那咱村里经济收入还可以。

答：我们村这边生活水平整体来说还可以。如果要是问这些村民，他们说没钱，但要是盖房子，就都能盖得挺好。

问：这一个房子也得好几十万元。

答：我那天算的，不算装修，一个房子得60万元，就对面这个三层小楼，再加上装修得80万元。

问：他是做什么的？

答：他也是做机床加工的。

问：在北京吗？

答：在××，他们兄弟两个，一个是做机床加工的，一个是做钣金的，打个比方就是那个 ATM 机的外壳。当时咱们村的地没批下来，他又急于建厂房，正好××有厂房，他就过去了。前两天我们村有个 10 亩地的厂房和他谈，他资金周转不过来，没买断，慢慢地等他资金周转过来再回来，毕竟是在家门口，方便，还能带动我们村这些剩余劳动力就业。

问：现在村里对一些在外能干的人，咱们也是积极主动地去对接吧？

答：对，你要是不主动找他，有些政策他不了解，不了解他就不想回来，就需要我们去做工作。这些老板自己挣着钱了，吃饱喝足了，也应该想法子让村里的老少爷们共同致富，有的人有钱了，他自己也想着给老家做些事。

问：咱们村里除了经济这一块发展比较好，还有其他方面发展比较好的吗？

答：其他的话，老百姓的素质现在也逐渐提高，还有生活质量什么的，比如在住房上都有改善，对于环境的要求也有提高。

问：这些年的变化您觉得最大的是哪一块？

答：我从 1993 年就出去，在中铁十四局工作，现在回来也得 10 年了，干了 7 年支书。

问：您今年多大？

答：我今年 45 周岁。

问：这些年的变化您觉得最大的是哪一块？

答：整体的话，老百姓的物质生活提高了，比如房子、车子什么的，在外地和城里买房子的都很多。除此之外也更加注重教育了，为了小孩上学，买学区房。

问：咱这边主要是在哪买房？

答：在菏泽市里买的多。

问：现在在菏泽市里买房子多少钱？

答：一平方米 7000 元左右。

问：学区房呢？

答：就是学区房。

问：普通的呢？

答：普通的话一平方米 5000 多元吧。

问：村里现在有幼儿园什么的吗？

答：有，也有小学一到四年级。本来是有一到六年级的，但现在因为教学条件、硬件设施的要求提高，我们这里地方太小，没法满足。

问：现在村里的学生大约有多少人？

答：今年人比较少，一年级也就是十几个人，哈哈。

问：幼儿园大约有多少人？

答：幼儿园人多，得有 150 多人。

问：中学有吗？

答：中学没有，得去镇里。

问：这几年村里考上大学的多吗？

答：还行，最近几年每年都有，原来不多，原来教学质量不行。后来从五中调来个校长，他管得比较严。

问：一年能考上多少个？

答：本科今年有 2 个。

问：考到什么学校？

答：也不是重点的，就是二本或者一本。

问：大专的呢？

答：这个还没有统计。

问：本科的今年 2 个，之前呢？

答：之前每年也都是一两个。

问：咱村里有卫生所吗？

答：有，就在斜对过。

问：医生有几个？

答：两个，父子俩。儿子是医专毕业的，父亲是乡村赤脚医生，也进修过，我们周边其他村也是来这里看。

问：是因为周边的村没有卫生所吗？

答：不是，因为他俩看得比较好。

问：他爹多大年纪？

答：50 岁吧。

问：他儿子呢？

**答**：他儿子不大，不到 30 岁吧。

**问**：咱村里在城里买房的大概有多少人？

**答**：这个还真没统计过。在北京的那几个人每个人都有房子，这个也不太好统计，我感觉得有好几十个。

**问**：现在村里有养老院什么的吗？

**答**：养老院当时建社区时设想过，但是没正式运营，因为运营要求的硬件条件比较多。

**问**：在乡村振兴中村里主要做了哪些工作？

**答**：现在就是发挥村里能人的作用，特别是在外地的。比如我们村想修个路，如果村里资金不够，我就在微信群里给这些老板说村里要搞个项目，大家在外地都捐点钱，他们都踊跃地捐。

**问**：能具体举个例子吗？

**答**：去年学校旁边那个路很烂了，当时上头本来有项目，但是当时实施得晚了，项目已经过去了，那个路也确实不能走了，我们就想着自己筹资去修好。当时就发动了一下大家，有出 2 万元的，有出 5 万元的，有出 10 万元的，但因为疫情没实施，后来项目又实施了，也没用上这个钱，就把路修好了。

**问**：还有没有别的事？

**答**：别的就是我每年腊月二十八时，都和返乡的人搞个茶话会，把他们约过来，吃个便饭，聊一聊有没有什么好路子，现在都做这个事，在外地的人心里也都有这样一个意识。我们在家的属于井底之蛙，在外的人见识多，认识的人也多，这样慢慢和他们聊聊我感觉会有一些好项目。

**问**：每年召开这个会你有什么收获？

**答**：这都已经开了 3 年了，每年上头有什么政策，我给他们传达一下，村里的情况我给他们介绍一下，问问他们在外发展得怎么样，一起沟通一下，家里也要发展，看看有没有适合村里发展的一些东西，能不能引进一些项目。我们村里在义乌发展的有 20 多人，有的搞化妆品，有的搞玩具。搞化妆品那个人也自己生活一些丝袜什么的，当时我想着这个行业用工量大，看看能不能引到村里来，但是我们这边没有市场，我们这边就算把原料拉过来加工了，也得拉到他那边去卖。本来想做电商这些，但是也没人家那边搞得好。

问：人家那边集中？

答：对，集中，人家那边主要是批发，要是在网上卖也行，而我们是直接生产了就用物流拉走了，但人家是批发性质的，我们还得把东西再拉到人家那边去才能卖。其中有一个人的弟弟是加工菩提饰品的，我让他把产业引到家里来，但是做了两个月感觉不太行，一方面是销路不行，另一方面是费用高，利润太低。

问：主要是哪一块费用高？

答：往返的运输费用。

问：就是在这边做，还得往回拉？

答：对，在这边做好了还得拉回去。

问：现在每年茶话会能召集起来的大约有多少人？

答：20多个，有部分不来的，基本上就是这些人。

问：找过来的这些能人大多是干什么的？

答：有在北京做机床加工的，有在新疆做运输的，搞这个石灰窑，那边有一部分人，他的资产也多，有5000万元左右，但新疆那边太远，想让他在家做一些也不现实，而且他做的又是化工类的东西，我们也做不来。还有在青岛做房地产的，搞物流的，就是大型物流园。还有就是在义乌的那些，再加上一些在政府事业单位上班的，再加上一些带着村民去打工的致富带头人，带着村里老百姓去打工的那种，钢筋桥梁，还有做脱水蔬菜的一些小老板，主要就是这些人。

问：大部分就是一些返乡的？

答：对，返乡的或者回来创业的。在我们村里如果只靠土地肯定不行，像流转土地，之前我们也试过几次，我们这里的地有制约条件，是盐碱地，搞蔬菜大棚不行。现在只能种一些萝卜、甘蓝、辣椒，但是如果种蔬菜类，就类似于赌博，比如今年菜价贵了，我就使劲种，但明年可能一下子就赔了，不稳定。特别是承包地的农民，更不稳定，投入和产出不成正比，风险太大，比如种蒜，一亩地成本就是3000元，湿蒜必须卖到一块五一斤才够本，一般就是两块多三块，有时候晒干了才卖一块多。

问：今年价格怎么样？

答：今年好点。

问：能有多少钱？

答：两块多，一开始忽高忽低，像炒股一样，土地这一块确实没有太大空间。

问：您觉得现在制约发展的因素有什么？

答：制约的话，我们村里没有大规模包地的，一是地质不行，再一个水的方面也是制约因素，很多东西都不能种。

问：菜也不行？

答：对，不浇地反而还好点，一浇反而把作物浇死了。

问：接不上黄河水是吗？

答：黄河水不行。

问：地下水也不行吗？

答：主要是地下水不行。种小麦玉米，不算工钱，种得好的话能挣一些，但是算上工钱的话也挣不了多少。

问：也有好多人不愿意种地？

答：对，有恋地情节的人主要是像我这个年纪再往上的人，50 来岁的人，有恋地情节，就是哪怕赔钱也要种地，有地就感觉心里踏实。我这个年纪往后的，特别是 20 多岁的年轻人没有种地的。

问：现在这个搞种植的有土地流转吗？

答：有，但是流转之后也不知道种啥，现在风险很大。我们村里有几个分散流转的，100 亩、80 亩、50 亩这样分散的，当时有一部分是自由体，比如这家人出去打工，没人种地，而我在家种地，这家就把地给我，地租也便宜，我稍微给点租金就行，300 元、500 元或者 600 元。

问：这个流转出来的地主要是种什么？

答：种一些小麦和玉米，一开始有种菜的。当时我还考察了一个新项目，种芦笋，但是这个用工量大，太麻烦。

问：这个是咱这里的特产吗？

答：芦笋是，我们这里原来就是芦笋基地，芦笋抗碱，盐碱地也能种。

问：后来怎么没了？

答：基地都转移到××县去了，因为卖这些蔬菜需要走市场渠道，需要有冷库来存放，种少了根本就不行。

问：就是之前我们村种芦笋的都跑到××县去种了？

答：对，连着厂子都转移过去了。

问：除了刚才您说的过年时邀请的那些能人，村里还有没有一些热衷参加公益活动的人？

答：有，有给学生、儿童捐手表的。

问：他是做什么的？

答：也是在义乌做小商品生意的。还有捐取暖宝的，疫情时捐口罩，捐消毒液等。

问：村里有没有一些公共性组织，比如文艺队什么的？

答：文艺队有，我们这里有 3 个广场，这里有 1 个，东南有 1 个，北边还有 1 个广场，不忙的时候，基本上就近的村民都会在那里跳舞。

问：村里给他们买的音响吗？

答：对，发音响，镇里也经常组织比赛。每年还有孝星大评比，镇里组织的，村里都需要参加。

问：现在村里矛盾主要集中在哪一块？

答：现在矛盾纠纷主要就是集中在盖房子方面，争地基的人多。

问：现在新盖房的人多吗？

答：今年少。

问：我看大家都出去买房了，盖得也挺好。

答：都是两手准备，在城里买房是为了孩子上学，在村里盖房是为了老人。

问：老人也住不了 3 层楼。

答：他家的根在这里。

问：村里的纠纷一般怎么解决？

答：村里主要就是调解，通过各种渠道，找关系好的熟人调解。村里调解不了的就让土管部门去，一般的都能处理得了。

问：除了宅基地纠纷还有别的纠纷吗？比如家庭的或者领导班子的。

答：班子的话我们刚成立的领导班子，注入了很多新鲜血液，就比如那个开厂子的就把他吸收进来。

问：咱村现在是书记主任一肩挑吗？

答：这里不是，我们这里有村主任。因为支部书记可以考事业编，他考上编了。

问：您现在属于哪的编制？

**答**：镇里的事业编。

**问**：现在还有村主任是吧？

**答**：就是这次选举我不能再竞选村主任了。

**问**：之前都是您一肩挑？

**答**：对，现在属于镇里上班的人员了，这样属于挂职了。

**问**：像这种情况在全镇是不是也是唯一的一个？

**答**：也不是，还有两个，一个是管区的包村干部挂职支部书记，下设一个主任；还有一个也是包村干部挂职支部书记，下设主任。

**问**：您觉得这个一肩挑和分开相比，哪一个工作更好开展？或者有没有什么变化？

**答**：我觉得没什么太大变化。其实设置一个主任，按理说应该是更加积极配合工作，因为主任毕竟和委员不一样，主任工资是书记的70%，他工资也高。

**问**：支部书记现在有多少？

**答**：2000 多元吧，先发70%，还有30%的效益工资，年底根据排名发放。

**问**：一年收入总共多少？

**答**：2 万多元吧，现在其实说实话这个工资对于基层来说有点低了，因为现在支部书记基本上都是脱产，村干部大部分也是脱产，你看现在农活正忙，家里的活啥忙也帮不上。

**问**：村主任有多少工资？

**答**：是支书的70%，然后村委员是支书的50%。

**问**：您现在工作有没有感到压力？或者有来自哪些方面的压力？

**答**：压力肯定有，各方面都有。

**问**：可以举个例子吗？

**答**：现在乡村振兴这一块领导都在提，是国家的一个大事。老百姓也知道这个事，但是有的老百姓就觉得为什么国家提了乡村振兴，但各种福利、优惠条件却搞不起来？所以我们就得想办法把经济搞起来，五大振兴都要以经济为基础，所以首先产业要振兴，否则什么都不行。

**问**：就是村民有这方面的期待，这是一方面的压力。还有没有其他的压力？

**答**：在选项目方面和用地方面也有困难，要建厂子得有建设用地。再一个环保方面也有制约，像之前那个脱水蔬菜工厂，其实没什么污染，只是洗菜的水，咋还能污染呢？排出去到地里甚至还能用来浇地。后来不让烧煤，我们也可以改成用气呀。

**问**：他是让关停吗？

**答**：对，直接关停了。

**问**：这个政策落地的时候还是有点不太符合实际。

**答**：对。有些东西能改善，像刚才这个洗菜的水，不往沟里排，排到地里去，这水浇地还好哩。

**问**：平常的工作呢？有没有什么压力？

**答**：平常的工作有很多，比如像疫情防控，这些都是重中之重，还有一些反诈骗的事情，要给老百姓做宣传，还要安装反诈 App。

**问**：现在任务完成得怎么样？

**答**：完成得都很好，还有一些像镇里安排的打扫卫生、环卫等工作，这都是些经常性的工作。

**问**：您认为这个抓支部工作对推动村里经济发展有没有作用？

**答**：党员主要就是商量一些重要的事情。现在老党员和年轻党员的比例有点失调，现在是老党员多，新党员少，老党员有的都七八十岁，60岁以上的得占三分之二。

**问**：咱村里有多少党员？

**答**：41 个。

**问**：像您这个抓党建，主要抓的哪一块？

**答**：一个是对上面一些政策文件精神的学习，都按时间要求来进行；再一个就是村里有什么大事时，一起商议一下，在会上讨论一下，我一个人说了算也不行，得在会上议一议，形成一个决议，再公开处理，就是有事多商量。

**问**：村里有村规民约吗？

**答**：有。

**问**：是怎么制定的？

**答**：就是我们这些党员和村民代表一起制定的。

**问**：主要内容是什么？

答：主要内容就是一些法律约束不了的，一些村里常规性的事情。

问：能不能再具体一点？

答：比如像一些环境卫生方面，有的人家门口脏乱差，他不收拾我们也没办法。村规民约制定出来，就可以在喇叭广播上批评他，就可以约束他，就是合理合法的了。

问：这个实际作用怎么样？

答：还行，但是有的确实很顽固，就是比较霸道的，这种也没办法。

问：咱村里现在这个红白喜事是怎么处理的？

答：红白喜事的话，镇里也有要求，而且现在我们这里包括周边也都形成了一个风气。比如喜事多少桌，都有标准，现在疫情又有个制度，像我们村的白事，一般都是随 100 元钱。

问：喜事一般多少桌？一桌多少钱？

答：我们这边一般喜事都不超过 20 桌。

问：一桌大概多少钱？

答：每桌也就是 400 元钱，烟一般是 4 盒，就是 10 几元钱的。

问：现在在村里娶个媳妇大约要多少钱？

答：这个也不好控制。像我儿子马上和未婚妻见面了，她那边要 18.8 万元，我给她个零头就不错了。

问：这个是彩礼钱吗？

答：对。

问：别的呢？

答：见了面还有什么喊钱，又得 5 万元钱，就是改口费。

问：这个改口费是 5 万元吗？

答：也不是，两口子喊个爸、喊个妈，得给 2 万元，再加上礼什么的。

问：礼一般是什么？

答：烟、酒、水果什么的。

问：这个要得多吗？

答：那得拉一车，××那边都是要活羊。

问：光这个礼钱得多少钱？

答：这个也不确定，要是不按照流行的标准，就有可能成不了。有的自身条件差点，花的钱就多点。

问：丧事的话一般要花多少钱？

答：丧事现在花得少了，原来我们流行一种"吃碗"，就是一人一碗菜，有时候弄4个凉菜，2瓶酒，很简单，烟就是7元钱一盒的将军烟，就是这个标准。

问：您觉得咱村里的发展主要面临哪些困难和障碍？

答：就是选项目上比较困难，适合我们的项目比较少。

问：这个难在哪里？

答：很高级的我们不会，很简单的又不挣钱。

问：选项目一般怎么选？出去对接还是？

答：如果是老百姓出去打工的话，首先这些老百姓得会技术，什么样的人做什么样的工作。像我们做那个咖啡棒，挑出来一些次品，70岁的老人也能做。

问：你们自己去对接项目吗？

答：对，就是看什么样的家庭适合什么样的活，去给他们主动对接。

问：您对于村里的发展还有什么打算和规划？

答：现在我们村里还有30多亩的建设用地，想着利用这些地方作为基础。如果能找到一个需要这块地的大企业，就租给他们。如果找不到，就把这里都建成车间进行租赁。这样是比较稳妥的，有人用就受益，没人用也没问题。

问：现在这片地是空的吗？

答：现在是租给人家临时使用的，但价格比较低，不过也比闲着强。之前在那里养过羊，现在是一个驾校租着用，一年一两万元钱。

问：您理想当中的乡村振兴应该是个什么状态？

答：我理想的就是，所有的企业都与我们村里党支部互相支持和衔接。在他们发展的同时，我们村集体经济也在发展，老百姓也会富裕起来。再一个就是村里有资金可以支配，现在村里没资金，想干的事也干不了。等有钱了，村里就可以给老百姓搞点福利，弄点公益活动，各方面都可以完善，而现在只能是想。

问：假如说村里振兴起来之后，您觉得村子会变成什么样子？

答：老百姓住的环境好，家家都有存款，有工作，老少都能被照顾到，多培养几个大学生，成为优秀人才再为村里发展助力。

**问**：您觉得当前村里老百姓在生活上最关注的是什么？

**答**：最关注的一个是收入稳定，再一个就是身体健康，无病无灾，想做什么能做什么。

**问**：最担心或者害怕的呢？

**答**：最害怕家里有一些突发事件，但也没必要害怕，看病有医保，养老又有养老金。

**问**：担心养老吗？

**答**：养老有养老金，但可能嫌少，现在一个月有 100 多元钱。

**问**：光指着养老金肯定不行，还得靠子女，现在子女能靠得上吗？

**答**：现在生活水平提高了，钱肯定是没问题，主要就是有没有时间伺候他们、照顾他们、陪着他们，这是最重要的。之前穷的时候，条件不好时天天在一起，现在条件好了，反而都东奔西跑了。

# 乡村建设访谈二十三：LZL 主任

【**访谈对象**】 菏泽市××区××镇××村 LZL 主任
【**访谈时间**】 2021 年 9 月 24 日
【**访谈人员**】 王丽萍 黄效茂 陈秀红
【**访谈内容**】

问：请介绍一下您的基本情况吧，年龄、学历、工作经历等，看着您也挺年轻的。

答：我是 2018 年进入村委会，工作了 3 年。这一次换届选举开始当支部书记，今年 33 岁，1988 年出生，高中毕业。

问：这次换届就是书记主任一肩挑？

答：对，一肩挑。

问：请介绍一下村子的基本情况吧。

答：我们村是××镇人口最多的一个行政村，有 2886 人。

问：这是自然村合并的吗，还是？

答：4 个自然村合并后的 1 个行政村。

问：什么时候合并的？

答：那可早了，从我出生起，一直都是，当时这个大队就是这 4 个自然村。

问：请介绍一下村两委的情况吧。

答：我们村两委一共是 7 名成员，有 3 名女性。

问：女性占的比例还挺高的，我们访谈的村子里面你这里是最高的了，大部分就一个。

答：对。

问：大概年龄是多少？

答：只有一个会计年龄稍微大一些，其他全都是"80后"。

问：这个学历大部分都是高中毕业？

答：对，基本上都是高中毕业，有一个是专科。

问：都是这一届新选上来的吗？

答：3个女干部中的1名是2018年就当选妇女主任了，这一次组班子又专门配了1名，负责党建这一块，还专门选了1名女干部。之前的班子年龄都比较大，都退休了。

问：她们都是村里的媳妇吗？

答：对，都是村里的媳妇。

问：其他人的年龄情况呢？

答：我们4个男性中我年龄稍微小一点，他们三个应该是1985年、1984年左右，总体上我们的活干得比较顺手。

问：今年是基于什么考虑把班子打造得这么年轻？

答：上级一直要求年轻化，班子里必须要有一个35岁以下的成员。当时召开党员会也传达了这个精神，也给党员贯彻了，大家一致认可，把成员全部换完。

问：村里有什么产业？

答：像对面这个蔬菜大棚，是咱们市里××局扶贫的一个项目。每年能挣2万多元。

问：蔬菜大棚？

答：对，就在对面，马上种苗子，种那个水果，西红柿什么的，平常吃的是红色的，这次种的是黑色的。

问：就不是那种紫色的，是黑色的？

答：对，黑色的。

问：这个是咱村集体的？

答：对，村集体的。

问：咱村集体收入现在大约是多少？

答：每年能收入不到10万元。

问：近几年来咱村发生了哪些变化？比如老百姓的衣食住行、环境卫生等方面。

答：村居环境确实有变化，环境卫生提高了。从小事就能看出来，之前放了垃圾桶，老百姓也不会遵守这些规定，也不会把垃圾扔进去，垃圾随手就丢到家门口了，包括垃圾桶一开始放的时候，谁家门口都不让放，都有私心，嫌有味道。

问：从什么时候开始放垃圾桶的？城乡环卫一体化吗？

答：不，比那还早。因为我平时不在家，在我印象中应该是2007年、2008年左右。

问：这个垃圾桶是咱们村自己弄的还是乡镇弄的？

答：乡镇弄的。

问：那个时候就开始城乡环卫一体化了吗？

答：2008年、2009年这边就开始了。2006年建的这个新村，之后就开始一体化了。

问：老百姓的收入主要靠什么？

答：主要是靠家装，比如说你买了房子，就去给你装修，××县所有的小区我们装修的得占40%。

问：咱这个是已经形成产业了还是他们个体自己装？

答：个体，个体成立公司，基本上家家户户都会。

问：咱村里2000多口人，干这个的大概占比多少？

答：年轻人得将近400人。

问：有的是自己成立公司，有的是给别人打工，是这样吗？

答：对，大部分是当老板。

问：那咱这里外出务工的人多不多？

答：不多，但也有一部分，有在外面搞公司的，但在家干这个的人多。现在如果去××县城一问，搞装修公司的基本上都是我们村的。最早的时候，像我们这个年纪的木工师傅头子，就是从我们这个庄出去的。

问：老百姓收入主要是靠这个，那种地呢？

答：现在地基本上都流转了。

问：流转给外面的公司还是这里的大户？

答：我们这里有合作社。

问：是咱村里成立的？

答：对。

问：党支部领办的合作社？

答：对。

问：什么时候成立的？

答：2016 年。

问：我看你们这里种玉米的挺多。

答：现在主要就种玉米、小麦还有大豆。

问：那您觉得合作社平时的主要功能是什么？

答：平常就是老百姓的地流转之后，还可以让他们打工，多一份收入。比如在地里帮忙掰玉米，装一袋玉米 20 元钱。

问：现在流转的土地大约有多少？全部流转了吗？

答：没有，还有 3 户。加起来基本上算都流转了，但还有一些小块的地没人要，小块的地就是比如之前开发的一些林地、河道的地，那些地没人要，一是不好收，二是价格不好谈。这里的一亩地能租七八百元，老百姓自己还有补贴；那些林地的话只能二三百元。

问：有些老百姓就是在这里打工吗？

答：对，在这里打工也能获得一部分收入，比如帮忙装袋玉米，现在这边装玉米的价格稍微低一点。今年的雨量大，又往上涨了 5 元钱，平常就是十几元钱一袋，就是帮忙装上车，那个袋子也很重，一袋也得有二三百斤。

问：咱这个村集体在这个合作社中有收益吗？你们是如何在村集体和村民之间分配的？

答：现在村集体是没有。

问：那这个玉米收起来卖出去的这个收入呢？

答：这个村集体也是没有。

问：都给老百姓了？

答：对，按咱们农村的话说，这就是操心的活。

问：村集体还有自己的地吗？除了农民这些。

答：有，那个地的收入算我们自己的收入。地现在我们租出去了，租给另一个乡镇了，做一些其他产业。

问：除了农业用地之外，我们还有建设用地吗？

答：建设用地没有了，我们这边的收入现在还有一个是光伏发电。

问：这属于扶贫项目吧？

答：对，扶贫项目。我们有一个车间，是镇里单独给争取的一个扶贫项目。这个光伏发电一年能给村里增加1.5万元左右的收入，但今年不太行。今年雨季多，发电量达不到，一个月就是1400多元。

问：这个收入是怎么分配的？

答：这个就属于我们村集体的收入。

问：之前是不是有一部分收入是分给贫困户的？

答：对。

问：那现在全部脱贫了，这怎么处理呢？

答：脱贫不脱政策。

问：就是原来的贫困户依然能获得这笔收入？

答：对，他们该享有的收入还是分给他们。

问：大约能拿多少钱？

答：比较少，因为像我们村支部办公的开支也要在这部分收入里面出，包括水费、电费，还有需要更换的办公桌椅等费用，比如这些桌椅都是新换的，所以就是有部分大队的开支，其他的结余收入再分给贫困户。

问：您刚才说很多村民都是干装修的，他们的收入一年大约有多少？

答：5万元钱左右吧。

问：您现在和其他村两委成员的主业是什么？

答：啥也没有，就专职在这里工作，现在所有其他的活都停了。

问：就是专职做这个，那您现在的工资是？

答：我就是2000多元，2650元。

问：其他的委员呢？

答：其他的委员1350元、1650元不等。村主任拿到我的60%，村委委员拿到我的50%，这样按比例往下调整的。

问：您平时不忙的时候干什么或者之前干过什么？

答：我之前做过餐饮，自己开饭店。

问：咱这里外出务工人员很少，留守老人也不多吧？

答：不多，很少，因为家里都留着孩子。

问：就是处于一种半工半农的状态吗？

答：对。

**问**：我们村里公共服务的状况是怎样的？比如幼儿园、小学、卫生院这些。

**答**：这些设施都有。

**问**：幼儿园也有吗？是个体的还是？

**答**：是公办的，教育局办的。

**问**：学费大约是多少？

**答**：学费这个我不太了解，因为今年是第一年招生。

**问**：孩子多吗？

**答**：不多，有 40 多个。

**问**：是刚建的吗？

**答**：不是刚建的。之前我们的学校是被砍掉了，因为形不成规模，一个班也就是七八个人或者十几个人，就被合并到其他村了。合并之后停了3 年，我们这里这个幼儿园就一直空着，后来又向上申请，就办了一个公立的幼儿园。

**问**：公立的收费应该很少。

**答**：对，应该只是象征性地收一点。

**问**：好几个村都可以来这里上吗？

**答**：对。

**问**：咱们村里有小学吗？

**答**：也是合并了，合并到其他村了。

**问**：咱村里有没有养老机构？

**答**：没有。

**问**：咱村里人在城里买房的多吗？

**答**：不少。

**问**：是不是孩子在外上学就在城里买房子？

**答**：就是买房或者租房。如果在规定的辖区内有一年以上营业执照的，就可以拿着这个营业执照去给孩子办理上学。

**问**：从村两委的角度，我们村在乡村振兴中做了哪些工作？

**答**：今年在人居环境这一块有了很大的提高，尤其是村庄整体的粉刷工程这一块。再一个就是宣传、党建引领这一部分，绿化什么的都做得更加到位。

问：人居环境这方面村里主要做的什么？

答：主要就是墙体喷绘这一块，其他的包括产业其实还是没太发展起来。

问：那个种植项目您可以说一说吗？

答：种植那属于之前的项目，不属于现在的项目。

问：不属于乡村振兴的项目？

答：也可以拿到乡村振兴里说，但现在提不到这个点，因为没有什么效果，没挣到钱。

问：之前的一些项目，有起色的也可以讲讲。

答：在产业上稍微也有所起色，比如这个集体土地流转，对于老百姓来说也是又增加了一份收入，可以再打一份工。我们现在有 4 个加工点，销售网上卖的那种小板凳。

问：咱们村里就有这种加工点？

答：对。

问：规模大吗？

答：不大。

问：都是个体办的吗？

答：对。

问：就一户人家？

答：有 4 户吧，每户有六七个人。主要是一些妇女可以在家实现就业，不用出远门，就在家门口挣个收入，一天六七十元，一个月就是 2000 元左右。

问：就是在那里面打工吧？

答：对。现在就是鼓动一部分人，在家里创业就业。

问：现在最难的一部分人就是靠土地收入吗？

答：对。

问：现在老年人比较多是吧？

答：对，主要是老年人，主要是 65 岁以上的基本上不种地的话没有别的办法，年龄太大，找工作很难弄，给人家看个门也没人要，保险都买不上。

问：就是找个工作很难？

答：非常难，现在主要就是在家接送孩子，让他去挣钱也不太现实。

问：现在村里养老怎么样？有没有那种不孝顺的子女？

答：这个没有，都挺好的。去年我们就在这个房间里，我把村里之前32个在外创业的人召集起来，就是村里的一些佼佼者，也不是说挣多少钱，是在外面挣的钱比在家里翻两倍、翻三倍的，因为收入高了，品德也就高了，所以我们把村里的这一些人召集起来开会，做了一个显示屏，就宣传那些不孝顺的人，点醒这些家庭的儿子、儿媳，同时在村里喇叭上进行广播。

问：怎么说他？

答：前两天我还干过这事。

问：就是村里真的有这样的户？

答：是的，我就是那样点到为止。像上次村里下雨，有的房子墙倒了，老人想让子女把墙重新垒起来，子女不去，我就在喇叭上一广播，点他们一下，他们就知道丢人了，就要面子了，马上就去修了。

问：这些都是老人给你们反映的吗？

答：对，因为我们这些年轻人敢说敢做，不怕得罪人。要是只按照老思想、老好人的做法，那就什么工作都开展不下去。

问：这也算是村规民约吗？

答：这也算。

问：确实得有一些约束。

答：要是什么都依着老百姓，工作就没法进行了。

问：也是，这么大的村，难免出现纠纷。

答：像我们有人翻建房子，翻建房子要弄出来很多脏东西，比如房顶上的、角落里的，这些东西村民没地方放，他们就扔到沟里去。结果检查时就会因此扣我们的分，所以我们就规定，翻盖房子可以，但是村上有村上的制度，要缴纳一千元的保证金，保证什么，就是保证这些垃圾不准随意丢弃在村内，要自行消化处理。

问：老百姓都怎么处理？

答：烧掉，烧地锅，要不他就自己乱倒。

问：现在对这个人居环境治理力度还是很大，乡镇考核村里，村里再考核你们班子。

**答**：对，年终考核。

**问**：这个直接和你们的收入挂钩吗？比如考核优秀会怎样？

**答**：那肯定是会有一定的好处。

**问**：会不会有奖励？

**答**：名誉，比如称号什么的，我们曾经还获得过山东省文明村。

**问**：对，按说现在城市里建筑垃圾还有专门负责回收的，处理费用还挺高，但在村里就没有，原来可能直接就用土埋了。

**答**：另外，现在我们村在白事上的规定也是比较严格，就是一人一碗菜，吃不饱可以要第二碗，不大操大办。以前都是一弄十几个菜，纯粹就是浪费，现在把这些全部禁止了，不再设公共宴席了。公共宴席对主家来说在经济上是一种极大的损失，家家户户都来得几十桌，一桌得四五百元钱，主家撑不了。

**问**：这是从什么时候开始的？

**答**：从2018年开始的，到现在全部都改完了。

**问**：就是在2018年之前，比如一家的老人去世了，村里的很多人都要去？

**答**：随礼，以前随得少，现在物价涨了。比如说现在朋友结婚随礼是200元，但再过10年就不能再随200元了，相当于之前随礼随50元可以，现在随50元就不行了，我们就这样都给它减少了。

**问**：喜事也是这样吗？

**答**：喜事在饭店里面没法说，因为饭店的标准在那定着。××区基本就是六七百元钱一桌，他们在饭店摆席，我们没有办法。

**问**：这个管不了，包括彩礼什么的都管不了。

**答**：对，但只要是在村里面办，我就能管。

**问**：这几年咱村的矛盾纠纷主要集中在哪些方面？

**答**：现在基本上都没有了。

**问**：之前呢？

**答**：之前主要还是针对大队里的一些公共设施，现在也已经没有什么意见了。

**问**：什么公共设施？具体一点？

**答**：就是公家的地，比如学校什么的，都想占，你占一块、他占一块的。

问：现在是不是都收回来了？

答：基本上收回来一半了，有的已经收不回来了。

问：为啥？

答：有的已经盖上房子了，盖 20 年了，拆掉也不现实，所以就收不回来了。

问：就是一些集体用地，弄成他私人的了。

答：比如按照咱们村的规划，一个院子占地三分三，15 米乘 15 米，结果北边那一户没人，这个人就想盖到 25 米。农村就是这样，经常出现这个问题。

问：村民之间有没有什么纠纷？

答：村民之间没有，这就是和公家之间，你占上地了，我没占上，心里感到不平衡。

问：咱们村里有没有评选过好媳妇、好婆婆之类的？

答：评完了。

问：评完了是吧，然后不好的给他曝光？

答：对，点名，对于做得不好的，我就在微信群里点名批评。我们四个庄，每个庄都有一个微信群，和工作群一样，把不会用手机的老人、上学的学生和小孩去掉，基本上家家户户都在，所有的信息都可以通过微信群交流。现在我们一是通过微信群下通知，再一个就是通过广播，这样老年人也可以听到。

问：微信群主要还是青年群体在用吗？

答：现在基本上村里家家户户都不会让老人自己住，一般有什么事，年轻人都会通知老人，告诉他村里是什么情况和要求，比如第二天不让在家门口放粮食了，因为村里有集体演出，或者村里组织一起去卫生室查体、查血糖、查血压，只要下了通知，基本上大家都能到，几乎没有不到的。

问：喇叭还用吗？主要是这村子太大了，有喇叭也听不见吧？

答：有的听不到，主要还是覆盖率低，确实受影响。我们这个村安了五个喇叭，村南边就听不到广播。大村和小村确实不一样，小村两个喇叭就覆盖完了。我们这个庄就 1200 多人，这是一个自然村，我们基本把喇叭分散在中心街上，但村子西头和东头还是稍微有点听不见。

问：咱村里这个能人情况怎么样？

答：能人谈不上。

问：还不够标准？

答：对。

问：有没有返乡创业的？

答：有，我老家的一个，他是在深圳做模具的，1986 年生人，离开村子 11 年了，一次都没回来过，走的时候也是赌气走的，混不出名堂就不回家，现在在深圳那边有 3 个分厂，年收入四五百万元左右。前两天他回家，我把村里一些年龄大的、红白理事会的成员都喊在了一起，吃吃饭、聊聊天。我领他看了好几个车间，去××镇看了看，和他交流，他也想回来，想看看咱这边政策是什么样。

问：未来会不会想着给村里做些什么？

答：现在就是想着回乡创业，这是通过深圳××商会联系上之后，领导去了之后和他碰头了，领导和他交流我们这边的政策，他想回来，我也和领导沟通了这个事。前段时间我还和他打电话了，他说想十月一回来一趟。我想着这次回来争取能够让他把项目落到我们这边，带动村民就业创业，提高村民家庭收入。

问：一直在酝酿吗？

答：对，现在一直在谈。我想着如果搞的话，就把扶贫车间腾出来给他，先满足他的要求，让厂子运营起来，再谈其他要求。那次听他说他这个厂子的税收一年能交到 200 万元到 300 万元，这样的企业在乡镇就已经算很好了，又不需要占很大的地。现在对返乡创业这一块，镇里包括区里支持力度都很大，所有上班的职工和我们村委的人都有一个名额的任务，要完成。

问：大学生回乡创业也有任务吗？

答：人才引进这个，也有。

问：你们就找咱村里考出去的大学生吗？现在有回来的大学生吗？

答：这个有一点比较难办，就是需要一次养老保险金都没有缴过的大学生，没有和任何单位签约过的，找这样的很难。我们村里有在兰州大学的，有在山东大学的，山东大学那个考走了，兰州大学那个之前谈过，但是他之前在企业上过班，交过养老保险金。

问：为什么会有这个规定？

答：这就是政府政策。

问：为什么要求之前没上过班的？

答：就得是刚毕业的大学生才行。

问：必须是应届毕业生才行。

答：对。

问：这个是叫人才引进，但是大学生创业是不是有经历的更容易？

答：大学生创业的话，应届生反而没有这个资历，他的社会经历不行，包括资金也不行。

问：现在我们有什么优惠政策？比如有个应届毕业生要回来？

答：这个还要和政府谈，我们只负责牵头，负责引进，就像婚姻中的红娘，穿针引线。

问：然后政策得跟区里谈？

答：跟人事局。但是返乡创业的这一块我们可以决定，我可以和镇里谈，比如他交给镇里的税收能够返给村里多少钱。

问：这也是一种激励。

答：如果没有激励，我光白操心，村里什么都没有，没有任何副业，没有任何产业，光提乡村振兴没有什么用，没钱的话什么都振兴不了。

问：镇里或者区里对村里乡村振兴有没有什么扶持？

答：现在没有，现在还属于脱贫不脱政策。

问：其实相对于乡村振兴来说，脱贫攻坚反而投入更大，需要一些扶贫产业什么的吧？

答：比如说像我们村现在是 86 个贫困户，所有的贫困户必须达到去年的一个脱贫标准就是一年 4000 多元钱，必须全部达到。这个钱他们如果没有，比如一些年纪大的贫困户，只领一个社会保险金，一个月 128元，一年 1000 多元钱，再加上低保的补贴，还不符合低保的标准要求，那就只能拿项目上的分红给他们，让他们不能低于那个标准。

问：什么项目？就是咱那个扶贫项目吗？

答：对，扶贫项目、扶贫利润。

问：但这个脱贫也属于硬脱贫吧，就是靠给钱，能够锻炼他的什么能力吗？

答：现在脱贫之后基本他这个收入就稳定了。

问：他这个最差不是还有社保兜底吗？

答：对，还有子女赡养这一块。毕竟如果个人有子女，国家就不可能再养他了，比如有 3 个儿子、2 个女儿，那他们每个月就得拿基本的。

问：那就是还得他儿女拿钱是吧？

答：拿，必须拿，让他们打到老人卡里边。

问：这也挺好，但有的就不给。

答：有的在电脑上搜不到信息的，我们就去他家里逼着他拿，必须给老人拿钱。

问：这就是那个孝基金吗？

答：不是孝基金，这就是儿女给老人拿的赡养费。

问：就通过咱这个组织来介入？

答：对。之前有的子女他就是不配合，越是孩子多的越难办，老大拿了，老二不拿，老三也不拿，现在都没有这种情况了，基本都被治好了。

问：这个钱是先交到咱村委这里吗？

答：不是，直接就给老人现金，当着我们的面。

问：咱村里有没有一些热心公益事务的人？

答：有。包括像疫情期间，有很多人对于疫情防控工作给予村委会很大帮助。

问：这些人都是些什么人？

答：有党员、退伍军人，还有返乡的大学生，还是年轻人更多一点。

问：咱村里有没有社会组织？

答：这个没有。

问：咱这个村的村规民约是什么时候制定的？

答：这个早了，之前这里墙上挂的都是村规民约，现在全撤下来了。

问：这个村规民约是怎么制定的？

答：通过村民代表大会和党员大会，我们村在这一块，我印象中得有 20 年了。

问：一直有，是吗？

答：一直有，我舅舅以前是村委会的会计，我记得小时候去他家就有村规民约。现在村规民约在外面的墙上还有，包括喷绘也有。

问：您觉得这个村规民约对老百姓有约束力吗？

答：有。

问：有引导的作用吗？

答：有，有好处。

问：除了这个子女和父母之间的赡养关系您介入，其他的还有没有介入的？

答：儿媳妇和婆婆之间的矛盾，我也调节。这种家常事很多，清官难断家务事。

问：就是家长里短的我们村两委也介入吗？

答：也介入。

问：咱这有没有村民调解委员会？

答：有。

问：都是什么成员？

答：一般都是 1 个村里 1 个人，然后村干部担任组长。

问：那村民有了纠纷是不是找这个委员会？

答：对，我担任组长。

问：那不还是找您吗？

答：也不一定，因为下面有 4 个自然村，所以一般还有 4 个副组长。有纠纷之后我一般就是找各个村的副组长，我再给他找一个协助的，或者是党员，或者是在村里比较有威望、公道的人，一般就是两三个人去处理。但是我们这个调解组整个加起来得有 10 个人，我们这个村比较大。

问：您刚才说我们村里有一些比较有威望的人，这些人都是干啥的？

答：现在基本上都没干啥。

问：为什么有威望呢？

答：从我们小时候开始做事一直到现在，办得都十分公道，不管什么事都参与。比如村里的红白事，包括之前分地，就是这些人参与，这些人分，其他人参与的话老百姓就不相信。

问：就是一直以来威望都比较高，是不是每个家族里面都会有这样的一两个人？

答：对。这样的人对村委会帮助非常大，没这样的人在村里工作就很难开展。

问：像这样的人咱村里大约有多少个？

答：反正一个村里得有两三个吧，每个村都有。

问：他们现在在村委会也有什么职位或者安排一些虚的岗位吗？

答：没有，但是村委会只要一开会，或者有时候党员大会、群众大会，他们都一并参加。

问：他们也很乐意参加。

答：对，威望高。

问：这就属于志愿者，属于热心公益的志愿者。

答：对。因为我们这个村委班子很年轻化，所以我们很尊重这些人，这些人经常给我们提建议，有些问题我们年轻人考虑得不全面，或者考虑不到，他们考虑得就比较全面。举个例子吧，2019 年的 11 月挖河，就是从这条路一直挖过去，我们有一个没考虑到的地方就是，施工队施完工就走了，但是之前施工时在河道中间打了一道河晏，就是把河堵死，防止水流阻碍施工，因为车辆要来回地过。但施工结束后施工队直接就离开了，还是这些老人想到了这一点，又联系施工队或者让村庄自行解决，把这些河晏再拆掉，不然等到春天浇地会有影响。在一些很小的细节上，就像刚才我举这个例子，这些老人经常给我们提建议，可以说我们想不到，也不去想的一些事，他们都会提出来。

问：他们就跑过来给你们说？

答：对，或者通过电话，这对我们的工作很有帮助。包括 2018 年的征地，我 7 天征了 210 亩地，包括迁坟也是，都没有任何困难。

问：迁坟？

答：对，因为你征这块地里面有墓，就是建那个民兵训练基地。7 天的时间，连着迁坟全部完成，在整个××镇征地工作中是最有效率的。

问：它就涉及迁坟是吧？

答：对。

问：所以就是他们去做工作是吧？

答：对，通过我们互相沟通，尤其是在工作上多沟通，这些人确实没少为村委会做贡献。动祖坟可是大事，当时党委也考虑到了，认为 2 个月能完成就算好的了。当时我们汇报的时候，党委都愣了，没想到这么快。

问：我感觉可以把这个作为你们村的一个亮点打造一下。

答：现在我们做了一个社区公墓。

问：这样的东西好多村都没有。

答：对，这是我们争取的。

问：其他村好多坟头都是在那个地里。

答：对，按老百姓的话说，这个公墓从现在开始，足够我们用 100 年。

问：光是你们村的人吗？

答：光我们这个社区。

问：占用的是耕地吗，还是什么？

答：耕地。

问：耕地是怎么弄来的？

答：租的，不然就没地方，当时也是现实情况，跟民政部门争取的，前两天又刚刚写了个报告，看看还能不能加 50 个，这样每年加一点。我们村现在死亡率千分之六吧，2800 人平均每年正常去世 17 个人左右。

问：这个需要花钱吗？

答：交个工本费，700 多元。老两口就是 1500 元，连带着墓碑刻字什么的，这算比较省钱的了。

问：现在您觉得工作有没有什么压力？最大的阻碍或者难办的事，来自哪些方面？

答：我感觉也没太大压力，像我们做的工作，比如前段时间的反诈骗、爱山东，我们村都是最先完成的。

问：这个反诈骗主要是什么任务？

答：必须完成人口的 50% 的软件安装，就是村里人口的一半，也属于政治任务，一个反诈骗，一个爱山东。当时做接种疫苗任务的时候有点压力，老百姓对这个不太理解。

问：现在疫苗都打了吗？

答：现在接种率已经差不多 98% 了，基本上全员接种，都打完了，有些在外打工的，在岛上的，来不了的，就这样情况的没打，但寥寥无几，就十几个人。

问：主要还是有些担心，有没有这个副作用什么的？

答：对，像一些年龄大的人，都是我们村干部开车亲自接送，送到卫生院，打完疫苗之后再把他接回来。当时完成这个任务时老百姓有一点点不理解，认为这是实验针。

**问**：你们开展各种工作都挺顺利的，不管是上级给的任务还是村里的一些事务？

**答**：对。

**问**：有的村就开展不下去，咱们村就很顺利，您觉得这个原因是什么？

**答**：我觉得还是村委班子比较年轻，敢干，也想干，想做出一些成绩。包括我们现在的村干部，基本上我们几个一天到晚就是在会议室里研究这个、研究那个。那天我还和他几个聊，老百姓的腰包富了，我们几个的腰包扁了，到时候没钱，我们管谁都管不住，我们也要想着让我们的腰包富起来，都富起来。不能觉得自己年轻，是个"村官"，不能存在这种思想，更不能因为有这种思想就去压别人。我们4个村，7个人，2个村上只有1个村干部，不要自己在村上认为自己是个"官"，我让他们把这个念想全部打消，谁都不能有这个念想。做产业的话，只要有返乡创业的，我们先入股，入股之后如果真挣到钱了，再让老百姓入股，就是我们自己先去蹚蹚水，不然你给村民说得再好，村民也不相信，只有看到挣钱了，就算不让他们做，他们也得来找你，这样他们才愿意入股。比如我们这边之前做毛桃很有名，也是有一定的产业基础，但现在不行了，因为时间一长，树就不结果子了，所以全部都伐了，现在基本都已经退林还耕，不再做这个了，等后期还要再商量这个事。

**问**：您觉得之前支书主任两个人和现在的一肩挑相比哪个更有优势？在工作和管理上。

**答**：正好我是连任，就是两个阶段都赶上了。我之前是担任村主任，支部书记年龄比较大，我们分工很明确，他出去挣钱，我在家领着人干活，我的任务是把村里弄好，村里的卫生啥的他都不用管，都是我来管，他主要负责往家里提供资金，拿钱就行了。从2018年开始我们村有了大变化，一开始那个路根本就没法进，下了雨根本进不来，现在一肩挑压力非常大。

**问**：就是里外都要管着。

**答**：对，都是我的事。

**问**：责任更大，压力也更大。

答：对，以前干活都是轻轻松松地就把活干了，说句难听的，出了事还有个当家的村支书。

问：你们一肩挑工资涨了吗？

答：涨 100 元钱。

问：一个人干 2 个人的活。

答：现在不一样，在思想上也不一样，思想包袱比较重。

问：您觉得咱们村发展乡村振兴有哪些有利条件？

答：地理位置非常优越，挨着西外环。

问：阻碍的因素呢？

答：没有建设用地。

问：对，那要是引进了企业怎么办？

答：拆那些老房子。

问：这不是个新村吗？

答：有挨着路的老房子，这样的应该先给他们评估一下，比如五年规划、十年规划要拆我们这个村，现在就先评估，定价格，然后拆掉人家企业相中的地上的那几家，给人家腾出来一些地。

问：那拆了之后这些人去哪住？

答：租房子，村委会给他们出租金，这房子好租，我们村房子很多。村委会给他们年年交租金，这样他那个地就有价值了，不需要再在那闲置了。当时也和党委谈过，如果真的有这种情况，就先把西外环那一片的房子拆掉，先给那几户评估一下，镇里也没这个钱，村委会也没这个钱，也不能说有项目了不落在这里，那就只能那样。如果真的启动这个方案，已经确定了，就把评估报告拿出来，接收补偿款。

问：村里空置的房屋还多吗？

答：还有一部分，因为有一些出去买房的，尤其是新农村这边。

问：您理想中的乡村振兴是什么样子的？

答：肯定是带动老百姓产业发展，我的观点是乡村振兴就是带动老百姓发展产业，其他的我也感觉不到。

问：先得富起来。您刚才说产业振兴，作为村支书，下一步您打算怎么去做？

答：想法挺多的，下一步我们考虑因地制宜，搞冷藏，我们这个位置非常好。建好设施之后向外租赁，我打听过行情，外面的农贸城1平方米都是7.4元。

问：一般储存什么？

答：肉食、水果、青菜。现在菏泽××的冷库全部被拆除了，只能向南转移，到时候××和菏泽城区连在一起，我们这里的位置十分优越。我当时就想，别人租金7.4元，我们就7元，先把货源吸引过来。当时算了一下，如果建成之后，一年给村里的收入也得二三十万元。之前也和镇党委书记谈过，当时有一个项目是农业局的，就是因为土地的问题没法建项目，也因为土地的性质没法建厂房，所以耕地、林地都不用想，因此现在关键还是建设用地。

问：咱们村老百姓最期待的生活目标是什么？

答：越来越好，吃完饭没事跳个广场舞，接送个孩子，腰包鼓起来，都很高兴，现在都向往这一块。

问：现在老百姓最担心的是什么？

答：吃穿是不用担心了。

问：养老呢，医疗什么的？

答：医疗也不用担心，现在都有合作医疗，家家户户都有，一个不落，除非是一些大病。

问：现在这个合作医疗费也挺好收的吧？

答：对，老百姓都意识到了好处。第二年就认识到了，第一年还不太行。

问：挺好的。

答：主要是这3个女干部工作做得比较到位，也比较会做工作，沟通这一块感觉比男同志有优势，在镇里面我们的名次非常靠前。

# 乡村建设访谈二十四：JML 主任

**【访谈对象】** 德州市××区××镇××村 JML 主任

**【访谈时间】** 2021 年 10 月 8 日

**【访谈人员】** 邓帅　陈晓红

**【访谈内容】**

问：请介绍一下您的基本情况吧。

答：我今年 55 岁，我学历低，是初中，我以前是村里的会计，干了 4 年会计，上一任的书记他事多，村里的事总是交给我去干。别的领导说不行就让我来干吧，我那时候在外边干活呢，没寻思干这个。我从 2011 年开始干支部书记，我是支部书记和村主任一人担，一直到现在。补贴的话很少的，头几年没有。

问：从哪一年开始有任职补贴的？

答：大概四五年前吧，原先没有，现在我是每月 958 元。

问：咱村两委的情况介绍一下吧？

答：咱村两委人数是 5 个，我是村主任和村支部书记，党支部是 3 个人，村委会 3 个人，一共 5 个人。有 1 个女同志，叫 W××，她是才选的新干部，也是年轻干部，她学历高，是大专。

问：她多大年龄？

答：28 岁，她一般没空来，有空来的话在电脑上整理资料什么的，俺们这个岁数的人这些东西弄不了了。响应党的号召，上边需要年轻干部，28 岁，（她）结婚第一年参选就选上了村委会委员。

问：她还有其他工作吗？

答：有其他工作，她在医院上班，每个礼拜能回来一次，帮忙整理电脑资料这些事。现在俺村里这个情况是，会计年龄比较大，会计今年68岁了，也是寻思有点什么事她能帮帮忙，电脑的活会计肯定弄不了。

问：其他两委成员年龄都多大？

答：村委会就W××最小，还有一个L××，他今年53岁，这是村委会的俺三个。

支部里年龄就稍微大点了，支部里面有我，还有会计68岁了，再一个J××，J××今年50岁多点了。村两委就是俺这5个人，就是这么个情况。

问：两委这几个人他们有补贴吗？

答：没有，会计一年象征性地给一点，2000多元，村里多少再给补点，你不补点现在谁干啊，也不能一点钱也不给人家。

问：这2000多元谁给呢？

答：镇上统一给的，镇上有个会计补贴。俺村里是每年再给2000来元。咱说会计2000来元谁给你干啊，根本没人给你干。

问：就只有会计有这2000多元补贴？

答：计生主任有点，计生主任不在村两委，他2000多元，村两委就没其他钱了，有活的话就多少给点，一点不给谁愿意给你干活去。这两年俺村里乡村振兴，活多事也多，雇人多少给点钱，一天给人50元，去年40元，40元没有人愿意干，今年涨到了50元了。

问：这个50元是什么？

答：一天给50元。村里有什么事了，你帮一天忙，干一天活就50元，就这样年轻的也不干，都是上了岁数的。

问：来的时候给他50元？

答：对，来的时候给50元，不来没有，干活给钱，不干活没有。咱村两委也是这个样，干活给钱，不干活没有。

问：这个50元从哪里出呢？

答：村里给啊，用工就是50元，人家上别的地方去就是六七十元，咱们这就是50元。

问：这些年来您觉得村里发生了哪些变化？

答：村里这几年变化大了，原先俺这个党支部前边就一趟道（一条路），原先都是土道，从去年开始搞这个乡村振兴，修了四趟东西道，修了一趟南北道，去年一年改了自来水，没让大家伙拿钱，铺路也没让大家伙拿钱，原先净是土道，下雨天出门走不了，车也走不了，这两三年变化相当大了。那边修了个小广场，这里本来就有个小广场，嫌小，一个篮球场，一个小广场，去年还修了一个空塘，下雨有蛤蟆叫，就把他轧平了之后建了小广场，把旱厕全部拆除，小广场和篮球场占地 2 亩多。

问：咱村里多少人口呢？

答：820 人。

问：这些人口里边，老人、孩子、外出务工的都是个什么样的情况？

答：30 多岁的一直到 60 多岁的都出去打工，在家里的很少，除了孩子，再就是上了岁数打不了工的，妇女也都会出去打工，比例的话就是百分之七八十吧，孩子打不了工，20 岁以下的打工的很少，还有当老板的，当大老板的也有。

问：给我们说说我们村里的能人，比如您说的大老板的情况吧。

答：有一些原先个人出去干活，给人帮活，一直到现在，在德州买了楼、买了车，供孩子上学。农村的孩子出去个人打拼，给人干活、给人帮活，农村没有多少书念得好的，都是个人干出来的多。有的人比如说出去外面几年，修车的，倒腾挖掘机的，一年也不少挣钱，一年能挣 20 来万元。

问：卖挖掘机也包工程吗？

答：也包工程啊。

问：他现在还在村里住吗？

答：在开发区有楼，家里也有平房。

问：您说的包活就是包工程吧？

答：对，主要是包工程，承包挖掘机可不少挣钱了。

问：咱村里这种出去闯荡，又干得比较好的，有多少？

答：除了上学当兵出去的，在家里就是受累的，主要就是干活出去的多，在外面买的楼，买的车，这种人比较多。

问：这种人能有多少？

答：10 几个。

问：他们有没有给村里做过贡献？

答：这几年咱村里多少好点了，比如修道吧，咱也没用到他们，咱们村里多少有点收入了，村里能办的没有必要找他们，找他们肯定会帮忙。

问：咱村里的收入主要有哪些构成？

答：南边北外环，现在改名叫站前中大道，占地补偿款存在青岛银行，一年分红 60 来万元，再有几个企业，企业上缴的钱不多，也是咱村里的一点收入，企业是上缴 1 万来元钱。集体收闲散地，大概有两三万元钱的收入，不是集体的企业但是占的集体的地，交租金，按一亩地多少钱交租金。

问：这个一年几万元钱？

答：这个几万元钱都是利用村里的闲散地，就是那个闲散地，种点玉米什么的，存在银行给的那个钱不算吧，反正一年也就是三四万元钱。还有种的杨树，杨树当年见不到效果，去年种的，5 年才能见效，这些都是集体的。

问：你说的这个青岛银行 60 万元，是一年分红 60 万元？

答：对，按时发，确切地讲每年是 65 万元分红，本金不动。这一年修道、改自来水，都没和大伙要钱，都是这个钱出的。光自来水就覆盖了咱村里 300 多户，就花了二三十万元，还有修胡同，都用的这个钱。

问：这个钱使用的话有要求吗？

答：要俺说吧，是有要求，反正是不能乱花，想干什么和领导申请，四议两公开，就是找村民代表，村民两委商议。

问：钱都在镇上代管着呢？

答：在咱的账户里，到时候打到咱账户里。账户里的钱人家管着，这也是好事儿，两级管账，镇上给管着，犯不了错误。修的这趟道就是用的这里面的钱。俺这个村是个穷村，很穷，没有企业，也没有什么收入。这一个村 1 万多元钱还叫钱嘛，什么也干不了。

问：咱村里人均耕地有多少？

答：修路修道占了不到 300 亩，绿化带占了 400 亩，企业占了 200 亩。现在还有 1400 亩麦田地，加上还有点林地，除了绿化带等，总共还有一千五六百亩地。

问：咱这些地还有闲置的吗？

答：闲置的没有，现在哪还有闲置的，一点点地都种上了。

问：咱们村一般是种什么呢？

答：一般是种粮食作物，主要是玉米和小麦，以前种棉花，现在没人种了。以前种棉花、种辣椒，太费事了，种棒子、玉米和小麦比较省劲，该打工打工去，种棉花太误工了，妇女都不能出去打工。

**问：** 算下来一亩地的话一年能收益多少呢？

**答：** 一亩地现在就是 2000 来元，去掉成本的纯利润也就是 1000 多元，今年玉米小麦价格高的话，也就是一千四五百元，原先这些都赚不了，这两年玉米价格高点。像 2018 年和 2019 年那时候，一亩地也就是 1000 来元，玉米 1000 来元，麦子 1000 来元。

**问：** 今年秋季雨水多，咱们玉米有办法收吗？

**答：** 就是这种情况，今年 1 亩地怎么也得减产啊，收不了的掉地上的就出芽了，出芽就不能用了。所以说，你要是看着明天要是下小雨，得一个星期以后才能收，怎么也得损失个百八十元钱的，掉地上烂了就不能要了。再就是村里的道上让晒，别的道上也不让晒，打下来拉到庄头上就卖了，多数都是这么干，这样省劲啊，也就是少卖 200 来元，好处是你个人不受累了。上岁数的就不舍得花这笔钱，他拾回去就是 2000 元，这样他个人多受点累，户家一般种地的都 10 多亩地，现在光指着地是不行了。俺这有个种大蒜的大户，可以 900 元一亩地转让，但上岁数的不愿意转让，不愿意也没办法。咱这办的有村合作社，900 元一亩地，挺好的事但就是那几家不愿意，上岁数的你给他做工作，就是不愿意，实在不行我说等等再说吧。比方说你这个地自己干、自己种农作物一年也才收入个一千二三元，这还包括这个费用呢，人工呢，把地租出去还可以出去打工，上岁数的人转不过这个弯来。

**问：** 咱这个合作社主要是做什么的？

**答：** 咱这个合作社成立快两年了，俺村里就是想把这些闲散地收回来，2018 年俺把这些闲散地收回来了，然后进行重新管理，收回来得有 10 亩地，正好能种树，去年种了得有 8000 多棵树。

**问：** 村里村民的收入主要来自什么？

**答：** 村民收入主要是打工，还有种地。俺这附近厂子多，有的妇女不愿意出去的，在本村里干，挣钱少点，年轻的大概能挣 3000 元左右。多数村民指望着打工，年轻的不种地了，给他地他都不种，都是打工，给他种了一年他就说俺不种了，又还给我了，就像我这个岁数的人，是又打工又种地。

问：咱打工主要是就近在镇上吧？

答：就近的多，在德州、××的也有。在德州的多，也有上天津的，现在去天津的少了，原先还有上东北的。现在主要在德州的多，80%的在德州了，过好了的就在德州市买个楼，就把孩子接走了。

问：咱这土地流转是一个什么情况？

答：咱这土地哪有流转的，没有流转的，有来包地的也没弄成。

问：您刚才说1300元一亩地，不是把土地包出去吗？

答：那包的是绿化带，那是开发区给钱，是政府征用的，开发区给800元，另外绿化带企业给500元，共1300元一亩，那算流转的话是400来亩地。

问：就那种粮大户什么的，有没有来租地的？

答：现在就是拿不下来地，老百姓的工作不好做。今年也有想种玉米、麦子的，土地流转每亩给900元，现在老百姓不认可，给1300元老百姓就愿意，但1300元一亩的话，人家种地的能捞着什么呢，人家也不能赔钱。因为咱都知道种大蒜挺好，种玉米、麦子不挣钱，所以人家都不愿要。其实现在粮食还是贵，不贵的话800来元钱没人愿意租地种粮食，少了不值当了，租地后剩下这么点钱，还有机械，还要算人工。自己种的话，一年多几百元，上岁数的人就会算这个账，还是愿意自己种。

问：咱村里有幼儿园和小学吗？

答：没有，原先有，现在统一都上了××小学，现在几个村有一个共同的幼儿园或者小学，顶多离这3里地，从俺那个地再往北拐弯那里。

问：那中学也没有了是吧，上初中就到镇上去？

答：初中在××中学，离这里开车得半个小时。

问：那孩子住校吗？

答：住校，一个礼拜来家一次，初中就开始住校了。

问：咱们村里的大学生呢？是一个什么情况？

答：今年和去年分别有4个考上大学，俺这里如果是村里户口的话，俺就奖励1000元，原先是给500元，只要大学生拿着录取通知书找会计，给他复印下来，我再给领导一说就给钱了，俺从2010年以来就给500元，那个时候给500元可以，现在给500元太少了。都是正式的大学，考专科的都没有了。

问：这几年考出去的多吧？

答：这几年还可以，参加高考的一年七八个，考上的四五个，这考上的有一半以上，因为现在孩子就没多少，一年也就是七八个。

问：咱们村里卫生所是一个什么情况？

答：卫生所在东边一个，村里有两个，反正就是老百姓有头疼脑热的就找他们，小病不值当上医院啊，不过大病还是得去医院。

问：咱这个卫生所是和其他村一块的还是光咱这个村里就两个？

答：光俺这个村里就两个。

问：有几个大夫？

答：两个大夫，普通的看病拿药就够了，主要是头疼感冒的，仪器这里也没有。

问：打疫苗、预防针可以在这打？

答：可以，不过大夫不在自己村里打，咱这管区有 10 个村里的医生，村里的医生去其他村打疫苗去，轮换着打。

问：小孩的疫苗可以在咱这打吧？

答：小孩的疫苗不在这打，去镇上的卫生院，这个他们（指村里的医生）办不了，管个头痛感冒的可以，这个大病治不了。他们还是原先的赤脚医生，原先俺小的时候叫赤脚医生。

问：咱村里的住房呢，住房的情况？

答：怎么说啊，现在家家户户都有房子，旧房子也很少了，旧房子也没人住了。有一家，老的没了，旧房子就不愿意修了，破房子都是这种情况的。住房是没问题了，一般是一户一家了，基本上达到了。

问：咱现在一般盖房子盖几间啊？

答：俺这里多数是 5 间，盖 4 间的少，除非那个地小盖不了 5 间，他盖 4 间，90% 以上的都是 5 间，少的是特殊情况。

问：在市里买房子的能占多大的比例？

答：在市里买房子的，就是像俺这个岁数以上的买楼的少，俺村里就是俺下边的年轻人，反正百分之七八十的在外头买楼了。

问：那还在这住吗？还是在城里住？

答：家里在城里有楼房的，就把孩子带到那上学，比如人上济南住了，人就不在家住了，除了周末有事的时候回来，平时基本不回来，一般买了楼房的都不在村里住了。不管有两个孩子还是一个孩子，一家人就都在城里了，村里光剩下上岁数的了。现在村里的都是上岁数的了，再过些年，村里年轻人没了，俺以后也算是岁数大的了，我55岁，再10年之后，咱也算是岁数大的了，现在不能说是岁数大的是吧。

问：咱现在村里就是像您说的岁数大的，比如说60多岁的人能有多少。

答：60岁以上的有200多人，我统计一下，差不多有二百三四十口人吧。

问：咱村里可能200多人经常住在这，那些年轻的就是都住在城里？

答：像俺这50来岁的吧，他在外面打工晚上就能回来，有的就是天天出去、天天回来，差不多各占一半吧。

问：咱村有养老院吗？

答：没有，建养老院不太好办。

问：那上了岁数的这些人基本上也都是家里人照顾，村里边没有这种集中的照顾吗？

答：没有，现在还有70多岁在外面打工的。在工地上，有文化一点的给人当保管，再就是打工，当小工，这种情况还不少。

问：这种一天能有多少收入？

答：他们最多一天150元，基本上一天100多元。

问：咱现在60岁以上的老人养老金是多少？

答：现在是一百二三十来元钱吧。

问：咱村里还有另外的补贴吗？

答：暂时还没有，今年咱想办，因为这几年咱花得太多了，老百姓有问这个话的，我说你等等，有钱我也不要一分，是吧。咱不能说我给你贷款，给你发钱啊，我寻思看看到年末，我请两委和村民代表商量商量，有点闲钱的话，可以先给他们发点。

问：咱村里乡村振兴做了哪些工作？

答：乡村振兴就是以前修这个道，咱村里不好修。再就是收回闲散地来，收回来以后俺修这个道就好修了，以前修道都修不了，碍着他一点事，他都不愿意（指村民）。原先咱想挖个排水沟，你动了棵树他都不愿意。

问：你通过什么办法把这些闲散地收回来的？

**答**：做工作，先做工作。谁听话，感觉跟我关系不错的，或者跟村委不错的先做做工作，当然也有不愿意的，等到剩的少了，再一步步地来。现在也没强硬的办法，就是做工作啊，谁跟谁对家（关系好的意思），让那个人找他去，他实在办不了的，我再去，一个个的，慢慢来，一步步地做思想工作。拆了 10 个违建，2019 年还是 2018 年，南北大街上，整宿地拆，也是先做工作。听话的、跟我好的、跟我不错的，准备些菜，我说晌午喝一气，喝起来了修这个不要紧吧，他说你拆一半啊，别多拆啊，后来就给他拆完了。就是真动脑子，慢慢一个个地拆，一个也没剩。

**问**：咱这个村里主要都是姓 J 吧，能占多少啊？

**答**：现在得有 90% 吧，就是原先没什么别的姓，最近这几年，有些外姓也有上我村来的，多数是这个情况的。俺村 600 多年历史，有家谱，是永乐二年（1404）从登州府莱阳县那边搬过来的。

**问**：咱村里这几年比较集中的矛盾或者纠纷有哪些？

**答**：以前就是地边地沿，多数的就是这种地边地沿的事。地边地沿的，原先要用那个头牯耕地（用牲口，牛、驴之类的耕地），它不是往上翻么，翻上一块去之后，留出来的路越来越窄。一户把那个地多出来一点点，到最后，两个人要是针尖对麦芒，那我们就得给他量量这个地，他都还差不多，就是地头上能差 10 公分，不到 20 公分，差不了多少。但人都有私心，你动我的，他想法儿也得给你动，到末了都差不多。咱村里边盖房现在是没这事了，原来就是地边，相当于宅基地，有说是你的，也有说是他的，说不清了。还有关于滴水檐，现在我跟他们说什么滴水檐啊，现在不能提了，原先老辈的人放出一块瓦，那时候盖房子吧，都尽量靠前一点，现在老一套的你不能说了。现在把闲散地都收回来了，谁盖房咱现在村里再重新给你安排，现在矛盾主要是地边。

**问**：咱村里热心公益的人多吗，村里的一些公共的事，愿意参与的多吗？

**答**：反正就是谁有困难了就帮助帮助啊，说实话不多，红白事这也算是义务的。

**问**：那咱们村里那种德高望重的老人有没有？可以调解调解纠纷什么的？

**答**：你要说德高望重的，就是族长，岁数大，能管事。现在这几年有什么事多数找我，觉得不公平的事，就来找我，有的不孝顺的也来找我。比如有个老人（现在已去世）有 3 个儿子，都不管（赡养）他，他就要每个儿子一个月给他 30 元，我说 30 元够干嘛的呢，他说你跟他们 3 个要100 元就行，我说 100 元的话平均一个人 33 块 3 毛 3。我说怎么给你呢，我说叫他们一个人拿 50 元，他说你办得了吗？100 元都办不了，你这还说150 元呢。我说你甭管了，我叫这个老爷子把他儿和儿媳妇都叫来，这种情况啊，都是儿子在家里不主事，都是这样的情况。到末后给办了，直到去世这个钱他都攒着没花，去世的时候可能还剩 9000 多元，一个月 150元，1800 元一年，四五年再加上他个人的可不就是 9000 多元，其实老人他花不了多少钱，他不花钱。以后盼着一个村能办个小养老院最好了，我现在还没有时间考虑这一块，现在主要是想搞建设这一类的，还是得搞经济，一步一步往前走。

问：我们来的时候看见村里贴的村规民约，村门口贴的是 2018 年制定的还是 2018 年之前就有，后来又修订的？

答：2018 年开始制定的。

问：当时制定这个村规民约的过程能不能给我们介绍一下？

答：村规民约制定过程就是村代表、村两委商议的，村规民约每个村不见得一样，像俺村里吧，像红白事吧，白事商量着不摆席，摆的话，不能超过 150 元。

问：这 150 元指的是什么，随的份子吗？

答：不是，就是这一桌酒席钱不能超 150 元。有的因为这个跟我干仗啊，不愿意啊，有的老人叫着我的名字，说你弄的这个不行啊，说死了跟小猫小狗一样把我埋了吗？到末后又给他们做工作，上岁数的他想得多。

问：红白事现在办的话大概需要多少钱？

答：现在白事花不了多少钱，加上收礼这一块，到末后基本上是赚不了也赔不了。原先的话是赔钱，现在是不赔钱了。现在（随份子）最少的也得 100 元，原先的话是 50 元，现在 50 元的也很少了，农村就是一百二百多，他赔不了什么钱。老人就是看病花钱的话，这个不能算，看病花钱那个没多没少的了。

问：娶媳妇结婚的话得花费多少？

答：这个一般的得 10 多万元，现在得有车有楼房啊，存款不是最重要的，反正是得有车有楼房，还有就是得有三金（金戒指、金耳环、金项链），反正基本上就是这个样。

**问：** 咱这边在市里买房子的话大概得多少钱？

**答：** 可不一样，多的像现在买的首付 30 多万元，全款得百十万元钱啊，在××买的少的话也得四五十万元。小伙子现在一般纯在家种地的没有，在外面打工的他就好找媳妇，纯种地的就不好找媳妇。纯种地的跟你要价就高，比如三金、房子、车子这是必需的。再说你纯种地，你现在种 10 亩，哪怕 20 亩地你能挣多少钱啊。以前的时候，挣个百十万的多数都是个人在外面打拼来的，就是打比方说吧，不论是当老板还是给人打工，在城里买房子都是个人买的。

**问：** 个人买的，老人没出钱？

**答：** 结了婚老人肯定就不管了，没结婚的可能说就是给交个首付，现在说是 30 万元或 20 万元先交个首付，家里帮着交首付，然后剩下那些贷款有的小两口自己还，不过有的老人也帮着还。有个像我这个岁数的两口子，都舍不得在家里待一天，出去打工给他儿还钱。那时候家里条件不大好，说个媳妇怪费劲的，还害怕散了，当老的豁着命赚钱去帮儿子还。当老的（指父母）不容易啊，付个首付，买个楼，能有多少钱啊。真正百八十万的有几个能拿出来的，年轻人可能挣得多花得也多，老的你就得管（儿子），你不管媳妇散了，老的就害怕了。

**问：** 咱这里打工大概一个月多少钱啊？

**答：** 这就没准了。俺村委会现在就有打工的，我有活、有事就叫他来。反正两口子干得话，一天得五六百元，好时候可能 1000 多元，也没有准，可能天天干，也可能干 10 天歇 5 天。

**问：** 一个月下来两口子能有多少钱？

**答：** 他这个差距比较大，有技术的高点，自己干的高点。也就是这两年，两口子正儿八经地干，一年能剩个 10 来万元。受那么大累，有镶地板砖的，有镶墙砖的，有上涂料的，它不一样，干什么的都有。地板砖是按平方，你干得多就挣得多，有的一个人一天就挣 1000 元，你两口子挣 1000 元，说明人家干得好，干得快。干保洁保安是一个月挣 1000 多元，不过年轻人不干，嫌少。

**问：** 您觉得村主任和村两委，主要面临哪些压力？

**答**：咱说压力是有，现在好点了。收闲散地那时候压力是真不小啊，闲散地收不了，咱这个路就没法修，那时候压力才大来。所以说天天中午管饭，中午管一顿，晚上还在这吃，愿意喝啤酒晚上管菜，喝点啤酒，就那么一两个月。修车的那边蒸包子，中午管包子，包子1元钱1个，吃上3个包子，喝上点啤酒，五六元钱，一天别超200元钱。

**问**：收闲散地是哪一年的事啊？

**答**：2018年。现在好多了，压力过去了，征老百姓的地得做大量工作，现在没别的办法，就是做工作啊。你看2012年、2013年的时候，200来亩地都是得做工作，绿化的400来亩地也都是做的工作，基本上就是一家一家做工作，基本上都是这样，也有不愿意的，不愿意也没办法了。

**问**：就是有些不同意的，到最后的时候不想同意也不行了？

**答**：不是，咱有合同，合同一签就完了，再愿意也晚了，到最后你不愿意也不行了。都是河边上的，这边两三家，那边两三家。

**问**：这几户人家现在还是这样？

**答**：还是那样，他的地在河边上，那能怎么办，都睡不着觉，琢磨这些事儿，但是上面给的政策都是一样的，那就这个样，你能有什么办法，很麻烦，农村这个工作就这样，说得好好的，最后就不愿意了，有的喝顿酒说好的，最后又不愿意了，也有这样的人，那时候确实是不容易。你就得想法让人家接受，你想糊弄的话肯定不行。企业承包地，之前那两个企业不是我弄得，这几个企业都是我一步步调过来的，之前的企业留不住，都是来了就走了。我刚接触那年，领导肯定是同意的，手续肯定是齐全的，现在挪到北边去了。后来我当会计那会儿就开始找我了，有的村民可不好说话了。

**问**：这个企业怎么交租金？

**答**：原先是每亩900元，一交就是3年的，现在咱开发区不是1300元嘛。整天跟企业要账也很愁人。

**问**：给老百姓的多少钱？

**答**：也是1300元，开发区给800元，企业给500元，这500元有个企业不好要。绿化带企业嘛，就是征用的绿化带的地。

**问**：现在就是每年收这个钱也挺麻烦？

**答**：对，这就相当于加钱了，企业不就找咱嘛，咱就只能去帮忙沟通。

问：来自上级的压力有没有啊？

答：现在属地管理，反正你就得管理好，不仅要管理好个人的，村里的事也要管好，管不好也不行啊。××区书记管××区的事，咱大事要给领导汇报，小事自个就处理了。

问：您2011年干书记的时候，就是书记和主任一肩挑吗？

答：我当时干的那年，是2011年，也不是让一人担，就是任命啊。我那时候就是主任和书记两个人，那时候书记不主事，主任主事。干了3年之后下一届选举时，选举选上书记主任。

问：先干的主任？

答：对。

问：那现在书记和主任一肩挑，对咱两委工作有哪些影响？

答：我感觉还是比较好的，至少总的来说是好的。主任就是村委会，书记就是党支部，两个人意见一致还好，如果不一致的话，活儿根本没法干。有一个村，主任就管主任的事，书记和主任两个人就都没法干。一人担这种情况就没有，保持村两委统一就行，农村就这么回事，书记主任达不成一致，就不如没有。

问：咱平时的支部工作是怎么开展的？

答：支部就俺3个人。

问：平常开展什么活动？

答：党员帮忙，党员包户。一个党员包十五六户二十户，我们支部3个人包的还多点。

问：三会一课是什么情况？到会率有多少？

答：一般情况下十六七个人，还有1个在外地的不能参加，还有2个岁数大的，实在来不了的，要是把这几个人去掉了还行。现在有手机、有微信，有党员群，发通知能收到，看书面的也行。

问：咱们每年都能发展党员吧？

答：两年左右发展1个，这还有1个预备党员，今年可以转正了。

问：镇上给名额？

答：有名额。

问：多大年龄了？

答：46岁了。也有的发展好几年，俺这里积极分子多，慢慢来吧。

咱也愿意多发展几个，但名额不够，这也没办法。

问：要求入党的多吗？

答：多，这不是还有写的入党申请书嘛，一个 30 多岁的和一个 40 多岁的，搞工程的。

问：您觉得乡村振兴有哪些地方还不足，还制约着咱的发展？哪些方面你觉着还需要再加强、再完善？

答：反正暂时发展还不行，我感觉，比如养老啊，人人都有老的那一天，我想着我们村现在没有养老院，想着再建个养老院，这是我的想法。

问：咱村里下一步打算开展哪些工作？

答：收了地成立合作社之后，老百姓可以打工，就是让老百姓多收入点，让老百姓过上好日子。

问：咱合作社现在到什么程度了？

答：说真的，现在还没有运转，只是俺几个有这么一个想法，跟村民代表也商量这个事，不过有点难度。

问：难度在哪？

答：难度就是他有不愿意的，你给他 900 元一亩地，都不愿意。

问：你摸底了吗？这个不愿意的人大概有多少？

答：摸底了，就是那边那一块不到 30 亩地，有 10 家不愿意，除了这 10 家之外，剩下的 2 户还在犹豫。

问：愿意的那些多少户？

答：20 多户，大部分都是愿意的。

问：咱这个合作社谁来经营呢？

答：能人经营最好，也可以村两委经营，该雇人雇人。

问：他们有的县和供销社合作，咱这边谈这个事儿了吗？

答：供销社？这个事俺还不知道，这样的话更好了。反正往前发展的趋势是这么个趋势，这样老百姓也有双重收入，既可以到外面打工，地也可以不用管了，该干吗干吗。

问：一户 1 个人也没几亩地？

答：对，一家人顶多 10 多亩地，平均下来一人 3 亩地。这几年地不平均了，还有四五家没有地的，这几年没调地。现在反正就是这个政策，把地转让出去可以再干点别的，就是让老百姓多收入一些，意思是这么个意思。

问：您觉着咱老百姓最期待的事是什么？

答：最期待的还是盼着个人有钱，盼着村里好。

问：还是安居乐业，咱老百姓最担心的事儿呢？

答：最担心的事儿？现在没什么最担心的事儿。现在就是担心上岁数的养老问题。还有就是没修道之前老百姓担心排水，我从去年到现在干了一些工作，打算今年全部干完，主要是一下雨，老百姓最担心了，再往前，就是担心自来水问题。

问：自来水都入户了吧？

答：都入户了。

问：您认为咱村子达到什么样就算实现乡村振兴了？

答：老百姓就是盼着水电不花钱，毕竟上了岁数的，那个水费电费还觉着怪疼得慌。现在都有养老金了，以后过节发点福利就更好了。

问：现在有什么政策？

答：60 岁以上的补贴 100 多元，90 岁以上的多，一年多 600 元。80 岁以上的现在才统计，80 岁以上以前没有，从今年才开始有。

问：咱村里装光伏的还挺多的，这是扶贫项目吗？

答：是的，这都是户里自己装的，是乡政府统一要求安装的。

问：它这个也并网？

答：对呀，有的六七年了。

问：它这个收益呢？

答：一年得五六千元，这个村里没有拿钱，各个村里都一样，人家给安就行，我去年装的还行，不过今年就没有补贴了。我们这个补贴一度电差不多七八分钱吧，但现在国家补贴没了。我是去年 6 月安装的，11 万多块钱，43 千瓦，一年两三万元，得 4 年多点才能收回本。

问：能贷款是吧？

答：对，那时候我是贷款，不过得提前贷款才行，他有一个专门的光伏贷款，去年一年安装了还真不少，一年弄 2 万来元挺好的。一度电四毛，去年四毛七八，差个七八分钱，还能当个养老项目。

问：光伏后期维护花钱吗？

答：有人维护，我们都不用管。

# 乡村建设访谈二十五：LSZ 主任

**【访谈对象】** 德州市××区××镇××村 LSZ 主任

**【访谈时间】** 2021 年 10 月 8 日

**【访谈人员】** 陈晓红　邓帅

**【访谈内容】**

问：能不能先给我们介绍一下您个人的情况？

答：我今年 55 周岁，高中毕业，从 1993 年到 2000 年一直担任村里的会计，2000 年 6 月份合村并镇，村里的老书记退了，然后我就接任了，大概就这么个情况。从 2000 年 6 月份一直干到现在，咱们村两委从 2000 年开始就是俺仨。另两个人呢，一个是 56 周岁，一个是 58 周岁，当时也是年轻人，也就是说在一块搭伙 20 多年了，从青年到了中年。今年换届选举有个青年进入班子，有个妇女进了村委会，还有 1 个人退出了村委会，支部里还是俺仨，村委会里进了一个 31 周岁的女同志，俺 3 个都是高中学历，大概这么个情况。

问：咱现在这个补贴是多少？咱书记的补贴？

答：我这些年就是主任书记一肩挑，最近这几年我的工资是一个月一千零几十元，从去年涨到了 1100 元，年底按照千分制，就是你打了多少分，按绩效给计算工资，最高是 1.5 万元。比如说你达到 1000 分，接近1000 分，1500 个小时。一般一年再加个 1.2 万元钱左右吧。

问：就是 1100 元，再加上这个是吧？

答：月工资 1100 元，因为我在这 21 年了，再一个还是按村庄评级制，根据村庄先进或者落后来评定书记的工资。我是一肩挑，主任没工资，如果说村里书记是书记，主任是主任，主任的工资可能大概一年是

2000 元到 3000 元，会计工资是不到 3000 元，2800 元左右。

问：这都是一年，是吧？

答：对，一年。委员呢，一般村委委员和支部委员一年几千块钱。

问：村里给个几千块钱？

答：村里，一个是上面给的经费，再就是村里多少有点收入，给个几千块钱。如果村庄小点的话，或干一届两届的，你两届现在一签 6 年，两届才 6 年，现在从 2021 年开始任期是 5 年，一般给他们是七八百块钱，太少了。不过现在农村干部的年龄是偏大的，你没有技能出去干什么，只能在村里"守摊儿"。你看在村里，年轻的都在外边，现在都说村里的能人，其实能人全在外边发展了，很少有回来的，这也是个实情。咱边远地区没有什么优势可言，没有吸引力，一般年轻的全在外边发展呢，真正在家的就是一些老弱病残。

问：咱们村这些年来有什么变化，吃穿住用行还有环境什么的？

答：咱属于××的西南部，××的南部。跟其他村相比，乘车比较近，离着德州和××县比较近，打工比较多，年轻的全都出去打工了，也没有什么优势。随着城市东扩，咱这离着北外环和东外环都不远，咱村往北几百米就是北外环，往东 1000 多米就是东外环，正好处于一个角落，这里有一个村庄，那边还有一个××庄，这两个村是××镇圈里边的两个村。修外环的时候占过一些地，但主要是道路，总占地不到 700 亩。这是北外环占着地，东外环没占地，这里旁边还修了一个××大道，南边还有个××路，这 3 个地方占的地一共六七百亩，就是从 2012 年开始。我接过来的时候是 2001 年，那时候德州××入驻，号召养奶牛，最大规模有十几户养了 200 多头奶牛，大概 2017 年的时候查环保，全部要关停，当时有养猪的、养牛的，最后强制性都卖了，所以 2017 年之后养殖就不大行了。

问：咱村里多少人口？

答：户籍人口是 968 人。

问：常住的能有多少人？

答：常住的也是动态管理，也就是老弱病残再加上在附近打工的差不多 400 多口人，差不多占到一半。

问：另外一些外出打工就离得比较远吗？

答：咱这里离××区比较近，年轻的基本都在××区买房了，还有在德州市买房的，一般年轻的都在外边住。一般的"90后""00后"在村里住的也很少了。我是"60后"，那"70后""80后"的在村里还有一些，但是他们的子女一般都在外边。另外，"70后""80后"有技能的在外边的也不少，主要是老人们在家里。

问：60岁以上的老人能有多少？咱村里有统计吗？

答：60岁以上的有220个人。

问：咱村里人均耕地能有多少？

答：从1981年开始分地的时候是二亩半，现在去了占用的，我们村还有1600多亩地。

问：有闲置的吗？

答：这些土地没有闲置。

问：咱剩下这些1600多亩，种什么？

答：剩下的这1600多亩地，林地现在占不到200亩地，其他都是粮食地，基本上是种玉米和麦子。

问：一年的收益能有多少？

答：你说集体还是老百姓自己？

问：集体和老百姓分别跟我们说说。

答：老百姓收益，土地收益基本都有数，人均才2亩多地。出去打工的，年轻人去工地的很少，40多岁的都很少，就是50岁到70岁这一阶段的农村闲散的劳动力出去打工。收益的话，壮工一天100多块钱，一个月差不多赚3000元，有技术的这种就没准儿了，像农村一般家庭收入，人均1万元以上，这是没问题的。一般你4口人在家，一年毛收入怎么也有4万元。没有光靠种地的情况，这上有老下有小的根本解决不了，种地才挣多少钱啊。

问：地的收入能有多少呢？

答：地里的收入咱没法说了，像年龄大的他做不了了，怎么办？就是以承包租赁的形式，一亩地几百块钱。

问：咱这里是多少钱？

答：这个就说不准了，因为这些地不是连在一块的，太分散，这里3亩那里2亩，这个钱就很少了，也就是三四百元一亩地。2亩地的话一年才五六百元，更谈不上收入了，大片承包的话也才六七百元，咱国家补贴的这一二百元也是给承包户。

问：咱这里没有成片的地包给大户或者其他什么单位的？

答：当时修外环路，有个叫绿化站的承包过，是一个单位包的，全算上是 200 多亩，咱这还属于德州××区，那时候按照 1300 元一亩，国家财政补贴算是一部分，他自己也出了一部分，最后是 1300 元一亩给农户，这还算是一个比较稳当的一个企业。另一个承包干苗木的就不行了，苗木这几年赔钱，除了国家给补的那一部分，剩下的那一部分一直给不了，他赔钱赚不了钱怎么办，也没办法，不光咱这一个村，沿线差不多 10 多个村都是这个状况。苗木产业不行，总体来说，农民收入还是依靠务工，农村基本是这么个情况，除非是种粮大户，这种就很少了。除了有的村地多的人均四五亩地的这种还行，人均四五亩地的家庭如果出去打工，他们可以几户加起来承包五六十亩地，这就挺好了。有 50 亩以上他就值得在家里干，买个机械啥的，甚至有的 100 亩也可以用机械，这样就和出去打工差不多。

问：咱村集体有什么收入或者产业什么的？

答：之前搞养殖养奶牛的时候有收入，不搞养殖了，土地也没有外包，收入就少了，主要从 2012 年修路占了一部分集体沟渠和道路这一块开始。咱集体占地从 2017 年给农户是一亩地 1.8 万元，集体 3.2 万元，这部分集体有 1700 万元收入。这些钱是上级财政管控着，咱光知道有这些数。这也是个好事，把这些钱放给咱，咱有可能不知道怎么花给乱花了，现在也有一部分利息。

问：这 1700 万元可以自己支配，还是只能支配利息？

答：光利息可以支配，这 1700 万元是不能动的。

问：一年的利息是多少？

答：他是按 1 年 5 厘的利息，一年就是 80 来万元。这个利息支配给（主要用于）村里修路，过年过节分发福利，基本上是这样。这个（程序）是两委会商议差不多了，报村委会同意，然后再报到管区里批。

问：他这个钱比如说我今年利息一共是 80 多万元没花了，我只花了50 万元，剩下的 30 万元他就结余到下一年吗？

答：对，都在咱集体账户上。

**问：**这一年也不少了。

**答：**这真正多的是××村和××村，人家有 4000 多万元呢！

**问：**他们一年有多少利息？

**答：**按照 5 厘的话一年有 200 多万元。他那里在北外环以南，有一个厂子，他是工业项目的占地，咱这 1000 多万元主要是这几条道的道路占地。

**问：**咱村集体除了这个之外，还有其他的收入来源吗？

**答：**没有什么收入了。你看××村那个地理位置，他那基本还是工业用地。应该是 2016 年或者 2017 年，国土资源部搞的一个永久性基本农田鉴定，咱这还是属于基本农田，所以弄别的也不太现实。现在其实俺们两个村也很尴尬，养殖不让搞，其他的你也没权利。另外乡镇认为咱在圈里面，可以挪了，可以拆迁了，大家也是一直乱想，光想着拆迁，所以我也是平常在村里给大伙开会说，大家也别光想着拆迁的事，还是要塌下心来，日子该怎么过还得怎么过，该怎么干还得怎么干，因为咱们地理位置很尴尬，前面咱有个大学路，就在咱村南 800 多米，大学路东头一直往东走，就把一个村子在中间给分开了，所以大家也是一直在寻思拆迁的事。怎么拆迁，怎么定这个事，从 2014 年到现在，都 7 年了一直还没定。

**问：**它穿过村吗？

**答：**对，从村里直接穿过去了，把他们村分开了，所以说很尴尬。这和人家圈外的村还不一样，圈外的人家该怎么干就怎么干。现在拆什么迁啊，国家现在不出政策，你想合村并居是很难的。老百姓现在在地里种个树种个啥的，想着到时候拆迁给补贴，老百姓还是很现实的，这种想法太多了。平常俺们也是和别的村的书记沟通，咱不能跟风，还是要给老百姓说，该怎么干就怎么干，咱这属于近郊，拆迁方案能和市里一样吗？都琢磨着想发财，那样想都不现实。村南面的大学路快要开工了，包括地下管廊建设，占俺们地有一百七八十亩，有这部分利息，一年还能有几万元的经费。

**问：**村里有合作社吗？

**答：**没有合作社，以前有养殖合作社，但是现在养殖没有了。你看我们这里如果想成立合作社，老百姓就想着快拆迁了，把自己的地赶紧种上东西，所以不太好弄。老百姓都是以自己利益为重，集体不好倡导这个事，有一户在这个村东头，靠着大堤，出租土地是 1500 元一亩。

**问：** 这么贵。

**答：** 自己包的 10 来亩地，主要是紧靠一条小河，旱能浇、涝能排，靠这么个地理位置。你要想包百八十亩地的，想要连片很难操作，你在圈外行，几十亩上百亩能连一块。

**问：** 每个人想法都不一样？

**答：** 有的很天真。

**问：** 咱村里老百姓的收入主要是靠打工，对吧？其他的那些富户他们致富手段是什么？

**答：** 也没有特别富的户，什么致富手段，顶多是当个包工头，领着出去打工，年薪 10 来万的很普通。

**问：** 这种的有几户啊？

**答：** 有十几个到 20 个左右，一年挣个 10 来万元、20 来万元。这个领着出去打工需要一定的领导组织能力，还得有人脉，你常年有十个八个的跟着你干的，这一年挣个 10 来万元是没问题的。你要是个好技工，一天最少是 200 元，甚至 300 元。村里根本没闲人，村里找个闲人费劲了。你看 2018 年创卫，从 2021 年回头看 3 年，全是六七十岁的，村里干活一天60 元，年轻的根本不干。年轻的都想法找事干，现在都是兼职，一边干着这个也干那个，年轻人都很勤奋。总体村里现在闲着的人没有了，除了有残疾的、低保户的和智障的 10 来个之外，其他人都在努力干，国家政策现在这么好。

**问：** 咱村里有小学幼儿园吗？

**答：** 现在是两个区在一块有个小学，幼儿园有时候也招，农村学校基本上还算方便。

**问：** 初中这些孩子去哪里上？

**答：** 从前村里就有，从 2017 年就都去了××区了，现在又都去××了。小升初有学生要求，又和××区协调，又上那里念去了。

**问：** 离咱这里远吗？

**答：** 也挺远的，10 公里。

**问：** 孩子都住校吗？还是家长接送什么的？

**答：** 应该是 2 周回来 1 次，都住校。现在都有条件了，出租车和公交车比较方便。

问：咱村里大学生的情况怎么样？一年能出几个大学生？

答：今年不多，前几年一年有一个半个的。今年没有几个，可能是二本三本的，一本的没有。一直从九几年到 2000 年左右，咱这个地方一直是计划生育先进单位，人口出现空档了，双女户少，独生子女很多。

问：咱村里独生子女还很多吗？

答：挺多的，咱是乡镇上先进单位，超生的很少。

问：出去上大学的孩子回来的多吗？

答：回家的很少，都基本在地市级上班。你看村委会我们 3 个人，基本都是独生子女，除了我，我大的是闺女，小的是小子。现在这人很少，上一届书记也干了很久，干了 30 年，我干 20 年了。

问：这也是干了好几代人了。

答：这个村从新中国成立开始我是第 4 代。这个村比较传统，你看别的地方书记都换了好几届了。咱村一个是好沟通，再一个是姓 L 的占一大部分，但 2 个委员姓 W。

问：L 和 W 是咱这儿的大姓吗？

答：第一任书记姓 W，姓 W 的就他这 1 户，他去世后下一任姓 X，姓 X 的是 2 户，第三任就是我上一任，姓 W 的就 10 来户。这个村很传统，村风比较正，老百姓在周围来说都很本分，都是好好过日子的人，你就看大队部吧，大队部在别的村早卖了。

问：咱大队部一直是这个地方吗？

答：对，咱这个大队部在（村）中心，你到别的地方去都是在边缘，你看学校也在边缘，咱村老学校也都保留着。

问：咱村里有卫生所吗？有几个大夫呢？

答：有卫生所，有一个大夫。

问：老百姓拿个药什么的，看看感冒什么的就够了，很方便了。

答：对，就够了。

问：咱村住房状况怎么样？

答：咱村里危房几乎没有，你别看不是很好，但基本上说还是可以的。

问：咱这里盖屋一般都盖几间啊？

答：一般都是 4 间房，大概在 1976 年和 1977 年的时候，就是说我上届干的时候，那时候就指定房屋规划是 16×16 米，那时候也是不超过全国标准，国家定的是 264 平方米，咱是 256 平方米。你看村里这东西街，这是五趟东西街，西边一个南北街，修的胡同全都一般宽，胡同全都通开了，规划也是比较早。

问：在市里买房的有多少？能占多大比例？

答：在市里买房的，年轻的基本上有百分之八九十，下一步就百分之百了。买房第一是有条件了，不买就娶不了媳妇。你看现在"80 后"，那个时候上不了大学，最起码就念技校，最起码在德州吧，他念技校就留到那里了，所以说在城里买房的就很多。那时候几万元一套，多的十几万元，而且那个时候村里种果树比较多，基本上都给孩子在城里买房了，能在那时候买楼的现在基本上就有两三套了，那时候便宜，两三千元一平方米。再不行的现在靠近××的两个社区，在那买楼的也有一些，那些基本上是小产权，一般 30 多万元，高的 50 多万元，离这儿比较近，这种情况一般是全款。如果你在德州工作，没办法，也有买小产权的，买商品房基本百十万元，全款就很少了。

问：咱村里有没有养老院，比如幸福院这样的场所？

答：咱这没有试点，别的地方有试点。

问：主要是居家养老，孩子养老？

答：其实国家政策好，也有一些试点，咱实话实说啊，他们试点的那里也是来检查的时候有东西在那，实际上也是不太现实，还是以家庭养老为主，老人的思想观念不好更改。咱说实话，我父母都 80 岁了，我兄弟俩，我兄弟在电厂，到时候经济上他多拿点，我在家里离得比较近，我就多照顾。一般都是这样，几个姊妹再接济一点。

问：咱这老人每个月的养老金是多少？

答：现在达到 60 周岁的，他们大概一个月一百四五的样子。他们 80 来岁的、70 多岁的一开始也是 100 元左右，现在也涨到 140 元左右了，每年涨五六块钱。

问：咱村里有没有给这些老人补贴或福利什么的？

答：咱这是从 2012 年集体富裕了开始有的。那时候我刚干的时候，村里给钱也不多，也就是过年的时候给他们几十块钱，百十块钱。集体有钱了以后给的钱多了，一开始是 85 岁以上，后来 80 岁以上、75 岁以上、70 岁以上、65 岁以上的都有，今年开党委会，定了 60 岁以上的也有。现在家里条件都好了，给的也不多，年下（意思为过年的时候）给二百三四十元钱，八月节的时候给一百四五十元。

问：是给他们买东西吗？

答：对，说实在的现在这钱也买不到啥，他们收到东西感觉还挺好。发多了咱还没条件，需要给镇上报批。

问：60 岁以上的 220 多个人的话，一个人 200 元，也 5 万元了。

答：年下的时候差不多，八月节的时候 3 万元。

问：目前乡村振兴，咱村里主要做了些什么工作？

答：乡镇要搞这个合作社这一块，我也开会了，但目前还没有意向。

问：这些年咱村里的矛盾或纠纷，主要集中在哪些方面？

答：大矛盾没有，个别社员有矛盾，这种事很多，大家都是以自我为中心，出现矛盾了咱也是及时化解。官司篓子（意思是没事爱打官司的人），这种人哪个村也有，有些人的思想比较偏执。一个是咱干部在村里干得正，以身作则，说话有分量，到时候甭管村里出个什么事，咱都按照程序走，不能说做到无懈可击吧，但是也差不多，咱就是做得很好，也会有人找事，鸡蛋里挑骨头，这种人哪里都有。你想这些年咱村里修路占地，他就是为个人着想啊，咱这想法就是以集体为重，是吧，就是个人利益与集体利益矛盾，咱就好好给他做工作，没什么大的矛盾。比如你看这个房子吧，规划什么的基本也没什么大矛盾，这几年政策也比较明朗，必须上边有政策，村委会有据可依，上下结合就能干，政策要是不明朗，下边要是做坏了也不好说，基本上没什么大的矛盾。

问：咱村里能人的情况能不能介绍一下？

答：上一年有两个享受县级待遇，一个是××技校的校长，××也有一个，他们也都面临退休了。再一个是××的，还有就是在德州有个××，他应该有几千万元。2008 年的时候，咱这个村里修道，咱这个政策是政府出 70%，村里出 30%，那时候修路筹了不到 30 万元，这些能人赞助了 10 好几万元，基本上一半，挺慷慨的，现在村里的路都修得挺好的了。最近这几年有几个读研究生的，有六七个，都很年轻，20 多岁。

问：他们都从事什么行业？

答：从事的行业多了，也不是出类拔萃的，但基本上年薪最低可能得 15 万元左右。

问：自己干还是给别人干？

答：给人家干，自己找的单位，别管哪个行业，干得都挺好。

问：咱村里热心公益的人有多少？或者说热心肠的，比较愿意参与咱村的这种公共事务的这些人。

答：这都是上岁数的老年人，年轻人一般都是顾他的事，都养家了，一般有什么事是老党员出面。

问：有没有外来的那种志愿者？

答：没有。

问：咱村里党员有多少？

答：11 个。

问：这几年发展了吗？

答：去年发展了两个，看看今年或者是 2022 年的时候再发展。

问：这两个党员年龄多大？

答：都是"90 后"，是在附近打工的。

问：咱有村规民约什么的吗？

答：村规民约有，墙上贴的就是。

问：什么时候制定的？

答：零几年的时候我制定了一份，到后来镇上管区有模板，根据村里情况又制定的。

问：有修改过，是吧？

答：对，以前的就不适应现在的情况了。包括红白理事会这一块，都需要慢慢改。

问：主要涉及什么内容，咱这个村规民约？

答：主要是平常的行为，包括承包地，以及房屋建设、红白喜事等。

问：咱制定过程是什么样的？

答：一开始就是上岁数的，咱们先商量，看咱老兄弟们有什么意见，该去的去，该添的添，最后村民代表会通过。咱以前涉及流程有很多，现在不适应社会发展了，与时俱进。

问：现在红白喜事这个事怎么个弄法？

答：红白喜事从最近几年开始，得有 5 年了吧，提倡简办，也是根据政府的倡导，咱现在把鼓乐吹手都去掉了。我今年刚过年又开了一次代表会，又减了一部分，包括穿孝和酒席都压缩了，能节约1万多元。

问：咱有红白理事会吗？

答：有。

问：结婚的话大概花费多少钱？

答：结婚酒席的话，菜钱400多元，四百四五十块左右，极个别的少一点。没有鼓乐，但是现在主持也不少钱，少了得两三千元。那年轻的闹脸儿的（意思是要面子的）那就别说了，大部分孩子都是高端的，这几年倒是没有浮夸的。

问：主要是在村里办酒席，还是到外边饭店里去？

答：如果咱家有房，比较宽的话，也是走过场，当天在家里待一待（亲戚、朋友）。这几年咱村东头有个办酒席的，现在基本都去饭店里了，基本上是这么个情况。白事酒席也控制，你看红事400多元，烟酒什么的也不是档次特别高的，白事也是压缩，基本上酒席在300元以内，二百七八十元，10个菜，其他就3个菜。

问：你说的是那种流动席吗？

答：不是流动，是固定的，就在家里。少部分买木头棺材，大概三四千块钱，还有部分听话的买石头棺材，七八百块钱、五六百块钱。这个事也没有什么硬性规定，你就不让他买木头棺材也不好，这些年几乎百分之百火化。

问：目前这个村两委工作压力主要来自哪些方面？

答：没什么压力。有时候我也是跟领导沟通的时候说，年轻的对于这一块（是指当村干部）根本不感兴趣，一个是咱没有什么优势，他们也不愿意干。现在这换届选举有年龄要求，你说这个村年轻的找接班的很难找。年轻的他也不干，年轻有本事他不干，工资这么低，村里也没有优势，除非目的不纯，卖几块土地，随便招个商引个资，都是违规的。我没说吗，我九几年就干会计，我也知道里边的事，咱也胆子不大，咱也是按常规来，最起码别违反政策。所以只要贯彻政策，有本事的大学生就像是招公务员一样，是吧，让我们这些人都别干了，想办法把他们吸引回来。首先你得说了这个待遇，你没有待遇，都是空白的，但是相对应的得有一种政策。现在工作不是有压力，就是工作量很大。

问：你们要求坐班吗？

**答**：那是，你守着家可不是要坐班啊。

**问**：两委成员那些也要求坐班吗？

**答**：都轮着，一周排下来。你看以前村委会俺们 3 个，还有个计生主任不在村委，这是 4 个人现在又进了 1 个女同志，共 5 个人。我和会计俺俩一人值 2 天，其余人 1 人 1 天。坐班就是守家，开个介绍信啥的。

**问**：工作量比较大，其实是琐碎的事比较多。

**答**：还有就是一些具体的事。你看平常老百姓都是白天干自己的事，忙自己的事，一般都是晚上有空过来。村里这活儿既有上边派下来的，也有下边老百姓的事，一般都是上下结合。国家政策这么好，你就管着执行就行了，不过你得执行好，你执行不好也容易出差错。前段时间就是咱××路的一个二期工程，现在先征地，征地先走完程序，你看老百姓呼声，就说自己是失地农民，没有地了，又去告状，类似的人很多啊。咱们国家出了政策，你是失地农民该给你的就给你，你一亩地的承包钱，给你 1.8 万元，集体咱是 6 类土地，集体就是这 3.2 万元到 5 万元，这是给集体的，户的该给你的给你了，一亩地 1 万 5 千元，这是社保，是前段时间刚搞的。把这个失地农民社保款项分下去，公布完了，再让施工单位施工，这是一项硬性规定，人均一份。咱刚说的占地 100 亩，这 150 万元全以社保的形式，不给现金，打社保账户上。占了 100 亩，下面可能又占 100 亩，还是这么分。占你 50 亩就是 50 亩的钱，这是从现在开始，这个也比较好。但你执行起来这里很烦琐，其中现在好多出嫁的姑娘，她们也是想分一杯羹，就这么个情况，那你给不给她呢，××区现在出了一个指导性政策。她们目的就是分一杯羹，以后拆迁了分楼了也得有她一份，这就有矛盾了，所以就需要解释。开代表会，国家相应政策叫农村集体组织成员认定，他有些个别情况，她离婚了又是个情况。你看同样是出嫁女这个情况，七八种情况，离婚了带着孩子回来的，有的是户口迁走了，有的是户口没迁走。

**问**：他不是按户口，他按是不是村集体经济组织成员，对吗？

**答**：也就是说认定的问题就是基层的工作量了。还有好多情况，你比如说独生女，户口迁走了，她的父母在村里还需要靠她，这又是一种情况，都要考虑到。这就会产生矛盾，产生不满。这个事就解释吧，可粘糊（意思是麻烦）了，都是为个人着想，个人利益和集体利益永远是冲突的，

你就要去解释。你看咱比近郊发展好的村差远了，咱都知道××区的×
×，人家一个人就好几十万元。

问：他就全给分下去吗？

答：不是说这钱你拿去花，因为这个钱在集体的账上，你有大事你可
以支取一部分，就等于这钱给你管着。我刚才说了集体管1000多万元，
不管行吗？放村里早给你造（意思是折腾）完了。这蛋糕太大，蛋糕越
大，矛盾越大，这就是农村最基本的矛盾。刚说咱们村小，也有类似的情
况，也是慢慢给他们做工作，给他们解释，这很费口舌。咱村里有个情
况，他父亲不在，他母亲跟着他在××，但是他户口出去了，他母亲户口
在家，他妹妹户口在家，所以等于说她娘俩户口，还有个媳妇孩子在村
里。就这次分红吧，咱村里规定，包括代表开会定好了，所有出嫁女不享
受红利。然后啥情况呢，她说俺家俺哥他出去了是吧，户口不在家，俺顶
俺哥那份儿，打擦边球，那咱能认可吗？咱不能认可这事儿，这事儿就没
有顶替的。过去国家政策规定父母退休其子女可以接班顶替，现在你能顶
替吗？不能。咱就说农村基层工作，这些人哪里有利益，就往哪里跑，你
把关不严，到最后你这干部是给自己挖坑，而且给下一任找矛盾。我平时
和相应的单位座谈的时候我就听听他们的做法和政策，取长补短。当然这
事一家一个过法，你看有的村外嫁女不光不放弃，还把男方户口迁过来，
这更矛盾是吧。所谓倒插门，你独女户可以，双女户你姊妹俩有一个也
行，把一个迁回来，这都在本（意思是记载在册）的。但是我刚说那部分
情况呢，她有个哥有个弟，这个女的户口迁回来了，又把她男的也迁回来
了，村干部碍于面子让他迁回来了，但是你迁回来将来怎么认证，是吧。
我现在把这一块儿杜绝了，能不得罪人吗？也有人说你看人是怎么弄的，
我说我不管别的事，别处好你迁到别处去，你能怎么说，是吧？我说你想
在这里住，就听这里的政策，咱是村党委跟代表们说了算，代表们当家，
你到时候不按这个程序走，镇上这关也过不去，镇上还有好几关呢。

问：省得后期出现一些矛盾。

答：就是这样，这个事儿你们不在基层你们不知道，俺是成天在基
层，经常会面对这种情况，有些不好的政策，都是逼出来的。现在先拆后
建，为什么先拆后建呢，就是出现刚才你说这个情况。先给你讲好了，讲
好了你赶紧搬吧，然后就不搬了。老百姓啊他有些个别人怎么说呢，就是

刁难。老百姓讲就是官司篓子，没什么事就给你打官司，气死人不偿命，这种情况哪个村里也有。这种人他就是拿捏你，你越说好的，他越拿捏你。

**问**：其实主要的工作就是跟这些不大讲理的人纠缠了，其实那些好的还不大费工夫是吧？

**答**：这都是少数人，大方面还是好的。

**问**：但是这一些牵扯了很多的精力吧？

**答**：这个影响面，一带一大片。出现这一个人的事儿你没法处理，对于其他人的负面影响太大了。最近这儿放了一个食品项目，可能是一个××（项目）要搁这儿，正好在××区中心一共是 2 户，这两户这会儿可沾光了，将来以后这情况就很麻烦。他是 2012 年建的 2 个小区，2016 年上楼就剩下了几口人，甭管什么原因吧，但是你现在上项目了，没办法又得给他们更优惠的政策，你就没法整了。

**问**：咱书记和主任一肩挑，你觉得有什么影响或者是变化？

**答**：书记和主任一肩挑是现在的一个新政策，有它的好处。以前这是个矛盾点，我周围有这个情况，书记和主任他俩闹矛盾很多，农村帮派比较多，书记带队一帮派，主任带队一帮派，都是些矛盾而且牵扯到邻院、建房和家族之间。这个政策怎么说呢，你看应该是 2008 年和 2009 年那时候正式民主改选，是书记参选，主任当家。这是两届，这两届就乱套了，我周围好几个村都乱套了，到现在也是两派甚至三派，造成了后来的隐患。后来改了，一肩挑，这是最好了。其实主任说了算就是失败的，你都是党领导一切的，你党说了不算能行吗，这样就会出现请客送礼、贿选等一些问题。

**问**：其实和企业里边也一样，企业里边有一段时间也是厂长和书记，有段时间是厂长说了算。

**答**：这中间的问题是要分清谁是核心，中心只能有一个。再一个上来的都是一些有想法没经验的，不知道怎么干，更别说他想给大伙儿搞个事儿了，干了两届，6 年。

**问**：私心太重了？

**答**：他是有目的的，牺牲别人的利益，牺牲集体的利益，特别是牺牲了集体的长远利益，然后到后来及时做了调整，就是党说了算。后来还有一些不太明白的，还是照样请客送礼，后来结果一看说算了，再也没人闹腾了，这个事改得挺好。你看咱现在村里的章，像村委会的章，也就是说主任是法人对吧，书记是主导，有的村书记是书记、主任是主任，他就因为这个章闹矛盾啊。现在都统一了，包括办公地点，公章镇上给你收上去，不能让你抢，这样有利也有弊，主要是老百姓办事不方便了。牵扯到的面比较大，镇长、镇党委书记必须签字你才能盖，这也是好事，你像现在牵扯利益的事儿，胡乱盖章，容易出矛盾。

**问**：你说那几个村为什么会那样呢？不是要求都一肩挑吗？我们反正之前走过的那些村都是一肩挑，还没听说过。

**答**：是从这次发布条例开始明确的。

**问**：那他是在这个条例之前吗？

**答**：也是条例公布之后，不知道怎么弄得，但是这一次换届之后肯定都是一肩挑。这次就是7月公布的，一开始是（今年）4月就起草，一直压着没发布，到7月发布的，就是那个《基层治理现代化条例》。

**问**：对，我们看到的都是一肩挑。

**答**：他这情况不太一样，你看我们现在就有的不是一肩挑，但是也是条例发布之后的事。他这个上面要求是一肩挑，然后他根据实际情况，镇上给配的，他往上报的也是时间延长了，但实际上可能是灵活处理的。他有的是上一届、上一次遗留的问题不太好处理，可能选书记了，书记是党员们的选择，真正走选举程序，但不一定得票多。

**问**：咱们是怎么抓支部工作的？

**答**：村里老党员比较多，也比较传统，从我上来已经发展了6个人。这11个党员中还有两个是迁来的。咱刚才说了选党员，你不能说光叫你那儿的人或者你那块儿的人（意思就是跟自己关系近或者同族的人）。就像我这两个伙计似的（就是外姓的），我姓L，L家在村里人多，那你也不能光叫姓L的人进村委会。你就是说一个村，你要有代表性，还有占少数的，就得平衡好关系，不能有帮派，你这么办了，老百姓一看，就觉得比较公平，从这一点来说你就能服众了。把事做得正了，咱心里就有底，心里有底这种关系就好处理了。再一个是平常老百姓找我有诉求了，你不能说给他出难题，有诉求任何人都可以提出来，然后村委会开会解决，采取民主化的方式，你不能说他提出来全部给办了。

**问**：您觉得哪些方面制约着乡村振兴？

**答：**这个乡村振兴还是政策导向，我得看政府的政策引导，再结合各个村的实际情况，如果搞一刀切就不一样了。你看现在××是省里的试点，老百姓眼红，你看看人家那儿是吧，你看人家怎么干的，省里给投钱，咱们这还没那个事儿，但是老百姓不懂这事啊，这就是政府导向，人家搞试点。但是国家出个政策很难，政府大量给你投资金也不行，不现实。中国老百姓就这样，你给他打钱他就啥也不干，还是有点儿压力好。你看咱西边这间土房，这是双女户，户主今年80多岁，这个土房是七几年的时候生产队给盖的，这都多少年了，墙皮都成了这样了。大闺女是个智障，嫁人嫁了好几次，小闺女还好点儿，嫁到了邻村，现在两口子跟着小闺女过了。你看这墙皮脱落的，这还是咱集体出钱给糊上的。他就是没有什么进取心，也没有什么生产技能，咱说这话吧也不好听，但就是这么个情况。像这种情况的也有个3户左右，一个是他子女养老能力不行，再一个是他本人的能力低一点。在生产队行，生产队扣工分，干多干少的扣工分，自从1981年分田到户，他自己种地的时候就不行了。

**问：**您理想当中的乡村振兴应该是什么样的？

**答：**乡村振兴还是得有集体规模化，合作社这是一个小规模交流，还是说得有大的合作社，还是需要政府主导。将来以后农村老弱病残，还是需要年轻人来建设。年轻人现在搞返回农村这个事儿，有的是想返回农村，这种的主要还是在外头没有优势，没有钱，不然也不回来。所以还是要政府主导，不管是政策扶持还是资金扶持，指着现在老百姓还是种着两亩地，那是永远没有出头之日的。光靠下面以户为单位的种地，不仅效率低，抗风险能力也差，一碰着天灾就不行了。你首先机械化就做不到，没法机械化，都是小打小闹，成本高。像这次下雨，那就得需要人工了，机械从前是五六十元钱一亩地，现在一百五六，这都是南方的那个小电轨，那个就贵了，一百七八，最少一百五。我看德州台报道的时候，德州弄了110台，那个就太贵了，贵一多半，平常是50元，这个现在一百七八，都是私人的。像走农业现代化或者走合作社这块儿，谁来接这一块儿，人家私人的不管你这，就像疫情期间口罩的价格，因为这种情况政府不好控制。所以说还是得国企、国有经济这一块儿，他能把资源调过来，他不趁火打劫。

**问：**其实这也属于国计民生的事。

**答**：现在土地流转基本上都是私户，发现它存在的问题很多。因为咱找大户来承包，我附近这几个村有包了几千亩地的，包括一个大户就出现了好多问题。一个大企业家建工厂，他不会按照你的思路走，他的利润咱根本没法儿控制，他就趁火打劫。他只要是能挣钱他就干，而且是一看不行，要赔钱了，他卷铺盖就走，把这个烂摊子都留下了。人都是逐利的，任何时候只要有资本进入他就搞专营。像是咱们现在搞创卫，老百姓只能在大街上搞晾晒，不能囤积在玉米地。像刚才说了有一些大户承包地搞囤积，搞资本囤积，到现在搞囤积玉米地的还有的是呢，因为现在玉米涨钱了，人家赚钱。当然也有风险，风险自己担。不过他也有好处，这个直接在地里收走了，也很方便，这就是农村的现实。怎么说呢，如果没有他们的兜底，老百姓这大街小巷的玉米都晒满了，也不好整。所以说他们囤积起来了，囤积起来卖高价，但是只要是在咱允许范围之内，他卖去吧，也是为了挣个钱，如果价钱很高，咱就出面控制了。所以说农村合作社就需要大规模，就需要这些大户，其实农村这事也没什么潜力可挖了，一亩地就产这么点东西，这是一个运转过程。

**问**：咱们下一步的工作打算有哪些，能不能谈一谈？

**答**：工作打算啊，其实就是刚刚讲了俺也快 60 岁了，也就是说维持现状到时候完成上级的政策，也就可以了。你说干别的干吗去呢，出去招商引资咱也干不了，资金这一块咱也整不来。上边给你戴上"紧箍咒"是好的，我常说，上边给戴上"紧箍咒"免是非、免口舌，是个好事。关键是政策导向，只要有好的政策，村里边就有这个权力，其实你也没有多大权力，你也不能有大权力。

**问**：咱老百姓你觉得最期待的事是什么？

**答**：现在这老百姓够好的了，老年人有老年金，也有合作医疗，生活无忧。孩子打拼赚钱养家，年轻不打拼，他也不行啊。老年人现在也是只要有吃的有住的，也没有什么其他想法，没什么奢望。包括我们这一代"60 后"也是如此，上边有老的，下边有小的，你只要给他们保驾护航，干好本职工作就行了。现在六七十岁打工的不有的是嘛。现在老百姓幸福指数很高，当然咱看到的那个好的是吧？真正担心的还是医疗这一块，其实老百姓真正上岁数就担心有病。有的老人有点钱为什么不花啊，他不敢花啊，生活都比较拮据，比小青年节约，他就怕一旦有点病，手里边这些钱怕不够，不知道得花多少钱。老话说了，有钱先给小孩们花，没办法，都是这样。还得给他们看孩子，一有什么事了就让去接孩子。

**问：**你有几个孩子？

**答：**我两个孩子，一个姑娘、一个小子。姑娘在城里，姑娘不用给她看，现在小的是两个孙子现在又添了一个，第三个是孙子。就忙这些事，光看孩子看好几个，你看我今年是 58 岁，大孙子 9 岁了，这才只是开始，小的才 1 岁，你就是看也还得看 10 年。生活是不成问题了，你看我们老两口在家里一天用 20 元，20 元生活费就妥妥的。当然也像他说的，一旦遇到病灾这一块就比较麻烦了。

**问：**其实这也是我们问的第二个问题，就是老百姓最担心的事是什么？

**答：**就这个话，一旦有啥病灾，你要有保险的话还好一点，一般住院都得几千块钱，最起码你看像咱德州这几个医院，中医院、市立医院、人民医院等，看病都不便宜。

**问：**医保都有了是吧？

**答：**医保大部分都有，没有的很少，只有那极个别的舍不得。现在是多少钱，300 元，没参加医保的也都是极个别的人。现在的话还是去全面入保，谁也不能保证天天平安是吧。

**问：**养老保险呢？

**答：**养老保险现在相对来说就是太少了。真要是说指着这个养老可不行，没有一点积蓄的话也不行。

**问：**最高交 5000 元是吧？

**答：**最高能上交 5000 元，这是咱农村自己的上线。

**问：**这是政府的养老保险吧，不是保险公司的，对吧？

**答：**不是。

**问：**是不是还带有一部分福利性质的？

**答：**他有 5% 的补贴，年轻的现在交的也不少。我村里买商业保险的现在也不少，商业保险基本现在都过时了，商业保险现在太贵了，人们已经失去兴趣了，收益也很低。商业保险最主要的是啥啊，人传人，人带人，说白了跟传销是一样的，现在人都认识到了，信用比较差，真出事了就坏了。现在还有这么说的，老百姓说的农村人也上河（指七、八、九十年代出工修河道、河沟），也交公粮，也应该有退休金。到时候给你钱了，就更不愿意干活了，他们说了你看城里的一个月给七八千块钱。我说你也别攀比，你也没那本事，没那能耐，你就说有的人，说人家考上大学的，考上研究生有他的工作，咱农民就是种地，各尽其力。其实你看现在保障也还可以了，最起码报得多了。现在应该是越来越好了，慢慢来吧。现在放开以后（如给农民退休金），国家也承担不了，也不能这么办。外国现在福利这么高，高福利社会它也有它的弊端。

**问**：也是养懒汉。

**答**：这个什么也不干，只能坐吃山空。老百姓讲话了，穷不过三代也富不过三代，不干活全造完了。这回你看山西的那个 L××，上海都发出了通缉令。李××，上海通缉他，是个败家子。你说个别老百姓有什么素质，你给他钱，他真给你造完了。你像现在咱这集体的钱，为什么不给他们发现金，都在上边存着吃利息，有什么事可以支给你，就是怕钱给你了，可能几晚上打麻将赌博就全给输了。你说了这个钱咱掌握不住，集体掌握咱的钱，这也是个原因啊。要是把钱全给这些败家子儿，说给你花了就花了。没有规矩不成方圆，国家政策也是这样，你就是要想法儿给拢住。还是要国家制定政策，外国民主也有失败的，一个村里也是这样。你像有个事，现在领导们让安装公安局的国家反诈骗 App，就是因为好多都让骗子骗了去的。被骗的除了个别这个男的他搞赌博那个东西，多数是妇女，因为妇女掌握财权啊。我看现在妇女不是半边天了，妇女现在都是全天了，但是她们防骗意识还真太低了。你看我现在加的公安局交流群以后，我就发现一个很显著的特征，一个是绝大多数被骗的都是女的，第二个特点是钱不少，15 万元到 20 万元之间的比较多，少于 15 万元的很少，超过 20 万元的也有，但是很少，几乎把她的家底儿全都骗了。

# 乡村建设访谈二十六：LYS 主任

【访谈对象】 德州市××区××镇××村 LYS 主任
【访谈时间】 2021 年 10 月 8 日
【访谈人员】 陈晓红　邓帅
【访谈内容】

问：请谈一下您个人的基本情况吧？

答：我原来也不在家，我原来也是在市里，再早的时候是在市里自己做买卖。记得 2004 年的时候，在家里自己建的厂子。到 2009 年选举的时候，我就被选出来了，主要是因为老百姓的支持和信任吧。当时说实在的，我对农村的这一块一窍不通，从来也没参与过农村的各项组织生活和村庄建设啥的。村庄的发展，包括村土民情这些个事儿啊，咱也不了解。被选上来以后，说实在的，当时就感觉到进入一个陌生的地儿，压力相当大。从哪儿开头呢？从哪儿入手呢？当时我上来以后，村里就是脏乱差，当时村里也没有集体经济，一穷二白。再一个就是村容村貌很难看，到处放的就是"三大堆"（柴堆、砖瓦堆、粪堆），感觉乱七八糟的。再一个呢，就是历史留下很多问题，包括土地矛盾、家庭问题、孩子落户等很多事。还有就是村庄规划遗留下来的问题，当时村庄规划这一块，就是村里的胡同全不通，不通的话对于老百姓外出、串户等事都不太方便。再一个就是商贩来到村里也不方便，知道路的可以在这条大街上走走再串到另一条大街上，不太常来的小商小贩来到村里走着走着就转不出去了。

问：您后来是怎么解决这些问题的？

答：我当时上来以后就走访各家各户，包括老党员、老干部以及群众，对他们提出的意见、建议还有要求，都一一做了记录，有一些问题是马上能解决，有些问题是马上解决不了的。所以说当时围绕着村里这一块，第一个问题先解决的是，村西有400多亩地，当时浇不到黄河水，因为井水是咸的，麦子、玉米已经不能种了，只能种点抗碱性的棉花。咱这北方是碱性土，南方是酸性土，所以说咱这地都没法种了，就是怎么解决这几百亩地的问题。还有一个问题，我们这400多亩地，牵扯到一个什么情况呢？这个土地地势注，涝不能排，旱也不能浇。所以说对于这个问题，咱当时是看在眼里急在心里，怎么办？因为这里头牵扯到占地问题，还牵扯到户与树的问题。你们也知道，只要牵涉老百姓的利益，这一块儿就不好办。老百姓是想沾光的主儿，你让他吃亏可费劲了，所以说这里头有很多的工作要办。我们党员干部经过开会商议，找对象，找突破口，找代表。所以说当时，西边村里把树该去地去，土地该收地收，该征地征，也没有给他们赔偿和补偿。通过动员引导我们老百姓最后解决了问题，这里边还离不开党员干部、大家伙儿的大力支持。所以说你办得民心的事，这样才能得到老百姓的拥护，失民心的事老百姓绝对反对。定好了之后我们就着手处理这些事，当时也很难，有些活儿，因为最后还有一户很不支持，我们是磕头作揖，做了很多工作，最后才把这个事处理了。后期西边挖了一个1000米长的沟，这条沟是南北方向，从南主干沟一直挖到我村和北边农场交界位置，这才把黄河水引到我村，使这400亩地旱能浇、涝能排。当时这个水你都浇不上，老百姓很着急，这个黄河水就在自己村南头，眼前儿哩，清澈的河水全流走了，这边是浇不上水，地减产，老百姓不丰收。挖了这个1000米的沟以后，紧接着还有一些配套的事，你这个电怎么办呢，你有水没电，老百姓怎么办啊。所以我争取到电业局的支持，配备了两台变压器和浇地的电线。同时，个人垫资并完善了配套设施，如排水管、电线、线杆等，这使老百姓浇上了地，这是老百姓比较拥护的事，所以说这几百亩地这一年多收入二三十万元。虽然把这些钱平均分到户里不算多，但是总体来说还是不错的。所以这一块儿老百姓得了实惠，得了甜头，上任之后这第一炮算是安定了民心。

**问：**村庄规划问题是怎么解决的？

**答：**第二个事就是要着重考虑抓村庄规划，就是把前期没有完成的事怎么完成它，怎么办好它。因为家家户户，你看一个夹道（胡同）里面长了几棵树，他们就是不砍掉，长得很粗了，堵着路，我们做了大量的工作，一家家谈。有一家孩子秋后结婚，连婚车都过不去，怎么办？我说你别管了，我说结婚之前树我绝对让户家砍了，他两户闹得很别扭，矛盾挺大。之后，我们想了很多办法到末了就把这件事处理完了，砍了两棵树。这是第一个夹道，紧接着这边这个夹道该怎么办？这就需要考虑挨着胡同的老百姓的诉求。第二个夹道需要把 A 的老破房去除，他儿媳妇 B 的诉求是在另一块地上盖房子，村委会通过做各方工作协调几户的土地，最终完成 B 的诉求。所以说村庄规划这一块问题解决了，咱们村整个运作得就差不多了。

再一个就是村里的主街道，当时不能排水，排不出去就牵扯到每家每户，有的在房后种上树了，就这样动不了。当时村里排水，他这块地高，就把水排到别人那去了，别人那地势低，水就排到自己家里去了。当时村庄规划之后，地势有高有低的，低的人家就挡水，你看那道上挡得一溜溜的，这一溜溜的这不叫风景线，这叫村里一个耻辱是吧？这也不是什么好事，向家里流的就自己挡住，家里没积水的就站在大街上看笑话，这个事也是进行了多方协调。当时村集体没钱，就在一边修了一条排水沟，这个事就算解决了。反正总体就是把这些事真心实意地从老百姓身边做起来，把老百姓的诉求作为咱的目标，逐步地、一项项地、慢慢地解决就好了。

**问：**您多大年龄？

**答：**我 1973 年的，属牛的。

**问：**您这个经历的话就是原来自己干厂子，后来到咱村里来干支书和主任？

**答：**是，因为咱当时进村的时候，咱就是个白板，村里咱也没接触过，也没经历过，咱这本身也不考虑这个事，个人干个人的事，所以说我这就是"赶鸭子上架"。

**问：**也是有这个能力，所以才众望所归。

**答：**主要是老百姓对咱的支持，对咱的信任。我说怎么干，我当时也是这么想，我觉得干部不是一种荣耀，而是一种压力和动力。有些人选上了，但是他能力达不到，最后给村里造成了一个烂摊子，一些支持你的人最后会很失望，失望之后慢慢就形成了一种积怨，他恨你。人家找你办事，你什么也办不了，导致村里没发展，所以虽然说咱上来以后也没干什么轰轰烈烈的事，但是保持着村里稳步发展，咱也没搞"浮夸风"和

"大跃进"。另外就是违法的事咱也不干，如果干了之后弄出笑话来，到最后弄得负债累累，老百姓还怨声载道，民不聊生，这就得不偿失了。

总体来说，现在我经常给老百姓开会，包括党员干部，现在必须转变思想，不是原来大喇叭一招呼就提留上交的时候了，那个时代已经不复存在了，那时候是管理型，现在是服务型，是吧？它是两种方式，你怎么把老百姓服务好，让老百姓不骂你，最起码老百姓不说你孬，就已经很好了。这个服务型很难办，你想让老百姓说好，太难了。再说，你十个好也抵不了一个不好。以前是端起碗吃肉，放下筷子骂娘，现在是他不放下筷子就骂娘。现在老百姓不好弄，跟老百姓打交道很难。

问：您补贴是什么情况？

答：我们的工资就是每月 958 多元，还有的人 800 元钱，我都干 12 年了，我是 958 块 3 毛 3。

问：他是按照这个村子人口的多少还是按什么？

答：是按照绩效，绩效很少，要是村里招商或者什么如果被一票否决了，你就一分钱没有。所以说作为农村支部书记，现在很苦很累，说实在的，上面千根线，下面一根针，你还要学会"千手观音"。对于农村的支部书记，政府第一个是应该进行奖惩，另一个是提高工资待遇。都不容易啊，我们的工作时间是 24 小时，没有节假日，比当兵的还厉害呢，招之即来，来之即战，战之必胜。我们比他们还要厉害，我们的难度很大，尤其是对村里的事，哪个村没有几个刺头？哪个村没有给你唱对台戏的？对一些刺头，我们就绝不手软。第一，我们工作上不能优亲厚友，低保不能说给谁就给谁，比方说有什么好处随便给这给那，这样不行，你必须民主化，没有民主，你就失民心。没有强硬的班子，没有团结的班子，你们村就没有发展前途，也会使村子一片混乱。刚才我说过，有一些书记他们不管不顾，各干各的事，也不帮你。所以说一到了这个程度发展的可能性就不大了，所以说老百姓对他的期望，时间长了就会形成一种长久的积怨，最后直接把他选下去了。一个好村有一个发展的动力，一个烂村它没有这样的活力，只能说给老百姓带来灾难，没有发展导致老百姓的所求所盼所愿得不到满足。一开始选举的时候，有的候选人拉票，给别人许诺会怎么干，最后当选之后就是官僚主义、形式主义和奢靡之风，所以干部一定要做到严以修身，严以用权，严于律己，三严三实一定要做到。一定要对自己有一个解释，这个解释就是精神责任，要知道自己是干什么的，知道自己能干什么，知道自己入党的时候想干什么，入党之后干了什么，最后咱身后留下了什么。我认为一个党员干部应该是警醒的，所以说干的是事儿，担的是责，留下的是名儿。老百姓有杆秤，老百姓是定盘的砣。

问：咱两委成员的情况，您给介绍一下？

答：根据上级的要求，我是书记兼主任一肩挑，委员有一个 52 岁的，还有一个 42 岁的，还有一个 31 岁的，31 岁的是女的，一共 4 个人。

问：还算挺年轻的。

答：因为这一次根据上级的要求，优化干部，包括年龄限制，要有 35 岁以下的女性委员。

问：他们有没有任职补贴？

答：没有。

问：这 3 个委员都没有吗？

答：上级当时给他们规定的是给他们书记工资的 50%—70% 左右，但是现在这一块的工资都没有，全是村里面承担，你村里有钱就给，村里没有钱那就是没有工资。所以说我们很苦很累，付出跟报酬不成正比。

问：你说村委成员是吧？

答：两委成员，包括支部和村委会。

问：支部不是需要有 5 个支委成员吗？

答：不是，每个村里的情况都不一样。咱这就是算上村两委一共 4 个人。

问：好像各个地方都有点区别，支部和村委会是分开的吗？

答：支部是俺仨，村委会也是俺仨。

问：咱村里这些年发生了哪些变化，吃穿住行、环境什么的？

答：这次环境的大变化，你们应该也看见了，整个村庄像是穿了一个新嫁妆一样。

问：对，你们这外面都是统一规划的。

答：我们搞了一个大的动作，这一次临时建筑、鸡棚猪圈，包括一些个破旧房，全部清理完毕。因为咱现在在弄美丽村居这一块，这一块前期工作做了很多。当时申报美丽村居这一块的时候也在想，上级能给批准吗？当时也是不知道能不能批下来，在想如果批不下来怎么办，但是批下来以后你照着美丽村居的标准，推进工作是领导的事，实施工作是施工方的事。所以说人家按照图纸施工，有些地方不动不行，你就要动。所以说从批下来的那一天开始，担子一下子就压下来了。村里开始着手研究破旧房屋、临建，还有一些个地方，比如墙都歪了，不拆不行，你不给老百姓钱，老百姓他是不愿意弄的。所以说需要发动党员干部、村民代表，包括一些思想先进的老百姓。当时你看这些问题就全出来了，当时你不给钱人家不愿意，你像 L××家这个情况需要给他 10 好几万元，他才能同意。你怎么弄呢？咱一分钱没有。

问：这个情况有的村里是给钱吗？

答：人家当时建这个是政府批准的，你拆这个东西的时候得给人家补偿，人家说拆了不要紧，但要求补偿。所以这时候就需要考虑下一步工作应该怎么推进，应该用什么样的方式方法，这个东西不是你蛮干就可以的，不是喊着嗓子就能干成。现在老百姓不怕你喊不怕你吼，他们才不吃这一套呢，实在不行就打 12345，背个小包袱就跑咧（意思是去上访了）。所以说从定下这个事，我就开始研究拆哪些房，在没有补偿的情况下如何把它拆掉。当时有一些大街的房不齐，怎么把它顺直了，要不效果出来也不好，我做了很多工作，用了半个月时间，当时牵扯了 40 多户。当时 Z 镇长让我写出破旧房屋、临建、违建、鸡棚、猪棚这个不补偿的方式方法，作为以后全面推广的经验。用了半个月时间，我就全部处理了，牵扯得很多，包括鸡棚、猪圈等，还牵扯到一些住户，有的住户占着地临建很难看，当时牵扯了 42 户。拆之前领导来转了，了解情况之后就替我头疼，他说我这力度不小，工作量很大。我说甭管了，哪把钥匙开哪把锁，我都已经想好了。有些事既讲究临场发挥，又要有工作思路，和他们谈崩了最后干起来了，这是不可能的。你要摸透这个人的性格脾气，谁能开他这把锁，看看应该怎么说怎么办。去了就要解决了，因为在这个之前，还有一个最大的工作，就是对美丽村居进行铺垫。当时涉及闲散地收回，是市里下的文，他们（指其他村）收的是村里的，外头一个都没收，我是村里村外闲散地都收的。当时那个 Z 镇长也是说，你把你现在这个流程全写出来，也是作为全镇的经验推广，但是之前也想让别的村收，别的村都不收。我这是考虑到你看把这项目给咱了，不干也要干，因为你不收没法干。所以说在这里还是需要动员，动员干部群众代表，开群众代表大会，我的印象中开了很多次。首先要让这些人理解你，把你说的能听到脑子里去，让他们从法律上认识到收闲散地是合情合理合法的。从个人上讲，要让他们明白这些地已经种了多少年了，从当时土地改革到土地分到住户家，一直是咋想就咋做，没形成什么气候。我们做了很多的工作，包括我们在外工作的一些能人，我单独请他们，这也是个动力。因为他说句话起作用，所以说那时候做了很多回收方案，那时候把方案全写出来，一步步的。当然了，在收的过程中还有些不确定因素，比如说有棵树这户人家说是他的，另一户说是他的，谁也说不准是谁的，到时候你想打官司还需要出钱出力呢。所以后来凡是树有纠纷、不确定的，村委会集体收回，全部归集体所有。但是这些东西都要形成文字性的，我在电脑上打出来让双方签字。因为这些住户你也了解，都说树是自己的，反正我要不到我也不让你要去，这样的话归集体行，反正归集体都没意见了。虽然说明面上没有意见了，但是还需要把这个根给掐死，让他们都签上字，省得以后把树卖了钱归集体了，后来再反悔。所以通过文件的形式让他们都签上字，最终确定下来。所以说文字很重要，一定要写好。

问：咱村里一共多少人口？

答：村里现在是 370 多人，142 户。

问：咱外出务工的，包括这些留守老人，还有留守儿童妇女现在是个什么情况？

答：咱们现在农村这个是"三八""六一""九九"是吧？三八是妇女，六一是儿童，九九是老人。

问：现在外出打工主要在当地就近打工吗？

答：主要是就近打工，原来的上天津，其他没别的地方去，现在在德州就行。现在你看他们白天早晨车接车送，开着车他们就走了，晚上就能回来。

问：车接车送就是厂子里边车接车送，还是公交车？

答：不，他们有专门包活儿的，走的时候拉着这些人就出去了。这个村里还有个事，现在这些小孩儿们搞建筑的很少了，他们也不干了，是因为这几年的小孩儿基本上都是上学、考学，这个村上学的比例在周围来说是比较好的。

问：你说的上学是什么？考大学吗？

**答**：基本上都是上大学，不行的就是大专。真正辍学的或者是不上学的，寥寥无几。

**问**：说明咱这个村村风好。

**答**：整体来讲，这个村也是个秀才村，原来也有个老秀才。

**问**：咱这的经济状况，还有种地的话一般是种什么？收益如何，有没有土地流转？

**答**：咱村村集体收入还是超10万元了。咱这没有什么特色种植，主要就是玉米和麦子。村集体流转的是113亩地，这些地用于种绿植、做绿化。

**问**：人均耕地有多少？

**答**：分地的时候是按一口人一亩六分地，后期还有当时村集体留一些自留地，后来又分配了一些，一口人二分半，最终是一口人一亩八分半，后期这些地可能还有一些多的。提到这个地的事，有这么个情况，我作为一个基层工作者来说，我感觉到土地30年不变的这个事，对农村来说是不现实和不切合实际的，为什么呢？当时分地条例说的是3年一小调，5年一大调。这个大调整已经没有了，有的户家都没人了，有的户家人也很少了，还有一户人，因为就他一个人，也没劳动能力什么的，他还有2亩地呢。还有的农户家当时人少，后来孩子都长大了，一家好几个孩子都结婚了，有可能就成了10多口子人，但是地就那么些，现在土地分配不均，这个事我觉得不太合理。对土地问题，他地多的他都满意了，百分之六七十都不满意。土地分配这一块我感觉还是调整不好，要不就搞合作社，要不就进行土地流转，搞农场主，搞这些事去。弄了以后还有一个问题，地多的他还是多分点钱，地少的还是没那一份，这还是一个弊端，分配不均，不能说太平均了，差不多就行。当然贫富差距过大，穷的人他就不满了，不满是对谁不满呢？是对政府、对国家、对管理人员不满。这个事我感觉国家需要重新进行调整，要不现在又搞土地融合了，原来从小岗村开始，18个村民摁大红手印，分田到户，那时候确实老百姓为了温饱问题，自给自足，把积极性都调动起来了。但是现在的这种土地模式，你种不出金疙瘩来，你种多少麦子和玉米，都不能进行再生产，再生产还能生产到什么程度呢？我觉得15块钱的玉米种和50块钱的玉米种都差不多，所以说现在的土地种不出金疙瘩来。

问：咱现在种地的是不是还是老人？

答：老人现在是种地的主力军，老人因为他没有工作，他有 2 亩地，他就觉得有保障。再一个，老人的经济来源主要是靠种地，一年靠种地能收入万把块钱，所以说基本上都是老年人在种。作为年轻人来说，他也没有放弃土地，因为对我们这来说，现在他们承包地 1300 元一亩，低于 1300 元他不往外租。偏远的地方或者是产量不高的地，或者浇水不方便的地方，他才愿意流转。当然咱又说回来了，这个流转模式，我去学习过也看过了，××县××村当时也是一个试点，到那儿看了以后感觉也是形式主义，没有因地制宜的特殊种植，就没有什么突破。所以说国家设置 18 亿亩红线，但是现在 18 亿亩红线还有个什么事呢，有一些地经过城市的发展，把农村的一些个坑塘都纳入了耕地。

问：咱村里有合作社吗？

答：合作社当时是南部有一片地，当时中科院研究所计划在咱这落户，后来把地全统计了一下，当时老百姓也对 1300 元的价格挺满意。但是一直也没来。我当时也有个创新想法，人家直接跟村委会对接，不跟农户对接，我就以村委会的名义办一个合作社，实际上是有其名无其实，但是还没有运作，到最后落户来不来咱也不知道，但是咱先把这件事准备好了。

问：你说的这些地就是咱村里的 400 多亩闲散地还是那 100 多亩地？

答：这个合作社的地是另外的一块地，一个是我们村有一点，东边这个村也有 200 多亩地，我们村可能有不到 150 亩。当时闲散地收的是 144.67 亩，包括坑塘、沟渠，那些地基本就种了一些农作物，有些沟渠边上种了一些经济林。

问：咱村里有没有幼儿园、小学？

答：幼儿园和小学都没有了，小学是附近几个村集中在一个地方上学。

问：你刚才说到咱村里的大学生比较多？

答：小孩们现在基本都上学，大学生比较多。村不大，80 多岁的老年人按比例说有不少。

问：大概有多少呢？

答：有十五六个。与周围的村相比较，这个村老年人还比较长寿，所以人家说这是长寿村，也是秀才村。

问：介绍一下咱们村卫生所的情况吧？

答：卫生所现在都不干了，人家直接上市医院上班去了。现在咱们村查体什么的都去北边那个村。

问：咱村里的住房，包括在城里买房的情况是什么样的？

答：现在小年轻基本在城里都有房子。需要结婚的、到结婚年龄的都在城里买房了，这是一个硬件，一动（车）一不动（房子）。

问：咱这有什么养老院，比如幸福院这样的机构吗？

答：咱有幸福院，但是一到忙的时候他就没人了。就是说老年人，身体健康的，没事儿能去打个牌，玩玩儿，乐乐滴，实际上是个娱乐场所。

问：相当于是个日间照料中心吗？

答：对，但是这个日间照料中心呢，还得说个事，就是钱的问题。这个钱咱集体没那么多钱，再说上级扶持资金几乎没有，一年才给五千还是几千来着，反正很少，连个电费都不够。当时我也出去看过学习过，当时想的是让老百姓拿点钱，然后咱管他们饭，但是去看了之后还是觉得不太现实。所以老百姓没事的时候过去玩玩儿，基本上是这个情况。

问：咱老年人一个月养老金有多少？

答：100 多元。

问：除了这些，咱村里有没有另外的给老年人补贴？

答：没有，这一块除非有特殊情况比较贫困的，村里会相应倾斜一下，稍微照顾照顾，因为咱有个光伏发电是扶贫的项目。村里有个老太太，他儿子自杀了，媳妇改嫁了，有一个小孙女，从 3 岁就一直在这，所以我上来以后，基本上我就一个人帮着，放假过节我就拉着她逛逛街，买点衣服什么的，现在都上大学了。现在还有个小闺女也是有特殊情况，我这村反正就是这样，甭管谁家有个大事小情，有病了或者家里有啥事了，第一时间就给我打电话，我第一时间就赶到。我现在出去的事都干不了了，哪里也去不了了。我一年多少损失那我就不能说了，因为咱老话说了，干嘛说嘛是吧（干什么事说什么话），敲梆子卖豆腐——就是干的这一行，就干的这个事。所以说有时候俺老婆一天天也是跟我着急，跟我闹，闹也不行啊你想图名就别图利，图利就别图名。

问：现在乡村振兴主要做了哪些工作？

答：乡村振兴有五大振兴，这五大振兴根据咱农村现实情况来说，反正就是人、地、钱的事。人要有人才，引进人才适应农村发展的问题，但是谁到农村来？怎么来？报酬是多少？怎么给配置？原来我也给我们领导说，农村尤其是我们这个村以纯种地为主，我说现在农科院、农业研究所他们的职称是怎么定的？你也没有来农村沾个地气？现在育种，这个品种改良，谁研究的？是一些种粮大户等金博士这些人研究的，这个农科院、农科所有其名无其实了。今年这个玉米长锈病，减产了。老百姓原来自给自足，现在政府给补贴，现在机械用钱，肥料用钱，又通货膨胀，给补贴这一点儿也不够啊。

**问**：现在补贴能有多少？

**答**：1 亩地 137 元，今年可能又有一个 20 元的种粮补贴了，所以说到了老百姓这一块，很苦很不容易，不过我觉得上面的政策是好的，应该是往下执行的时候，哪个环节出了问题了。共产党打江山很不容易，多少烈士赴汤蹈火死在了战场上，《长津湖》你看冻死多少人。还有抗日战争，血战台儿庄死了多少人，百团大战咱死了多少人啊，为了祖国的解放事业，多么不容易啊。中国人民从站起来到富起来到强起来。今年肥料涨得特别快，尿素原来是 90 多块钱，今年夏天一百四五十元都买不着，得 190 元。柴油你知道现在多少钱吗？前两天这不是想拉棒子，柴油太贵，舍不得用机械。今年雨水多，农民这个玉米都不好收，现在都在地里穿着靴子收。

**问**：咱这两年村里有比较集中的这种纠纷或者矛盾吗？

**答**：早些的时候，矛盾就是集资提留、计划生育。现在的矛盾我刚才说了，一个是土地问题，再一个是宅基地的问题。现在农村有需要盖房的，但是没有宅基地，怎么分配？孩子够岁数了，盖不了婚房，娶不了媳妇，买楼还没有这么个条件，掏不出来百十万。

**问**：现在很多都在城里买房了吗？还需要宅基地吗？

**答**：宅基地还得需要，农村里那些在城里买房的，难道说在城里买房了就没有权利在村里盖房了吗？没有这个说法。因为我们这的房子有好多想来买的，因为离市里近，20 多里地，现在符合条件的，好多都抢着回来盖房子。不像原来似的，原来那头几年吧，出去的就在家里卖，一两万就给卖了，现在是抢着回家里盖房，盖房子占地方，而且农村空气也好。今年城市有好多人来农村买房，用来养老，还有一些家里东西多的，放不开，回家里盖房还便宜。现在城里歇个班啦，放个假啦，在这住一住，过田园生活，种个小菜园。现在城里上班的或者是家里的农民都回来争房产，所以说农村宅基地的分配，这是一个纠纷和矛盾。再一个我刚才说的土地问题，现在有明确的文件规定，你去人（去世）不去地，添人没有地。你说该怎么弄？

问：村里能人的情况是怎样的？

答：和周围别的村比，俺们这些户家都更加踏实，能吃苦耐劳。也没有什么能人，最大的官也就是在德州市上班的。

问：咱村里有没有热心公益活动的人？有没有外来的一些社会组织？

答：村里有个志愿组织，有一些志愿者。2019 年的 5 月来了一位第一书记，是 × × 集团（公司）的。这个集团到后期效益也不强，真正地说是给村里办了哪些事，说投资搞点建设什么的也没怎么弄。当时集团内部出现了问题，所以也没办什么事，但是很敬业，当时也是和我们一起，为了村里的事到处跑，也是和农民一样，拿着勺子直接挖着杂和菜（大锅菜）吃。

问：咱这有志愿组织吗？

答：也就是村里党员干部，到时候走访一下困难家庭，帮个忙。党员干部亮身份，实行包户责任制，谁管哪一片都定好了，这一片有什么事，你这个党员就负责这一片就行了。咱们现在有一个新时代文明实践站的志愿者。

问：新时代文明实践站现在有固定的活动吗？

答：固定的活动就是开放书籍供人们看书，再一个就是跳广场舞，有一些娱乐活动。

问：其实参加的还是村里这些老年人居多，对吗？

答：可不嘛，年轻人哪有时间啊，都挣钱去了。再说年轻的干了一天活也累了，也不出门了。

问：志愿者是常驻咱这，还是定期过来呢？

答：常驻，咱们村里有 5 位。

问：都是咱本村的吗？

答：5 个人都是本村的。

问：就是每天在这值班吗？

**答**：实行轮班制。

**问**：咱做得还是不错的。

**答**：他们都是有爱心、有公益心的，就是说选择了这几个人，没事让他们值班，到时候组织活动。昨天他们还围着村拾垃圾，做公益活动。

**问**：这 5 个人都是年轻人吗？我看这位还挺年轻的。

**答**：他是当时社区遴选派到咱村的。

**问**：他是咱本村的人吗？

**答**：他不是，那 4 个是。

**问**：咱村里有村规民约吗？

**答**：有，村规民约也是对于老百姓的一种约束杠杠，这些杠杠一个是对老百姓的，再一个也是对咱村委会监督的一个框框。

**问**：从什么时候开始？

**答**：村规民约是在 2014 年，当时 2014 年制定了两个制度：一个是村规民约；一个是红白理事会章程，就是移风易俗。当时我跟区领导们去了××那边，到那里开会，顺便在那看一看，学习一下人家先进的经验和做法。所以在 2014 年时我们这移风易俗这一块，就已经改了。当时改的是白事，之前白事很烦琐，拜牛拜马等这些事多了去了。你看不仅要借钱办事，而且个人还很难受，最后白事还挣不着钱，所以就说把吹的、唱戏的什么的全去掉了。还有上庙这个规定原先是上 7 遍，我现在就规定 2 遍，就是说上 2 遍庙，吃杂和菜（大锅菜），到后期我一看也是太苛刻，后来又弄了 8 个小盘，然后再吃大锅菜。原来还有守灵等这些事，很烦琐，所以说把这些事就都去掉了。

**问**：现在办红白事，花费能有多少？

**答**：白事的话，大白布都撤了，烦琐的都去了，现在就是吃个大锅菜，省了不少钱。这一块你要根据户家了，户家钱多的，就消费多点，少的或者亲戚少的，就消费少点，现在就是按照标准走了。这晚上他拢拢账还能剩下钱，哥几个多的能分个钱还是挺高兴的。要是像原来那么多程序，可能又会闹别扭，花这么多钱哥几个还需要摊钱。红事这一块反正赔钱的没有了，这也是俺在 2014 年开的党员会议上，定的这个事。

**问**：现在村两委工作的压力有哪些？

**答**：压力就是怎么让老百姓致富，就是钱的事。刚才说了人、钱、地的事，怎么把地盘活，就是怎么把原来的这些闲散地的资源盘活起来，增加经济收入，还是中央提出的这个乡村振兴。所以这个事不是一朝一夕就能办了的，压力是相当大。咱盼着村富民强，这个村都强起来，村里有钱了，户家也有钱了就行了，老百姓能安居乐业。任何一个干部，我还是说，不管是谁，哪里的干部，谁都不想干次（坏），谁都想干好，谁都琢磨着怎么才能致富。当然每个地方不一样，有的有区域优势。咱说实在的，人家超过咱，咱也是没面子，凡是干这个的他都有一个要强的心，都想干好。所以说压力很大，尤其是干的时间长了之后，这里一有个什么事咱就需要上心，学会吃一堑长一智，你没有经历这个事，永远不知道这个事怎么办。现在就是没有资金投入，需要政府帮助，就是说要加大资金投入。刚刚说了，包括农业这一块，虽然说给老百姓扶持了一定的资金，但是扶持的一些资金是杯水车薪啊，远远不够。当然了也不能全依赖政府，我们应该要在政府的引导下，积极探索。

问：我听说咱这也种阳光玫瑰，今年阳光玫瑰就很便宜了，前两年的时候很贵。

答：市场说了算，所以说你现在要搞什么东西，都得请专家给分析。好多东西不可控，今年觉得这个挣钱你就做这个。村里我也有规划，就是资金达不到，我刚才说第一个我不搞"大跃进"，第二我不搞"浮夸风"，你搞了以后你干不好，最后是负债累累，你看他那几百万的债务你还有法儿发展吗？老百姓还怨声载道，所以说我想把这些都整合起来，搞个试验田，这需要大量的资金投入。我怕赔钱，怎么办呢？我不能当村里的罪人，所以这片地我也有规划，要好好想这一片怎么弄，那一片怎么做。你看这个村700多亩地，你要全种了一种作物，到最后按照市场状况，咱一下子降价了以后，怎么弄，连地钱都出不来，所以这个思路、门路、出路都不好办，谁都盼着好，国家给你一个框摸索着干，现在只能摸索。村里这些事很复杂，都不是小事情。

问：咱这个村书记和主任一肩挑是从什么时候开始的？

答：我从选上来就一直一肩挑。

问：你觉得一肩挑对咱村两委工作有什么影响？

答：首先说这个有利的方面，这个一肩挑使咱整体的功能性提高了，能把上级下达的任务传达好，思想同心，行动同步。还有一个什么事情呢，我们的班子能够产生凝聚力、向心力、亲和力和战斗力。说实在的这个一肩挑压力很大，我今年就想退出村委会，领导不愿意，你也不能跟政府唱对台戏啊，你必须一肩挑，我现在很累。我寻思现在培养小孩们，你怎么着也得培养人才。说实在的，这个替代性很快，你像现在的社会发展，咱跟现在的小孩们都不接轨了，他们思维咱已经不跟趟了，所以说咱关键的时候必须"激流勇退"，把小孩们推上去。你已经尽职尽责把你的能力发挥出来了，你再也不能给村里带来更上一个台阶的方向了，所以一定要急流勇退，一定要腾位，让有能力有上进心的这些人踩着你上去。不利的方面是，有一些事可能会"一言堂"，咱说有可能滋生腐败心理，有可能形成官僚主义、形式主义这些方面，也不是不存在这个问题。所以总体来说很累，一肩挑不容易、责任大，我刚才说了你要是图名就不能图利，你想图利就非出事不可。群众的眼睛是雪亮的，群众是随时监督你的一把尺子。

问：咱村里有多少党员？

答：今年又去世了两位党员，现在一共是 12 位。

问：都是年龄比较大的吗？

答：我当时上来的时候净是老党员。

问：咱开会到会率能有多少？

答：到会率是 80% 左右。另外在这给他说这些事，这是共产党给你的权利，让你给他们交心，拉近距离，这个时候你把你的权利抛弃了，这是一定的失职和失误，所以说这个时候一定要能把人聚在一块，让他们根据你的想法来推动村里的工作，这就是好的方面。如果把你个人的权利都让出去了，然后光跟他们扯闲篇儿，那是错误的，我从来不赞成这个事儿。

问：您认为乡村振兴应该是什么样子的？

答：老百姓富不起来，不叫乡村振兴。我觉得应该是农村美、农民富、农业强，基层班子团结，这是我想象中乡村振兴的样子。

问：咱村里下一步要往这方面努力，有什么打算吗？

答：趁势而上，顺势而为。

问：根据咱村里现在这个状况，您有什么具体的想法，您觉得应该从哪个方面入手？

答：根据中央部署的乡村振兴，抓住好的政策不放手，落实政策不松手。只要是有机会，这是绝对不会放的，所以说咱乡村振兴这一块，还是离不开人、钱、地，这一块你没有是绝对不行的。

**问：** 咱这个村集体经济主要是靠租地吗？

**答：** 主要是靠租地，因为我那时候收的不是有闲散地吗，闲散地是144.67 亩，主要种经济林和粮食作物。

**问：** 咱村里这些比较富裕的户，是靠什么致富的？

**答：** 变富的手段主要就是包工程，在附近包工程。

**问：** 没有在农业方面发展很好的吗？

**答：** 农业方面的没什么了，因为咱这基本就是老百姓家里这些地，剩下的就出去打工了。这些地只能是保障，但是老百姓他不能放弃土地，老年人当时挨饿挨得，他就是怕挨饿，所以就想一直种地，他守着这2 亩地打的粮食，他够一家人吃的。那时候大锅里舀上水，添上把柴火，一个人喝两碗黏粥他就饱了。现在这个地的问题，还是老年人的主要收入来源。

**问：** 咱现在这一亩地种玉米和麦子什么的能有多少收益？

**答：** 前一段时间他们卖的玉米，一亩地差不多有1100 元。这里的1100 元不包括机械、人工、浇地，真正的就是说把玉米、麦子合起来的话，这一亩地净挣1000 多元。

**问：** 这个收益就太少了。

**答：** 你看现在为什么说老百姓不容易，这一年到头付出得很多。你看那时咱也知道，地旁边都是沟，不平，得先挖沟平地再种，很辛苦，从盐碱地到形成现在的肥沃的农田不容易。为什么说都想往外跑，都想往外奔，都想当公务员，你看现在年轻的掰玉米不行，你看我儿子都30 多岁了，掰玉米他不着急，现在年轻的干农活都不行。

**问：** 主要是他也看不上这点钱。

**答：** 现在年轻的干活不行了，小时候没干过，所以他也不会干。实际上中央的政策一直是好的，从新中国成立初的第一次全国人民代表大会，第一项国策就是农村，发展到现在还是列入国家第一项工作。老百姓现在的心理，一是怕穷；二是怕有病，省吃俭用很辛苦，当然了也改变不了这个居住环境，光喊口号怎么改变。他没有钱改变得了吗？有了钱自然就改变了，有了物质才有精神是吧？当然了，国家也是迅速地发展，咱是生活在共产党领导下的国家，咱感到荣耀、踏实。你看全世界的格局，就是中国好，生活多稳定啊。原来包工程也有小混混捣乱，现在都好多了，国家治理像调音弦一样慢慢调、慢慢治理。大家修养也提高了，总体来说这个人的物质生活，包括各方面的素质提高得很快。

问：咱老百姓最期待的这个事和最担心的事是什么，您给排排序？

答：最期待的是安居乐业啊，期待着生活好起来。最担心就是因病致穷，这个事没有保障，虽然是新农合可以报销，但是到了医院有很多药不给报销，当然国家也开始治理这一块。比如我们现在心脏支架 700 元，之前就是个天价。老百姓期待着没病，你看有的家庭一夜致穷，穷困潦倒。

问：您的经历也是曾经在外边闯荡，当时您回来的主要原因是什么？

答：最主要的原因就是老百姓拥护啊。

问：其实您也算是能人。

答：我是什么能人啊，咱只是说给村里办了一些实事。咱从来没有像个别的干部那样，郎当着脸，瞪着个眼，吆五喝六（指要官威）。本身我不想干这个主任，也有自己的事，主要也是村里老百姓的支持，我也知道村里这些事办好了没功，办坏了挨骂。

问：像您这样回来的，还有其他人吗？

答：有，当时镇上的书记支持他们回来。

问：咱村里还有吗？

答：咱村里没有了，现在你让他们回来，跟他们说要培养他们，他们都不愿意干。你看人家得干自己的事是吧？想让他干的，最起码他要尽职尽责，有上进心。再一个要有能力，你要全面衡量他。再一个是要坚持党的方针和政策，贯彻落实，就算找到一个都能满足这些条件的人，但人家还需要出去挣钱。我之前培养了好几个党员了，全有个人的事，你让他回来，有时候他就回来。现在农村的情况不一样，真正有能力的也不干这个。好汉子不干，赖汉子干不了。

问：您自己之前干什么业务？

答：原来我修车，我那个时候早，那时候出来就干了十多年了，后期自己又干厂子，厂子没弄好，也失败了，正值金融危机那一年。

问：您那时候是搞什么工业配件吗？

答：我那时候主要是修车，有个修车店，雇了些人，干了有十多年。当时就觉得做买卖挺好，后来就在家里投资弄变压器干厂子，现在还干着点事，不干的话也没钱吃饭。

**问**：您现在是家里人在干吗？

**答**：我搞的还有绿化，给人管理绿化。那时候工地上还有包工程什么的，现在这几年一忙我也出不去了，就光在家啊。光在家的话，钱就太少了，孩子还要娶媳妇啥的，哪里不花钱啊，怎么弄呢？所以还是得干点事。

# 附录一："村委会主任眼中的乡村建设" 访谈提纲

访谈对象姓名：　　　　　　性　别：　　　年龄：

家庭地址：　　　　　　　　家庭人口：

联系方式：　　　　　　　　邮政编码：

访谈时间：　　年　月　日　访问员：

1. 请谈谈您的个人基本情况。

2. 请谈谈村两委成员的基本情况。

3. 村庄这么多年都发生了哪些变化？

4. 目前村庄基本状况如何？

5. 目前村庄振兴主要做了哪些工作？成效和经验是什么？

6. 近几年村里比较集中的矛盾纠纷有哪些？

7. 村里"能人"的基本情况？

8. 村里有没有热心公益活动的人和外来的社会组织？

9. 村里有没有村规民约？

10. 村里红白事的成本如何？

11. 目前村两委工作主要有哪些压力？

12. 您认为村书记和村主任"一肩挑"给村两委工作带来哪些影响或变化？

13. 近几年我们是怎么抓村党支部工作的？您觉得抓村党支部工作有什么作用？

14. 您认为制约本村振兴发展的主要因素有哪些？

15. 您理想中的乡村振兴应该是什么样子？

16. 作为村主任，您打算怎么去推动本村的振兴和发展？

17. 您认为村民最期待的生活目标有哪些？您认为村民最担心的问题有哪些？

# 附录二："村委会主任眼中的乡村建设"访谈注意事项

1. 访谈注意留存现场资料。包括现场录音、现场记录、访谈场景、访谈照片、访谈对象信息等资料。

2. 访谈员要把握访谈技巧。访谈尽量避免使用官方语言，尽量进行口语化表达，用通俗易懂的语言与村委会主任沟通交流。在访谈过程中适时引导与不断追问，访谈提纲只是一个框架，在访谈过程中可以不断追问和深问，以保证访谈资料的广度和深度。

3. 访谈员要保持客观中立。访谈员在访谈过程中可以与访谈对象进行互动交流，但是不要发表过多评论性意见，以免影响访谈对象的观点和表达方式。

4. 访谈整理要原汁原味呈现。访谈对象的口语化表达、地方方言等都可保留，可以通过注释的方式进行适当解释。

5. 访谈时间控制在 1.5—2.5 个小时。访谈时间过短，会影响访谈效果；访谈时间过长，又容易产生内容重复。

# 后　记

改革开放以来的 40 多年，中国社会发生了翻天覆地的变化，中国的现代化建设取得了举世公认的巨大成就。作为研究者，有必要、也有责任对这个时代的社会变迁状况"立此存照"，而且，应当是"原汁原味"地立此存照。如是，有助于获取真实的、有质感的中国社会变迁的"时代截图"。呈现在读者面前的《村主任眼中的乡村建设：山东 26 位村主任访谈》一书，就是我们试图从乡村建设的角度对中国社会变迁进行"时代截图"的一次尝试。我们打算以此为基础，以后还要陆续从另外的一些重要角度再做几个"时代截图"。

该书是由中央党校专家工作室成员与山东省委党校十几位社会学、政治学、公共管理等学科的教师组成的访谈团队合作而成。该团队当中的不少人不仅在权威学术刊物上发表了许多有分量的论文，而且在县委县政府和乡镇党委政府挂过职，可以说既经过了必要的专业训练，又有一定的实际工作经验。这就使得相关访谈能够顺利进行。

我们平时深有体会的是，最了解中国基层社会真实状况的莫过于这样几个群体，即乡镇党委书记和乡镇长，村支书和村委会主任，街道办事处书记和主任，派出所所长等。基于这样的考虑，我们试图以访谈的方式，在一定的时间当中，分别对这样几个群体当中一些成员的所思所想进行一定的真实记录。通过这些真实记录，从一定的角度，为人们了解中国的社会变迁，为人们进一步从理论上探索中国现代化建设的规律以及行动逻辑提供某种有价值的质料。

我们之所以选择山东省的乡村建设作为访谈内容，是基于这样的考虑：山东省是中国北方的大省，是孔子的故乡，而且，就其发展水准而言，山东省同全国一样，有东部、中部和西部之分。所以，如果了解了山东省乡村建设的基本状况，也就能够在较大程度上了解中国北方乡村建设的基本状况，并且能够在一定程度上了解中国乡村建设的基本状况。

我们先是根据乡村建设的现状和发展趋势，经过两次集体讨论，拟定了一个访谈要点的初稿。之后，由吴忠民、张登国、陈秀红三人经过反复讨论，最终确定了包括访谈提纲、访谈地点和访谈对象等在内的具体访谈方案。然后，我们组成了 5 个调查组，分赴 32 个调查点进行访谈，用了两个月的时间，完成了初步的访谈。继之，选取了 26 位村委会主任的访谈记录的整理工作。

访谈记录的整理是一件十分繁重且细碎的事情。访谈是一种口头叙事方式。访谈中，有些访谈对象的个别谈话语句不通、不确，前后表达有时不够一致，有些内容相互重复；有一些内容，需要联系上下文，才能了解其意思；另外，还有各地口音和口头语的因素。这些，增大了访谈记录整理的难度。各访谈组投入很大的劳动量，整理出一个完整的访谈初稿。之后，先由张登国、陈秀红对全稿修改两遍，最后由吴忠民通稿，终于完成了这部访谈实录。

我们这个访谈团队由如下成员组成：王连伟、王丽萍、王格芳、邓帅、孙丽、刘宇、张登国、陈秀红、陈晓红、吴忠民、郭太永、郭太龙、栾晓峰、黄效茂、冀翠萍（以姓氏笔画为序）。

感谢中国社会科学出版社的赵剑英社长和王莎莎编辑的帮助。

希望这部访谈实录对于读者了解中国社会的现状有所帮助。

吴忠民

谨识于 2021 年 12 月 25 日 北京海淀大有北里寓所